普通高等教育“十三五”规划教材

信息检索与利用

主编　谢朝颖　高万斌

副主编　颜先卓

電子工業出版社
Publishing House of Electronics Industry
北京·BEIJING

内容简介

本书整合了信息素质教育、各类信息检索方法、学术论文撰写、信息综合运用等方面的内容；阐述了以提高终身学习能力为导向的信息素质教育的内涵，信息检索的基本方法；通过实例讲解国内外常用信息资源数据库的检索方法；介绍各种平台上的个性化服务功能和期刊在线投稿方法。本书融理论、方法、实践于一体，对提高读者的信息素质，培养终身学习能力，提高信息检索与利用的能力具有重要作用。

本书着眼于指导读者开展信息检索实践，适合作为高等院校信息检索类课程的教材，有利于学生掌握信息检索技能；本书也可供科研人员、信息工作者学习参考。

图书在版编目 (CIP) 数据

信息检索与利用 / 谢朝颖，高万斌主编. — 北京：电子工业出版社，2017.1

ISBN 978-7-121-30438-5

I. ①信… II. ①谢… ②高… III. ①信息检索－高等学校－教材 IV. ①G254.9

中国版本图书馆 CIP 数据核字（2016）第 284547 号

策划编辑：张小乐
责任编辑：张小乐
印　　刷：三河市鑫金马印装有限公司
装　　订：三河市鑫金马印装有限公司
出版发行：电子工业出版社
　　　　　北京市海淀区万寿路 173 信箱　　邮编：100036
开　　本：787×1092　1/16　印张：15　字数：430 千字
版　　次：2017 年 1 月第 1 版
印　　次：2017 年 1 月第 1 次印刷
定　　价：34.90 元

凡所购买电子工业出版社图书有缺损问题，请向购买书店调换。若书店售缺，请与本社发行部联系，联系及邮购电话：（010）88254888，88258888。

质量投诉请发邮件至 zlts@phei.com.cn，盗版侵权举报请发邮件至 dbqq@phei.com.cn。

本书咨询联系方式：（010）88254462，zhxl@phei.com.cn。

前　言

早在 1984 年，教育部提出在大学基础教育中开设“文献信息检索”课程，这是一门公共性的信息基础知识和实用检索技术课程，课程的主要内容是对学生进行信息素质教育，引导学生熟悉各类检索工具和数据库，培养学生的信息需求意识及终身学习能力。

多年来，全国高校图书情报工作者开展了大量的工作和探索，陆续出版了许多适应不同层次和学科专业的教材，这些教材为我们开展信息素养教育提供了巨大的帮助和参考。随着信息社会的发展，信息检索知识也在迅速发展，信息检索与利用的教材内容必须及时反映国内外该学科的前沿知识。有鉴于此，我们根据本科信息检索通用教学大纲的内容，查阅和参考了大量专著、期刊和其他相关材料，结合编者多年积累的教学实践经验，编写了这本《信息检索与利用》。

本教材由谢朝颖、高万斌主编，颜先卓、姜鹏飞、褚育青、沈晓宇、汪舒、黄奇奇、肖恒参与编写。本教材的编写过程中，参考和借鉴了许多专家的相关著作，在此，谨向各位专家学者一并表示感谢。

由于时间和水平有限，书中难免有疏漏差错和不足之处，恳请同行专家和读者批评指正，并将意见及时反馈给我们，以臻完善。

编　者
2016 年 8 月

目　录

第 1 章　信息素质教育

本章主要讲述信息社会的概念和特征，信息素质教育的指标，让学生了解信息社会发展需求与终身学习培养的密切关系，认识到终身学习能力的强弱在很大程度上取决于其自身的信息素质和信息获取能力。

未来学家阿尔温·托夫勒指出："世界已经离开了依靠暴力与金钱控制的时代，而未来世界政治的魔方将在拥有信息强权的人手里，他们会使用手中掌握的网络控制权、信息发布权，利用英语这种强大的语言文化优势，达到暴力与金钱无法达到的目的。"

在现代社会，信息已成为社会发展必不可少的资源，如何成为信息的主人，最重要的是掌握有效的学习方法，学会学习。而最基本的学习能力就体现在对信息资源的获取、加工、处理以及对信息工具的掌握和使用上。在这种背景下，要想成为终身学习者，就必须接受信息素质教育，成为一个有信息素养的人。

1.1　信息社会和终身学习能力

1.1.1　信息社会的概念和特征

从生产力的发展过程来看，人类社会在几千年的历史长河中已经经历了原始社会、农业社会、工业社会，正在进入信息社会。不同的社会生产力发展水平不同，主导产业也不相同。原始社会是自然生态系统主导下的社会，人类靠获取自然产品维持生存。农业社会以青铜器和铁器广泛应用于农业生产为标志，农业生产和手工劳动是当时经济生活中的主要形式。18 世纪中叶开始的工业革命，使人类从农业社会迈入工业社会，工业生产成为推动社会进步的主要动力，资源的多寡以及成本高低成为制约经济发展的最主要因素之一。20 世纪中叶以来，以电子计算机为代表的微电子技术以及光纤、空间技术、通信技术等新技术群体的产生和发展，使自然资源在经济发展中的作用和价值越来越被弱化，技术、知识、信息的作用和价值越来越突出。其中，信息技术已经成为科学技术的前沿，它的飞速发展已经引起了人类社会的深刻变革，它的普及应用改变了人们的工作和生活方式，给人们的传统生活和工作方式带来了猛烈的冲击和震撼，使人们强烈地感受到技术发展的脉搏和信息时代前进的步伐。随着信息采集、存储、处理、加工、传输等信息技术手段的更新换代，人类文明由工业时代进入了以信息为显著特征的信息时代。信息技术革命的巨大推动力，使社会信息化的车轮飞速转动。

今天，远离他乡求学的大学生们，不再只能用写信的方式来报平安，通过随时拨打电话和视频就能传递信息；一台随身携带的笔记本电脑和手机就能存储企业的全部产品信息和市场信息；通过企业内部 OA，发生在企业中的财务状况、人员变动、生产情况等信息随时可以出现在企业各级主管和员工的计算机中；人们可以在全球范围内上网查阅资料，上网购物消费。计算机技术和网络通信技术的飞速发展将人类从工业社会带入了信息社会。

所谓信息社会，是以电子信息技术为基础，以信息资源为基本发展资源，以信息服务性产业为基本社会产业，以数字化和网络化为基本社会交往方式的新型社会。在信息社会中，信息成为比物质和能源更为重要的资源，以开发和利用信息资源为目的的信息经济活动迅速扩大，逐渐取代工业生产活动而成为国民经济活动的主要内容，信息经济在国民经济中占据主导地位，并构成社会信息化的物质基础。

目前关于信息社会的特征说法不一，影响最大、流行最广、比较公认的观点是：社会信息化是国民经济和社会结构框架重心从物理性空间向知识性空间转移的过程。为此，可将信息社会的特征概括如下。

（1）信息化：是以现代电子信息技术为前提，从以传统工农业为主的社会向以信息产业为主的社会发展的过程。信息化包括信息资源、信息网络、信息技术、信息产业、信息化人才、信息化规则（政策、法规和标准）六大要素。信息社会是信息化的必然结果。

（2）全球化：信息技术正在弱化时间和距离的概念，信息技术的发展大大加速了全球化的进程。随着互联网的发展和全球通信卫星网的建立，国家概念将受到冲击，各网络之间可以不考虑地理上的联系而重新组合在一起。

（3）网络化：由于互联网的普及和“信息高速公路”的建设，网络信息服务得到了飞速的发展，网络化必将改变人类的工作和生活方式，推动整个社会的进步。

（4）虚拟化：随着世界的信息化、全球化和网络化，人与人之间的交流很大一部分借助于计算机网络来完成，因此出现了一个由互联网构成的虚拟现实的信息交互平台。

在信息社会给人类带来极大便利的同时，它也不可避免地造成了一些社会问题，特别是随着网络和信息技术的日益普及，许多负面影响也出现了。例如，通过网络进行黑客攻击、窃取情报；通过网络大肆传播反动内容；网上盗窃诈骗，等等。这些问题不仅对个人造成损失，也会使国家政府部门、科研系统等遭受破坏。

信息社会改变了人们的生产和生活方式，同时也对我们提出了一些道德规范要求。当代大学生，要树立正确的道德观念，自觉抵制一切不良行为，具备良好的信息素养，共同创造良好的信息环境。

1.1.2 终身学习能力

终身学习（Lifelong Learning）是指社会的每一个成员为适应其社会发展及实现个体发展的需要，贯穿于人的一生，持续的学习过程。1972 年联合国教育科文组织出版的《学会生存——教育世界的今天和明天》，在世界范围内反响强烈，书中提及了“终身教育”、“终身学习”和“学习化社会”三个基本概念。1964 年“国际 21 世纪教育委员会”的最后一次会议在法国巴黎举行，会议正式向全世界发布了《学习：（人类的）内在宝库》（Learning：the reassure within）的报告。该报告强调要把人作为发展的核心，强调培养人们养成继续学习、终身学习习惯的意义，强调终身学习对于社会和谐发展、个人全面发展的重要作用。自此，终身学习开始演变成一种国际潮流。终身学习的目的是激励人们去获取其终身生活所需要的知识、技能和价值，并帮助他们学会在任何任务、情况和环境中，都能够有信心、有创造性和愉快地运用它们。

信息社会是信息技术和信息产业高度发达、信息资源极为丰富的社会。将外在的知识和信息为人所掌握，并内化为人的学识，才能转化为现实生产力。对于任何个人、组织、企业和国家，获取和应用信息的能力是取得事业成功的关键。

作为一种新的学习观念，终身教育一经提出就受到人们的重视和欢迎。在当今科技日新月异的时代，知识和信息的时效性、前瞻性越来越强，知识更新换代的频率逐步加快，仅凭在学校学到的知识已经很难适应未来的工作和生活的需求，过去“满堂灌”式的应试教育已经适应不了瞬息变化的信息时代。当前，各高校已逐步抛弃了原有的灌输式教学模式，把培养、提高学生的自学能力、研究能力、分析思维能力，以及组织管理能力放在首位。这其中就包括情报的检索、搜集、综合和转化利用的能力。概而言之，就是从培养灌输知识为主的知识型人才，转变为培养善于主动获取情报信息、富有创造能力的开拓型人才，从而使学生养成独立学习、终身学习的良好习惯。

信息素养作为终身学习的基础和促进因素，可以帮助大学生提高情报意识，掌握获取信息的方法和手段，随时了解国内外有关专业与学科的进展动态和趋势，扩大知识视野，启发思路，通过所掌握的信息检索技术进行某项科研或撰写毕业论文。走上工作岗位，仍可继续应用已学得的信息检索的理论、方法和技能，及时获得新知识和新信息，不断加强自我教育，实现终身学习的目标。因此，具备良好的信息素养对大学生尤为重要，信息素质教育是培养终身学习能力的前提。

1.2　信息素质教育内涵

信息化社会对人们各方面的能力提出了更高层次和更为严格的要求，其中信息素质能力就是这个信息化社会中高素质人才必备的能力之一。现在的大学教育强调综合素质教育，从单纯的知识传输变为能力培养。学生从小到大不断被灌输文化素质、思想道德素质、心理素质、身体素质等教育，但经常忽略信息素质教育。信息素质教育迎合了信息技术成为教育的新主题，培养人们从各种资源获取知识的能力，以及各种发现问题、解决问题的方法和能力，是现代素质教育的重要组成部分，教育应该把培养人的信息素质放在十分突出的位置。

1.2.1　信息素质的概念和标准

信息素质（Information Literacy）于 1974 年由原美国信息产业协会主席保罗·车可斯基（Paul Zurkowski）首次提出，他将其定义为“人们在解决问题时利用信息的技术和技能”，其定义包括对传统文化素养的延续和拓展，对信息源及信息工具的了解和运用，具有对信息筛选、检索、评估、组织、处理的技能。1998 年在全美图书馆协会（ALA）和美国教育传播与技术协会（AECT）的出版物《信息能力：创建学习的伙伴》中，从信息技术、独立学习和社会责任等方面更进一步扩展和丰富了信息素质的内涵和特征，并指定了学生的学习包括以下三个方面的九大信息素质标准。

（1）信息素养

标准一：具有信息素养的学生能有效、高效地获取信息。

标准二：具有信息素养的学生能批判性地评价信息。

标准三：具有信息素养的学生能准确、创造性地使用信息。

（2）独立学习

标准四：作为一个独立学习者的学生，应具有信息素养，并能探求与个人兴趣有关的信息。

标准五：作为一个独立学习者的学生，应具有信息素养，并能欣赏作品和其他对信息进行创造性表达的内容。

标准六：作为一个独立学习者的学生，应具有信息素养，并能力争在信息查询和知识创新中做得最好。

（3）社会责任

标准七：对学习社区和社会有积极贡献的学生，应具有信息素养，并能认识信息对民主化社会的重要性。

标准八：对学习社区和社会有积极贡献的学生，应具有信息素养，并能实行与信息和信息技术相关的符合伦理道德的行为。

标准九：对学习社区和社会有积极贡献的学生，应具有信息素养，并能积极参与小组的活动来探求和创建信息。

从定义逐步完善的过程看，信息素质是综合性的概念，其基本内容包括：要有信息意识、能有效地利用信息源，能对信息进行批判性的思考，并将有用信息融合成自己的知识体系，能主动鉴别各类信息，获取所需信息并能评价和分析，具有开发和传播信息的能力等。

针对我国的国情和教育现状，综合有关专家的论述，我国公民的信息素质标准包括以下几个方面。

第一：有获取新信息的意愿，能够主动地从生活实践中不断地查找、探究新信息。

第二：具有基本的科学和文化常识，能够较自如地辨别和分析获得的信息并能对其进行评估。

第三：可灵活地支配信息，较好地掌握选择信息和拒绝信息的技能。

第四：能有效地利用信息，表达个人的思想和观念，并乐意与他人分享见解或信息。

第五：面对各种情景都能运用各类信息解决问题，有较强的创新意识和进取精神。

1.2.2 信息素质教育和信息能力

1．信息素质教育的内容

所谓信息素质教育，就是以提高信息素质为目标的教育，具体来讲就是培养受教育者具备利用各种方法和手段获取、评价和利用信息的技能，使受教育者在信息意识、信息观念、信息知识、信息道德等多方面达到信息化社会的需求。

从横向上看，信息素质教育包括两个方面内容：专业信息素质教育和综合信息素质教育。

（1）专业信息素质教育是主要针对信息相关专业人士的专业教育，如信息管理、信息系统、电子信息工程、文献与情报等专业人士所需掌握的专门信息素养能力。

（2）综合信息素质教育则是各个学科、各个专业的人才都应具备的基本信息素质，以满足专业学习和工作的需要。

从纵向上看，信息素质教育分为三个方面内容：基础能力、通用信息素质和学科信息素质。

（1）基础能力，也就是信息素质教育的初等级别，包括基础图书馆应用技能和信息技术基础应用能力，这些能力都应在进入高校之初便打下基础，使受教育者能够熟练利用图书馆（如使用馆藏目录查找文献）、掌握基本网络工具（如搜索引擎）的使用。

（2）通用信息素质，即信息素质教育的中层级别，涉及对普通学术与日常生活问题的信息需求以及它如何获取、评价和利用。要求受教育者能够利用恰当的检索工具、使用正确的检索方法和检索策略获取信息，并对获取的信息进行有效的组织、加工和利用。这是大学生应全面掌握的一项必要技能。

（3）学科信息素质，是信息素质教育的高层级别，是基于自身学科的高等信息素质。包括对本专业的学科信息情况的详细了解，如本学科信息资源概况、分布及趋势，以及对本专业信息资源的评价、分析、判断等，以满足专业学习的深入研究和工作的需要，这是研究生应具备的专业素养。不过，无论何种学历背景，若要在这个信息过度繁荣和发达的社会中发展，都需要全面地进行信息素质教育，拥有良好的、高层次的信息素质。

对大学生、研究生进行信息素质培养，要从信息需求、信息获取、信息评价、信息利用、信息道德五个方面进行。

（1）信息需求：学生应该能够限定并阐明自己的信息需求，并鉴别各种形式和类型的信息源。

（2）信息获取：学生应能选择合适的检索数据库和检索系统，制定有效的检索策略，高效地检索自己所需的信息，尤其要培养学生利用现代信息技术和技能获取信息的能力。

（3）信息评价：学生应能对搜集和检索到的信息进行组织、加工、整理，从中概括出主要的观点，并能综合主要的观点重建新的概念。

（4）信息利用：学生应能运用经过评价的信息解决自己的实际问题。

（5）信息道德：学生应懂得许多有关信息和信息技术的道德、法律和社会经济问题；能遵守关于信息资源获取和利用的法律、规定、政策和礼节。

通过信息素质五个方面的培养和训练，使学生了解知识和信息的组织方法，知道如何探求知识信息，并对获取的知识信息进行评价，融入自己的知识基础和价值系统，最终能利用信息解决科研和工作中的具体问题。信息素质教育的内涵就是要培养大学生的自学能力，为大学生终身学习、终身教育奠定坚实基础，以适应日新月异的信息社会和知识经济时代的到来。

2. 信息能力

信息能力在信息素质中占有重要地位，是信息素质的核心。信息能力是指人们有效利用信息设备和信息资源获取信息、加工处理信息以及创造新信息的能力。这也就是终身学习的能力，即信息时代重要的生存能力，它包括信息检索与获取能力、信息分析、鉴别与评价能力，以及信息运用与创新能力。

（1）信息检索的能力

信息检索的能力是指从各种信息源中收集与所需内容有关的信息资源的能力。首先，表现为根据了解和掌握的信息源知识，确定信息获取来源，以保证获取信息的全面性，即根据对信息需求的分析，正确地选择数据库或搜索引擎；其次，熟悉和掌握各种数据库的检索技巧和方法，制定各种检索策略，以保证信息获取的准确性。

信息检索能力的培养是目前我国许多高校文献信息检索课的主要内容，由于很多高校把这门课程作为选修课，有相当一部分学生没有选修这一课程，致使学生信息检索的能力普遍不高，很多大学毕业生对信息源知识了解较少，查询信息只会用 Google、百度等网络搜索引擎，不了解图书馆馆藏数字资源，不知道还有电子期刊、视频数据库，对专业数据库使用甚少。所以尽管当代大学生思维活跃，接受新鲜事物能力强，但由于缺乏信息检索能力，面对浩如烟海的信息资源常常无从下手，因此，加强大学生信息能力培养迫在眉睫。

（2）信息评价的能力

分析与鉴别信息的能力是指能从众多信息中筛选出有用信息，并经过分析综合，从信息中找出解决问题的方法的能力。首先是要对获得的信息的正确性、权威性、先进性进行鉴别、分析和判断，从众多信息中筛选出权威的、有价值的信息；其次是要运用科学的理论、方法和手段，在对凌乱无序的信息进行挖掘、加工、评价的基础上，透过错综复杂的表面现象，挖掘信息内容的实质，获取对客观事物运动规律的认识。

目前，一项针对我国知名重点医学院校学生进行的信息评价与利用能力的调查显示：21.5%的人能够辨别所获信息的类型，19.6%的人能够独立评价所获信息的正确性，22.7%的人能够以合适的格式引用信息，只有 16.5%的人能够建立个人管理信息系统。调查结果说明我国医学院校的学生信息素质整体水平不高，也从侧面反映出我国信息素质教育仍存在诸多问题。

（3）信息整合与创造的能力

信息整合与创造的能力是指把信息创造性地运用于实践的能力，即根据分析后的信息引申出新的概念、创造出新的方法、提炼出新的思想等。在此基础上，信息整合与创造不仅要利用当前获取的信息，也要融合个人已有知识结构，采用不同的分析方法，让知识创新成为时代主流。

信息能力可以极大地提高科研、生产的效率，节省时间。日本在第二次世界大战后，信息能力迅速发展，用 15 年时间走完了美国 50 年走过的路程，这在很大程度上应归功于善于快速吸收外来科技和信息进行科技创新。所以，掌握信息能力是赢得后发优势，实现后来居上的必要条件。

知识和科学技术正在以 5~10 年为周期加速更新，一个人在大学阶段只能获得需用知识的10%左右，其余 90%的知识都要在工作中不断学习和获取。每个人要在具备生存技能之外，还要掌握自我发展的技能。信息能力是大学生今后走向工作岗位用以进行终身学习的基本素质，因此需对学生开展信息素质教育，培养良好的信息素质。这将有助于学生在步入社会从事具体工作时，及时了解国内外最新工作动态，合理地制订工作计划，既可以少走弯路，避免不必要的重复劳动，又能多出原创性的成果。

1.2.3 信息素质教育的途径

20 世纪 90 年代，率先开展信息素质教育的国家主要有美国、英国、加拿大、澳大利亚、新西兰等，2000 年以来，更多的国家如德国、新加坡、南非、西班牙等也加入到了这一行列。这其中以美国大学信息素质教育最为突出，在教学内容和方法上都有深入研究，同时美国大学图书馆在信息素质教育中的重要作用与地位愈发凸显出来，基于 Web 的在线信息素质教育已经逐渐成为美国大学图书馆信息素质教育的主要形式，并且在全美大学都得到实施，在世界范围内处于领先地位。国内目前主要的信息素质教育的途径有以下几条。

1. 通过新生入学教育普及基础信息素质知识

我国信息素质教育的主体阶段是在高等教育中，在初入高校时，由于个体信息素质基础比较薄弱，信息意识不够强烈，可通过新生入学教育初步普及基本的信息相关的内容。介绍简单的信息知识，提高学生对信息素质的认知度。图书馆是学校信息中心，具有信息服务和教育的双重功能，所以开展信息素质教育有其特有的资源优势。在校园里，图书馆的信息资源环境是任何一个部门无法相比的，这个环境因其丰富的资源和和谐的学习氛围，受到学生的青睐和重视，图书馆经常举办各种相关知识的讲座，进行在线咨询，营造信息素质教育持续发展的良好环境。

2. 信息素质教育以信息检索课为主体

信息检索课一般设置在大学本科二、三年级，作为一门公共必选或专业必修课程。该课程的主要目的是加强文献检索与利用的教育，提高学生获取信息资源的能力，教会学生搜索、积累信息，并利用信息解决实际问题，同时知道如何评价所获信息。其中学术资源的获取、各类现代化检索工具的应用、各类型电子资源以及学术数据库的使用等更是现代化互联网信息社会不可或缺的能力。

3. 以各种信息知识的培训、讲座以及相关选修课程作为重要辅助补充

定期地针对不同专业、不同年级的学生举办各种信息知识、文献学的讲座，例如各学科数据库的使用、专业情报介绍、毕业论文设计等，以弥补课堂教学上的不足。开设比较深入的信息相关课程以供选修，培养学生的信息能力，提高学习质量。

4. 结合专业知识的信息素质教育

作为高校信息素质教育的主要课程，信息检索是一门公共的基础课程，要面向全校各个专业的学生，内容设置要综合、覆盖面广，所以在精度、深度上必定有所不足。对于信息社会人才的要求，这样的基础课程远远不够。所以，将信息素质教育嵌入其他各学科内，在专业教学的过程中，潜移默化地完成信息素质的培养也是信息素质教育的重要途径之一。这样将信息意识有效地融入专业学习，在专业学习中利用信息技能进行更好的探索研究，二者相辅相成，互相促进，既增加了学生的专业功底，也提高了学习兴趣，加强自身素质，事半功倍。

思考题

1. 信息社会中终身学习能力的内涵是什么？
2. 当代大学生应该具备的信息素质有哪些？
3. 信息素质教育的内容和途径有哪些？
4. 信息能力包括哪些方面？

第 2 章　信息检索基础

信息检索是随着信息技术和通信技术的飞速发展以及信息资源的不断丰富而出现的概念，是信息需求者利用相应的检索方式，在存储信息的检索工具和数据库中查询特定时间、范围内的信息的过程。本章主要讲述信息与信息资源的基本内容；信息检索的概念及主要类型；信息检索语言和常用工具；信息检索的方法、策略和效果评价。

2.1　信息及信息资源

2.1.1　信息的概念和特征

1. 信息的概念

一切信息来源于自然界，来源于人类社会，人们的生活、学习、工作、科研以及社会活动都是信息产生的来源。控制论的创始人维纳认为“物质、能量和信息是人类社会赖以生存、发展的三大基础”。那么，什么是信息？

信息是一个十分广泛的概念，信息是一个既古老又年轻的概念，早在唐朝就有“梦断美人沉信息，目空长路传楼台”的诗句。对人类而言，人类自存在以来就不断地通过感官摄取信息，通过大脑处理信息，在科学研究的过程中通过创造性思维产生新的信息，以语言、文字、图画等形式交流信息，并根据积累的信息进一步认识和改造世界。

平时，我们常听说某人从某处获得什么最新信息，这都是古朴的信息概念，即指一般的信号和消息之意。你所读过的书，你所听到的音乐，你所看到的事物，你所想到或者做过的事情，这些都是信息。信息对大家来说并不陌生，如今，信息存在于人类社会和自然世界各个角落，如同空气一样，包围着我们，信息可以说是无处不在，无时不有；它广泛存在于自然界、人类社会及人类思维领域，它不依赖于是否被人类感知理解，我们大家每天都在不知不觉地利用着各种信息。

信息的定义多种多样，各个学科的学者从自身学科的角度研究入手，对信息有不同的解释，给出了不同的定义。尽管这些定义说法各异，但对我们理解信息概念有参考价值。

英文“information”一词，有情报、资料、消息、报道之意，我国学者曾译为“情报”或“信息”，后经国家有关部门核准，建议该词一律译为“信息”。在中国台湾、香港地区，该词被译为“资讯”。

《辞海》中对信息的定义为：信息是对消息接受者来说预先不知道的报道。

信息论的创始人香农认为：信息是能够用来消除不确定性的东西。它能使系统的有序性增强，减少破坏和混乱的噪声。

美国学者威尔伯·施拉姆在其所著的《传播学概念》中将信息定义为：信息意为消息、情报、知识、资料、数据等。

我国情报专家严怡民在其主编的《情报学概念》一书中说，信息可定义为：生物以及具有自动控制功能的系统的机器，通过感觉器官和相应的设备与外界进行交换的一切内容。

哲学家从产生信息的客体来定义信息，认为信息是事物本质、特征、运动规律的反映。

经济学家认为，信息是与物质、能源相并列的客观世界的三大要素之一，是为管理和决策提供依据的有效数据。

新闻界里，信息被认为是对事物运动状态的陈述，是物与物、物与人、人与人之间的特征传输。

图书馆信息领域的专家把信息视为可以以各种形式进行传播、记录、出版及发行的观念、事实及论著。

以上各学科的学者对信息概念的诸多研究多是从信息的受体、内涵角度对信息属性的描述，众说纷纭，无法统一。究其原因有以下三方面：一是信息本身的复杂性，它是一个多元化、多层次、多功能的综合物；二是信息科学是一门新兴学科，它的许多分支学科仍在随着社会、经济和科学技术的发展而发展，其内涵和外延不很确切；三是人们出于不同的研究和使用目的，从不同的角度出发，对信息的概念就会做出不同的解释。

综合以上学者对信息概念的定义，我们认为，信息是指应用文字、数据或信号等形式来表示物质存在的一种方式、形态或运动状态。

2. 信息的特征

信息、物质和能源共同组成社会的三大资源，但物质和能源在使用过程中是消耗的，而信息在其传递和使用过程中却具有其自身特性，它随时间的推移而老化、流失和失值，也可能随着重复使用和再次加工而产生信息增值。因此，信息虽然是一种资源，但是它是不同于物质和能量的一种特殊资源，这种资源具有以下一些特征：

（1）价值性。信息的价值在于它的知识性和技术性。没有意义的信息是不存在的，存在的信息都有其特定的意义和价值。

（2）可传递性。信息在运动中产生，在传递中发挥价值。信息传递可跨越时空，信息的获取、利用以及反馈必须借助于信息的传递。

（3）可存储性。信息依附于各种形式的载体。如果不依附于各种适当的载体，信息就不能传递，其价值也得不到体现。因此，没有载体的信息是不存在的。

（4）可加工性。信息可以压缩、扩充和叠加，也可以变换形态。在流通使用过程中，经过综合、分析、再加工，原始一次信息可以变成二次信息和三次信息。为了有效地交流和传播，借助于先进的信息技术、文本、图像、数字、语言等各种形态的信息均可实现互相转换。

（5）时效性。随着时间的推移，信息会逐渐失去其价值，及时把握有效信息将获得信息的最大价值。

（6）污染性。目前信息量成指数性增加，也就是人们常说的"信息爆炸"，因而信息的质量也不断降低，并且在信息传播过程中存在失真、各种干扰和破坏，要快速准确地找到正确信息的难度加大，这就是信息污染所致。

（7）共享性。信息能够通过时空进行传递，因此能够被人类所共享。与实物使用不同，同一信息可以同时被两个以上的用户使用，而且并不因为信息的多人多次重复使用而丢失其内容。

2.1.2　信息资源的概念、特征和类型

1. 信息资源的概念

信息资源（Information Resources）对社会发展、人们的工作和生活具有至关重要的作用，并已经成为国民经济和社会发展的重要战略资源。尽管信息在客观世界中无处不在，但并非所有的信息都是资源，只有经过人类开发与组织的信息才能构成信息资源，也就是说，信息资源是信息中对人类有价值的那一部分信息，是附加了人类劳动的、可供人类利用的信息。信息资源是由信息和资源两个概念

整合后衍生而成的新概念，对信息资源概念的认识和理解起源于20世纪70年代后期，其相关理论的发展主要经历了三个阶段：

（1）传统管理阶段。20世纪50年代至70年代，以图书馆、情报为代表的文字信息资源管理。1979年，美国著名信息资源管理专家霍顿指出了信息资源的两种解释：信息资源为单数（Resource）时是指某种内容的来源，即包含在文件和公文中的信息内容；信息资源为复数（Resources）时是指支持设备，包括供给、设备、环境、人员、资金等。

（2）信息管理阶段。20世纪70年代末至20世纪末，以计算机应用和数据处理为典型代表。1986年，美国著名信息管理学家马尔香与霍顿合著的《信息趋势：从你的信息资源中获利》一书认为，信息资源包括：拥有信息技能的个人；信息技术及其硬件和软件；信息设施，如图书馆、计算机中心、信息中心、传播中心等；信息操作和处理人员。

（3）信息资源管理阶段。21世纪初，以网络平台、海量数据库、信息处理技术为代表，信息交换、信息共享、信息应用为内容，将信息资源视为主要经济资源进行管理的信息资源管理。2004年，国内著名图书馆学家马费成在《信息资源开发与管理》一书中定义：所谓信息资源，就是指人类在信息活动中积累起来的以信息为核心的各类信息活动要素（即信息技术、设备、设施、信息生产者等）的集合。这里的信息活动包括围绕信息的搜集、整理、提供和利用而开展的一系列活动。

关于信息资源的概念，学术界至今尚未形成统一的定论，但一般从狭义和广义两种角度来认识和理解信息资源的含义。

信息资源的狭义定义：信息资源是指人类社会经济活动中经过加工处理的、有序化并大量积累的有用信息的集合，即只限于信息本身。信息中的载体信息和主体信息是信息资源的最基本的组成部分。从狭义角度出发，有助于把握信息资源的核心和实质，帮助人们进行决策。

信息资源的广义定义：信息资源作为信息管理的基本对象和信息社会开发利用的基本资源，是指有序化社会信息集合本身和与此相关的一切管理要素的总和。既包括信息本身，也包括信息设备、信息人员、组织机构、信息管理资金，以及相应的社会管理机制、管理环境等各种管理要素。从广义角度出发，有助于全面把握信息资源的内涵。

信息与信息资源之间既有紧密的联系又有根本的区别。信息是构成信息资源的根本要素，但信息并不等同于信息资源，而只是其中的一个要素，二者的外延是不同的；信息在经过有序化的组织处理后，才可能成为信息资源；信息之所以不能等同于信息资源，还因为信息效用的发挥和信息价值的实现是有条件的，信息的收集、处理、存储、传递和应用都必须采用特定的信息技术和信息手段才能得以实现，信息的有效运动过程必须有特定的专业信息人员加以控制和协调。因此，信息资源的完整体系是由信息、信息技术与设备和信息人员构成的。

2. 信息资源的特征

在浩如烟海的信息资源海洋中，信息资源呈现离散性、无序性、多样性的特点；信息资源虽非信息全部，但是以信息为核心主体，因此信息资源的特点与信息的特点有很多相同之处；信息资源同其他的资源一样，具有有限性、有用性和多用性三个基本特征，同时它又是一种不同于物质资源和能量资源的特殊资源，这种特殊性表现为四点：

（1）知识性。信息资源是人类所开发与组织的信息，是人类脑力劳动或认知过程的产物。人们在一定的知识水平条件下，吸收外来的信息，对其进行加工和整理，并加以利用。可见，信息资源是人类知识利用的集中体现，不同的信息资源反映了不同社会或地区的知识水平。人类智能的高低决定着信息资源的量与质。因此，知识性是信息资源的本质特征。

（2）不均衡性。信息资源的不均衡性表现在人们对其掌握程度和其区域分布。一方面，由于不同的个体存在认识能力、知识储备和信息环境等方面的差异，导致所掌握的信息资源也不尽相同；另一方面，信息资源在地域分配方面存在不均衡性。由于社会发展程度不同，不同区域对信息资源的开发程度也不同，因此信息资源的分布也存在不均衡性。

（3）再生性。信息资源不同于其他的一次性消耗资源，它可以反复利用而不失去其价值，对它的开发利用越深入，它不仅不会枯竭，反而还会更加丰富和充实，成为新的信息资源。

（4）共享性。信息资源可提供全人类共同分享其信息总量，不会因为人类共享而失去信息量。

3．信息资源的类型

信息资源是经过人工选取、组织、序化的有用的信息集合，其内容较为丰富。划分信息资源的标准并不固定，主要取决于人们分析问题的不同需要，根据不同的划分标准，信息资源的类型也有所不同。

（1）按信息资源的产生来源划分

信息资源可以分为自然信息资源和社会信息资源。自然信息资源包括生命信息资源、动物信息资源、植物信息资源、气象信息资源、海洋信息资源、水文信息资源、地理信息资源等。社会信息资源是产生于人类生产与社会实践活动的信息资源，包括政治信息资源、经济信息资源、科技信息资源、军事信息资源、文化信息资源、法律信息资源、教育信息资源、体育信息资源、生活信息资源等。

（2）按信息资源的表现形式划分

信息资源可分为潜在信息资源和现实信息资源。潜在信息资源是指个人在认知和创造过程中储存在大脑中的信息资源，其特点是只能为个人所利用，无法为他人直接理解和利用，易于随忘却过程而消失，因此是一种没有表达出来的、有限再生的信息资源。现实信息资源是指潜在信息资源经个人表述之后能够为他人所利用的信息资源，其主要特点是具有社会性，可以在特定的社会条件下，通过特殊的符号表述或传递，广泛地、反复地为人类所利用，因此是一种无限再生的信息资源。

（3）按信息资源的载体划分

信息资源可分为人脑信息资源（口语、体语）、实物信息资源、文献信息资源和电子信息资源四类。

人脑信息资源是指以人的大脑为载体的信息资源，人脑信息资源是客观存在的，是人脑资源的一部分。

实物信息资源是指以自然物质为载体的信息资源，可分为自然实物信息资源和人工实物信息资源。自然实物信息资源是存储在天然物质中的信息资源，如地球、山川、河流等。人工实物信息资源是经过人类劳动并以实物存在的信息资源，如建筑物、雕塑等。

文献信息资源是指以文献为载体的信息资源。文献是一种有内容、可识别和理解的载体。它以文字、图像、符号、声频、视频为主要记录手段，以存储、传递信息和知识为主要目的。文献记录、传递的信息和知识，称为文献信息。文献信息资源的特点是储存在脑外物质载体上，便于社会传播和利用，可跨越时空，并可多次反复使用。文献信息资源按其记录方式和载体材料可分为书写型、印刷型、缩微型、机读型和声像型五种类型。

电子信息资源是指运用电子技术，以数字方式存储在电子媒体上的信息资源，可分为网络、数据库、广播、电视等。

（4）按信息资源的公开程度划分

信息资源可分为白色文献、黑色文献、灰色文献。

白色文献指一切正式出版并在社会上公开流通和传递的文献，包括各类图书、期刊、报纸、光盘、数据库等。这类文献通过出版社、书店、邮局等正规渠道发行，向社会所有成员公开，其蕴含的信息人人都可以使用。

黑色文献指不对外公开、具有完全保密性质的文献，如未解密的政府文件、内部档案、私人日记、信函等。这类文献除作者及特定人员外，一般社会成员极难获得和利用。

灰色文献是指介于白色文献和黑色文献之间的、半公开的、非正式的文献，如社会上公开传播的内部刊物、内部教材和会议资料等。这类文献出版量小、发行渠道复杂、流通范围有限，不易搜集。

（5）按信息资源的加工层次划分

信息资源按加工程度不同，可分为零次信息资源、一次信息资源、二次信息资源和三次信息资源。

零次信息资源是指在信息流动过程中未经过加工和组织的信息资源，表现为自然现象、人的思想感情等，其信息流是分散的、无序的，也就是未被开发利用的信息资源，具有客观性、零散性等特点。

一次信息资源又称原始信息，是以作者本人的研究工作或研究成果为依据撰写创作的论著、论文、技术说明书等。一次信息资源是文献的主体，是最基本的情报源。诸如专著、论文、专利说明书、技术标准、科技报告等，多属一次信息资源。一次信息资源具有重要的参考和使用价值，具有创造性和原始性的特点。

二次信息资源是指人们把大量的、分散的、无序的一次信息资源收集起来，按照一定的方法进行加工、整理，使之系统化便于查找而形成的文献。它的主要类型有目录、索引、文摘等。目录是著录图书和其他文献的出版物，并按一定的排检方法编排而成的，其收录范围广，报道速度快，是用来查找最新文献的重要工具；索引是将文献中的各种知识单元以一定的原则和方法排列起来的一种检索工具，这些知识单元可以是篇名、人名、地名、各种号码、分子式、结构式等；文摘以单篇或单本文献为报道单位，不仅著录一次信息资源的外表特征，还著录文献内容，文摘是二次信息资源的核心，减少人们查找一次信息资源所花费的时间。

三次信息资源是选用大量有关的文献，经过综合、分析、研究而编写出来的文献。它通常是围绕着某个专题，利用二次信息提供的线索，选用大量一次信息的内容，经过综合分析再度出版的文献，如各种进展报告、动态综述、手册、年鉴、百科全书等。三次信息资源是在大量有关特定文献的基础上，以简练的文字扼要地概括出来的，因此它不仅具有综合性的特点，还具有价值性和针对性的特点。

2.1.3 信息资源的组织

在信息化社会，信息资源具有数量多而庞杂、变化快且不稳定、类型多、范围广等特点，这使得人们在检索所需的信息时有很大的难度。为了解决这一问题，就要求对信息加以组织，以便于人们有效地开发、利用信息资源。因此，信息资源组织是为了方便人们检索、获取信息而将庞杂、无序的信息进行系统化和有序化的过程。从广义上说，信息资源组织的内容包括信息收集与选择、信息分析与揭示、信息描述与加工、信息整理与存储。对信息的描述、揭示以及有序化是信息组织的中心内容，所以信息资源组织是一个信息增值的过程。

信息资源组织是以各种信息媒体形式为对象进行的组织，就其处理的单元而言，它可以直接以信息资源的对象存在单元作为处理对象，一般称为文献单元，例如，可以以图书、期刊、网页等作为处理单元；也可以以期刊、网页中的论文、新闻、数据等作为处理单元，一般称为知识单元。信息资源组织是为了信息检索需要对信息资源进行有序化组织的活动，它是与信息检索活动密切联系的。

传统文献或网络信息的组织方法大体都按照知识体系结构与主题词字顺排列方法来进行，即分类法和主题法。

分类法是按知识门类的逻辑关系，从总到分，从一般到具体，层层划分逐级展开的登记结构体系，它有较强的系统性，便于检索某一学科、某一专业或某一课题的文献信息。目前国际上应用广泛的分类主要有杜威十进分类法（DDC）、国际十进分类法（UDC）、美国国会图书馆分类法（LCC）和中国图书馆图书分类法（CLC）等。

主题法是直接用词语作为表达主题概念的标志，利用字顺排列和参照系统等方法来间接表达各种概念之间的相互关系，它的标志符号是主题词形式。它通过事物名称对文献信息进行标引和组织，按字顺排检，具有直观性和易用性。由于它不像分类法那样受到严格的等级限制，因此表达灵活，专指性强。国内图书情报机构使用最多的是《中国分类主题词表》。

由于信息资源的不同或组成的检索工具（数据库）不同，信息组织也产生多种不同的组织方式。根据检索工具（数据库）的对象和特点，信息组织可以分为以下四种。

1．目录方式

以目录方式组织信息资源的方法通常是以各种媒体的文献单元为对象，按照事先确定的概念体系、字顺体系对文献加以组织。目录的种类很多，具有不同的功能。

按揭示的方式分为：分类目录、主题目录、题名目录、著者目录等。

按揭示的对象分为：图书目录、期刊目录、报纸目录、档案目录、专利目录等。

按揭示的范围和功能分为：国家目录、馆藏目录、专题目录、联合目录等。

按目录的载体分为：书本目录、卡片目录、缩微目录、机读目录等。

由于目录都是经过筛选和进行规范化的描述和组织的，所以查准率高。

2．索引方式

索引方式是以文献集合中包含的信息内容为对象的检索工具，如期刊论文索引、报刊索引、工具书索引等。索引方式为人们提供某一内容、特征的查找线索，所揭示的内容深入文献所包含的信息单元。检索标志可以是论文的题目、名词术语、人名、地名，也可以是分子式、各种号码等。

索引与目录的主要区别是：目录是对某一文献做整体的著录和揭示，而索引则是对文献中有检索价值的知识、信息分析后进行著录和揭示，注明出处，可以大大提高文献的揭示深度和检索效率。

3．数据库方式

数据库方式是一种依托计算机技术，以机读形式建立的检索系统。数据库按某种同类记录、按一定方式组织而成。数据库可分为文献型数据库和非文献型数据库两类。在文献数据库中，目录数据库通常收录文献目录或索引数据，是手工检索刊物的机读形式。全文数据库则收录文献全文或部分全文信息，人们可从多种检索途径入手查阅文献原文。非文献型数据库包括事实数据库、数值数据库、图像数据库等多种类型。

4．网络搜索引擎

网络搜索引擎是一种专门供组织与检索网络信息资源使用的检索工具，也是数据库的一种特殊形式。网络搜索引擎涉及的资源类型多、动态性强、形式多样。它不仅可以处理各种类型的网站、个人主页等网上资源，还可以连接 BBS、聊天室以及各种电子形式的数据库，通过超文本链接方式，访问各种形式的信息资源。

此外，信息资源组织还可以按照信息资源对象的类型，分为图书、期刊、报纸、专利、档案、会议文献等；按检索系统的功能，可分为提供文献线索、提供事实数据、提供文献资源原文等形式。

2.2　信息检索的概念及类型

2.2.1　信息检索的概念和原理

1．信息检索的概念

对于信息检索，主要存在时间性通信、信息处理和文献查找三种角度的认识。

1950 年，莫尔斯（Calvin N. Mooers）发表了《把信息检索看作是时间性的通信》一文，首次提出信息检索（Information Retrieval）一词，并认为“信息检索是一种时间性的通信形式”。换言之，通过信息检索得到了一些文献，从而使得著者与读者（信息检索的用户）之间建立了一种通信。按照这种通信角度的认识，莫尔斯强调了在通信双方中，信息发送者必须尽可能发送一切信息，是时间性通信的被动一方；而信息接受者是主动活跃的一方，正是接受者才决定什么时候接受以及接受什么信息。因此，信息检索的问题就在于，如何把一个可能的用户指引向所储存的信息。这种认识突出了用户需求的重要性，对于如何做好信息检索服务工作，至今依然具有很强的理论和实践意义。

从信息处理的角度来看，信息检索的基本问题，是如何处理信息和信息的结构。这种认识偏重于信息管理，认识信息不仅限于文献的范围，图像、声音、数据等也都反映信息，并把信息检索视为计算机科学技术的一个分支。把信息检索看作是一种信息处理的认识，强调了如何构造以及利用什么形式来构造信息结构的问题。在当今 Internet 迅速发展，网络信息浩如烟海的情况下，这种认识对于信息检索工具的设计和组建具有指导意义。

从文献查找的角度来看，信息检索就是查找出含有用户所需信息的文献的过程。在信息检索领域，这是一种传统的主流观点，支持者众多。例如：英国著名学者维克利（B. C. Vickery）认为，“信息检索是从汇集的文献中选出特定用户在特定时间所需信息的操作过程”；美国著名信息专家兰卡斯特（F. W. Lancaster）认为，“信息检索是查找某一文献库的过程，以便找出那些某一主题的文献”。

实际上，信息检索具有广义和狭义两重含义。广义地讲，信息检索包含信息储存和信息查找两个过程。信息储存是对文献进行收集、标引及著录，并加以有序化编排，编制信息检索的工具的过程；信息查找是从大量的信息中查找出用户所需的特定信息的过程。狭义地讲，信息检索仅仅指信息查找的过程。

2. 信息检索的原理

信息检索的本质是信息用户的需求和信息集合的比较与选择，即匹配（Match）的过程。从用户需求出发，对一定的信息集合或信息系统采用一定的技术手段，根据一定的线索与准则指出命中（Locate Hit）的相关信息。

信息检索的全过程包括存储和检索两个过程。信息的存储就是信息组织的过程，是将无序的信息转换为有序的信息集合的过程。它是根据一定的规则、方法和技术对信息的外部特征（包括信息的题名、著者、来源、卷期、页次、年月、号码、文种等）和内容特征（题名、主题词、文摘等）进行揭示和描述，并按一定的原则和方法进行加工处理，使之有序化。信息的存储是信息传播和检索的基础和前提，它包括信息选择、信息分析、信息源表述、内容揭示、信息重组和信息存储。这一过程主要由信息工作人员完成，他们通过信息组织将文献信息转换为文献标识，序化后构成信息检索系统库。

信息的检索是查找信息的过程，是用户对信息的需求。它是信息用户为解决特定的问题，使用相应的检索工具、适当的检索方法和检索途径，从信息检索系统库中获取问题的解答的过程。这一过程由信息用户来操作，他们将检索问题按照科学的程序分析研究，转换成检索标识，根据存储所提供的检索途径，从信息集合中查获与检索标识相符的信息内容。

2.2.2 信息检索的发展过程

信息检索起源于图书馆的参考咨询和文摘索引工作，我国古代西汉时期的古文经学家、目录学家刘歆撰写了我国第一部系统目录《七略》，但作为一个学科来发展始于 20 世纪 40 年代末。目前，信息检索已经发展到网络化和智能化的阶段。信息检索的对象从相对封闭、稳定一致、由独立数据库集中管理的信息内容扩展到开放、动态、更新快、分布广泛、管理松散的 Web 内容；信息检索的用户也由原来的情报专业人员扩展到包括商务人员、管理人员、教师学生、各专业人士等在内的普通大众，他们对信息检索从结果到方式提出了更高、更多样化的要求。适应网络化、智能化以及个性化的需要是目前信息检索技术发展的新趋势。

信息检索有广义和狭义之分，本书采用狭义的信息检索来阐述信息检索技术的发展。

1. 手工信息检索阶段

手工信息检索发展于 19 世纪末，专业化的信息检索产生于参考咨询工作。1876 年召开的美国图书馆协会第一届大会上提出了正规的参考咨询工作概念。这一阶段的信息检索手段主要利用书本式和卡片式，包括检索型和资料型的工具书等帮助读者查找图书、期刊或现成答案，至今这些检索工具仍在发挥作用。

2. 机械信息检索阶段

机械信息检索的发展期是 20 世纪 40 年代至 50 年代，生命周期很短暂，是手工检索向计算机信息检索的过渡阶段。机械信息检索主要包括两种检索手段。

穿孔卡片信息检索系统使用诸如打孔机、验孔机等机电设备记录二次文献，用电刷作为检索元件的信息检索系统。

缩微制品信息检索系统使用缩微照相记录二次文献，以胶卷或胶片边缘部分若干黑白小方块的组合作为检索标志，利用光电检索元件查找文献的系统。

机械信息检索系统改进了信息的存储和检索方式，由于它过分依赖于设备，而且检索复杂，成本又高，检索效率和质量都不理想。因此，机械信息检索系统很快就被计算机信息检索系统取而代之。

3. 计算机信息检索阶段

随着 1946 年世界上第一台电子计算机问世，计算机技术逐步走进信息检索领域，并与信息检索理论紧密结合起来；脱机批量情报检索系统、联机实时情报检索系统相继研制成功并商业化。计算机信息检索起源于 20 世纪 50 年代初。1954 年美国海军兵器中心图书馆利用 IBM701 机开发计算机信息检索系统，标志着计算机信息检索阶段的开始。

4. 脱机检索

20 世纪 50 年代至 60 年代是脱机检索的试验和实用化阶段。批处理检索是这个阶段信息检索的主要方式。著名的脱机检索系统有美国国家医学图书馆的 MEDLARS，美国化学文摘社发行的《化学题录》、机读磁带版等。这一阶段的数据存取与数据通信能力都比较差。

5. 联机检索

20 世纪 60 年代至 80 年代是联机检索试验和实用化阶段。1960 年美国麻省理工学院开始实施有关联机检索系统设计的“技术情报计划”，系统发展公司（SDC）也在它开发的全文检索系统 Protosyn thex 上进行了首次联机检索演示，该公司后来研制成功的联机信息检索软件 OBIT 是联机检索阶段的正式开始。这一阶段的特点是联机数据库集中管理，具有完备的数据库联机检索功能，但其数据通信能力仍然较差。

6. 光盘检索

光盘检索阶段始于 20 世纪 80 年代中期。1985 年世界上第一个 CD-ROM 数据库 BIBLIOFILE 问世，是光盘检索系统实用化的标志。这一阶段比较特殊，在发达国家，光盘检索是联机检索的支持和补充，但在通信技术不太发达的国家，由于它自身的优点，却是用户获取信息的一个十分重要的手段。

7. 网络检索

网络信息检索开始于 20 世纪 90 年代初。网络信息检索以 Internet 的出现为标志，检索系统大多采用分布式的网络化管理。该阶段的信息资源发生了变化，从普通的文献转变为数字形式、多媒体的文献。内容覆盖广、分布无序、内容特征抽取复杂、用户界面要求高等特点使得信息处理模式必须从传统模式向新型模式转变。

从历史上看，信息检索的发展经历了手工检索、计算机检索到目前网络化、智能化检索等多个阶段。

2.2.3 信息检索的类型

由于用户的信息需求多种多样，信息检索技术也在不断发生变化，进而产生了多种类型的信息检索。

1. 按信息存储和检索的内容可划分为：文献检索、数据检索和事实检索。

文献检索是以文献为检索对象的信息检索，利用相应的检索方式与手段，在存储文献的检索工具或数据库中，查找检索用户所需文献的过程。文献检索根据检索内容的不同又可分为书目检索和全文检索两种。书目检索以文献线索为检索对象，检索结果是与检索课题相关的一系列文献的线索（包括目录、文摘等），用户只有通过查找收藏单位，才能获得原始文献；而全文检索则以文献所含的全部信息为检索对象，即检索系统存储的整篇文章或整本图书的全部内容。

数据检索是以数值或图表形式表示的数据为检索对象的信息检索，又称数值检索。它是利用参考工具书、数据库等找出包含在信息中的数据的检索，如各种统计数据、气象数据、市场行情数据、企业财政数据等。数据检索是一种确定性检索，检索结果直接回答用户提出的具体问题。

事实检索是以文献中抽取的事项为检索内容的信息检索，它是利用参考工具书、数据库等检索关于某一事物（事件、事实）发生的时间、地点和过程等方面的信息。它包括数值信息和系统数据信息。一般从系统中检索出所需信息后，再加以逻辑推理才能给出结论。

以上三种信息检索类型的主要区别在于：数据和事实检索是一种确定性检索，检索的结果是可供检索用户直接利用的包含在文献中的信息；而文献检索是一种相关性检索，检索结果是与检索要求相关的含有信息的文献。

2. 按检索系统中信息的组织方式可划分为：文本检索和多媒体检索。

文本检索是查找含有特定信息的文本文献的检索，其结果是以文本形式反映特定信息的文献。这是一种传统的信息检索类型，在信息检索中占据着主体地位。

多媒体检索是查找含有特定信息的多媒体文献的检索，其结果是以多媒体形式反映特定信息的文献，如图像、声音、动画、影片等，是在网络环境下发展起来的全新检索类型。

3. 按检索要求可划分为：强相关检索和弱相关检索。

强相关检索强调检索的准确性，用于向用户提供高度对口信息的检索，也称为特性检索。这种检索注重查准，只要检索得到的文献信息能够满足用户的需求即可。

弱相关检索强调检索的全面性，用于向用户提供系统完整的信息检索，也称为族性检索。这种检索注重查全，要求检索出一段时间期限内有关特定主题的所有信息，为了尽量避免漏检相关信息，一般对于检索的准确性要求较低。

2.2.4 信息检索的意义

1. 信息检索是信息社会个人素质的重要组成部分

在信息社会的各种生活、学习和工作活动中，人们的信息能力将发挥越来越大的作用，因为信息能力是个人素质中的关键部分。人们要对浩如烟海的信息进行选择分析、获取加工、组织管理和传递交流，不仅要充分了解丰富的信息资源，而且还要熟练掌握信息检索的基本理论和信息检索的方法与技巧。同时，信息检索能力的提高更有利于人们去熟悉和掌握更加丰富的信息资源并快速转化为自己的财富（知识和能力）。也就是说，信息检索能力直接影响一个人获取信息的质量和使用信息的效率，是个人整体素质中不可缺少的一个重要组成部分。信息检索是接受终身教育和提高自学效率的重要手段。

2. 信息检索是开发情报信息资源，提高经济效益的重要工具

信息与能源、材料和劳力一样是当今世界最宝贵的资源，信息资源的开发利用直接关系到国家科技、经济发展。信息检索正是开发信息资源、打开人类知识宝库的工具和钥匙。世界著名的柏林图书馆大门上刻的碑文是："这里是人类知识的宝库，如果你掌握了它的钥匙，那么全部知识都是你的。"前苏联文献信息学家布留索夫强调："学问与其说是知识的积累，倒不如说是善于在书海中找到需要知识的本领。" 科学技术发展的大量事实证明，没有继承和借鉴就没有提高，没有科学上的交流和综合就没有发明。据统计，科研工作中出现的各种问题 95%以上是借助他人的成功或失败的教训而解决的，从而避免了出现不必要的错误和重复劳动，使科研工作能以最小的代价、最佳的方案、最短的时间取得最满意的效果。

3. 信息检索是避免重复研究，节省人力、物力和时间的必由之路

科学研究是一种探索未知的活动，在研究工作中，从选题、研究到成果鉴定，每一步都离不开信息。科学研究最忌讳的是重复，因此科研人员在选题阶段就应该进行必要的文献信息检索，充分了解哪些研究前人已经做了，哪些正在做，什么人在做，进展如何，哪些研究还没有人做过，需要我们去进行探索，等等。只有这样，才可更有效地借鉴别人的劳动成果，直接进入实质性的研究阶段，避免重复研究、少走弯路。例如，日本高能物理研究所由于借鉴了外国的经验及其他因素，它的第一台高能加速器比国外同类装置节省 1/2 投资，节省 3/4 人力。又如，1956 年中国科学院生物化学研究所等单位联合攻关，首次在世界上人工合成牛胰岛素，他们在定题前就全面、准确地进行了信息检索，得知英国牛津大学和美国麻省理工学院对该课题已进行了长达十年的研究，并已掌握了牛胰岛素的分子结构。正是这条消息使中国的科学家们在他人研究的基础上，进一步分析、研究、实验，至少少走了十年重复之路。

反之，重复研究和失误的例子颇多，原因都是未能掌握必要的信息。例如，我国某研究所花了十年时间研制成功"以镁代银"新工艺，满怀信心地去申请专利，结果经检索得知美国某公司早在 1929 年就已经获得了这专利。这项专利的专利说明书就收藏在该研究所所在地的科技情报信息所。同类例子俯拾即是，不胜枚举。

4. 信息检索是实现信息资源共享的重要途径

信息资源是人类长期劳动实践和智慧凝结而成的巨大宝库，是宝贵的知识财富。信息资源共享是人们梦寐以求的愿望，而信息检索是打开知识室库的钥匙和实现资源共享的重要手段。例如，美国的《化学文摘》被称为"打开世界化学文献信息资源的钥匙"。所以，信息检索在信息服务业中，尤其在信息咨询业中担当着十分重要的角色。离开了信息检索所提供的强大支持，信息服务业的发展是不可能的。

5. 信息检索是科学研究和技术创新的重要组成部分

信息检索尤其在科学研究和技术创新领域具有十分突出的地位。无论是信息搜集、经验借鉴、课题查新，还是文献索取、阶段评估、成果鉴定等各个环节，任何科研活动都离不开信息检索。历史证明继承性是科技发展的客观规律，没有科学上的继承和借鉴，社会进步的程度是不可想象的。这种借鉴和继承不仅包括前人所创造的一切科技成果，更重要的是借鉴当今世界各国的最新科技成果和密切关注它们的最新科研动向。美国曾对从事化学化工工作的 8000 名科技人员进行调查发现，用于科技文献检索的时间占整个科研活动的时间比例，最多占 61%，最少占 15%，平均为 33.4%；对日本电气公司科技人员的调查发现，用于实验研究的时间为 42%，用于科技信息检索和文献处理的时间高达 58%。

2.3 信息检索语言

1. 信息检索语言的概念

信息检索语言（Information Retrieval Language）是信息存储与信息检索过程中用于描述信息特征和表达用户信息提问的一种专门语言，是表达一系列概括文献信息内容和检索课题内容的概念及其相互关系的一种概念标识系统。所谓检索的运算匹配就是通过检索语言的匹配来实现的。

检索语言是人与检索系统对话的基础，信息标引人员在进行信息存储的过程中，会对原始信息进行分析，找出其能代表信息的特征与检索语言进行对照标引，然后纳入检索系统；而信息检索人员在进行信息检索的过程中，则先对待查课题进行分析，归纳出各种信息特征，使之形成能代表需要的检索提问，然后把这些提问与检索语言进行核对，标引成检索提问标识。如果没有检索语言作为标引人员和检索人员的共同语言，就很难使得标引人员对文献信息内容的表达和检索人员对相同文献信息内容需求的表达取得一致，信息检索也就不可能顺利实现。

2. 信息检索语言的作用

检索语言在信息检索中起着极其重要的作用，它是沟通信息存储与信息检索两个过程的桥梁。首先，在表面的操作层次上，检索语言被用来描述文献以及文献中信息内容的特征，把文献信息转换成一定的文献标识，构成信息检索系统的各种检索途径；同时，它也被用来描述检索提问和需求内容的特征，把提问转换成一定的提问标识或检索标识，以便在检索系统中查找特定的文献信息。从这一层次来看，信息检索语言是一种逻辑语义工具，旨在对各种事物进行表达。

其次，在更深的原理层次上，信息检索语言能够把文献标引与检索提问联系起来，把标引人员与检索人员联系起来，把文献信息的存储与检索联系起来，以取得两者的共同理解和相互对应。就这一层次而言，信息检索语言又是一种语义交流的工具，重在对各种意义的沟通。

3. 信息检索语言的种类

不同的信息检索系统，如检索匹配方式不同、覆盖的学科领域不同、文献数量与类型不同、用户群体各异等，通常要采用不同的检索语言，以适应不同的检索特性要求。即便是同一个检索系统，也往往同时采用多种检索语言，形成多种不同的检索途径。如图 2.1 所示，就检索标识的性质与原理分，信息检索语言主要有两大类：分类检索语言和主题检索语言。

（1）分类检索语言

分类检索语言是用分类法来表达各种信息资源的概念，将各种概念按照学科、专业性质进行分类和系统排列。例如，分类目录可以向用户展示一个科学分类系统，用户能够通过这个系统查找自己所需的文献；文献的分类排架，可将文献按照内容之间的关系组成一个藏书分类系统，供用户按照知识关系查找使用文献。

- 信息检索语言
  - 描述文献外部特征
    - 责任者（著者、译者、编者）
    - 题名（书名、篇名等）
    - 文献代码（例如标准号、专利号等）
    - 引用文献
    - 出版社、出版日期、
  - 描述文献内容特征
    - 分类（例如中图法）
    - 主题
      - 标题词
      - 叙词
      - 单元词
      - 关键词

图 2.1　信息检索语言分类

分类法具有很好的层次性和系统性，其分类体系便于用户扩检和缩检，便于进行浏览检索，传统的文献组织大多采用这种方法。分类法还可广泛用作网络信息资源组织的工具，包括编制网络分类工具，系统组织各类信息资源，对网上数据库的相关文献进行整合，编制跨库检索工具等。

目前世界上有代表性的分类法有杜威十进制分类法（DDC）、国际十进制分类法（UDC）、美国国会图书馆图书分类法（LCC）和中国图书馆图书分类法（CLC）、中国科学院图书分类法等。

（2）主题检索语言

主题检索语言是另一种从内容角度标引和检索信息资源的方法。它不像分类法以学科体系为中心，而是利用词语来表达信息资源中论述的主题概念。用来表达信息内容的词语称为主题词。主题词不同于自然语言，它是将自然语言中的词语进行人工规范后的语言，即经过词汇控制的词语。所谓主题法，就是以自然语言中的词语或规范化的词语作为揭示文献主题的标志，并以此标识编排组织和查找文献的排检方法。

主题指文献所具体论述的对象和研究的问题，它以词语作为检索标识，按字顺排列，直观性强，也是一种普遍使用的信息组织方法。该方法提供了一种直接面向具体对象、事实或概念的信息组织方法和信息检索途径。

主题的类型主要有标题词、叙词、关键词和自然语言。这里要特别介绍的是关键词，关键词是指出现在文献标题、文摘、正文中，对表达文献主题内容具有实质意义的词语，对揭示和描述文献主题内容是重要的、关键性的词语。由于关键词能深入、直观地揭示信息中所包含的知识，而且符合人们的思维习惯，因此关键词法在信息组织中得到了广泛应用，网上各种各样的搜索引擎和数据库大多采用了关键词法组织信息资源。

（3）分类法与主题法的比较

分类法和主题法是从不同角度揭示文献内容的方式。分类法主要揭示文献中所论述的问题，它从文献的内容出发，将研究对象置于一定的学科体系之下。各个类目相互关联、层层展开。因此分类法具有很好的系统检索和浏览检索功能，但分类法的体系庞大复杂，不容易掌握，对细小专深的主题也难于揭示和检索。

主题法直接用名词术语作为检索词，表达概念较为准确和灵活，直接性、专指性、易用性是主题法的主要特征。主题法只注意揭示文献中所论述与研究的对象，各个主题词之间是相对独立的，主题词只是按字顺排列在一起，因此系统检索某一知识领域的文献信息是困难的。

总之，分类法与主题法功能是互为补充的，在检索时，最好把二者结合起来，才更有利于查全、查准相关的文献信息。

2.4 信息检索技术

在计算机信息检索系统中，虽然各数据库提供给用户的检索界面其检索功能各不相同，但较为通用的有浏览、简单检索和高级检索等功能。浏览功能是由信息工作者将各种信息按一定的方式组织起来，按信息的主题、分类等方式编制成树状结构体系，供用户层层单击，进入不同分支查看检索结果列表。简单检索和高级检索是利用检索词（或检索式）进行检索，返回与之相符的检索结果。利用检索词（或检索式）检索时通常会用到布尔逻辑检索、截词检索、位置检索、字段限定检索。

1．布尔逻辑检索

布尔逻辑检索是利用布尔逻辑算符对多个检索词进行逻辑组配，以利于对复杂课题进行充分而高效检索的方法。布尔逻辑检索是当今检索理论中最成熟的理论之一，也是构造检索表达式的最基本匹配模式，Google、Yahoo、百度等搜索引擎都使用了这种检索技术。常用的布尔逻辑算符有 3 种：逻辑与、逻辑或、逻辑非。布尔逻辑算符的作用是将代表单一概念的检索词组配在一起，以充分表达信息需求。

（1）逻辑与“AND”（*）

逻辑与“AND”（*）是反映概念之间交叉和限定关系的一种组配方式，用以缩小检索范围，提高查准率（见图 2.2）。

检索词 A 和检索词 B，A AND B（或 A*B），表示命中结果中必须同时含有检索词 A 和 B。如查找“胰岛素治疗糖尿病”的检索式为：insulin（胰岛素）AND diabetes（糖尿病）。

（2）逻辑或“OR”（+）

逻辑或“OR”（+）是反映概念之间并列关系的一种组配方式，使用它相当于增加检索词主题的同义词或近义词，可以扩大检索范围，避免漏检，提高查全率（见图 2.3）。

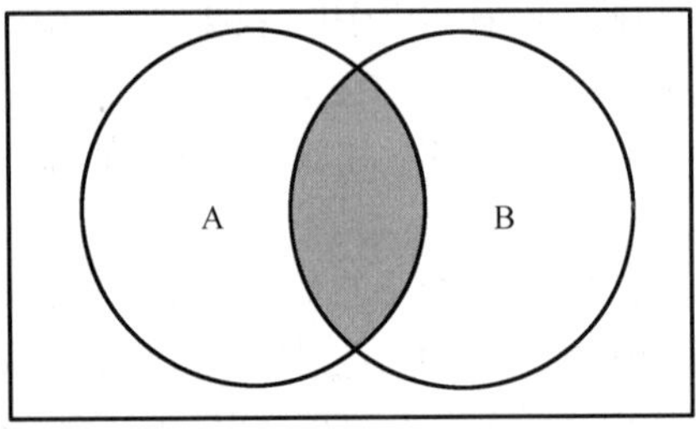

图 2.2 逻辑与“AND”（*）图示

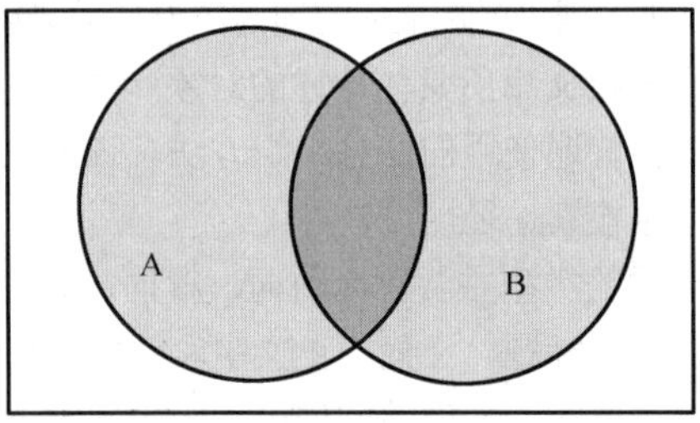

图 2.3 逻辑或“OR”（+）图示

检索词 A 和检索词 B，A OR B（或 A + B）表示文献信息中凡含有检索词 A 或检索词 B 或者同时含有检索词 A 和 B 的即为命中结果。如查找“肿瘤”的检索式为：cancer（癌）OR tumor（瘤）OR carcinoma（癌）OR neoplasm（新生物）。

（3）逻辑非“NOT”（–）

逻辑非“NOT”（–）用于从原来的检索范围中排除不需要的概念或影响检索结果的概念。它与逻辑与“AND”的作用类似，能够缩小命中文献范围，提高查准率（见图 2.4）。

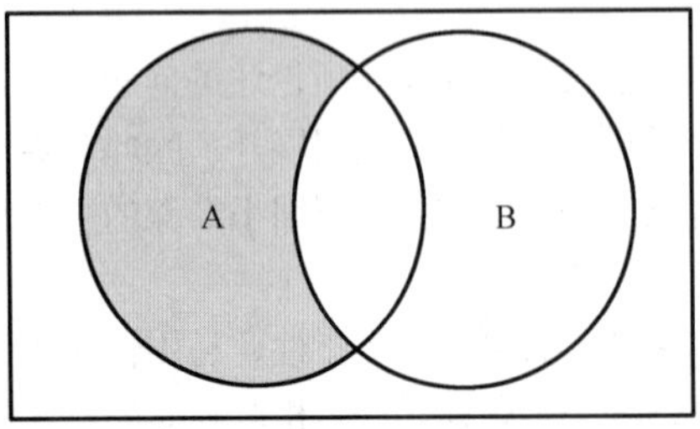

图 2.4 逻辑非 NOT（–）图示

检索词 A 和检索词 B，A NOT B（或 A - B）用于从包含 A 的文献信息范围中减去含有 B 的内容。如查找“动物的乙肝病毒”的检索式为：hepatitis B virus（乙肝病毒）NOT human（人类）。

（4）布尔逻辑算符使用注意事项

在检索式中使用 NOT，能排除含有 NOT 指定的检索词的文献，协助检索出更准确的文献。但是，使用 NOT 必须慎重，以免排除有用信息，造成漏检。

用布尔逻辑算符表达检索要求时要注意，不同的运算次序会产生不同的检索结果。这些逻辑算符在运算中的优先次序一般为非（NOT）、与（AND）、或（OR）。可以用括号“()”改变它们之间的运算顺序。例如，（A OR B）AND C，根据优先次序，AND 运算应当先进行，但用括号将“A OR B”括起后，就应先处理“A OR B”，再将该次检索结果与 C 作逻辑与运算。

在网络信息检索中，几乎所有的搜索引擎都会提供一定的逻辑运算功能，不过运算符以及空格的使用有很大不同，使用时一定要多加注意才能起到应有的作用。另外，各系统默认的组配方式也不相同，有的是“逻辑与”，有的是“逻辑或”。

2．截词检索

截词检索是计算机检索系统中应用非常普遍的一种技术。由于西文的构词特性，在检索中经常会遇到名词的单复数形式不一致；同一个意思的词，英、美拼法不一致；词加上不同性质的前缀和后缀可以派生出许多意义相近的词等情况。为了保证查全，就需要在检索式中加上这些具有各种变化形式的相关意义的检索词，截词检索就是为了解决这个问题而设计的，它既可以保证不漏检，又可节约输入时间。所谓截词，就是指在检索词的适当位置截断，保留相同的部分，用相应的截词符代替可变化部分，计算机会将所有含有相同字符部分词的记录全部检出。不同的检索系统其截词符的表示形式和截词检索的方式不同。

截词符用“？”或“*”表示，前者通常表示有限截断，后者表示无限截断。截词有 3 种：前截断、后截断、中间截断。

（1）前截断

将截词符放在词根前面，后方一致，表示在词根前有无限个或有限个字符变化，也称为左截断。例如：*computer，最终检索出的结果是 computer、minicomputer、microcomputer 等词汇。

（2）后截断

后截断是最常用的截词检索技术，即将截词符放在一个字符串之后，用以表示后面有限或无限个字符，也称为右截断。例如：physic*，可检出的词汇有 physic、physical、physician、physics 等。

归纳起来，后截断主要使用在以下四个方面：

- 词的单复数，如 book?、potato??。
- 年代，如 198？（80 年代）、19??（20 世纪）。
- 作者，如用 Bush*可检出所有姓 Bush 的作者。
- 同根词，如用 interest*，可检出 interesting、interested 等同根词。

（3）中间截断

中间截断是将截词符置于一个检索词的中间，表示这个位置上的有限个字符的异同不影响该检索词的检索，也称为屏蔽。它对应解决英、美不同拼法，不规则的单、复数变化等很有用。例如：wom?n 表示 woman 和 women，colo?r 表示 colour 和 color。

3．位置检索

位置算符用于表示词与词之间的相互关系和前后的次序，通过对检索词之间位置关系的限定，进一步增强选词指令的灵活性，提高检索的查全率与查准率。常用的位置算符有以下几种。

（1）W 算符

W 是 With 的缩写，W 表示其两侧的检索词必须按前后顺序出现在记录中，在两词之间不能插入其他词，只可能有空格或一个标点符号。例如：x(W)ray 表示包含 x ray 和 x-ray 的文献记录均被命中。W 算符严密性较强，它基本等价于词组检索。

A（nW）B 表示 A、B 之间最多可插入 n 个单词，且位置关系（词序）不可颠倒。其中 n 为整数，但 n 不能太多，否则运算符将失去意义。

（2）N 算符

N 是 Near 的缩写，N 表示其两侧的检索词必须彼此相邻，词间不允许插入任何词，但词序可以颠倒。例如：factory(N)automation 可检出 factory automation 和 automation factory 的信息。

A（nN）B 表示在其两侧的检索词之间允许最多插入 n 个单词，并且两词词序可以改变。例如：cotton(2N)processing 表示包含 cotton processing、processing of cotton、processing of Chinese cotton 等的文献记录都会被命中。

（3）F 算符

F 是 Field 的缩写，A(F)B 表示 A、B 检索词必须同时出现在同一记录的同一字段中，如篇名字段、文摘字段等。两词的词序不限，中间可插入单词的数量不限。但使用此算符时必须指定所要查找的字段（如 AB、TI、AU 等）。例如：pollution(F)control/TI 表示检索出题名字段中同时含有 pollution 和 control 两词的文献记录。

（4）S 算符

S 是 Subfield 的缩写，A(S)B 表示 A、B 检索词必须同时在一个子字段中，即一个句子或短语中，词序可随意变化，且词间可加任意个词。

（5）SAME 算符

A(SAME)B 表示 A、B 两个检索词同时出现在同一个段落中。

位置算符有十余种，不同的检索系统对其所采用的位置算符有其自己的规定，应注意检索系统的使用说明。

4. 字段限定检索

字段限定检索是指定检索词在记录中出现的字段，检索时，计算机只在限定字段内进行匹配运算，以提高检索效率和查准率。

检索字段符分为两类，即后缀方式和前缀方式。前者对应基本索引，反映文献的主题内容；后者对应辅助索引，反映文献外部特征。

（1）后缀方式

后缀方式是在检索词之后加上指定检索字段的后缀字段代码，反映文献的主题内容。常用的代码有/TI（篇名）、/AB（文摘）、/DE（叙词）、/ID（自由词）。

（2）前缀方式是在检索词之前加上指定检索字段的前缀字段代码，反映文献的外部特征。常用的代码有 AU=作者，ISBN=ISBN 号，CC=分类号，DT=文献类型，JN=刊名，PY=出版年等。

例如：AU=Yan,Xianzhuo AND CS=(NingBO Dahongying Univeisity)表示查找宁波大红鹰学院 Yan,Xianzhuo 的文献。

2.5 信息检索策略

国内学者有关检索策略的定义基本上是在总结国外研究成果的基础上提出的，其中广泛认同的是北京大学信息管理系赖茂生教授提出的定义：检索策略是为实现检索目标而制定的全盘计划和方案，是对整个检索过程的谋划和指导。基于这样的理解，对于一个具体的检索课题来说，要达到什么目标，要求什么范围，选择什么检索系统，通过什么检索途径，选择什么检索标识，采用什么逻辑组配方法，需要哪些反馈调整措施等一系列问题的考虑和具体查询步骤的安排，都应属于检索策略的研究范围。越来越多的试验研究和检索服务实践，使人们意识到检索策略对检索成败的重要影响，并认识到只有正确把握检索策略和检索效果的特性，并对两者进行有效控制和调节，才能真正提高检索服务的质量。

2.5.1　信息检索步骤

信息用户的检索课题和需求虽然各不相同，但为了达到检索目的，都要利用一定的检索工具和数据库，按照一定的途径与方法才能检索出需要的文献。一般而言，要经过以下步骤。

1．信息需求分析

信息需求分析是让检索者了解检索目的，明确课题的主题或主要内容，课题所涉及的学科范围，所需信息的数量、出版类型、年代范围、涉及语种、已知的有关作者、机构，课题对查新、查准和查全的指标要求等，确定有关检索标识即描写信息特征的符号与词语，以便选择合适的检索工具或数据库。

2．选择检索工具

在信息需求分析的基础上，根据检索要求，选择相应的检索工具。若需要某一课题系统、详尽的信息，如撰写学位论文、申请研究课题、科技查新等，此类检索需要了解其历史、现状和发展，对检索要求全面、彻底，检索覆盖的年份也较长。为了满足此类检索，应尽可能选用一些收录年份较长的综合型和专业型数据库，如中国知网、万方数字化期刊、重庆维普、EBSCO 等。如需搜集某一课题的最新信息，因其检索覆盖的年份较短，可以选择一些更新及时的联机数据库、网络数据库和搜索引擎来查找。另外，如果需要了解某一方面的信息，以解决一些具体问题，如针对某个问题查找一些相关参考资料、一般论文写作等，此类检索不需要查找大量资料，但针对性很强，可以选择一般的数据库和网络搜索引擎进行。

3．确定检索词

分析课题，选择所涉及的主要概念，并找出能代表这些概念的若干个词或词组，进而分析各概念之间的上、下、左、右关系，以便制定检索策略。例如，“网络资源的知识产权保护”可选“知识产权保护”、“网络资源”作为关键词。

有些课题的实质性内容很难从课题的名称上反映出来，其隐含的概念和相关内容需要从专业的角度进行深入的分析，才能提炼出确切反映课题内容的检索概念。如“知识产权保护”概念中的“知识产权”一词隐含着“著作权”、“版权”等概念。

检索词选取时应注意，选取的检索词具有专指性，涵盖主要主题概念，意义明确；尽可能考虑其相关的同义词、近义词作为检索词，以保证查全率；一般不选用动词、形容词、禁用词，少用或不用不能表达课题实质的高频词，如“分析”、“研究”、“应用”、“发展”、“趋势”、“现状”等；在查阅外文文献时，一些技术概念的英文词若在词表中查不到，可先阅读国外的有关文献，再选择正确的检索词，也可以用中文数据库（如万方数据库的英文题名）校正检索词；尽量使用代码，以提高查全率，不少数据库有自己的特定代码，如《世界专利索引》（WPI）文档的国际专利分类号代码 IC、《化学文摘》（CA）中的化学物质登记号 RN 等。

4．编制检索式、执行检索

利用布尔逻辑算符、截词符、位置运算符、字段符等，对各检索词进行准确、合理地逻辑和位置组合，编制出检索提问式，执行检索。

不同的数据库，可供检索的字段不一定相同，利用不同检索字段的检索结果也不尽相同。通常，关键词和自由词（ID）字段对检索词没有什么特殊要求，但命中文献的相关度较低；主题词字段（DE）检索，所用检索词是规范化词语，检索效果较好，但由于词表规模限制和新技术词汇、信息需求的发展和变化，必要时可同时利用自由词或关键词检索。为防止漏检，除尽可能地多考虑同义词之外，还可采用多个字段同时检索。

5. 调整检索式，优化策略

将检索式输入检索系统后，有时检索结果不一定能满足课题的需求，如检索到的不相关文献很多，或是检索到的文献太少，这时，必须重新调整检索式，对检索策略进行优化。当命中文献太多时，可利用运算符 AND、NOT、NEAR、WITH 等限制或排除某些概念，限定字段检索，提高查准率；当命中文献太少时，应进行扩检，对已确定的检索词进行同义、缩写、全称检索，或使用运算符 OR、“*”、“？”等进行扩检，以提高查全率。

以上步骤用箭头图来表示：信息用户→研究课题→信息需求分析→选择检索工具→选择检索途径：主题词、作者、机构等→制定检索式→执行检索→检索结果输出→用户结果评价：满意→索取原文；不满意→返回重新制定检索式执行检索。

2.5.2 信息检索方法

信息检索方法主要有三种：常用法、追溯法和分段法。

1. 常用法

常用法是指在文献检索中经常使用的方法，可细分为下列三种方法：

顺查法：是以检索课题的起始年代为起点，按时间顺序由远及近地查找，直到查得的文献信息可以满足要求为止。这种方法系统、全面、可靠。

倒查法：是一种由近及远地查找文献的方法，一般用于新开课题，比较注意近期的文献，以便掌握最近一段时间该课题所达到的水平及研究动向。

抽查法：是针对学科发展特点，抽出其发展迅速、发表文献较多的一段时期，逐年进行检索的一种方法，能以较少的时间获得较多的文献。

2. 追溯法

追溯法是利用已有的文献后面的参考文献进行追溯查找的方法，是在没有检索工具或检索工具不全的情况下使用的一种方法，但用这种方法查找的文献不全。

3. 分段法

分段法是将常用法和追溯法交替使用的一种方法，即利用工具书检索文献，又利用文献后面的参考文献进行追溯，两种方法交替使用，直到满足用户需求为止。这种方法可根据文献和本单位工具书收藏的情况分期分段交叉运用不同的查找方法，既能获得一定时期内的文献，还可节约查找时间。

2.5.3 信息检索效果评价

检索效果是指利用检索系统进行检索时产生的有效结果。评价检索系统的检索效果，是为了准确地掌握信息检索数据库系统的各种性能和水平，找出影响检索效果的各种因素，提高信息检索的效果，改进系统的性能，提高系统的服务质量。

检索效果包括技术效果和社会经济效果两个方面：技术效果主要指检索系统的性能和服务质量，

检索系统满足用户检索需求的有效程度；社会经济效果主要指检索系统完成检索服务所耗费的成本和时间，以及用户或系统本身所获得的社会和经济效益。在此重点讨论系统技术效果的评价。

1．检索效果评价标准

克莱费登（Cranfield）曾提出了评价检索系统的六条标准，即收录范围、查全率、查准率、响应时间、用户负担、输出形式。这些标准涉及检索的质量、费用、时间等多个方面，质量标准主要通过查全率与查准率进行评价，费用标准指用户为检索课题所投入的费用，时间标准是指花费时间，包括检索准备时间、检索过程时间、获取文献时间等，查全率和查准率直接关系到检索结果的质量，是评价检索效果的主要标准。

查全率（Recall Ratio）是指系统在进行某一检索时，检出的相关文献量与系统相关文献总量的比率。

查全率=【检出相关文献量/系统相关文献总量】×100%

例如，要利用某个检索系统查某课题，假设在该系统文献库中共有 100 篇相关文献，而只检出 50 篇，那么查全率就等于 50%。

查准率（Precision Ratio）是指系统在进行某一检索时，检出的相关文献量与检出的文献总量之间的比率。

查准率=【检出相关文献量/检出文献总量】×100%

例如，检出的文献总篇数为 50 篇，经审查只有 30 篇与检索课题相关，另外 20 篇与该课题无关，那么查准率就等于 60%。

查全率反映的是检索系统检出相关文献资源的能力，查全率是反映检索系统排除与检索提问无关文献资源的能力。研究表明，世界上最好的搜索引擎其查全率也只有 45%，其查准率更低。根据国外有关专家所做的实验表明，查全率与查准率是呈互逆关系的。要想做到查全，势必会对检索范围和限制逐步放宽，则结果是把很多不相关的文献也带进来，影响了查准率。想要使查全率和查准率都同时提高，不是很容易，强调一方面，忽视另一面，是不妥当的。应当根据具体课题的要求，合理调节查全率和查准率，保证检索效果。

2．影响检索效果的因素

影响检索效果的因素有多个方面，检索系统的收录范围、标引工作、索引语言、用户的检索工作等。检索系统质量的优劣是影响检索效率的重要因素，一般来说，检索系统收录的文献量越多，编排结构越简便易用，采用的检索语言越准确实用，辅助索引越齐全，收录内容越新颖，系统性能越优越。由用户的因素导致检索不满意或检索效果不佳的主要原因有以下几点：

（1）信息检索思维方法的缺陷

用户在自身信息需求的分析上，从始至终都是一个需求，不懂得通过变换检索词、采用相关词或同义词来提出更多要求。

（2）对检索工具的选择缺陷

很多用户在检索工具的选择上更倾向于搜索引擎，网络上的资源与专业数据库相比，无论是质量还是数量上都有很大的差距，仅用搜索引擎来查找文献是远远不够的。

还有用户忽视文摘数据库，过度依赖全文数据库。虽然检索文摘数据库不能马上得到全文，但是文摘数据库的数据量大、范围广，是查找文献线索极好的检索工具，且文摘数据库收录的文献是经过筛选的，质量更有保证。

（3）信息检索操作方法的缺陷

在使用具体检索平台时，只使用初级检索功能，而没有发现其高级检索功能和限制检索选项。

在检索结果的利用上，不善于利用检索系统对检索结果进行分析，不擅长利用分类功能对检索策略进行优化调整。

没有对检索词进行限制，包括字段限制、时间限制和分类限制等；提炼概念不够具体或概念具有多义性导致误检；对所选的检索词截词过短等。

想要提高检索效果，一是要选择质量较高的检索系统，二是提高检索者的检索水平，检索效果与检索者的知识水平、工作经验，特别是检索技能的熟练程度和外语水平密切相关。

思考题

1. 简述信息及信息资源的概念和特征。
2. 信息检索的原理是什么？
3. 什么是检索语言？试述检索语言的种类？
4. 常用的信息检索技术有哪些？各有什么功能和特点？
5. 信息检索的步骤是什么？
6. 信息检索效果主要的评价标准是什么？

第 3 章　图书信息检索与利用

3.1　图书信息检索

3.1.1　概述

1．图书的概念

图书作为一个传统的文献类型，也是一种重要的信息源。从“河图洛书”到电子图书，内涵和外延在变化中，定义说法不一。联合国教科文组织出于在世界范围内进行统计和分类的需要，将图书定义概括为：凡由出版社（商）出版的不包括封面和封底在内 49 页以上的印刷品，具有特定的书名和著者名，编有国际标准书号，有定价并取得版权保护的出版物称为图书。图书是获取系统成熟知识和查找历史记录的重要工具，其优点是内容全面而系统，观点较成熟，是求知解惑时主要利用的文献之一；缺点是由于出版周期长，不能及时、迅速地反映最新科研成果。

2．图书信息资源检索

（1）图书信息资源检索的概念

狭义的图书信息检索，包括检索书目信息，即书名、作者、出版信息（不含图书收藏信息部分）、价格等，馆藏图书还有检索书号、馆藏地点、是否在馆、预约等信息，其次是检索图书的内容。有的标准文献目录或者汇编、会议录、学位论文等篇幅较大，也以图书形式出版。所以，广义的图书信息检索应该包括检索某些标准文献、会议文献和学位论文。对于社会科学的检索课题而言，图书通常是最重要的信息源。但是图书的内容比较陈旧，所以对于自然科学的检索课题而言，重要性不如期刊、学位论文和专利信息。图书信息检索主要通过图书目录、图书内容索引、书目词典、数字图书馆检索来进行。目前系统提供图书信息服务的机构包括各类型图书馆和各类服务商，它们各自的图书资源有着不尽相同的排架分类方法，但却提供相对一致的检索方法，即根据图书本身的特征形成的检索入口。

（2）图书信息资源检索途径

图书的检索途径分为根据图书的外部特征和根据图书的内容特征两种途径。

所谓外部特征是指直接出现在图书的封面、封底等或直接显示出来的图书的表面信息和形态特征。包括：

① 书名检索途径，是指利用已知书名检索图书的一种方法。书名包括正题名、副题名、统一题名、并列题名和其他题名信息等，一般都能揭示出文献的基本特征，是识别特定文献的一种标识。

② 责任者途径，责任者是指对文献内容进行创作、整理负有直接责任的个人和团体，如著译者、编者、执笔者等。从已知责任者名称查找文献，可系统查出该责任者的全部或大部分论著。因为从事科技研究的个人和团体都是各有所长的，同一著者在一定时期所发表的著述常常限于某一学科或者某一专业范围之内，因此，通过著者，可以检索出内容相近或相关的文献。

③ 书号途径，一般情况下，国际标准书号（ISBN）是可以唯一标识一本图书的，就像居民身份证。已知某本图书的 ISBN 号码，就可以快速直接地将其检索到。但书号并不易得，所以局限性大。

④ 其他特征途径，指通过图书的其他特征（如出版社、出版日期、国别、语种等）来检索图书。单纯通过这些途径可能会出现检索结果集过大的情况，因此一般可作为辅助来判断所要检索的图书，或者在进行二次检索时使用。

所谓图书的内容特征是指以图书所载的知识信息中隐含的、潜在的特征主题等内容特征作为检索途径检索未知线索的文献。包括：

① 分类途径，指按照图书所属的类别进行检索的途径，这种检索途径的关键在于正确理解分类的依据。目前各图书馆的分类体系有《中国图书馆分类法》（以下简称《中图法》）、《科学院图书分类法》、《中国人民大学图书分类法》、《军事图书资料分类法》等，基本是按照图书的学科性质分类的，应用最广的是《中图法》，其他图书相关服务的提供商则有自己不同的分类体系，如各类的网上书店对图书的分类方法与学科、用途、销售情况都有一定关系。按照分类检索的优点是能满足族性检索的要求，也易于扩检或缩检，但涉及相互交叉的学科或分化较快的学科时，此法专指性不强。

② 主题途径，指根据标引人员按照规范词表标引出的主题词进行检索。这种检索途径同样也需要对主题标引的规则有一定了解。其优点是能满足特性检索要求，专指性强；能适应新兴学科及多学科文献的检索。其缺点是主题词选择必须准确，否则无法进行查找。

③ 关键词（自由词）途径，指直接从文献中抽出来的具有实质性意义的词，其主要特征是未经规范化处理，受主题词表控制的词，又称自由词，用于计算机作为自然语言检索。其最大优点是词语不必规范化，用户可根据自己的需要，选择熟悉的语言进行检索，不用特意记忆或事先查找词汇，比较方便；其缺点是容易漏检。因而，使用这种途径进行检索时，必须同时考虑多个同义词、近义词，以减少漏检。图书的各种检索途径其实不是孤立和单一的，往往很多时候是相互配合使用的，或者交替使用，以达到最精最优的效果。

现今，很多图书馆已采用了 RFID 技术来实现图书自助借阅、还书、顺架、查找、盘点等功能。在图书馆的应用中，RFID 标签可作为一本书籍或一张光盘存储一个唯一的标识符号，并且可以通过这个符号进行快速高效的流通处理和库存管理。此技术的应用有效地提高了图书管理的效率、简化了图书管理的流程、降低了图书管理人员的劳动强度。

（3）中国图书馆分类法简介

《中国图书馆分类法》（原称《中国图书馆图书分类法》）是我国建国后编制出版的一部具有代表性的大型综合性分类法，是当今国内图书馆使用最广泛的分类法体系，简称《中图法》。该书是我国图书馆和情报单位普遍使用的一部综合性的分类法。《中图法》使用字母与数字相结合的混合号码，基本采用层累制编号法。《中图法》首次出版于 1975 年，1999 年出版了第四版。修订后的《中图法》第四版增加了类分资料的类目，并与类分图书的类目以“+”标识进行了区分，因此正式改名为《中国图书馆分类法》，简称不变。

《中图法》第四版的主要特点有：①在保证图书馆排架稳定性的前提下优化其检索功能。②在保证综合性分类法的基本前提下处理集中与分散的关系以及各学科专业类目深度。③在类目、类号编排上，贯彻了连续性、前瞻性和预见性原则。④保持《中图法》作为列举式分类法基本属性不变，保持《中图法》的基本部类和基本大类设置以及序列基本不变，保持《中图法》字母-数字混合制的标记符号与层累小数制的标记制度基本不变，在此前提下，对《中图法》个别大类的体系结构进行调整和完善，增补新学科、新主题概念。⑤较多地考虑到方便用户从第三版改用第四版的措施。

《中图法》包括马列主义、毛泽东思想，哲学，社会科学，自然科学，综合性图书五大部类，22 个基本大类，具体如图 3-1 所示

基本部类	基本大类	基本部类	基本大类
一、马列毛邓	A　马列主义、毛泽东思想、邓小平理论	四、自然科学	N　自然科学总论
二、哲学	B　哲学、宗教		O　数理科学和化学
三、社会科学	C　社会科学总论		P　天文学、地球科学
	D　政治、法律		Q　生物科学
	E　军事		R　医药、卫生
	F　经济		S　农业科学
	G　文化、科学、教育、体育		T　工业技术
	H　语言、文字		U　交通运输
	I　文学		V　航空、航天
	J　艺术		X　环境科学、安全科学
	K　历史、地理	五、综合性图书	Z　综合性图书

图 3-1　中图法基本大类

下面以经济学的部分内容为例，展示《中图法》中按学科属性排列的更为详细的类目：

F　　经济
　F0　　经济学
　F1　　世界各国经济概况
　　F12　　中国经济
　F3　　农业经济
　F4　　工业经济
　　F40　　工业经济理论
　　F41　　世界工业经济
　　F42　　中国工业经济
　　　F420　　方针政策及其阐述
　　　F421　　工业经济结构与体制
　　　F423　　工业计划与管理
　　　　F423.1　　工业计划
　　　　F423.2　　工业管理体制
　　　　　……

总之，《中图法》是一部既可以组织藏书排架又可以分类检索的列举式、等级式体系组配分类法，该分类法主要供大型综合性图书馆及情报机构类分文献、编制分类检索工具、组织文献分类排架使用，同时也可供其他不同规模和类型的图书情报单位根据自己的需要调整使用。

3.1.2　馆藏目录检索系统

1. 馆藏目录检索系统概述

图书是馆藏资源的重要类型，而对丰富海量的中外图书，如果不加以分门别类，那么在查找图书时就如同大海捞针。因此，要使馆藏资源得以充分、有效地利用，就必须科学地整理、加工图书，使其有序存放在合适的位置，便于读者按类求书。

现在图书馆藏信息主要是通过查询各图书馆的书刊目录检索系统，即联机公共书目查询系统（Online Public Access Catalogue，OPAC）来获取的，它是图书馆面向用户提供的电子目录查询服务，也是用户检索和使用图书馆信息资源的一种重要手段。OPAC 提供了利用计算机终端来查询图书馆馆藏资源的一种现代化检索方式，也就是说，读者通过互联网可以在任何地方对提供 OPAC 服务的图书馆馆藏资源进行远程检索。它除了能够满足馆藏书刊信息查询外，还可以实现读者借阅情况查询、续借和预约图书、荐购图书、读者留言等一系列功能。该系统的特点是：支持布尔逻辑组合检索，提供多种检索限制，界面友好，全方位为用户服务等。提供检索的字段一般有：文献名称（如书名、期刊名称）、文献索取号、责任者、主题词、收藏地点、ISBN/ISSN 等，其中文献索取号和收藏地点是借阅文献的重要依据。

按收录文献的类型，OPAC 可分为图书馆联合目录、期刊联合目录、会议文献联合目录等。

按收录文献的语种，OPAC 可分为中文图书查询系统、西文图书查询系统、中文期刊查询系统、西文期刊查询系统等。按文献在馆藏单位的虚实，OPAC 可分为馆藏目录查询系统和联合目录查询系统。

OPAC 2.0 在国内的实践方面，以江苏汇文公司开发的 OPAC 最为著名。汇文 OPAC 具备了 Web 2.0 的部分风格，如用户参与书目建设、RSS 推送等。有人对国内“211 工程”院校图书馆的 OPAC 进行了调查统计，结果汇文软件的使用量占 60%以上，而且随着高校更换图书馆自动化管理系统，汇文系统的使用量呈现上升趋势。由此可见国内图书馆对提高图书馆资源管理效率，提升用户目录查询服务质量的重视程度。

2．馆藏目录检索及其他功能

汇文 OPAC 系统的使用方法（以宁波大红鹰学院图书馆为例）如下所述。

（1）进入系统

在地址栏输入 http://lib.nbdhyu.edu.cn:8080，进入宁波大红鹰学院主页（见图 3-2），单击“书目检索”按钮，进入宁波大红鹰学院书目检索系统（见图 3-3）。

图 3-2　宁波大红鹰学院图书馆主页

（2）馆藏书目简单检索

简单检索是指检索词是单一的，即可利用图书检索提供的题名检索、责任者（即作者）检索、出版社检索、分类号检索、主题词检索、ISSN/ISBN 号检索等 11 个检索入口中的任意一个检索词直接将查询内容输入检索框进行检索。在检索单一检索词的同时可以附加限制条件，例如，在检索词匹配选择框中选择前方一致，就表示限定检索结果中的字段最前方和检索词一致。

图 3-3　宁波大红鹰学院书目检索系统

检索的默认界面是题名检索，例如某位读者想查找《解忧杂货店》这本书，就在检索框中输入“解忧杂货店”，在检索词匹配选择框中选择完全匹配，单击“检索”按钮。检索结果如图 3-4 所示。

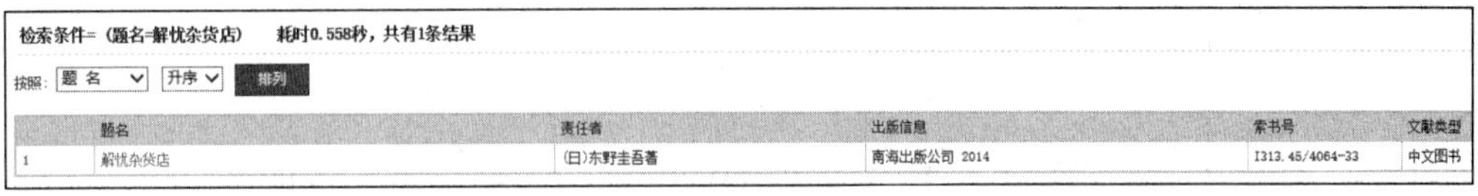

图 3-4　检索结果页面

单击任何一个检索结果，都可以看到该书的详细书目信息、机读格式和馆藏情况（见图 3-5）。

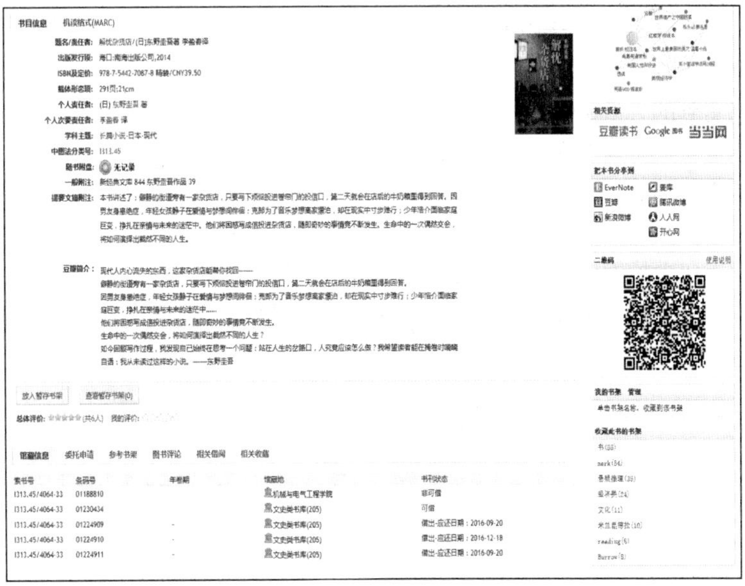

图 3-5　检索图书书目和馆藏信息

当需要检索某一类型的图书，而不能确定具体书目时，可以直接在检索框中输入与此相关的检索词，同时加入限制条件。例如，某位读者想要查找信息检索的中文相关的图书，可以在检索词匹配选择框中选择任意匹配，在检索框中输入信息检索，默认检索字段为题名，检索限定为中文图书。检索结果如图 3-6 所示，可以单击所需要的内容进行查看。

图 3-6 “信息检索”相关图书检索结果

（3）馆藏书目多字段检索

多字段检索是指同时利用多个检索词进行并列检索，即可同时输入题名、责任者、主题词、索书号、出版社等任意两个或者两个以上的单一检索词进行组合检索，如图 3-7 所示。

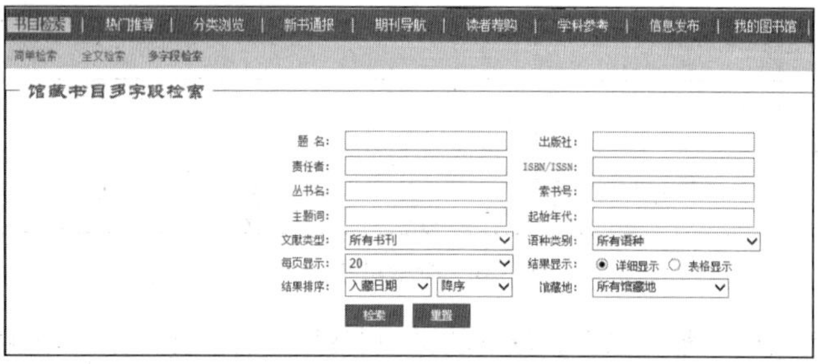

图 3-7 馆藏书目多字段检索

简单检索虽然直接、方便，但由于给出的检索限制条件少，导致检索结果往往会出现过多文献，读者仍然要浏览检索到的大量文献，才能选出自己所需要的文献。因此，当读者对查询结果要求有较高的专指度、精确度时，可以选择多字段检索。

（4）馆藏书目全文检索

全文检索可选用的检索字段有任意词、题名、责任者、主题词、索书号、出版社、丛书名等，全文检索能检索出所有包含检索词的全文，还能对文献中所出现的字、词进行检索，如图 3-8 所示。

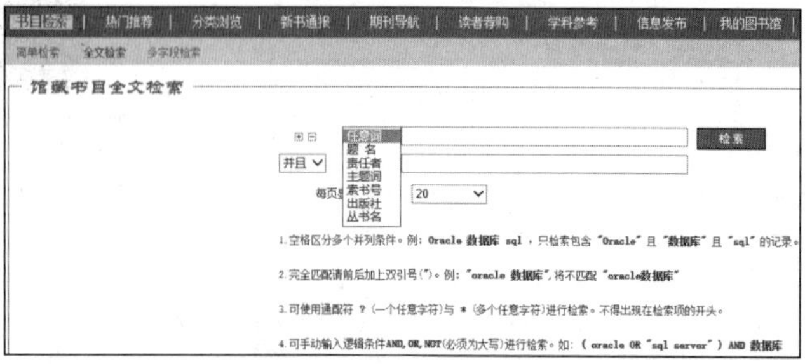

图 3-8 馆藏书目全文检索

（5）分类浏览

分类浏览是按照《中图法》的分类做的导航链接，便于读者按照类别来浏览本馆馆藏，检索馆藏书目信息，如图 3-9 所示。

图 3-9　分类浏览

（6）新书通报

新书通报是将图书馆新购买的图书的书目信息清单展示出来，供读者及时查阅。读者还可以根据自己的需要对时间、文献类型和馆藏地等进行限制，然后按类别查看图书馆相应新书的书目信息，如图 3-10 所示。

图 3-10　新书通报

（7）我的图书馆

进入“我的图书馆”时，读者首先需要输入用户名和密码，如图 3-11 所示。

读者在“我的图书馆”中可以查看其证件信息、书刊借阅历史、违章缴款、预约信息、委托信息、书刊遗失、账目清单、荐购历史等多项信息，如图 3-12 所示。

图 3-11 “我的图书馆”登录界面

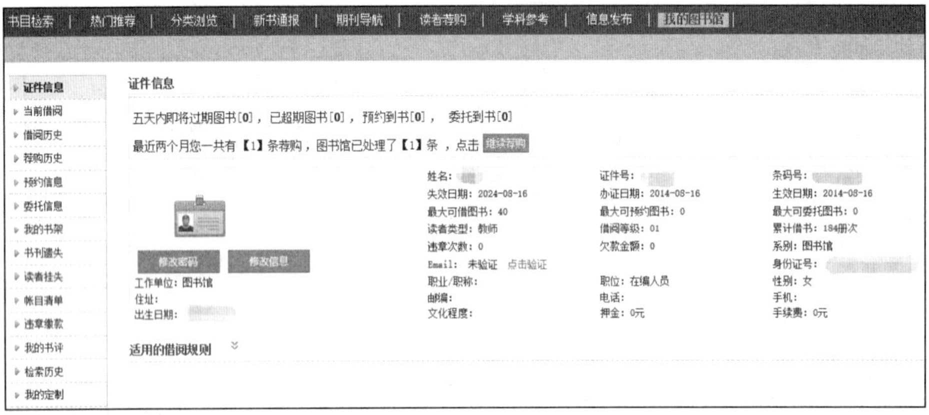

图 3-12 “我的图书馆”显示界面

（8）预约图书

图书预约是读者对已被外借而暂时无法借到的某种图书进行预约，从而能保证在图书归还时第一时间借到的一种流通服务。具体操作是，读者先通过馆藏书目检索系统，检索到需要预约的图书，并确定该书已被外借时，单击书名进入该书的详细记录，单击页面左上角的“读者预约”按钮，进入预约页面，勾选“预约”选项，并正确填写邮箱地址，最后单击“执行预约”按钮，网上预约手续就完成了，待有读者归还后到图书馆办理借阅手续即可。

（9）续借图书

续借图书是读者对已临近归还日期的所借图书，还想继续再保留一个借期时所选用的一种流通服务。读者可通过图书馆主页或馆内检索机登录“我的图书馆”，查看当前借阅信息，于归还的前一周，在所期望保留的书刊栏右端单击“续借”按钮，办理网上续借手续，如图 3-13 所示。

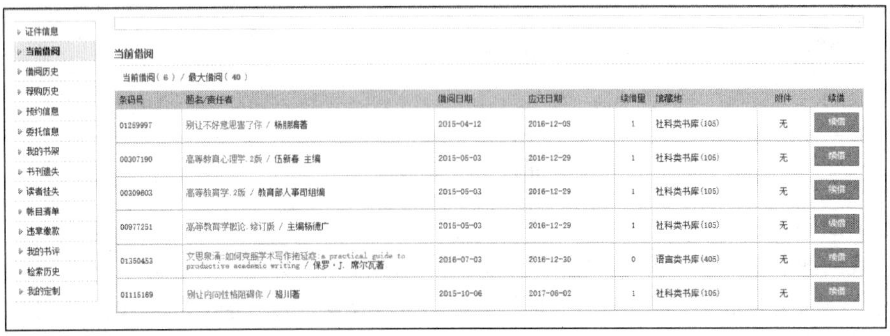

图 3-13 续借图书

（10）读者荐购

读者荐购是由读者自由向图书馆推荐购买图书馆没有收藏但自己又有需求的图书的一种服务。读者可通过图书馆的书目检索系统的工具栏单击“读者荐购”按钮，按要求填写荐购表并提交，即完成网上荐购手续，一段时间后可登录“我的图书馆”查看图书馆工作人员对此书的处理情况，如图 3-14 所示。

图 3-14　读者荐购

（11）信息发布

信息发布功能可及时向读者传递图书馆常规信息，如预约到书、委托到书、超期欠款、超期催还等信息，如图 3-15 所示。

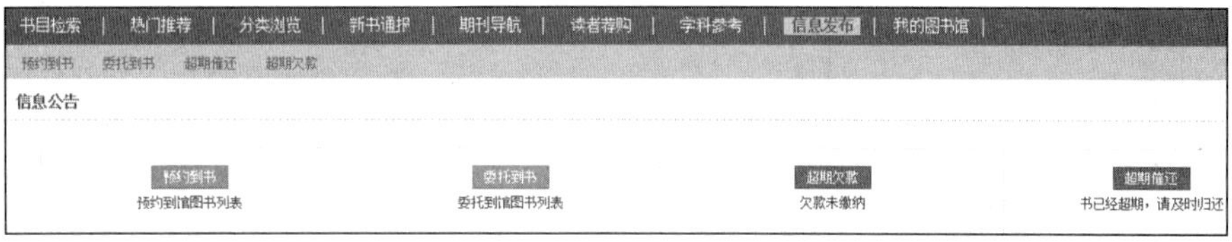

图 3-15　信息发布

（12）其他服务

书目检索系统还提供了热门推荐、期刊导航和学科参考等服务。热门推荐统计了最近一定范围内借阅最多、评分较高、收藏较多的书，给出了总体排行和分类排行，如图 3-16 所示。

	题名	责任者	出版信息	索书号	馆藏	借阅册次	借阅比
1	C语言程序开发范例宝典.第2版	曹飞飞，高文才编著	人民邮电出版社 2012	TP312/5511=2	6	4	0.67
2	深入理解计算机系统:a programmer's perspective	(美) Randal E. Bryant, David R. O'Hallaron著	机械工业出版社 2011	TP3/4046#1	1	3	3
3	设计那些事儿.1.1	(韩)金载勋著	电子工业出版社 2013	TB47-091/8046/1	3	3	1
4	C++高级编程	(美)Marc Gregoire著	清华大学出版社 2015.05	TP312C/4414,4	2	3	1.5
5	让你的PPT更精彩	梁翰博，张予编著	清华大学出版社 2012	TP391.41/3344,2	6	3	0.5
6	Photoshop CS6中文版平面设计实战从入门到精通:全彩超值版	新视角文化行编著	人民邮电出版社 2015.05	TP391.41/0232,3-14	2	3	1.5
7	C语言经典编程282例	明日科技编著	清华大学出版社 2012	TP312C/6762-9	6	3	0.5
8	C++ Primer中文版	Stanley B.Lippman，Josee Lajoie，Barbara E. Moo著	电子工业出版社 2013	TP312C/4086B	4	3	0.75
9	软件设计师2009至2014年试题分析与解答	全国计算机专业技术资格考试办公室主编	清华大学出版社 2015	TP311.5/8063,2	2	3	1.5
10	网页设计与制作	刘强，张阿敏，翁艳彬	高等教育出版社 2010	TP393.092/0216	3	3	1

图 3-16　热门推荐

期刊导航提供了按照首字母查询的字母导航，按照中图法分类查询的期刊学科导航，以及直接在检索框输入检索词的年度订购期刊检索三种查询方式，如图 3-17 所示。

图 3-17　期刊导航

学科参考提供了课程参考书、公共书架和学科导航服务，如图 3-18 所示。

图 3-18　学科参考

3.1.3　联合目录

联合目录检索是指通过一定的技术手段把两个以上图书馆的馆藏目录数据库进行整合，并提供统一的检索平台，使用户能够通过该平台快速检索所有成员馆的馆藏目录信息。联合目录按照地域范围可分为国际性的、国家性的和地区性的；按文献类型可分为图书联合目录、期刊联合目录等；按收录文献的内容范围可分为综合性的、专科性的联合目录。联合目录能扩大读者检索和利用文献的范围，也便于图书馆藏书协调、馆际互借和实现图书馆资源共享。当前，国内最为著名的联合目录检索系统是 CALIS 公共目录检索系统。

1. CALIS 公共目录检索系统

中国高校文献保障体系（CALIS）建立了多语种书刊联合目录数据库和联机合作编目、资源共享系统，为全国高校的教学科研提供书刊文献资源网络公共查询，支持高校图书馆系统的联机合作编目，为成员馆之间实现馆藏资源共享、馆际互借和文献传递奠定了基础。CALIS 的联合目录公共检索系统是全国 100 多所“211 工程”高校图书馆馆藏联合目录数据库，网址为 http://opac.calis.edu.cn。

（1）简单检索

CALIS 联合书目数据库的简单检索提供题名、责任者、主题、全面检索、分类号、所有标准号码、ISBN、ISSN 共 8 个检索入口，用户可以通过选择不同的检索项，填入相应的检索词，实现简单检索。如图 3-19 所示为 CALIS 公共目录检索系统简单检索的界面，通过检索结果的链接，还可以进一步查看该书的出版和收藏情况等。

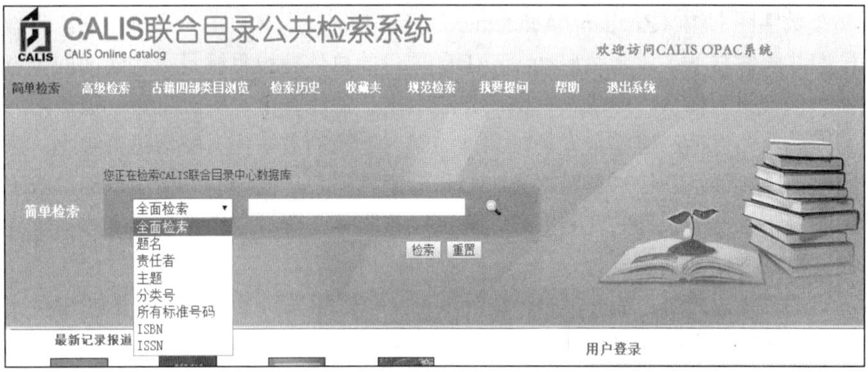

图 3-19　CALIS 联合目录公共检索系统首页

（2）高级检索

CALIS 的高级检索界面有三个输入框，可通过检索项的组配实现多条件的限制检索，检索界面如图 3-20 所示。

图 3-20　CALIS 高级检索界面

使用高级检索时需要说明的问题：

① 最多可输入三项检索词，默认逻辑运算方式为“与”，也可以在复选框中选择“或”、“非”。

② 默认的检索匹配方式为前方一致，也可以在复选框中选择“精确匹配”或“包含”。

③ 选择分类号检索点，可以单击“中图分类号表”按钮进行浏览。选中的分类号将自动填写到检索词输入框中。

④ 检索的语种默认为全部，也可选择汉语、英语、德语、法语等多种语言中的任意一种，不可多选。

⑤ 限制性检索的文献类型可选择普通图书、连续出版物、中文古籍，默认为全部类型。

⑥ 限制性检索的内容特征可选择统计资料、字典词典、百科全书，默认为全部。

⑦ 可通过输入出版时间对检索结果进行限定，例如，选择“介于之间”并输入“2010-2016”，即限定检索 2010 年至 2016 年出版的文献。

⑧ 单一数据库中的检索结果在 200 条以内。系统按照题名默认排序，也可以在结果列表页面选择按责任者或出版信息排序。

2. ZADL 浙江高校联合目录系统

浙江省高校数字图书馆（Zhejiang Academic Digital Library，ZADL）项目在浙江省教育厅的领导下和全省高校的共同参与下正式全面启动。ZADL 项目的总体建设目标是：构建面向全省高等院校的数字化文献信息保障服务体系，形成具有国内先进水平、功能齐全、资源丰富、覆盖面广的浙江省高校数字化图书馆。具体包括：建成全省高校共享的国内一流的数字化文献信息资源库；建立覆盖全省高校的数字图书馆服务体系，包括省级服务中心和五个分中心，向全省高校用户提供数字资源服务；培养一支数字图书馆管理与服务的优秀人才，满足全省服务、资源建设、技术支撑需求；健全项目建设管理协调制度以及考核激励制度。

ZADL 项目的总体思路是：依托“中国高等教育文献保障系统（CALIS）”和“中英文图书数字化国际合作计划（CADAL）”的建设成果，以系统化、数字化的学术信息资源为基础，以先进的数字图书馆技术为手段，以国家教育科研网（CERNET）为依托，为浙江省高等学校教学、科研和重点学科建设提供高效率、全方位的文献信息保障与服务，成为经济和社会发展的重要基础设施。ZADL 主页网址为 http://zadl.zj.edu.cn/wps/portal/（在 CALIS 主页单击浙江分中心也可进入），主页如图 3-21 所示，单击“服务项目”中的联合目录即可进入 ZADL 联合目录系统（见图 3-22）。

图 3-21 ZADL 主页

ZADL 联合目录提供统一检索和高级检索两种方式。统一检索的方法是直接选择检索类型，然后在检索框中输入检索词，单击“检索”按钮即可，例如检索书名为“信息检索”的中文图书，结果如图 3-23 所示。

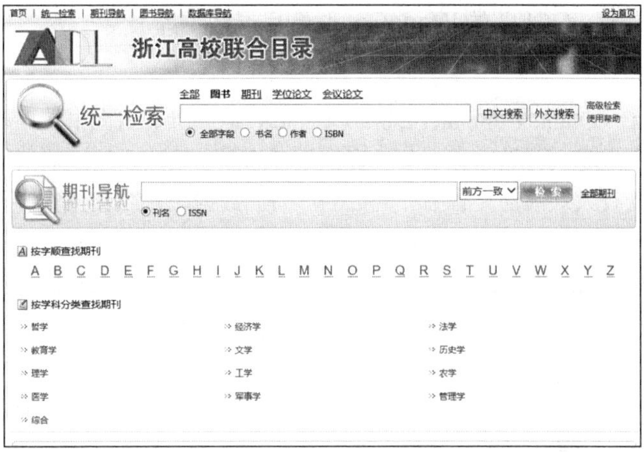

图 3-22　ZADL 联合目录主页

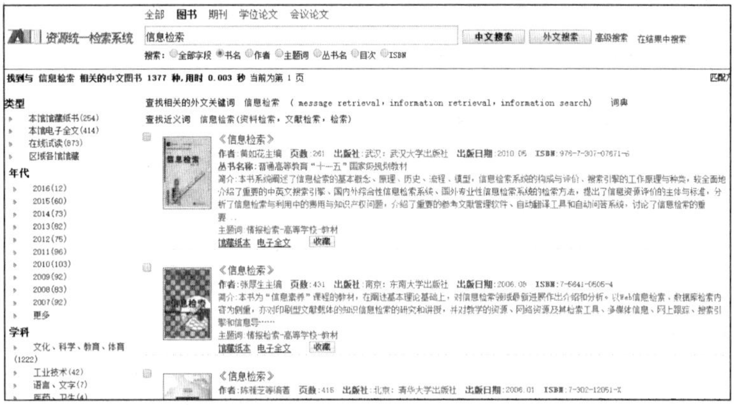

图 3-23　ZADL 联合目录统一检索结果

高级检索提供了书名、作者、主题词、出版、ISBN 分类、中图分类号、年代等多字段检索框，可以更精确地查到读者想要的图书，例如查找黄如花主编的《信息检索》这本书，采用高级检索方式的检索结果如图 3-24 所示。

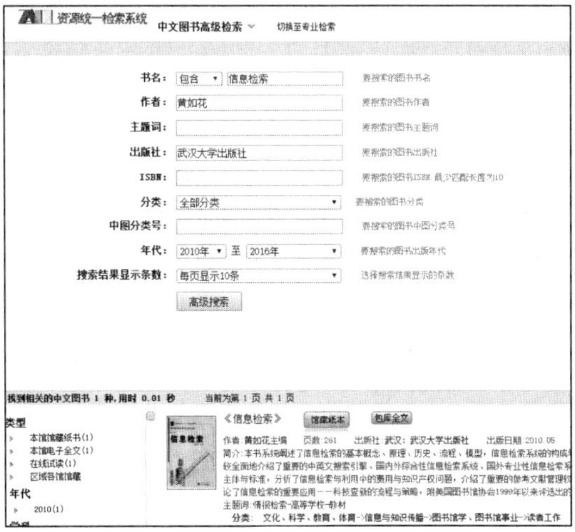

图 3-24　ZADL 联合目录高级检索

3. 国外联合目录——OCLC 的 WorldCat 联合目录数据库

（1）WorldCat 概况

WorldCat 是 OCLC（Online Computer Library Center，联机计算机图书馆中心）的一个联机的联合目录数据库，是世界上最庞大、最完整、参考资源最多的图书馆联合目录数据库之一，既包括实物资源又包括数字资源，既有大众读物又有独一无二的珍品。数据库共涉及 470 多种语言，120 多个国家与地区。WorldCat 是 OCLC 全部服务的核心，包含了 OCLC 近 2 万家成员图书馆的馆藏信息。数据库覆盖了自公元前 1000 年至今的资料，基本反映了世界范围内图书馆的馆藏情况，记录每天更新。WorldCat 致力于提供网上资源，许多人开始选择从这里搜索书目信息。

（2）访问方式

WorldCat 的访问途径有两种：一种是通过 OCLC 各成员馆提供的链接进入；另一种是直接访问其网站（http://www.worldcat.org）。

（3）检索方法及检索过程

读者需要检索世界各国图书馆馆藏信息时，可以登录 WorldCat 网站。当前 WorldCat 网站提供四种资源的检索入口，分别是图书、DVD、光盘、文章。用户可以分门类进行检索，也可以在一站式检索入口对所有类型的资源进行检索。

WorldCat 网站对图书资料的检索，提供简单检索和高级检索两种方式。WorldCat 网站默认显示为简单检索界面，简单检索界面提供的是一个类似搜索引擎式的检索模式，页面中央设有一个检索框，可以在此输入检索词。检索框下面有高级检索的选项。高级检索可以从关键词、题名（题名词组、丛编题名）、著者（著者词组、团体与会议名称、团体与会议名称词组、人名和人名词组）、主题、ISSN、ISBN、期刊来源七种途径进行组配检索，最多可以从三个检索点进行逻辑组配。此外，还可以从出版时间、用户、内容、格式、语言等方面进行限定，以查找到最接近用户需要的文献资源。

3.2 电子图书检索

3.2.1 电子图书概述

电子图书又称为 e-book，是指以数字代码的方式将图、文、声、像等信息存储到磁、光、电介质上，通过计算机或类似设备使用，并可复制发行的大众传播体。e-book 的类型有：电子图书、电子期刊、电子报纸和软件读物等。拥有许多与传统书籍不同的，或者是传统书籍不具备的特点。

1. 电子图书的概念

电子图书是指供在电脑上阅读的一种新型的数字化书籍，是继纸质印刷出版物之后出现的一种全新的图书类型，它采用二进制的数字化形式将图书文献的文本存储在计算机可供阅读的磁盘或光盘载体上，在计算机软件的支持下形成电子图书数据库并在线供人们阅读。它是多媒体技术和超文本技术发展的产物。电子图书的文件格式有：EXE 文件格式、PDF 文件格式、CEB 文件格式、PDG 文件格式、CAJ 文件格式等。

2. 电子图书的特点

电子图书是无形的，阅读时需借助有关设备（如计算机、电子图书阅读器等及相应的软硬件）才能完成——电子图书是超文本的。电子图书可以包含图片、声音、电影、动画等内容；支持超文本链接，信息量更加丰富，阅读更加方便；可以任意复制，便于传播和扩散，适合资源共享；有方便快捷的查找功能，可以迅速找到相关的内容，大大提高了资料的检索效率；支持剪切、复制等功能，对信息的利用方便快捷，省时省力，极大地提高了工作效率；不受阅读空间、时间的限制，可任意增删、批注和点评。当然也带来了版权保护等问题。

3. 电子图书的类型

电子图书种类繁多，根据不同的划分方式，可分为不同类型。

（1）按载体划分

① 光盘电子图书（CD-ROM）：以光盘为存储载体，只能在计算机上单机阅读；主要包括一些图书或工具书的随书发行或单独发行的光盘，一般在图书馆有专门的收藏和管理。

② 网络电子图书：以电子形式出版发行、以互联网为流通渠道、以数字内容为流通介质、以网上交易为主要支付手段的图书，通过网络技术来获取或检索阅读。网络电子图书可跨越时空和国界，为全球读者提供全天候服务，主要包括免费的网络电子图书和电子图书系统两种类型，免费的网络电子图书多为一些公益网站、商业网站和个人网站，如中国青少年新世纪读书网；电子图书系统多为数字资源开发商和书商等设立的网站或数字图书馆，如美国 OCLC 的 NetLibrary、我国的书生之家、超星数字图书馆等。

③ 便携式电子图书：一般是特指通过一种存储了电子图书的手持式电子阅读器的显示屏阅读各种存放在其中的图书。一个电子阅读器一般可存放成千上万页甚至更大量的图书内容，可以直接连在电脑上下载所需书籍，内置上网芯片的还可以方便地从互联网上购买及下载数字化的图书。便携式电子图书克服了电子图书的阅读受必要设备限制的缺点，推动了电子图书的快速发展，尤其是电子书和手机等阅读方式的出现，使电子图书进一步为人所接受。目前市场上的主要产品有亚马逊的 Kindle、汉王电子书、苹果公司的 iBook 等。

（2）按文件存储格式划分

电子图书的格式多种多样。常见的有 TXT、EXE、CHM、PDF、WDI、SWB、LIT、EBX、RB、EBK 等，这些格式大部分可利用 Windows 操作系统自带的软件打开阅读，还有一些由电子图书服务商所提供的电子图书所特有的格式，如 NetLibrary 的 NIKS、超星数字图书馆的 PDG、方正数字图书馆的 CEB 等。这些格式总体可归纳为两类：图像格式和文本/超文本格式。图像格式即把已有的传统纸张图书扫描到计算机中，以图像格式存储。这类电子图书制作程序较为简单，适合于古籍书以及以图片为主的技术类书籍的制作。其内容较准确，但不易检索，显示速度比较慢，阅读效果欠佳。国内的中文电子图书多是以图像格式制作和存储的，如超星图书、书生之家图书和中国数图的图书等，上面提到的常见格式中的 WDI、SWB、LIT 等均属于图像格式。文本/超文本格式指基于文本的电子书，一般将书的内容作为文本，并有相应的应用程序。应用程序会提供华丽的界面以及基于内容或主题的检索方式、方便的跳转、书签功能、语音信息、在线辞典等。这类电子图书主要为报纸杂志的合订本、珍藏本光盘，通常以 HTM、HTML、EXE 等超文本文件或执行文件的形式出现，CHM、HLP 属于此类格式。

（3）按发行方式划分

① 纸本图书的翻版型，即传统图书的电子版、网络版，将传统的印刷型图书数字化后通过互联网传播，内容及排版均与其纸质图书一样。

② 图书加工型，也是传统图书的网络版，但内容并不完全等同于其纸质图书，而是综合运用多媒体技术等手段对图书内容进行加工处理，使其可读性更强。

③ 在线出版型，即图书出版发行的全过程均通过网络进行，代表了网络图书发展的主流。一般指利用互联网完成选题策划、组稿、编辑加工、市场营销等环节，形成数字化作品，并通过互联网发行，是网络图书较为理想的出版形式。

3.2.2 读秀中文学术搜索

1．简介

读秀中文学术搜索是由 430 多万种中文图书及 10 亿页全文资料信息组成的超大型图书数据库，为用户提供深入到图书章节和内容的全文检索，部分图书的原文试读，以及高效查找、获取各类学术文献资料（特别是图书资料）的一站式检索服务。它集文献搜索、试读、文献传递、参考咨询等多种功能于一体，为用户提供切入目录和全文的深度检索，以及部分文献的全文试读，读者通过阅读文献的某个章节或通过文献传递来获取想要的文献资源，是一个真正意义上的知识搜索及文献服务平台。

读秀学术搜索可以从知识、图书、期刊、报纸、学位论文、会议论文、视频、课程课件、词典、人物、标准、专利、词条、图片、电影、网页、音乐、博客、论坛、新闻等多种信息资源中进行检索，并且可以提供在结果中检索的二次检索功能。

2．读秀的检索

读秀的检索步骤是：登录读秀（网址是 http://www.duxiu.com/，需要使用权限），选择所要检索文献的类型（如知识、图书、期刊、报纸、学位论文等），在检索框中输入中文（英文）检索词，单击“中文搜索”或“外文搜索”按钮执行检索，浏览命中记录，获取所需文献。在检索结果页面的左侧，可以对“年代”、“学科”、“作者”等项进一步限定；在检索结果页面的右侧，显示与查询词相关的其他类型文献的命中记录情况；在检索结果页面中部，对于不同文献类型的检索结果显示情况不同，分述如下：

（1）图书检索

检索主页如图 3-25 所示，提供分类浏览入口（见图 3-26）：按照《中图法》设置的 22 个分类进行浏览。此外还提供按主题检索，包括快速检索（见图 3-27）、高级检索（见图 3-28）、专业检索（见图 3-29）3 种方式。

图 3-25 读秀中文学术检索主页

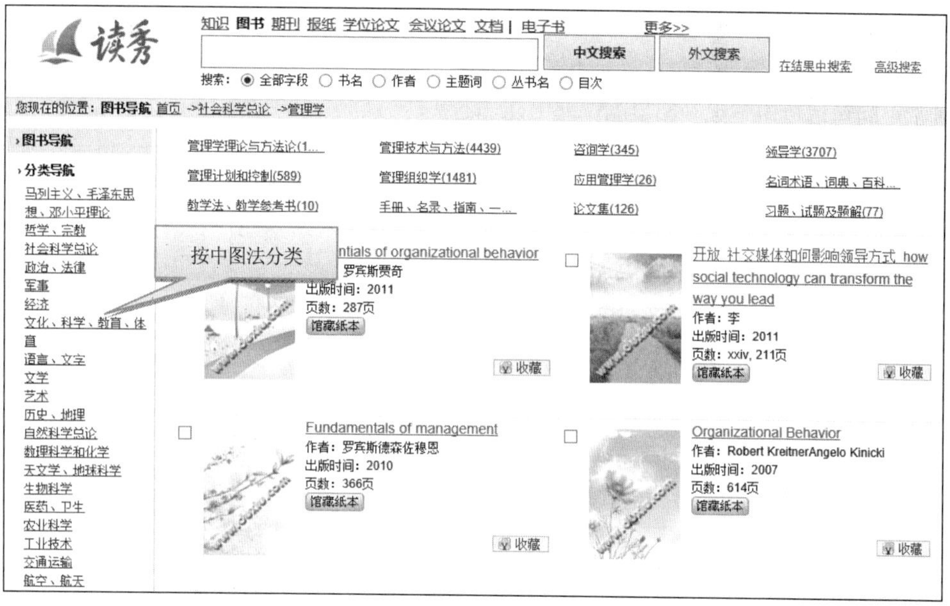

图 3-26　读秀图书分类导航

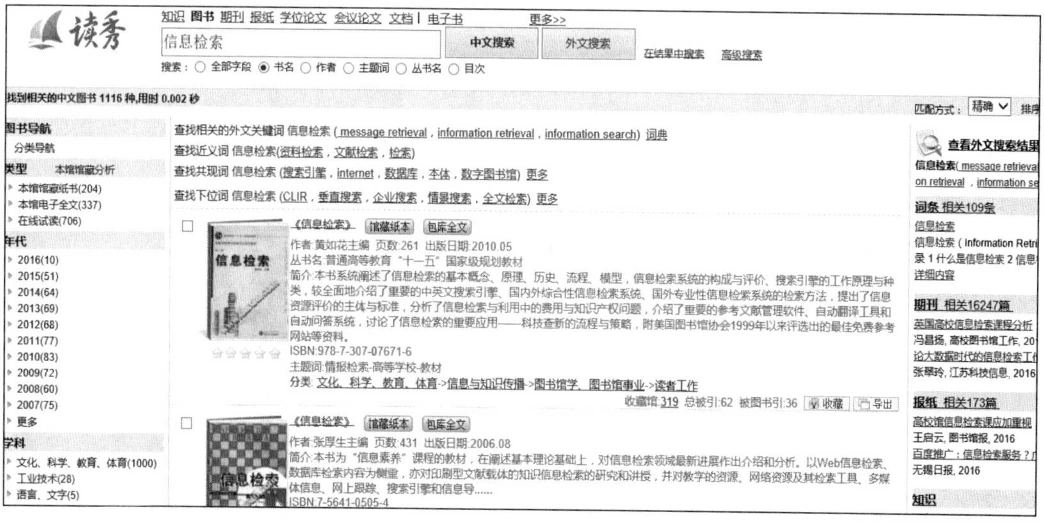

图 3-27　读秀图书快速检索

选择图书频道后，在查询框输入关键词，然后单击“中文搜索”按钮，即可在海量的图书数据资源中进行查找。如果希望获得外文资源，可单击“外文搜索”按钮。在查询框下方提供全部字段、书名、作者、主题词、丛书名、目次 6 个检索字段选项。匹配方式包括精确、模糊。通过右侧的高级检索、专业检索可以更精确地查找图书。

在快速检索页面中，还可以通过查询框右侧的“在结果中搜索”或通过限定页面左侧的“类型”、“年代”、“学科”、“作者”两种方式缩小搜索范围。

在搜索结果页面（见图 3-30）单击书名或封面进入到图书详细信息页面（见图 3-31），关于本书的题名、作者、页数、封面、出版社、出版时间、主题词等详细信息将一一罗列。单击链接文字，可直接在图书频道中搜索该文字，以便查找相关图书。在图书详细信息页面可以通过“阅读部分”、“馆藏纸本”、“包库全文”和“图书下载”链接进行试读、阅读电子全文。在全文阅读页面（见图 3-32）的左上角可以选择书名页、版权页、前言页、目录页和正文具体页数进行阅读，右上角可以进行书内检索，顶上中间可以单击下载到超星阅读器上阅读。

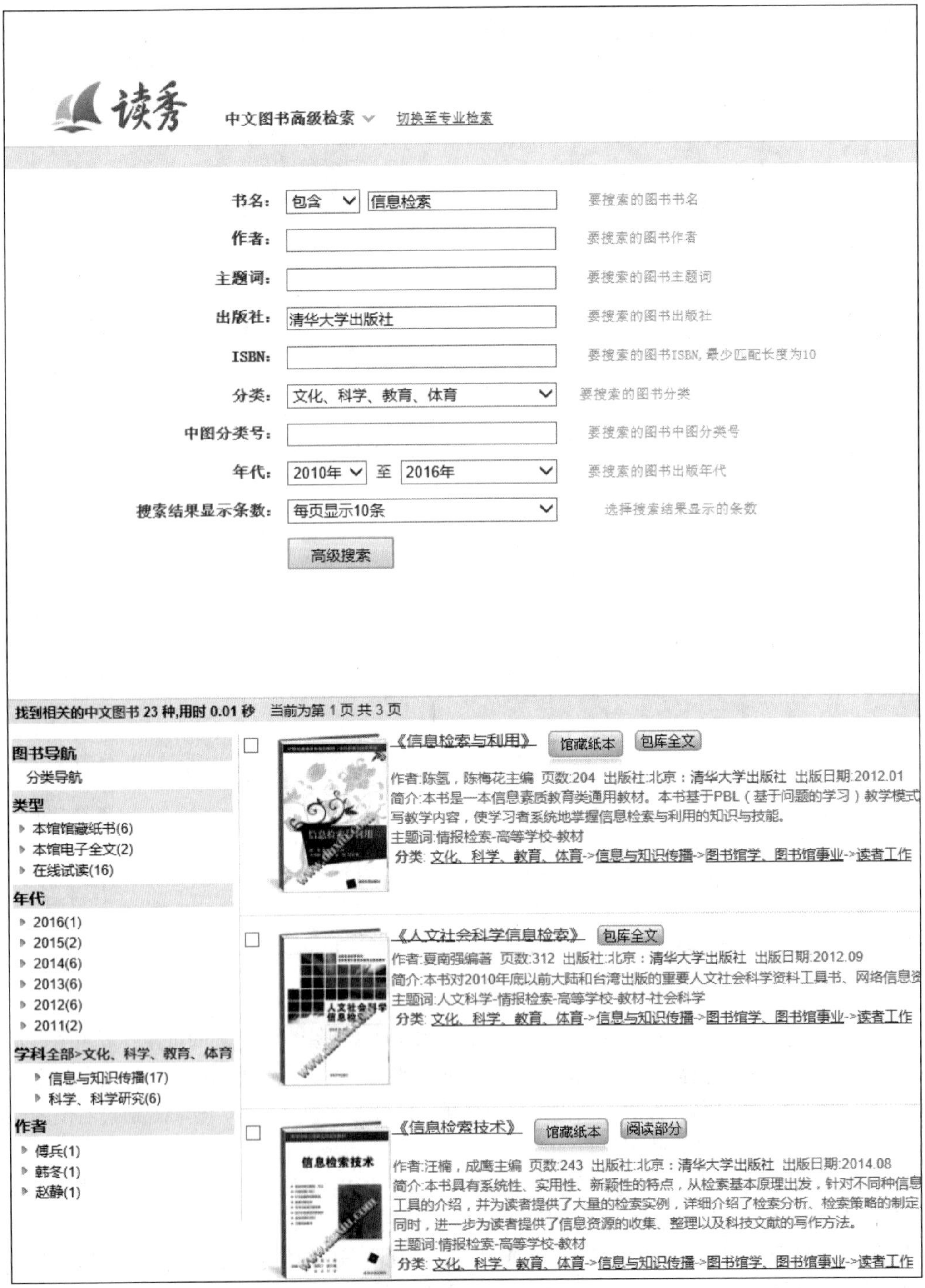

图 3-28 读秀图书高级检索

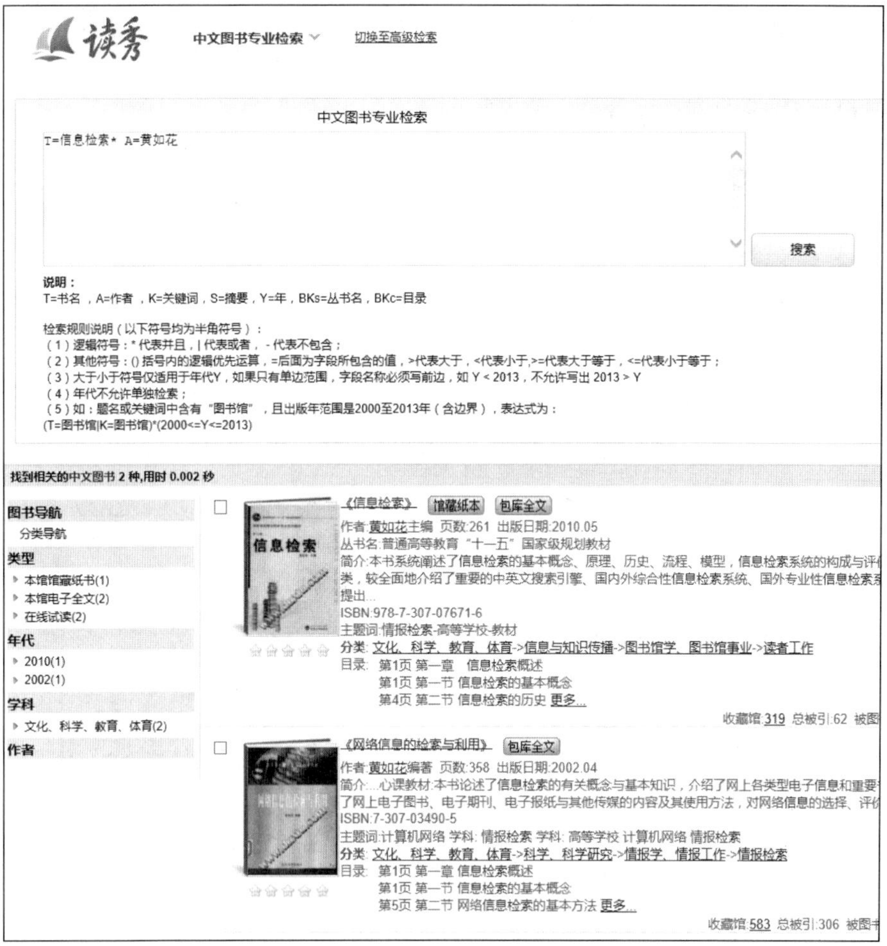
读秀
中文图书专业检索
切换至高级检索
中文图书专业检索
T=信息检索* A=黄如花
搜索
说明：
T=书名，A=作者，K=关键词，S=摘要，Y=年，BKs=丛书名，BKc=目录
检索规则说明（以下符号均为半角符号）：
（1）逻辑符号：* 代表并且，| 代表或者，- 代表不包含；
（2）其他符号：() 括号内的逻辑优先运算，=后面为字段所包含的值，>代表大于，<代表小于，>=代表大于等于，<=代表小于等于；
（3）大于小于符号仅适用于年代Y，如果只有单边范围，字段名称必须写前边，如 Y < 2013，不允许写出 2013 > Y
（4）年代不允许单独检索；
（5）如：题名或关键词中含有"图书馆"，且出版年范围是2000至2013年（含边界），表达式为：
(T=图书馆|K=图书馆)*(2000<=Y<=2013)
找到相关的中文图书 2 种,用时 0.002 秒
图书导航
分类导航
类型
本馆馆藏纸书(1)
本馆电子全文(2)
在线试读(2)
年代
2010(1)
2002(1)
学科
文化、科学、教育、体育(2)
作者
《信息检索》 馆藏纸本 包库全文
作者:黄如花主编 页数:261 出版日期:2010.05
丛书名:普通高等教育"十一五"国家级规划教材
简介:本书系统阐述了信息检索的基本概念、原理、历史、流程、模型，信息检索系统的构成与评价
类，较全面地介绍了重要的中英文搜索引擎、国内外综合性信息检索系统、国外专业性信息检索系
提出...
ISBN:978-7-307-07671-6
主题词:情报检索-高等学校-教材
分类: 文化、科学、教育、体育->信息与知识传播->图书馆学、图书馆事业->读者工作
目录: 第1页 第一章 信息检索概述
第1页 第一节 信息检索的基本概念
第4页 第二节 信息检索的历史 更多...
收藏馆:319 总被引:62 被图
《网络信息的检索与利用》 包库全文
作者:黄如花编著 页数:358 出版日期:2002.04
简介:...心课教材:本书论述了信息检索的有关概念与基本知识，介绍了网上各类型电子信息和重要
了网上电子图书、电子期刊、电子报纸与其他传媒的内容及其使用方法，对网络信息的选择、评价
ISBN:7-307-03490-5
主题词:计算机网络 学科: 情报检索 学科: 高等学校 计算机网络 情报检索
分类: 文化、科学、教育、体育->科学、科学研究->情报学、情报工作->情报检索
目录: 第1页 第一章 信息检索概述
第1页 第一节 信息检索的基本概念
第5页 第二节 网络信息检索的基本方法 更多...
收藏馆:583 总被引:306 被图书

图 3-29　读秀图书专业检索

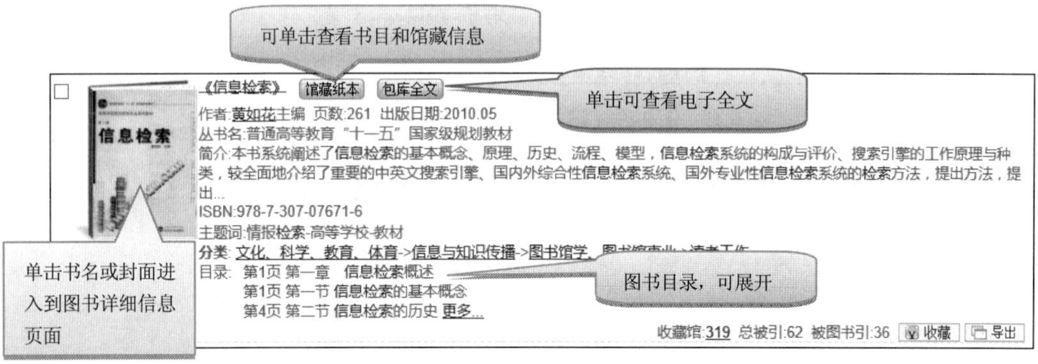
可单击查看书目和馆藏信息
单击可查看电子全文
《信息检索》 馆藏纸本 包库全文
作者:黄如花主编 页数:261 出版日期:2010.05
丛书名:普通高等教育"十一五"国家级规划教材
简介:本书系统阐述了信息检索的基本概念、原理、历史、流程、模型，信息检索系统的构成与评价、搜索引擎的工作原理与种类，较全面地介绍了重要的中英文搜索引擎、国内外综合性信息检索系统、国外专业性信息检索系统的检索方法，提出方法，提出...
ISBN:978-7-307-07671-6
主题词:情报检索-高等学校-教材
单击书名或封面进入到图书详细信息页面
目录: 第1页 第一章 信息检索概述
第1页 第一节 信息检索的基本概念
第4页 第二节 信息检索的历史 更多...
图书目录，可展开
收藏馆:319 总被引:62 被图书引:36 收藏 导出

图 3-30　读秀图书搜索结果页面

"阅读部分"包括书名页、版权页、前言页、目录页、正文（15 页）、封底页的试读。如果想阅读图书内容，可在图书详细信息页面单击"图书馆文献传递"，进入"图书馆参考咨询服务中心"页面（见图 3-33）。填写所需信息后，单击"确认提交"按钮（见图 3-34），在 2 小时之内即可收到咨询结果，所有咨询内容有效期为 20 天，每本图书单次咨询不超过 50 页，同一图书每个星期的咨询量不超过全书的 20%。

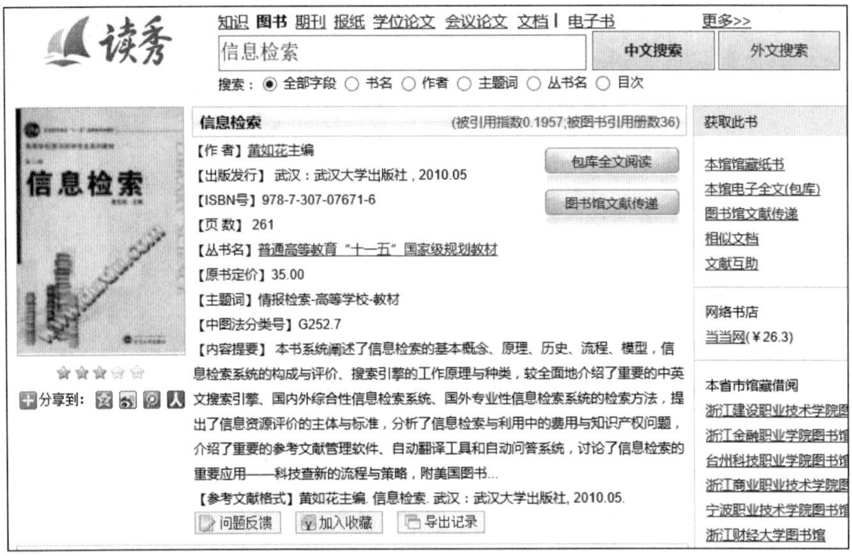

图 3-31 读秀图书详细信息页面

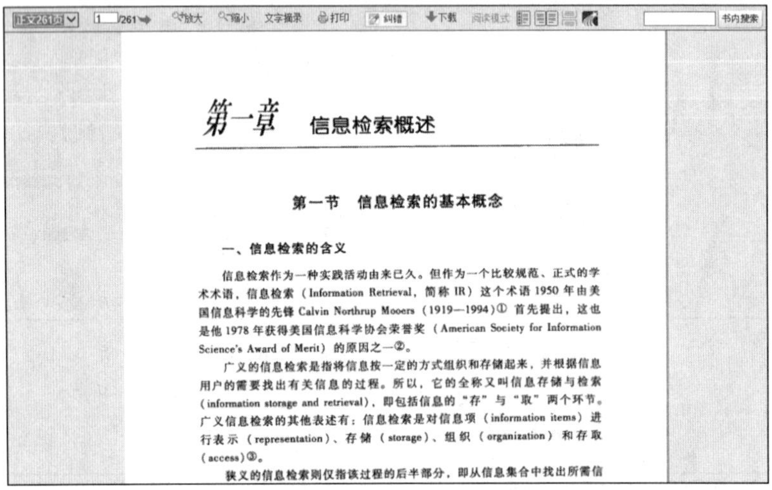

图 3-32 读秀图书在线阅读

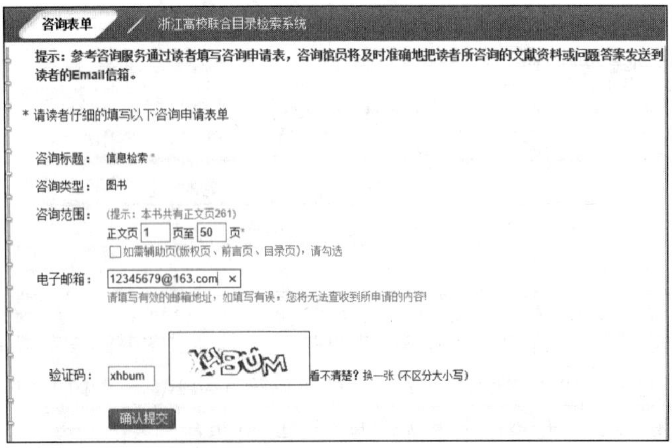

图 3-33 读秀咨询表单填写页面

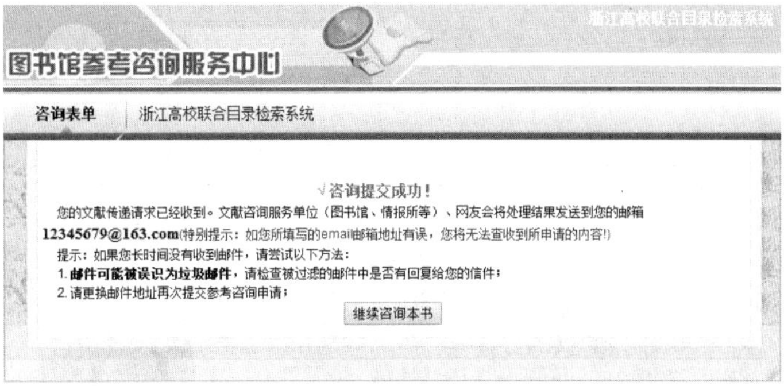
浙江高校联合目录检索系统
图书馆参考咨询服务中心
咨询表单
浙江高校联合目录检索系统
√咨询提交成功！
您的文献传递请求已经收到。文献咨询服务单位（图书馆、情报所等）、网友会将处理结果发送到您的邮箱
12345679@163.com(特别提示：如您所填写的email邮箱地址有误，您将无法查收到所申请的内容!)
提示：如果您长时间没有收到邮件，请尝试以下方法：
1.邮件可能被误识为垃圾邮件，请检查被过滤的邮件中是否有回复给您的信件；
2.请更换邮件地址再次提交参考咨询申请；
继续咨询本书

图 3-34　提交咨询

（2）知识检索

读秀知识搜索是以检索文献所包含的知识为根本目标，将各类文献中所包含的同一内容知识检索出来。在海量的图书数据资源中，围绕该关键词深入到图书的每一页资料中进行信息深度查找。

知识频道是页面默认的搜索频道，仅提供中文搜索和外文搜索两种方式，不提供按字段搜索，在查询框中输入关键词，然后单击“中文搜索”按钮，能够在图书数据资源中，围绕该关键字深入到图书的每一页资料中进行信息深度查找。由于知识搜索是在图书资料的章节、内容中搜索包含有检索词内容的知识点，为读者提供了突破原有在一本本图书中翻找知识点的新的搜索体验，因此更有利于资料的收集和查找。为方便快速找到所需要的结果，建议使用多个关键词或较长的关键词进行检索。若单击“外文搜索”按钮，则自动进入到外文期刊频道进行搜索。

在搜索结果页面，还可以通过查询框右侧的“在结果中搜索”或页面左侧的“专题聚类”来缩小检索范围。单击标题即可查阅文献详细信息。

例如，选择知识频道，在搜索框中输入关键词“信息安全风险评估”，然后单击“中文搜索”按钮。查出在文献某一页含有“信息安全风险评估”的相关条目有 2851 条（见图 3-35）。单击第 1 条记录找到相关的文字提取摘录，单击“文字提取”按钮后，选择文字识别模式，单击文字提取则是识别整页文字，而单击文字摘录则可以选择要识别的文字区域，选择完毕后单击即可完成文字摘录提取，如图 3-36 所示。

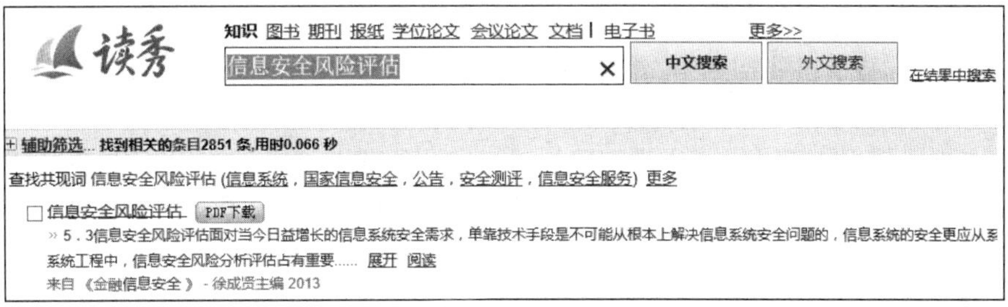
读秀
知识 图书 期刊 报纸 学位论文 会议论文 文档 | 电子书 更多>>
信息安全风险评估
中文搜索
外文搜索
在结果中搜索
+ 辅助筛选... 找到相关的条目2851 条,用时0.066 秒
查找共现词 信息安全风险评估 (信息系统，国家信息安全，公告，安全测评，信息安全服务) 更多
信息安全风险评估 PDF下载
» 5．3信息安全风险评估面对当今日益增长的信息系统安全需求，单靠技术手段是不可能从根本上解决信息系统安全问题的，信息系统的安全更应从系
系统工程中，信息安全风险分析评估占有重要...... 展开 阅读
来自《金融信息安全》- 徐成贤主编 2013

图 3-35　读秀知识检索结果

（3）期刊检索

期刊频道提供快速检索、高级检索、专业检索 3 种方式，系统提供全部字段、标题、作者、刊名、关键词、作者单位、ISSN 7 个检索字段。在搜索结果页面中，还可以通过查询框右侧的“在结果中搜索”或通过限定页面左侧的“年代”、“学科”、“重要期刊”、“期刊刊种”项的方式缩小搜索范围。

在搜索结果页面单击期刊名可进入到期刊文献详细信息页面，可以查看该文献的题名、作者、刊名、出版日期、期号等详细信息。单击链接文字，可直接在期刊频道中搜索该文字，以便查找相关期刊。在期刊文献详细信息页面中可以通过“全文链接”、“图书馆文献传递”、“互助平台”方式获取所需文献。

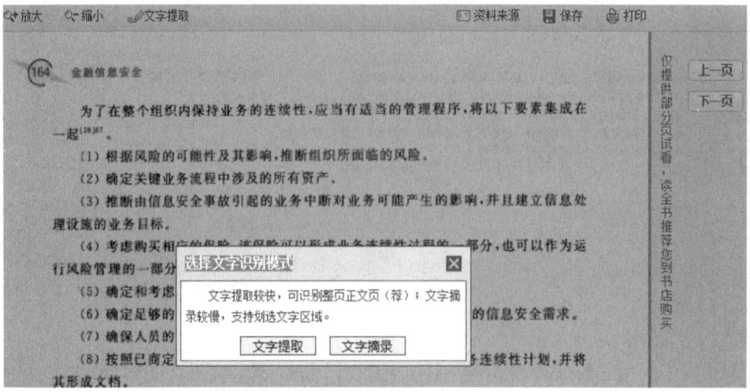

图 3-36 文字摘录提取

除上面介绍的知识检索、图书检索、期刊检索之外，读秀还提供报纸、学位论文、会议论文、文档、视频、课程课件等频道的搜索服务，在更多选项中提供 23 种类型数据搜索，检索方法基本相同，这里不再赘述。

3.2.3 其他中文电子图书及其检索

目前，国内主要有四大电子图书系统：超星数字图书馆、书生之家数字图书馆、方正 Apabi 数字图书馆和中国数字图书馆。本节将介绍这四大电子图书系统。

1. 超星数字图书馆

（1）简介

超星数字图书馆是目前世界上最大的中文在线数字图书馆之一，由北京世纪超星信息技术发展有限公司制作，设文学、历史、法律、军事、经济、科学、医药、工程、建筑、交通、计算机和环保等几十个分馆。超星数字图书馆提供 24 小时在线服务，每一位读者下载并安装 SSReader 阅读器后，可通过互联网在线阅读，也可将电子图书下载到用户本地计算机上离线阅读和打印。超星数字图书馆电子图书获取途径为：登录超星数字图书馆主页可以免费阅读约 5000 种 PDG 图书，其他图书需要付费阅读。单位购买的用户可以在固定 IP 地址范围内利用远程访问方式使用超星数字图书馆的资源，或者采用镜像站点方式使用该资源。个人用户可以通过购买阅读卡注册会员后使用。超星图书浏览器（SSReader）是阅读超星数字图书馆藏书的必备工具，可从其网站免费下载，也可从世纪超星公司发行的任何一张数字图书光盘上获得。

目前，超星电子图书的站点有包库站“汇雅电子图书”（http://www.sslibrary.com）和个人会员站“超星”网（http://www.ssreader.com 或 http://book.chaoxing.com）两种。本节主要介绍高校图书馆等单位用户使用的包库站点（有教育、网通、电信三个镜像站点）。

（2）检索方法

超星包库站点提供分类浏览和检索两种图书查询方式。检索又分为快速检索和高级检索。单击超星包库站点“图书分类”（见图 3-37）中任意主题进入“图书分类目录”，逐级单击分类进入下级子分类，据此可找到自己需要的图书。

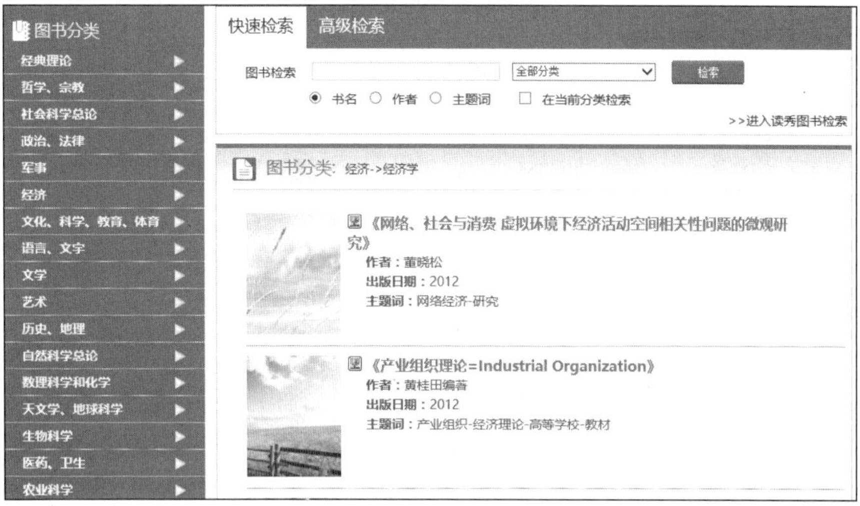

图 3-37　超星汇雅电子图书分类浏览

超星包库站点首页上方默认提供快速检索功能（见图 3-38），通过在输入框中输入检索词，单击“检索”按钮即可检索相关图书。这时在检索结果上方的快速检索界面增加了“在结果中搜索”选项，而之前出现的在当前分类检索这一选项会消失。这种检索方式与网络上的“搜索引擎”及其他数字资源的初级检索方式类似，也是利用单条件检索，能够实现图书书名、作者、出版社和出版日期的单项模糊查询。对于一些目的范围较大的查询，建议使用这种方式。通过书名和作者的方式来查找。

图 3-38　超星汇雅电子图书快速检索

单击“快速检索”右边的“高级检索”按钮，进入高级检索界面（见图 3-39），可以输入多个关键字，对书名、作者、主题词、图书出版年等条件进行组合检索。这种检索方式也与搜索引擎的高级检索方式类似，超星数字图书馆的高级检索方式提供的是书名、作者、主题词三种途径的复合检索方式（旧版本是书名、作者、索书号和出版日期四种）。在这里，可以对检索范围进行限定，也可以选择在整个数据库中进行检索。

超星数字图书馆检索系统使用的检索算符有：“*”、空格表示逻辑“与”；通配符“%”代表一个或多个字；“+”表示逻辑“或”。

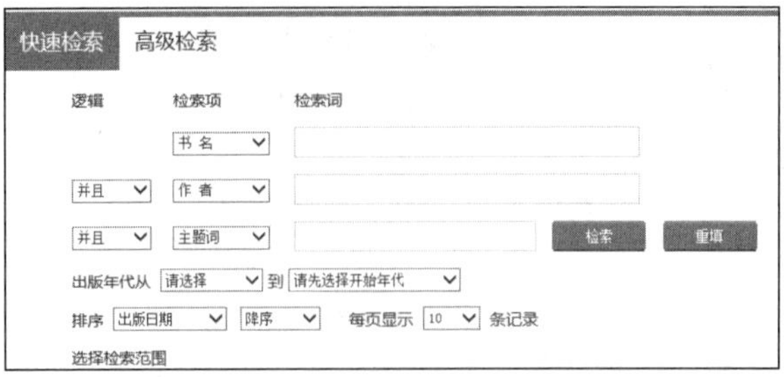

图 3-39 超星汇雅电子图书高级检索

（3）阅读和下载

阅读超星电子图书可以选择 IE 阅读（需下载运行一个小插件）和阅读器阅读两种方式。首次用超星阅读器阅读和下载超星电子图书的全文，需先从超星网站（免费）下载并安装超星阅读器（SSReader，最新版本为 4.1 版）。数字图书直接在线阅读，则无须进行用户登录，但匿名用户状态下载的图书只能在本机上阅读，不能复制到其他机器上阅读。

在超星阅读器登录个人用户名后下载的图书支持复制到其他机器上阅读。登录个人用户名的方法为：运行超星阅读器→“注册”菜单→“用户登录”进行个人用户登录（首次登录须先进行新用户注册，见图 3-40）。复制到其他机器阅读时，需要在阅读的机器上使用下载时的用户名进行登录。

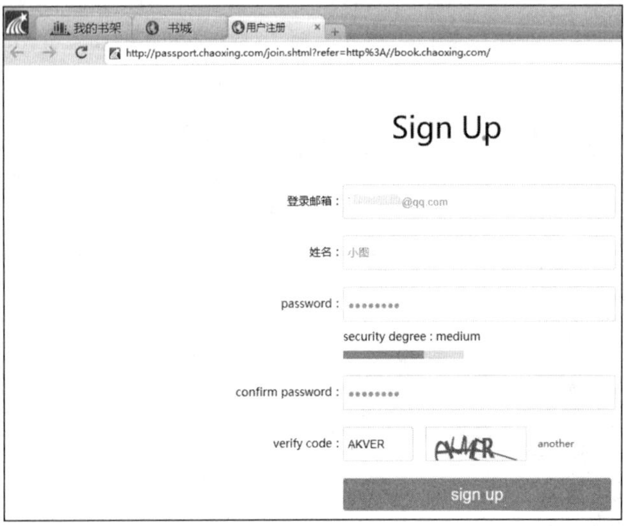

图 3-40 超星阅读器注册用户信息界面

加载到超星阅读器中的图书下载任务必须在当天内完成下载，非当天加载的下载任务请尝试删除该书下载任务并重新选择下载一次。单位用户在 1 天内可下载图书的数量是有限的，可以隔天重新尝试下载。另外，单位用户下载的超星包库站中的图书只提供借阅方式阅读（下载图书的有效期为 180 天），用户如果打开到期后的图书，会出现“图书已过期”提示窗口，告知用户归还了下载的图书，已不能继续阅读；单位用户 1 天内允许打印 1000 页图书，如超过会提示“打印页数已上限”。

进入书籍阅览窗口（见图 3-41）后，系统默认以静止方式显示一页内容，为了方便用户自由地阅读，“超星阅读器”提供了多种功能，其主要功能包括：①图书下载，可以下载整本图书，并将其保存到本地磁盘；②文字识别，超星图书全文为 PDG 格式，可以通过“文字识别”功能，将识别结果保存为 TXT 文本文件；③剪切图像，选择“剪切图像”功能，可以直接复制、修改书中的某一部分内容；

④书签，使用“个人书签”功能，对整册书添加书签或者对书中某一页添加书签，对使用频率较高的书可以直接阅读，免去每次检索的麻烦；⑤自动滚屏，在阅读书籍时，可以使用滚屏功能阅读书籍；⑥更换阅读底色，使用“更换阅读底色”功能来改变书籍阅读效果；⑦导入文件夹，通过此功能可以将所需资料导入“我的图书馆”文件夹，从而更好地管理自己的文件；⑧标注，在阅读图书时可以对书中的内容做标记，有批注、铅笔、直线、圈、高亮、链接 6 种标注工具；⑨历史记录，记录用户通过超星阅读器访问过的所有资源；⑩书评功能，可对每本图书“发表评论”，也可以看到其他人对此书发表的评论。

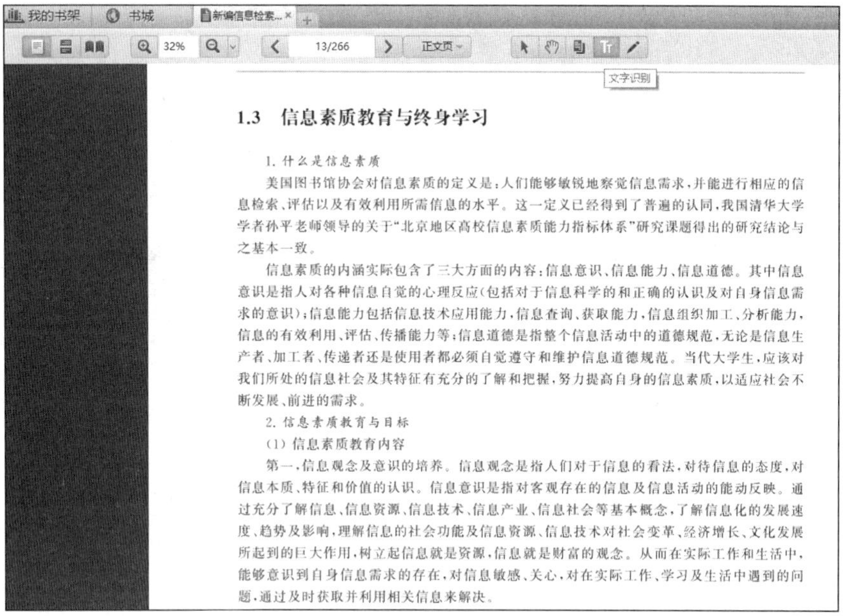
我的书架
书城
新编信息检索...
32%
13/266
正文页
文字识别
1.3　信息素质教育与终身学习
1. 什么是信息素质
美国图书馆协会对信息素质的定义是：人们能够敏锐地察觉信息需求，并能进行相应的信息检索、评估以及有效利用所需信息的水平。这一定义已经得到了普遍的认同，我国清华大学学者孙平老师领导的关于“北京地区高校信息素质能力指标体系”研究课题得出的研究结论与之基本一致。
信息素质的内涵实际包含了三大方面的内容：信息意识、信息能力、信息道德。其中信息意识是指人对各种信息自觉的心理反应（包括对于信息科学的和正确的认识及对自身信息需求的意识）；信息能力包括信息技术应用能力，信息查询、获取能力，信息组织加工、分析能力，信息的有效利用、评估、传播能力等；信息道德是指整个信息活动中的道德规范，无论是信息生产者、加工者、传递者还是使用者都必须自觉遵守和维护信息道德规范。当代大学生，应该对我们所处的信息社会及其特征有充分的了解和把握，努力提高自身的信息素质，以适应社会不断发展、前进的需求。
2. 信息素质教育与目标
（1）信息素质教育内容
第一，信息观念及意识的培养。信息观念是指人们对于信息的看法，对待信息的态度，对信息本质、特征和价值的认识。信息意识是指对客观存在的信息及信息活动的能动反映。通过充分了解信息、信息资源、信息技术、信息产业、信息社会等基本概念，了解信息化的发展速度、趋势及影响，理解信息的社会功能及信息资源、信息技术对社会变革、经济增长、文化发展所起到的巨大作用，树立起信息就是资源，信息就是财富的观念。从而在实际工作和生活中，能够意识到自身信息需求的存在，对信息敏感、关心，对在实际工作、学习及生活中遇到的问题，通过及时获取并利用相关信息来解决。

图 3-41　书籍阅览窗口

（4）建立“我的图书馆”

“我的图书馆”是属于个人的网上收藏空间，用户可将在超星或读秀等网站上的各种信息收藏进来，并能够在此发表文章、发布图片、上传文件，还可以创建各种主题的知识库，和志同道合的朋友们沟通交流、分享资源。若用户没有图书馆账号，可进入“我的图书馆”或利用超星阅读器的工具条，单击“注册”按钮，根据提示进行新用户注册，注册成功后，即可进入“我的图书馆”；若已有账号，可在站点首页单击“我的图书馆”，输入用户名和密码即可。用该用户登录，查找到需要的书，单击书名下面的“收藏”按钮，添加图书（见图 3-42）。进入到或刷新“我的图书馆”就可以看到此书了（见图 3-43）。

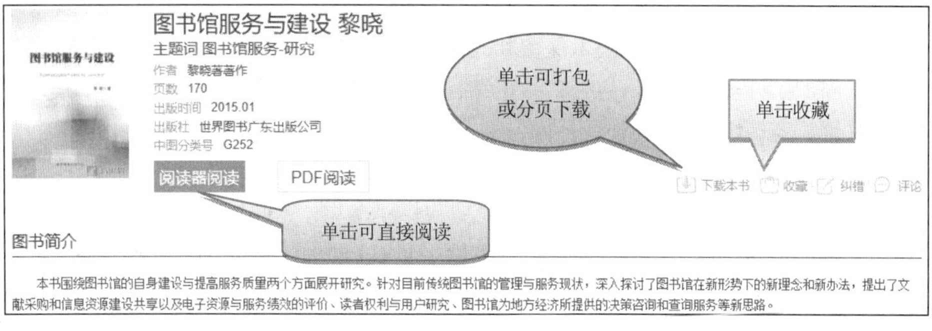
图书馆服务与建设 黎晓
主题词 图书馆服务-研究
作者 黎晓著著作
页数 170
出版时间 2015.01
出版社 世界图书广东出版公司
中图分类号 G252
阅读器阅读
PDF阅读
单击可打包或分页下载
单击收藏
下载本书　收藏　纠错　评论
单击可直接阅读
图书简介
本书围绕图书馆的自身建设与提高服务质量两个方面展开研究。针对目前传统图书馆的管理与服务现状，深入探讨了图书馆在新形势下的新理念和新办法，提出了文献采购和信息资源建设共享以及电子资源与服务绩效的评价、读者权利与用户研究、图书馆为地方经济所提供的决策咨询和查询服务等新思路。

图 3-42　图书收藏和下载

图 3-43 “我的图书馆”收藏页面

（5）移动用户端服务

超星已推出移动用户端服务，超星移动图书馆是依托集成的海量信息资源与云服务共享体系，为移动终端用户提供资源搜索与获取、自助借阅管理和信息服务定制的一站式解决方案，用户除了可在手机、pad 等移动设备上自助完成个人借阅查询、馆藏查阅等功能外，还同时拥有超过百万册电子图书、海量报纸文章以及中外文献元数据供用户自由选择，为用户提供方便快捷的移动阅读服务。安装超星移动图书馆用户端软件后，在连接到互联网的条件下，单击超星图标，即可进入超星移动图书馆。针对机构用户服务，首先要选择所存机构，输入所在机构的用户名及密码，即可进入移动图书馆。单击左上角的“书架”图标，在右上角单击“添加”按钮则进入电子书库，电子书库下设“爱看书苑”、“书库”、“书香歌德”3 个栏目，根据自己的喜好选择相应图书进行添加，可以直接下载或加入书签进行阅读。

图 3-44 超星移动用户端界面

2．方正 Apabi 数字图书馆

方正 Apabi 数字图书馆（http://www.apabi.cn）也称方正 Apabi 数字资源平台（见图 3-45），是由北大图书馆和北大方正联合推出的。北大方正提供数字图书馆的软件支持，北大图书馆提供服务。方正 Apabi 数字图书馆提供六千余种中国出版的电子新书，内容主要包括社会科学、计算机类和精品畅销书籍，学科涉及文学艺术、语言、历史、经济法律、政治、哲学、计算机等多个类别。方正 Apabi 电子图书制作精良，阅读方便，是方正 Apabi 数字内容资源的核心部分，中华数字书苑电子书频道包括 25 万册可供全文阅读的电子图书、400 万册可供条目检索的电子图书，其中外文图书 5000 多种、民国期刊 20000 多期、中医古籍 2000 余册、国学要览 80000 余册，内容丰富，应用领域非常广泛。

Apabi 数字图书馆独有的 CEBX 技术保留并改进了 CEB 的基本特性，并针对网络应用、移动阅读等新的阅读模式添加了许多新特性，包括：数据结构化、原版原式、设备自适应性、动态交互特性、全面的安全性支持、多样化的互联网应用等。

与超星数字图书馆一样，方正数字图书馆同样提供分类浏览、高级检索和快速检索功能。其中快速检索与超星数字图书馆的初级检索差不多，检索时可以以年份、全面检索、全文检索等为检索条件，输入检索词，单击“查询”按钮，迅速查找到想要的书目，检索结果可选择图文显示或列表显示。在检索结果中，若出现的结果较多，还可以选择“结果中查”。在当前结果中增加检索框的条件后再进行检索；选择“新查询”，可使用检索框中的条件开始一个新的检索。

图 3-45　方正 Apabi 数字资源平台

方正数字图书馆的高级检索可以输入比较复杂的检索条件，在一个或多个资源库中进行查找，该高级检索分为“本库查询”和“跨库查询”。可以在列出的项目中任选检索条件，所有条件之间可以用“并且”或“或者”进行连接。跨库查询需要选择要查询的库。所有选项设置完成后，单击“查询”按钮即开始高级检索。检索结果可选择图文显示或列表显示。单击“关闭高级检索”按钮可结束检索。

方正数字图书馆分类浏览功能也是根据中国图书馆图书分类法分类的，按照本书前面所讲的分类知识，一步步单击类别名，页面会显示当前库该分类的所有资源的检索结果。可选择图文显示或列表显示。此时“显示分类”变为“隐藏分类”，再单击，可隐藏分类。相比于其他电子书，方正电子书还具有许多特色的亮点功能。

（1）方正电子书频道亮点功能

① 专题推荐：每周对读者感兴趣的话题、行业等提供各类专题栏目的书籍推荐，对焦时代脉搏，使得读者能第一时间全面掌握该主题的信息，例如三农、家庭装修、摄影爱好等。

② 大幅优化资源分类的便捷性：在书苑上加入了大幅优化后的七大类图书分类，使得读者可在最短时间内锁定需要的书籍，同时在电子书频道的二级页面里延续主页上的资源分类，将光标移到分类上会自动向右弹出二级分类，使得分类更加直观。

③ 排行榜功能：分周、月、季度排行，按单击率进行排序，显示图书书名信息条，将光标滑动到图书名称后会自动显示出图书封面、作者和出版社等图书信息，方便读者筛选热门书籍的信息，并且还加入了热门出版社、热门作者的推荐。

④ 新书推荐功能：将时下最流行的新书做成新书推荐专栏，为那些喜欢尝鲜的读者提供服务，在新书推荐的模块里每页推荐 5 本新书，图书左右加入转向箭头，方便读者进行浏览。

⑤ 准确便捷的搜索定位功能：读者可以在主界面上统一进行搜索，在搜索结果的下一级搜索条件中通过数据来源、资源库、检索范围、出版时间、阅读范围等项详细地将搜索结果分类，方便读者对结果进行定位。

⑥ 网络分享功能：在图书信息界面中，在图书封面的下方加入了网络分享功能（第一层为新浪微博、腾讯微博、人人网、开心网等），将 SNS 的思想完美地融合进电子书频道，增强了朋友之间的互动，使得阅读更有乐趣。分享网站的第二级显示了 14 个不同类型的网站，第三级包含了 115 个不同类型的网站供读者选择，还可以自定义分享网站，做到真正地分享 DIY。

⑦ 支持各种媒介的移动阅读：对于市场上主流的 iOS 产品、Android 产品均给予支持，非智能手机也可以满足移动阅读的需求。

（2）方正电子书频道其他功能

① 阅读功能。

② 收藏及推荐功能。在图书信息页面中，除了包含图书的基本信息（责任人、出版社、出版日期、ISBN 号和分类名称）之外，还包括收藏、推荐等功能，值得一提的是浏览历史和书内捡索功能，使得阅读更加立体。

③ 摘要及目录功能。图书信息页面还提供图书摘要和目录，使读者能够在第一时间获取该书的主要信息，方便读者进行取舍。

此外，每一本图书都会包含书评，让读者可以分享读书的感受，相互启发，相互影响，形成良好的读书氛围。

3. 书生之家数字图书馆

（1）概况

书生之家数字图书馆（http://edu.21dmedia.com/index.action）是建立在中国信息资源平台基础之上的综合性数字图书馆（见图 3-46），由北京书生公司开发制作。书生之家数字图书馆设有四级目录导航，并提供强大的全文检索功能。系统共有 31 个分类，下面又分小类，图书种类齐全，项目清楚。读者可以通过分类检索、全文检索、书名检索、作者检索、出版机构检索、专题检索等多种检索方式查询需要的资料，并可以采用多种检索方式进行组合检索。对书生之家数字图书馆的资源，可依托“书生阅读器”在线读书，或借阅下载到本地后通过书生阅读伴侣实现离线读书。“书生之家”所收录的图书涉及社会科学、人文科学、自然科学和工程技术等类别，以收录 99 年以后出版的图书为主。

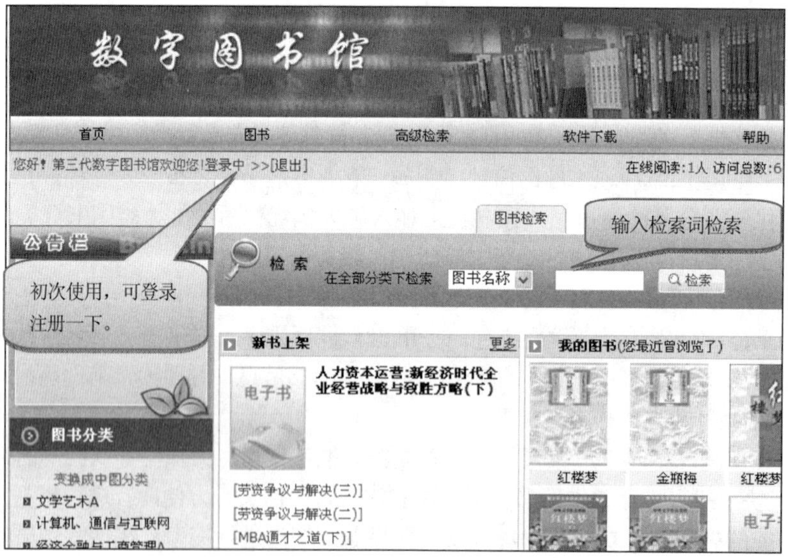

图 3-46　书生之家数字图书馆主页

（2）使用方法

登录方法有两种：从用户端登录书生之家数字图书馆系统，然后根据书生公司提供的账号，登录进入系统内部；或者通过打开书生之家的网址登录。书生之家电子图书必须使用书生之家数字信息阅读器阅读和下载。下载后需在本机运行安装，方能在网页上阅读全文。

书生之家数字图书馆提供了五种主要的图书检索方法，包括分类检索、快速检索、全文检索、组合检索和高级全文检索。

① 分类检索。根据系统首页左侧所提供的书生和《中图法》两种分类方式，选择其中一种，单击左侧的目标类目即可打开该类目下的全部图书，并显示在右侧，在当前类目下再按图书名称、作者、丛书名称、主题、提要等字段进行图书检索。

② 快速检索。快速检索是指在全部分类下，直接输入图书名称、作者、丛书名称、主题、提要等任意字段进行检索。

③ 全文检索。全文检索是指按图书内容或目录进行查找，可以分别检索到所需内容的检索方法。

④ 组合检索。组合检索是指将图书名称、作者、丛书名称、主题、提要等字段，通过“逻辑或”或“逻辑与”进行字段组配的检索方法。例如，要查找建筑与环境设计方面的图书，就可以在图书名称项分别输入“建筑”与“环境设计”，然后单击“查询”按钮，就可查询到符合要求的检索结果列表。

⑤ 高级全文检索。高级全文检索是指在全文或者目录中，可进行单词、多词、位置、范围等多方面的检索。

4．中国国家数字图书馆

中国国家数字图书馆（http://www.nlc.gov.cn/）依托丰富的馆藏资源与互联网上的虚拟数字资源，为读者提供远程服务。可通过中国国家数字图书馆统一门户（见图 3-47），实现信息检索、服务、推送的一站式服务。该平台开放无版权数字资源，每年购买并在广域网发布电子新书 1 万多种，供读者免费使用。其网上咨询、在线阅读、在线展览、在线讲座为用户获取知识提供了多种渠道。中国国家数字图书馆还将特色馆藏纸质资源数字化，其拥有的特色资源包括：文津图书奖图书、民国文献、数字方志、古籍资源、阅读中国——当代文学作品（数字）推荐工程、博士论文、音视频、甲骨实物与甲骨拓片、金石拓片、西夏文献、年画等。读者可以在线注册，免费阅读其中获得授权的资源。

图 3-47　中国国家数字图书馆主页

中国国家数字图书馆的手机门户（http://wap.nlc.gov.cn），作为中国国家数字图书馆移动服务的重要形式之一，为了能够向更大范围的读者提供服务，设计开发了三个版本，系统自动检测手机适配最优界面。其功能主要包括读者服务、在线服务、读者指南、文津图书奖、新闻公告、资源检索等栏目。中国国家数字图书馆工程已推出残疾人数字图书馆、盲人数字图书馆，为用户提供更多的便利。

5. 网上虚拟图书馆

图书馆为进一步推进资源共享，纷纷把自己的电子文献上传到互联网，并建立专门的网页，极大地丰富了网络文献信息资源。目前国内网上图书馆越来越多，国内有各大高校、研究机构等，如中国国家图书馆，中国科学院图书馆、清华大学图书馆等，国外网上图书馆有美国国会图书馆、万维网虚拟图书馆和英国国家图书馆、不列颠图书馆等。

虚拟图书馆也称无墙图书馆（Library Without Wall.WWW），是指用户可通过互联网，分享分散在世界各地众多图书馆的实体或虚拟的馆藏资源和服务，形成“无墙的”图书馆群体。虚拟图书馆不仅限于单一的图书馆，还可同时提供虚拟馆藏资源和实体馆藏资源。虚拟图书馆也可以是单一的无形图书馆，或为入门站点。这种图书馆或入门站点，创建了一种结合无数的网络电子或数字资源和服务的机制，用户可通过网络远程访问该图书馆提供或汇整的电子或数字资源，或使用该图书馆的服务。

网上免费电子图书的检索方法包括以下几种：

（1）用搜索引擎检索

电子图书是网上较为热门的免费电子资源之一，对网络电子图书感兴趣的读者有很多免费阅读的途径，利用搜索引擎是一个很好的途径。只要任意地输入一些与图书有关的词汇，如电子图书、网络小说或直接输入书名等，便可得到较多的相关信息。

（2）用网站上的电子图书目录或链接

用网站上的电子图书目录或链接等可更快捷地获得电子图书信息。提供电子图书目录或链接的网站有很多，如新浪网（http://www.sina.com）等。另外一些大学图书馆、信息机构等文献资源单位也把网络电子图书作为自身网络资源服务的一部分，并花费较大的精力来建设这一部分资源，这些都是可以好好利用的。

（3）通过免费电子图书网站检索

目前免费电子图书网站越来越多，例如，通过登录下列网站可直接获取免费电子图书：

① 天涯在线书库（http://www.tianyabook.com/）是一个综合性文学站点，包括古典文学、现代文学、外国文学、网络文学、武侠小说、言情小说等。

② 白灵社区读书论坛（http://club.beelink.com.cn/default.htm）提供丰富的资料、书籍，包括社会科学和自然科学方面的文献。

③ 全国文化信息共享平台（http://www.ndcnc.gov.cn/）提供大量的免费电子图书、免费电子期刊以及大量的全国文化信息，为全国文化爱好者寻找和访问这些资源提供统一的检索平台。

④ 亦凡书库（http;//www.shako.net/）包括畅销书籍、当代小说、现代小说、科幻小说、古典文学、武侠小说、军事文学、外国文学、纪实文学、侦探小说、文学大家、现代诗文、人物传记儿童文学、电脑科技、社会科学、自然科学、网络文学、英文经典、作家专栏等。

⑤ 书香中文网（http://www.sxcnw.net/xhtop.htm）包括军事小说、魔法奇幻小说、武侠小说、推理灵异小说、科幻小说等。

⑥ 国学数典论坛（http://bbs.gxsd.com.cn/）包括国学、历史、哲学、传统文化、经济等社会科学学术书籍。

3.2.4 外文电子图书及其检索

常用外文电子图书数据库有 Ebrary、ECCO、EEBO、EBSCO、MyiLibrary、WOL、SpringerLink 等。大部分外文电子图书数据都不属于免费开放资源，一般需要所在学校购买订阅后，才能在校园网

IP 范围内通过本校图书馆端口连接进入使用，高级用户也可以申请个人付费账号登录使用。外文电子图书主要由国外的大中型出版商和集成商出版。鉴于 John-Wiley、Springer、Elsevier 等大型出版社的电子图书内容与其出版的期刊相类似，且在同一平台上发布，第 5 章将详细地介绍，本节简要介绍几个著名的外文电子图书。

1. SpringerLink 电子图书（http://link.springer.com/）

Springer-Verlag（施普林格）是全球最大的在线科学、技术和医学（STM）领域学术资源平台，自 1996 年推出以来已为全世界 600 多家企业用户、超过 35000 个机构提供服务，Springer 的电子图书数据库包括各种 Springer 图书产品，如专著、教科书、地图集、参考工具书、从书等。SpringerLink 在 2009 年已经出版超过 30000 种在线电子图书，每年将增加 3500 种电子图书和电子参考书，其工具书、电子期刊和电子参考工具书内容互相链接，提供 12 个分学科子库，凡是在题名前有全文图标的，便可以访问全文。本书 5.1.3 节将对其做具体介绍。这里简要介绍如何简单检索一本图书。首先进入 SpringerLink 主页（见图 3-49），单击“books”后，在检索框输入检索词“information Retrieval”，得出结果如图 3-49 所示。

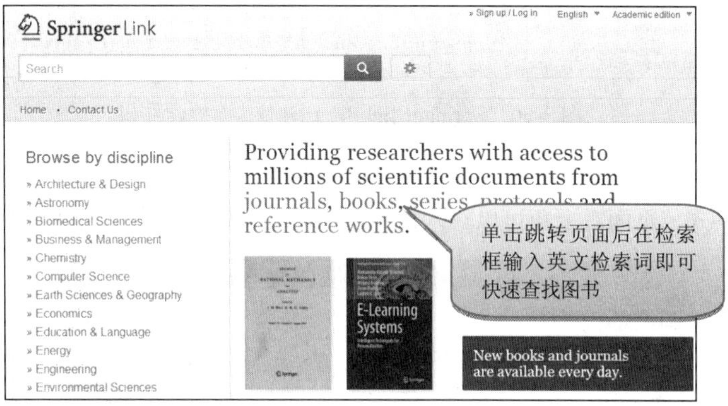

图 3-48　SpringerLink 主页

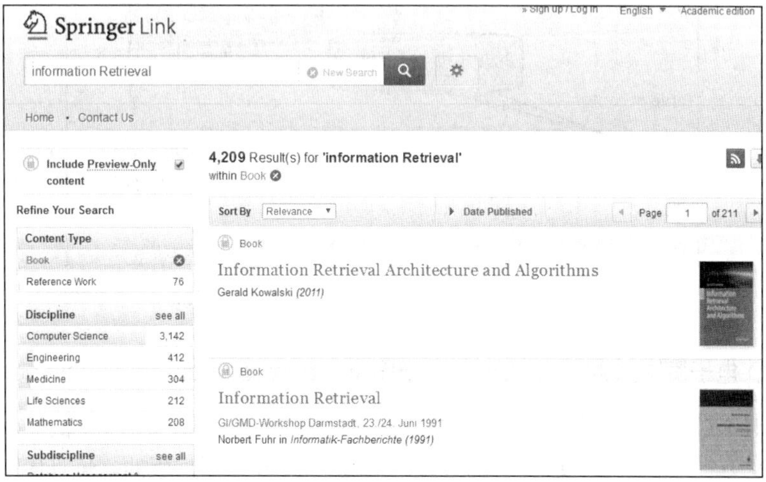

图 3-49　SpringerLink 电子图书简单检索结果

检索结果较多，而且带有黄色锁符号的图书是不能阅读和下载的，所以要取消左上角“Include Preview-Only content”选项。左下方可选择内容类型、学科类型、学科分支和语言，以便更为精确地查找到所需内容。语言选择英文，学科分支选择 Database Management & Information Retrieval，检索结果如图 3-50 所示。

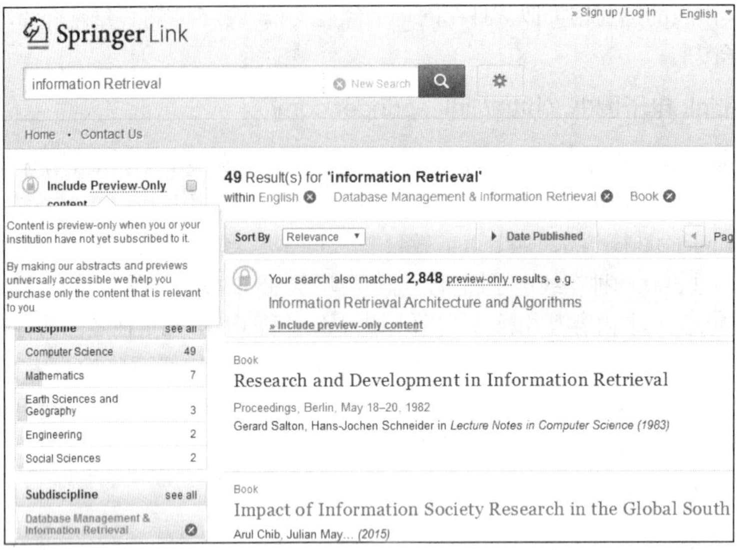

图 3-50 SpringerLink 电子图书二次检索结果

单击第一篇文献，跳转后，页面下方提供了整本下载和分章节下载两种方式（见图 3-51），下载的格式均为 PDF 格式。页面右上角可以输入检索词，检索书中该检索词所在的章节。

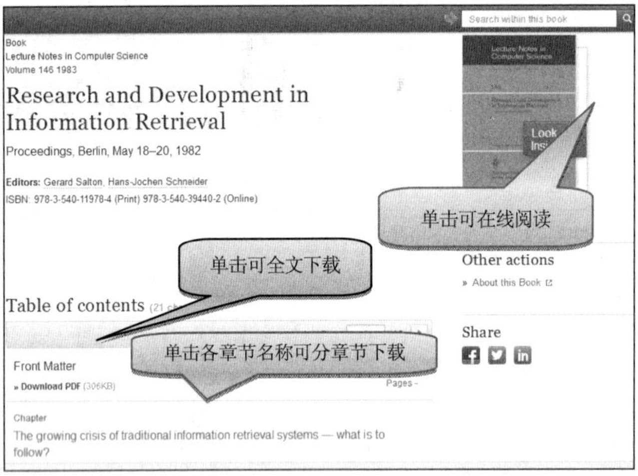

图 3-51 SpringerLink 电子图书下载和浏览

2. EBSCO 电子图书（原 NetLibrary 电子图书，http://search.ebscohost.com）

NetLibrary 是全球最大的在线计算机图书馆中心（OCLC）的下属部门，它整合了来自 800 多家出版机构的超过 19 万种电子图书，这些电子图书中 90%是 1990 年后出版的。每月均增加 2000 多种，涉及社会科学、自然科学、人文科学及工程技术等领域，其中大部分内容是面向大学及以上读者层的。目前，NetLibrary 由 OCLC 转入 EBSCOPublishing 集团，NetLibrary 电子书的访问正式迁移至 EBSCOhost 平台。EBSCOhost 电子书提供 30 多万种电子图书，涉及多个主题并涵盖多学科领域。除英文电子书外，还收录法文、德文、日文和西班牙文电子书。除提供全文的电子书外，还提供 16000 多种有声电子图书。EBSCO 电子图书可以直接进行检索，不需要安装任何阅读软件即可阅读、保存和打印，每次可保存、打印 15 页或更多。本书 5.1.2 节将详细介绍 EBSCO 数据库。

通过数据库首页右上方的“语言”项可选择 29 种检索界面语言：英语、德语、西班牙语、希腊语、法语、意大利语、匈牙利语、波兰语、葡萄牙语、俄语、土耳其语、阿拉伯语、汉语、日语、韩语、泰语、克罗地亚语。

检索方法：（1）基本检索。基本检索界面提供独立的检索文本输入框，用户在文本框中输入关键词，也可以输入词组；关键词或词组之间可根据需要加入布尔逻辑关系算符（AND、OR、NOT），输入的词越多，检索得越准确。（2）高级检索。高级检索提供 3 个检索下拉框，包含全文、书名、作者、主题、（学科）类别、书号、出版年份和出版者 8 种检索途径。其中，①全文检索（All Text Fields），检索词或检索式必定出现在电子书的内文中，但也有可能出现在书名中。②书名检索（Title），输入的若是一个词组，那么检索结果除了能够精确检索到包含该词组的书名外，还可以是含有该词组字词的书名。例如，输入“history of science”，检索结果有“History of Science and Technology”、“How Students Learn：History，Mathematics，and Science in the Classroom”等。③作者检索（Author），输入的关键字可以是作者名的任何一部分。④主题检索（Subject），所检索的主题为国会标题表（Library of Congress Subject Headings）。在检索框中可以输入单个词汇或者多个词组，也可以是用布尔算符组合起来的检索式，输入的检索词不区分大小写。

3. 金图外文数字图书馆（KingBook）

（1）简介

金图外文数字图书馆（KingBook）拥有联合美国出版在线、麦科索斯两家数据商引进的 10 万种原版外文电子图书。包括英文、日文两种语言。KingBook 的图书 80%以上为 2004 年以后出版的。其内容涉及科学、技术、音乐、医学、生命科学、军事、计算机科学、经济、工商、文学、历史、艺术、社会与行为科学、哲学、心理学、农业、教育学等领域。

KingBook 拥有自主知识产权，因此很好地解决了版权问题。同时，所有电子书都属于文本类型，清晰度高，可以无限放大。图书涵盖美国国会图书馆分类法中的 21 大类。KingBook 自主研发了学术著作引文检索系统平台（SMCI），该平台采用引文体系为电子图书建立“多向知识链条”，可多角度地挖掘数据以及判断图书价值。KingBook 还提供图书内容标引与信息增值服务。

（2）检索方式

KingBook 的访问网址为 www.kingbook.com.cn/y.htm，采用 IP 地址控制方式限定用户范围。KingBook 主页上方为导航栏，左侧由检索区和学科分类浏览区组成。

KingBook 主页左侧下方为学科分类浏览区，该区域显示已购买的图书学科分类，通过逐级单击所需学科分类便可浏览该学科图书列表。单击图书名称即可进入图书详细信息页，下载图书全文。

KingBook 检索区提供一个检索框，检索字段包括图书名称、作者、关键词、ISBN、出版社、摘要、中文名、标签、维基词汇、相关人物、时间、地点、相关事件等。KingBook 对图书内容中的基础概念与重要议题进行标引。根据标引，每个重要词汇都能找到相应的维基百科链接。任何一部文学著作都要涉及时间、地点、人物、事件几大要素，KingBook 提供基于这些要素的检索。检索词可以是一个字母、单词或多个单词，系统不区分大小写，也不支持截词符和布尔逻辑算符。

（3）检索结果

在检索结果页中，图书列表显示名称、作者、出版年、引用次数等基本信息。单击图书名称可查看详细信息，主要包括以下几项。

图 3-53 KingBook 主页

① 基本信息：图书名称、作者、出版社、ISBN、出版时间、内容提要、引用示例。当作者为 SCI 高被引作者时，作者一栏会注明。

② 相关书评：书评为中文书评，来源于知名专家、学者。具有一定的权威性及参考价值。

③ 译著分析：提供中译本或相关中文图书。

④ 图书类型分析：标明该图书属于教材、专著或工具书。

⑤ 关键词列表：系统逐一列出该图书关键词，选择相应关键词，可查看相似主题的书目，关键词可多选。

⑥ 标签：标签是指网络信息用户自发为某类信息进行描述时使用的词，并最终根据词的被使用频次，选用高频词作为该类信息名的一种网络信息分类方法。当某些标签的使用频次明显高于其他标签时，就会显现出字体大小的差别。高频标签的参考价值更大。标签不同于传统文献分类法，它强调的是社会性，反映大众的集体认知，在识别图书出现的词汇和趋势方面具有优势。单击标签可链接到具有相同标签的书目。

⑦ 相似推荐：系统提供了购买、阅读同一图书的人所购买、阅读的其他图书书目。

⑧ 价值分析：通过参考文献、节点文献、引证文献、共引文献、同被引文献及被引分析同共构建价值分析。价值分析可探明有关学科之间的亲缘关系和结构关系，划定某学科的作者集体，分析推测学科间的交叉、渗透和衍生趋势。

⑨ 阅读全文：通过全文链接可下载网书全文。KingBook 电子图书采用 PDF 或 KDF 格式，阅读 KDF 格式文件需下载安装 KDFReader 阅读器。在 KDFReader 阅读器中，可实现全文检索和常规检索，还可实现旋转、复制、书签、画线、标注等功能。

4. Safari Tech Books Online 电子图书数据库

Safari Tech Books Online 包括 http://connect.safaribooksonline.com（教育网）和 http://proquestcombo.safaribooksonline.com/（非教育网），简称 Safari。Safari 是 ProQuest Information and Learning 公司最新推出的电子图书服务系统。Safari 主要提供 IT 方面的电子图书，主要来自世界两大著名 IT 出版商 O'Reilly＆Associates，Inc. 和 The Pearson Technology Group，包括旗下的 Addison-Wesley Professional、

Adobe Press、Cisco Press、New Riders、Peach pit Press、Prentice Hall PTR、Que 和 Sams 等出版社。

Safari 覆盖 20 多个与 IT 相关的主题，如 Artificial Intelligence、Certification、Computer Science、Database、Desktop Applications、E-business，Graphics，Hardware，Human-Computer Interaction、IT Management、Software Engineering 等。目前，Safari 系统主要收录 1993 年以来出版的图书，70%以上的图书是 2000 年以后出版的，其中 22%的书目列入了 Amazon 书店前一万种图书清单中。Safari 数据库中的图书每半年更换一批，通常比其相应的印刷版图书出版速度快。

Safari 提供浏览和检索两种方式检索电子图书。浏览方式可以按学科分类浏览，用户有权浏览全部图书。检索方式分为基本检索和高级检索。①基本检索：基本检索支持关键词与词组检索，还可按学科、源代码、标题、作者、ISBN、出版社等字段进行检索。检索时可以进行检索范围的限定，例如"Mybook"将检索范围限定在集团已经订购的书目当中，"Allbook"将检索范围限定在 Safari 库中所提供的所有书当中，可以浏览未定购的书目的简单介绍，还可以通过订购浏览该书全文。②高级检索：高级检索提供多字段逻辑组配检索。读者可以同时对多个检索项进行选择。

阅读全文可由检索结果中的"TableofContents"直接链接到书中章节，也可单击图书封面，再选择"StartReading"从头开始阅读。通过单击检索工具与检索结果之间的"Hide"按钮进行全屏阅读。检索结果输出方式有打印、复制粘贴到 word 及 E-mail 发送。有英文帮助功能，可提供个性化服务，可订制相关 RSS 服务。Safari 图书可在线阅读，内容不能下载，但可以复制和单页打印。

5．Ebrary 电子图书数据库（http://www.ebrary.com/）

Ebrary 公司于 1999 年 2 月正式成立，由 3 家著名出版社（Mcgraw-Hill、Pearson 和 Random House Ventures LLC）共同投资组成，Ebrary 电子图书数据库整合了来自 500 多家学术、商业和专业出版商的权威图书和文献，覆盖商业经济、社科人文、历史、法律、计算机、工程技术、医学等多个领域。Ebrary 电子图书数据库收录了 80 余万册电子书，是全世界知名的电子书数据库之一。涉及的出版社有：Wiley、World Bank、International Monetary Fund、Emerald、Routledge、Ashgate、World Trade Press、University of Chicago Press 等。Ebrary 电子图书采用 PDF 格式，可采用 QuickView 模式或 Ebrary Reader 专用阅读软件阅读，使用 Ebrary Reader 专用阅读软件阅读需要安装 Java 的最新版本（安装地址为 http://java.com/zh_CN/）。安装阅读器后，可进行全文检索，还可以选择部分文本进行粘贴。读者单击页面右上角的"Sign in"按钮进行简单注册，然后登录个人账号之后，才可按章节下载，或按页码（一般最多 40 页）下载；还可以下载全文，所下载的全文需要使用 Adobe Digital Editions 工具阅读，有效期为 14 天（注意，部分电子书不支持全文下载）。可以建立网上个人书架以保存已阅读文章的链接，并且具有书签和评注功能。Ebrary 还提供了学术出版工具 DASH!（Data Sharing，Fast），利用 Ebrary 的成熟技术，制作数字化文献、上传并集成到 Ebrary 的阅读平台，可以分享 Ebrary 的所有检索功能。

Ebrary 提供简单检索和高级检索两种基本检索方式，检索方式与其他数据库相似，但功能较弱，需要注意以下问题：布尔逻辑算符（AND、OR、NOT）可用，但是必须要用大写形式书写；系统不能自动识别单词的单复数形式或多种变式，需准确输入检索词以免漏检；截词符、通配符不可用。

6．BookSearch 电子书

BookSearch 公司是全球最大的网络出版公司之一。BookSearch 发展到今天，已经成为全球最受欢迎的图书信息平台之一。根据 TNS Global Image Study 2007 年的报告，BookSearch 在图书信息服务领域，无论在技术领先性、数据质量以及用户检索体验等方面，均排名领先；该数据库还包含了哈佛、加利福尼亚州立大学、普林斯顿大学、牛津大学、剑桥大学等多所高校学术文集、WHO 及各学科的报告文集。BookSearch 外文数字图书馆是原版外文电子图书数据库，清晰度非常高。该电子书于 2000

年后出版，内容新，知名度高，质量好。在北美，90%的高校图书馆、70%的教学医院以及几十家大型研究机构均使用 BookSearch 数据库产品。目前该数据库拥有 2.5 万余册外文电子图书，每年增添 4000 册左右，其中大多精选于美国、英国、澳大利亚、南非等最新出版的电子图书；该数据库图书大部分为 Doody's Star Rating，评价体系为 3 星级以上，涉及艺术、生命学、商业、经济管理、计算机、地球科学、教育、法律、语言学、文学、医学、心理学、社会科学、旅游地理等各个学科。国内已有多所高等院校、医院、研究机构、图书情报部门使用该数据库。

7．MyiLibrary（http://www.myilibrary.com/）

MyiLibrary 来自英格拉姆数字集团，是与出版商和学术出版社紧密结合的电子书平台，目前收录了世界上 400 多个学术和专业出版商出版的内容，涵盖理、工、农、医、文、史、哲等领域。平台上所有的电子书可进行全文检索；还可按关键词、作者、ISBN、出版年、学科、语种等对检索结果进行限定。可以将文本和图片复制到 Word、Excel 和 PowerPoint 中（个别出版商对格式有一定限制），电子书不能全文下载，但允许下载或打印不超过 10 页的内容，格式为 PDF。

8．EEBO（早期英文图书在线，http://eebo.chadwyck.com/home）

EEBO 是由密歇根大学、牛津大学和 ProQuest Information and Learning 公司合作开发并于 1999 年推出的在线全文数据库。该数据库收录了所有现存的 1473—1700 年英语世界出版物的资料，是目前世界上记录了 1473 年至 1700 年的早期英语世界出版物最完整、最准确的全文数据库之一。内容覆盖历史、英语文学、宗教、音乐、美术、物理学、妇女问题研究等诸多领域，其资料的深度和广度为各学科领域的研究提供了广泛的基础。

EEBO 收录了许多知名作家的著作，例如莎士比亚（Shakespeare）、马洛里（Malory）、斯宾塞（Spencer）、培根（Bacon）、摩尔（Moore）、伊拉斯谟（Erasmus）、鲍尔（Bauer）、牛顿（Newton）、伽俐略（Galileo）等。除收录了那个时期大量的文学资料外，该数据库还收录了许多历史资料，例如皇家条例、布告、军事、宗教和其他公共文件，以及年鉴、练习曲、年历、大幅印刷品、经书、单行本、公告及其他原始资料。

思考题

1．什么是图书？它有哪些构成要素？
2．什么是联合目录？我国有哪些著名的联合目录检索系统？
3．什么是电子图书？它相比于纸质图书有哪些优缺点？
4．主要的中外文电子图书有哪些，请分别简要说明。
5．利用图书馆的馆藏目录检索有关“宁波民俗”方面的图书，并写出该书的在线信息和馆藏位置。
6．利用读秀检索一本感兴趣的书。

第 4 章　常用中文期刊数据库检索及利用

中文数据库从 20 世纪 80 年代初开始起步，90 年代以后更是得到了很大的发展。目前我国具有一定规模并能提供服务的中文数据库已有数千种，主要以全文数据库为主，内容涵盖基础科学、社会科学、农林医、工程技术、商业经济、财政金融、文教卫生等各个领域。其中比较大型的中文数据库有 CNKI 中国知识资源总库、重庆维普、万方数据，等等。本章介绍一些高校常用的中文期刊全文数据库和中文文摘数据库及其使用方法。

4.1　中文期刊全文数据库

4.1.1　中国期刊全文数据库

1. 数据库概况

中国期刊全文数据库是 CNKI 工程启动建设的中国知识资源总库的一个子库。中国知识基础设施工程（China National Knowledge Infrastructure，CNKI），简称中国知网，由清华大学、清华同方发起，始建于 1999 年 6 月。CNKI 是以实现全社会知识信息资源共享为目标的国家信息化重点工程，也是《国家“十一五”时期文化发展规划纲要》中国家“知识资源数据库”出版工程的重要组成部分。

中国期刊全文数据库的出版内容以学术、技术、政策指导、高等科普及教育类期刊为主，覆盖自然科学、工程技术、农业、哲学、医学、人文社会科学等各个领域（见图 4-1）。目前已收录国内 9100 多种重要期刊、1000 多种报纸，还有大量的博士、硕士论文，以及会议论文、图书，还有国内外 1100 多个专业数据库。用户遍及全球诸多国家和地区，实现了我国知识信息资源在互联网条件下的社会化共享与国际化传播，使我国各级各类教育、科研、政府、企业、医院等各行各业获取与交流知识信息的能力达到了国际先进水平。

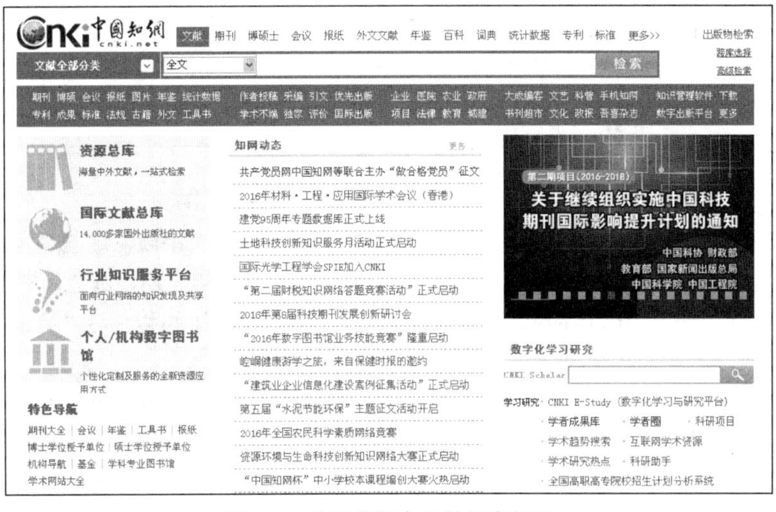

图 4-1　中国期刊全文数据库首页

CNKI 根据文献加工的层次不同，可分为专题全文数据库、题录数据库、文摘数据库。其中，题录数据库和文摘数据库属于参考型数据库，只提供目次和摘要。中国期刊全文数据库分为十大专辑：基础科学、工程科技Ⅰ、工程科技Ⅱ、农业科技、医药卫生科技、哲学与人文科学、社会科学Ⅰ、社会科学Ⅱ、信息科技、经济与管理科学。各个专辑分为若干专题，共 168 个专题。现收录国内学术期刊 8,191 种，全文文献总量 46,707,208 篇，并每日保持动态更新。

机构用户可通过网上包库、镜像站点和全文光盘方式使用数据库，个人用户可以通过付费购买 CNKI 卡使用数据库。

2．检索方法

中国期刊全文数据库可以根据需要选择多个数据库进行跨库搜索或者只选一个库进行单库检索。检索方式有初级检索、高级检索、二次检索、专业检索等。

（1）初级检索

登录中国期刊全文数据库检索系统后，系统默认的检索界面即为初级检索界面，如图 4-2 所示。

初级检索功能是在指定的范围内，按单一的检索项检索，它不能实现多检索项的逻辑组配检索。初级检索的检索步骤如下：

选取检索范围：图 4-2 左侧“学科导航栏”列出 10 个专辑，即类目名称，每个专辑目录下面又分别设有详细的子目录，用户可逐级单击选择主题限定。

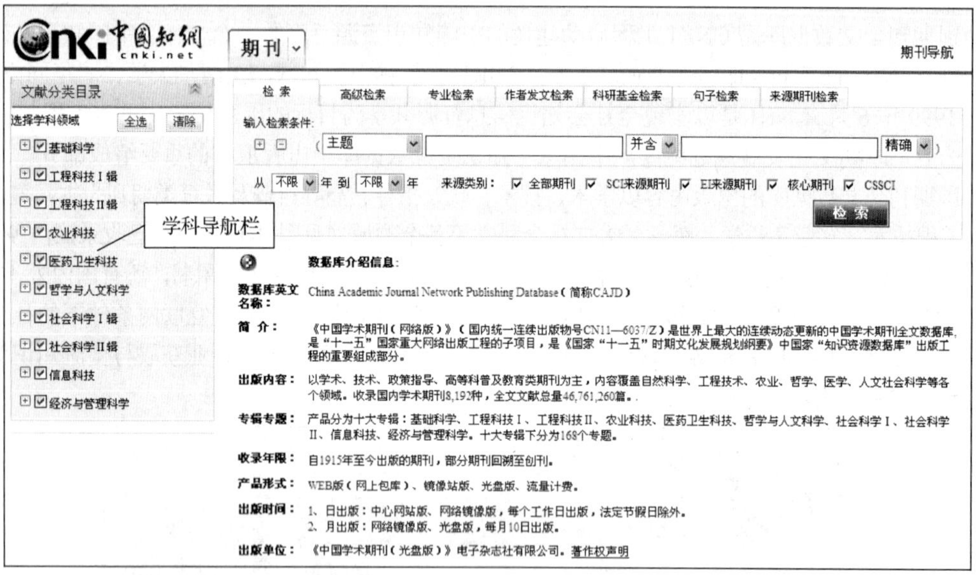
中国知网
cnki.net
期刊
期刊导航
文献分类目录
选择学科领域
全选
清除
基础科学
工程科技Ⅰ辑
工程科技Ⅱ辑
农业科技
医药卫生科技
哲学与人文科学
社会科学Ⅰ辑
社会科学Ⅱ辑
信息科技
经济与管理科学
学科导航栏
检索
高级检索
专业检索
作者发文检索
科研基金检索
句子检索
来源期刊检索
输入检索条件：
主题
并含
精确
从 不限 年 到 不限 年
来源类别：
全部期刊
SCI来源期刊
EI来源期刊
核心期刊
CSSCI
检索
数据库介绍信息：
数据库英文名称：
China Academic Journal Network Publishing Database（简称CAJD）
简 介：
《中国学术期刊（网络版）》（国内统一连续出版物号CN11—6037/Z）是世界上最大的连续动态更新的中国学术期刊全文数据库，是“十一五”国家重大网络出版工程的子项目，是《国家“十一五”时期文化发展规划纲要》中国家“知识资源数据库”出版工程的重要组成部分。
出版内容：
以学术、技术、政策指导、高等科普及教育类期刊为主，内容覆盖自然科学、工程技术、农业、哲学、医学、人文社会科学等各个领域。收录国内学术期刊8,192种，全文文献总量46,761,260篇。
专辑专题：
产品分为十大专辑：基础科学、工程科技Ⅰ、工程科技Ⅱ、农业科技、医药卫生科技、哲学与人文科学、社会科学Ⅰ、社会科学Ⅱ、信息科技、经济与管理科学。十大专辑下分为168个专题。
收录年限：
自1915年至今出版的期刊，部分期刊回溯至创刊。
产品形式：
WEB版（网上包库）、镜像站版、光盘版、流量计费。
出版时间：
1、日出版：中心网站版、网络镜像版，每个工作日出版，法定节假日除外。
2、月出版：网络镜像版、光盘版，每月10日出版。
出版单位：
《中国学术期刊（光盘版）》电子杂志社有限公司。著作权声明

图 4-2 中国知网初级检索

选择检索项：单击检索项的下拉菜单选取要进行检索的其中一个字段，这些字段有主题、篇名、关键词、摘要、作者、第一作者、单位、刊名、参考文献、全文、年、期、基金、中图分类号、ISSN（国际标准刊号）、统一刊号 16 个字段。默认为“篇名/关键词/摘要”。可以通过“检索项”标签右边的下拉列表重新选取。

输入检索词：在检索框里输入检索词，即可将该检索词限定在已选择的字段中进行检索。在一个检索项中同时输入两个或两个以上的检索词时，单击“逻辑”下的“+”按钮，增加检索框，对检索词之间进行“并且”、“包含”和“不包含”的逻辑组配，组配成检索式后输入到检索要求输入框中即可。

选择匹配模式：有“精确”和“模糊”两种选项模式。当在检索项中选择“篇名、作者、关键词、

中文摘要、中文刊名”这些选项时，“模式”会自动呈现为开启状态（文字颜色由浅变深）。选择“精确匹配”，则全文中完整包含检索词，不能将检索词拆分，检索词顺序不能打乱。选择“模糊匹配”，则全文中完整包含检索词，检索词可以拆分，排序不分先后顺序。通常情况下，“模糊匹配”比“精确匹配”选项检索范围要大。

选择文献来源范围：共有四个选项，“全部”、“EI 来源刊”、“SCI 来源刊”及“核心期刊”。“全部”选项：在所有期刊中进行检索；“EI 来源刊”选项：在 EI 来源刊中进行检索；“SCI 来源刊”选项：在 SCI 来源刊中进行检索；“核心期刊”选项：在北大核心期刊要目总览包含的期刊中进行检索。系统默认为“全部”选项，可以通过下拉列表进行更改。

记录数和排序：在检索条件区内设有记录数和排序两个选项，它们是针对检索结果显示界面而设定的。系统默认每页显示检索结果的记录数为 10 条，可以自定义选择设定每页显示多少条记录，最多设定为 50 条，超过默认或设定的条数可以翻页查看。另外，若想直接跳转到某个页面，可在页码输入框中输入想要跳转到的页码，单击“GO”按钮即可。如果输入的页码大于总的页码，则自动跳转到最后一页，如果输入的页码数为负数或其他“不合法”的符号，则自动跳转到第一页。系统提供检索结果的排序方式有“无序”、“更新日期”、“相关度”三个选项供选择。“无序”表示检索结果无序排列，“更新日期”表示按数据更新日期先后排列，越新越靠前，“相关度”表示按检索词在检索字段内容中的命中频率排序，频率越高越排在前面。

进行检索：单击“检索”按钮，执行检索功能，检索结果在页面显示区列出。

（2）高级检索

高级检索比初级检索更复杂，除了具备初级检索的功能之外，还提供多个检索项的逻辑组配检索，查询结果冗余少、命中率高。高级检索的检索步骤如下：

① 登录“中国期刊全文数据库”，单击数据库主界面“高级检索”状态栏切换到高级检索功能页面，如图 4-3 所示。

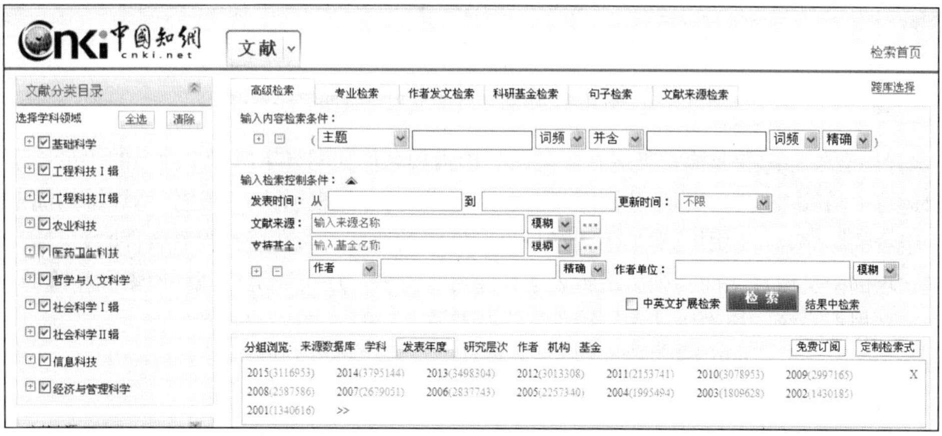

图 4-3　中国知网高级检索页面

② 选择检索项和输入检索词：高级检索页面有六个检索词输入框及检索项下拉列表供选择，当在多于一个检索词输入框中输入检索词时，需通过检索词输入框左侧下拉列表指定相互间的逻辑关系，系统提供“并且”、“或者”、“不包含”三种逻辑算符选择，可根据需要选取。必要时，还可对时间范围、学科范围、文献来源范围等加以限定。

③ 进行检索：单击“检索”按钮，系统执行检索功能，并将按页面中显示的检索词及检索项的位置从上至下依次进行。

（3）二次检索

无论是初级检索还是高级检索，都可以根据检索结果进行二次检索，也就是“在结果中检索”。此系统可以连续操作，直到检索出满意的结果为止。二级检索的检索步骤如下：

① 选择检索范围：在检索系统界面右侧目录导航工具条中选择“全选”或选择所需专辑或子目录。

② 输入关键词：如篇名、作者、关键词等。

③ 选择检索范围：选择检索字段、检索起始年代、排序方式等检索条件。检索起始年代默认为1979年至检索年。排序方式有相关度、时间、无序三种方式。检索字段包括主题、篇名、全文、关键词、作者、刊名等内容。

④ 进行检索：单击“检索”按钮，执行检索功能，显示检索结果。

（4）专业检索

专业检索比高级检索的功能更为强大，适用于熟练掌握检索技术的专业技术人员，用户可根据自己的需要组合逻辑表达式进行更精确的检索。专业检索的检索步骤如下：

① 单击数据库主界面“专业检索”状态栏切换到专业检索页面，如图4-4所示。

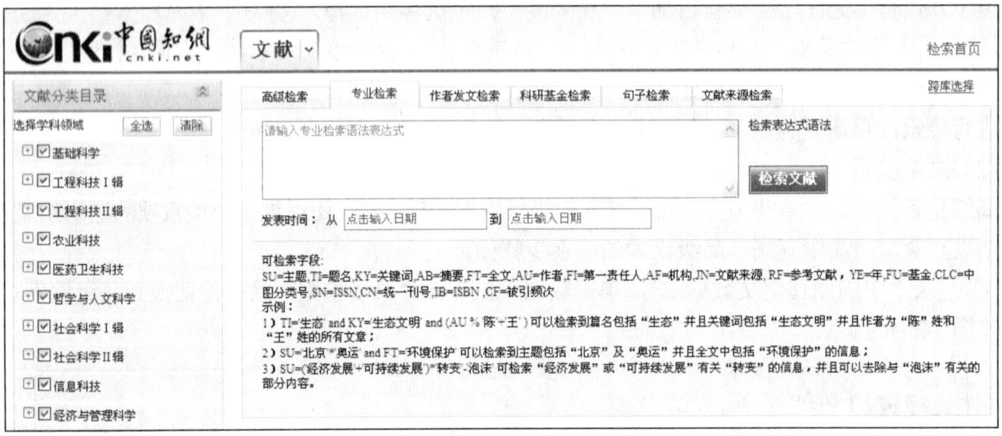

图4-4 中国知网专业检索页面

② 选择检索条件：专业检索表达式中可用的检索项名称如图4-4所示页面上的“可检索字段”，布尔逻辑运算“与”、“或”、“非”分别用“and”、“or”、“not”表示。三种逻辑运算符的优先级相同，如要改变组合的顺序，可使用英文半角圆括号“()”将条件括起。在填写检索条件时，只需根据上面所示的检索项的中文或英文简写列出逻辑表达式即可。此外，还可以进行截词检索和精确的词距控制检索，但需要根据系统的检索语法编制检索式进行检索。

③ 进行检索：单击“检索”按钮，执行检索功能，显示检索结果。

（5）期刊导航

期刊导航展现了中国期刊全文数据库收录的全部期刊，读者可以直接浏览期刊的基本信息，也可以按期查找期刊文章。期刊导航使用方法如下：

① 进入期刊导航：登录中国期刊全文数据库检索系统后，选择“期刊导航”进入页面（见图4-5）。为了满足不同读者的需要，期刊导航提供专辑、优先出版期刊、独家授权期刊、总库收录期刊、数据库刊源、出版地、主办单位、发行系统、期刊荣誉榜、世纪期刊、核心期刊导航等导航路径。

② 检索和浏览：在检索框中直接输入检索词，但只提供“刊名”、“ISSN”、“CN”3个字段。单击某一期刊的刊名，进入期刊浏览页面。页面分为期刊详细情况显示区、“本刊检索”、“刊期”浏览、“最新内容”等，可进行本刊的检索和逐期浏览以及同种期刊的浏览等。

图 4-5　中国知网期刊导航页面

③ 收藏和订阅：单击某一期刊页面右上角的“收藏”按钮，可收藏该期刊网页；单击右上方“RSS 订阅”按钮可定制订阅。

（6）知网节

知网节是知识网络节点的简称，是以一篇文献作为节点文献，提供单篇文献的详细信息和扩展信息的浏览页面。即用户通过参考文献、引证文献、同被引文献、共引文献、相关文献、读者推荐文献、相关作者、相关机构、分类导航等链接来达到知识扩展的目的，有助于学习和发现新知识，帮助其实现知识获取、知识发现。知网节包括：

节点文献题录摘要：篇名、作者、机构、关键词、摘要、刊名、刊期等信息及链接。

参考文献：反映本文研究工作的背景和依据。

引证文献：引用本文的文献以及本文研究工作的继续、应用、发展或评价。

共引文献：与本文有相同参考文献的文献，与本文有共同的研究背景或依据。

二级参考文献链接：本文参考文献的参考文献。进一步反映本文研究工作的背景和依据。

二级引证文献：本文引证文献的引证文献，更进一步反映本文研究工作的继续、发展或评价。

相关文献作者：本文相关文献作者的其他文献。

相关文献机构：本文相关文献作者所在机构的其他作者的所有文献。

相同导师文献链接：链接与本文同一导师的文献。

文献分类导航：从导航的最底层可以看到与本文研究领域相同的文献，从上层导航可以浏览更多相关领域的文献。

3. 检索结果

检索完毕后，将在页面的浏览区列出满足检索条件的记录，可以进行在线浏览、下载或打印的处理。

（1）检索结果的显示

执行检索功能后，在页面的右侧列出检测结果，如图 4-6 所示，在页面中可看到检索命中文献记录总数，并且检测结果可选择按相关度、发表时间、被引频次和下载频次排序，显示方式可在右侧选择列表格式或摘要格式以及每页显示结果数目。

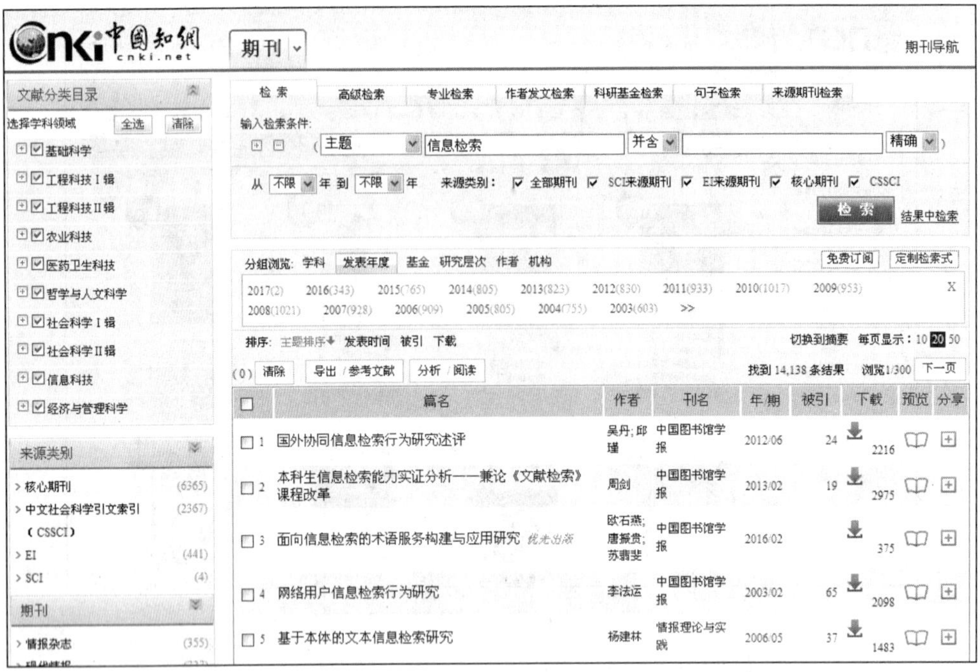

图 4-6 中国知网检索结果页面

（2）全文处理

下载全文可单击检索结果“浏览区”内某篇文献篇名前的磁盘状下载图标。若想进一步了解更多文章内容，在列表界面单击论文篇名进入详细页面，如图 4-7 所示，单击论文上方的“CAJ 下载”或“PDF 下载”进行原文下载。这两种格式的文档都可用 CAJViewer 浏览器阅读。CAJViewer 浏览器不仅支持 CNKI 数据库的 CAJ、NH、KDH、CAS、CAA 格式文件，也支持 PDF 格式文件。AdobeReader 浏览器可以阅读 PDF 文档。这两种浏览器都可以从“下载浏览器”的链接中直接下载，安装在本机中即可使用。

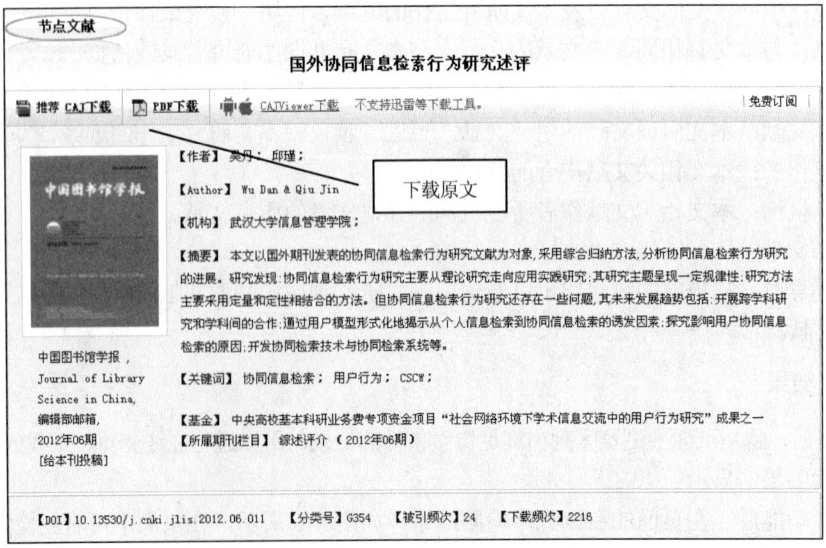

图 4-7 中国知网检索文献详细显示

（3）OCR 文字识别功能

中国期刊全文数据库的全文数据为图像文件，通过全文浏览器 CAJViewer 的 OCR 文字识别技术，可以把图像上的文字转换成文本格式，这样就可以对文本进行编辑处理。操作步骤如下：

① 单击工具栏中的“图像选择”按钮。

② 用鼠标将要转换的文字区域以方框线框定。

③ 单击工具栏中的“文字识别”按钮，弹出一窗口，显示由所选区域转化而来的文本格式的编辑框，如图 4-8 所示。对其中的内容进行编辑修改后，通过“复制”、“粘贴”到 Word 或其他文档中。

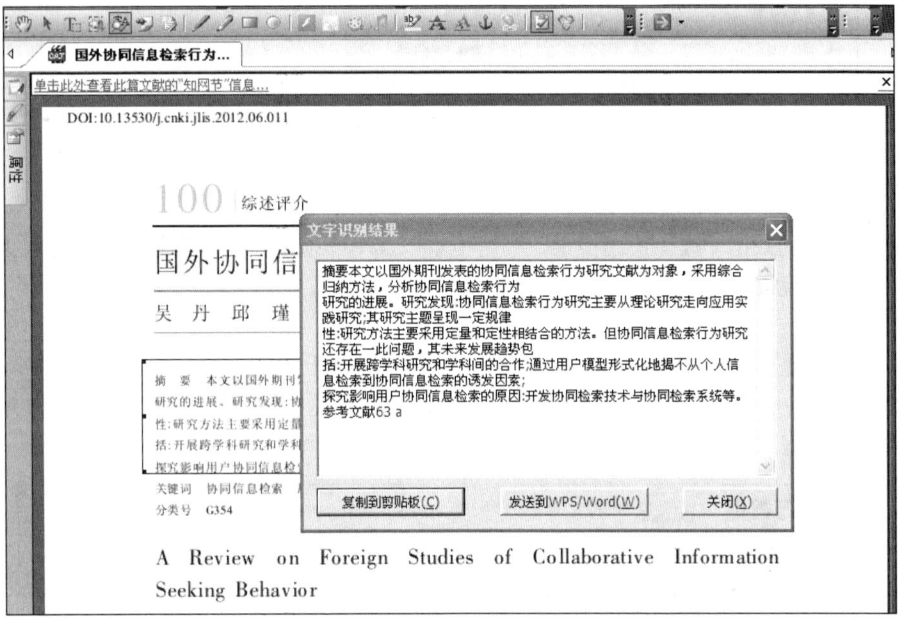
国外协同信息检索行为...
单击此处查看此篇文献的"知网节"信息...
DOI:10.13530/j.cnki.jlis.2012.06.011
100 综述评介
国外协同信
吴 丹 邱 瑾
文字识别结果
摘要本文以国外期刊发表的协同信息检索行为为研究文献为对象，采用综合归纳方法，分析协同信息检索行为
研究的进展。研究发现:协同信息检索行为研究主要从理论研究走向应用实践研究;其研究主题呈现一定规律
性:研究方法主要采用定量和定性相结合的方法。但协同信息检索行为研究还存在一此问题，其未来发展趋势包
括:开展跨学科研究和学科间的合作;通过用户模型形式化地揭不从个人信息检索到协同信息检索的诱发因素;
探究影响用户协同信息检索的原因:开发协同检索技术与协同检索系统等。
参考文献63 a
复制到剪贴板(C)
发送到WPS/Word(W)
关闭(X)
关键词 协同信息检索
分类号 G354
A Review on Foreign Studies of Collaborative Information Seeking Behavior

图 4-8　中国知网 OCR 文字识别

4.1.2　万方数字化期刊

1. 数据库概况

万方数字化期刊全文数据库是万方数据资源系统的重要组成部分。万方数据资源系统是由中国科技信息研究所、万方数据集团公司联合开发的网上数据库联机检索系统。目前该系统主要包括科技信息子系统、商务信息子系统、数字化期刊子系统、学位论文全文子系统、学术会议全文子系统和中国专利子系统等多个类型数据库。

万方数字化期刊数据库（见图 4-9）由中国科技信息研究所开发制作，收录自 1998 年以来国内出版的各类期刊 7000 余种，其中核心期刊 2800 余种，每周更新数据两次，内容涵盖医药卫生、工业技术、农业科学、基础科学、社会科学、经济财政、科教文艺、哲学政法等各个学科领域。综合筛选中国科学技术部《中国科技期刊引证报告》、《中国科技期刊论文统计》、北京大学《中文核心期刊要目总览》以及中国科学院《中国科学引文数据库》、南京大学《社会科学引文索引》所列的我国重点核心期刊，是我国最核心的数字化期刊出版联盟之一。

万方数据的服务方式针对集团用户以镜像站方式为主，针对个人用户以个人账户为主。

图 4-9　万方数字化期刊数据库首页

2. 检索方法

万方数字化期刊数据库提供快速检索、高级检索以及单库检索与跨库检索等多功能强大的检索手段，并可实现关联检索。

（1）快速检索

快速检索功能是一种快捷简便的检索方式。万方数字化期刊数据库快速检索模式系统默认在学术论文（跨期刊、学位、会议、外文期刊、外文会议多库）范围内快速检索文献。如图 4-10 所示，登录万方数字化期刊数据库首页后，在输入框中输入检索词，单击“检索”按钮进行快速检索。

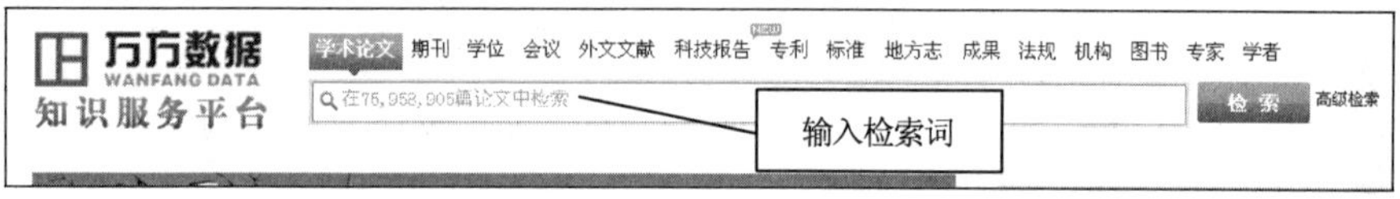

图 4-10　万方数字化期刊数据库快速检索

（2）高级检索

高级检索可以用多个检索词的组合检索，从多途径联合进行模糊检索。单击万方数字化期刊数据库首页搜索框旁的“高级检索”按钮进入页面（见图 4-11），可通过标题、作者、刊名、关键词、摘要等多种途径进行组合检索。注意，这是新版“高级搜索”页面，如果习惯使用旧版页面可单击右上角访问旧版“高级搜索”页面。用户还可以在页面左侧文献类型框中自由勾选期刊、学位、会议、标准、专利、企业等一个或多个数据库同时检索多个平台上的多种资源，只需输入一个检索式，便可以看到多个数据库的查询结果。

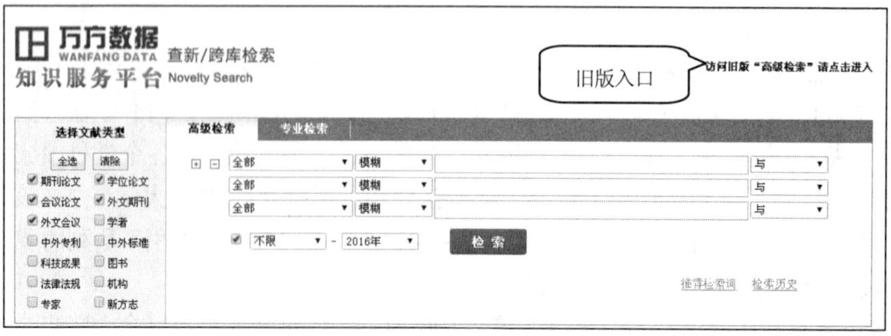

图 4-11　万方数字化期刊数据库高级检索

在高级检索页面检索区中，有三个检索表达式输入框，检索字段有标题、作者、单位、分类号、关键词、摘要、日期、来源、被引次数、全部字段 10 种。单击检索字段前的“+”、“−”号可以增加或减少检索词输入框，检索词框最多可以增加到 5 个，字段之间的逻辑关系为“与”、“或”、“非”3 个选项，默认为“与”。

（3）专业检索

专业检索比高级检索功能更强大，但需要用户根据系统的检索语法编制检索式进行检索，适合熟练掌握 CQL 检索语言的专业检索人员使用，与中国学术期刊总库里的专业检索相似。CQL 是 Common Query Language 的简写，它是一种正式的检索语言，可以向检索系统发出检索请求，其检索表达式可以映射到具体的检索系统中去。CQL 是一种非常直观的检索语言，其设计目的是使人易读、易写。单击“专业检索”按钮，进入“专业检索”界面，如图 4-12 所示。

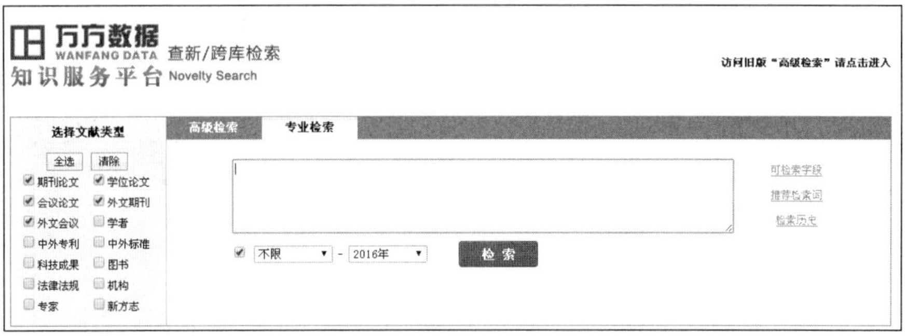

图 4-12　万方数字化期刊数据库专业检索

在检索表达式框中直接输入检索式，然后单击“检索”按钮，执行检索。检索表达式使用 CQL 检索语言，多个检索词之间根据逻辑关系使用“与”、“或”和“非”连接，具体的语法规则可查看“帮助”文件。

（4）二次检索

在检索结果列表页面，系统还提供二次检索功能。二次检索是在快速检索或高级检索的检索结果范围内再一次检索，以便进一步缩小检索范围。使用二次检索可以简化检索表达式的书写，满足复杂检索表达式达到的检索精确度。如图 4-13 所示，由快速检索或高级检索产生结果后，在检索结果页面的上部出现“在结果中检索”功能区。

图 4-13　二次检索页面

用户根据需要选取合适的操作方式与检索入口，输入检索关键词，单击“在结果中检索”按钮。与中国知网相同，二次检索可多次进行，直到满意为止。

（5）期刊导航检索

万方数字化期刊数据库通过提供的各种导航逐层缩小范围，最后检索出某一最小单元中的文章。期刊检索页面分三块：本周更新期刊、期刊分类和最新上网期刊浏览块（见图 4-14）。期刊分类导航包括学科分类导航、地区分类导航和首字母导航，方便用户查询。学科分类导航将所收录期刊分为八大类目，即哲学政法、社会科学、经济财政等，每一大类目下设若干子类目（见图 4-15）。地区分类导航依照收录期刊所属的省、自治区、直辖市，将所有期刊分为 31 类（见图 4-16）。首字母导航是指将所收录期刊以其刊名首字母进行归类，包括 A～Z 的 23 个大写字母，O、U、V 除外（见图 4-17）。

图 4-14　万方数字化期刊数据库检索页面

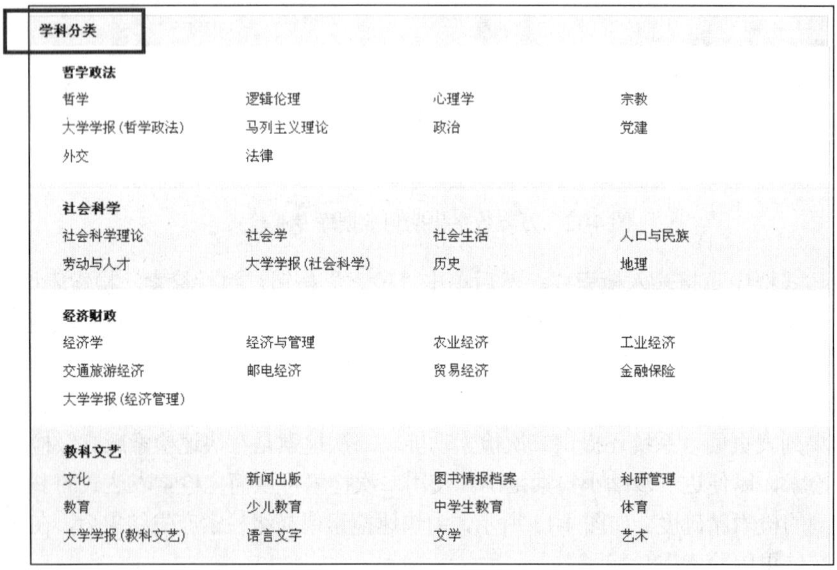

图 4-15　万方数字化期刊数据库学科分类导航

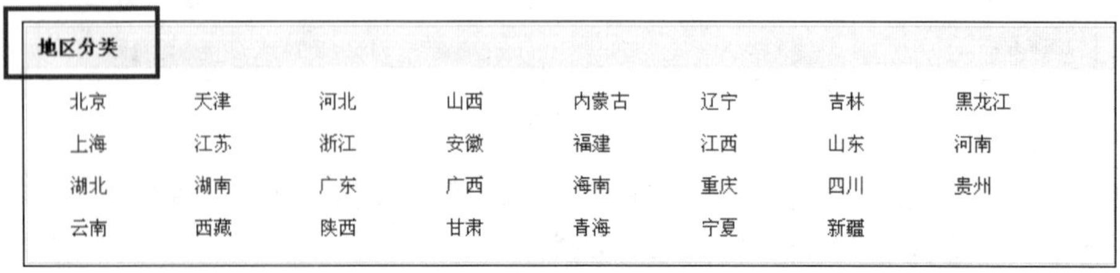

图 4-16　万方数字化期刊数据库地区分类导航

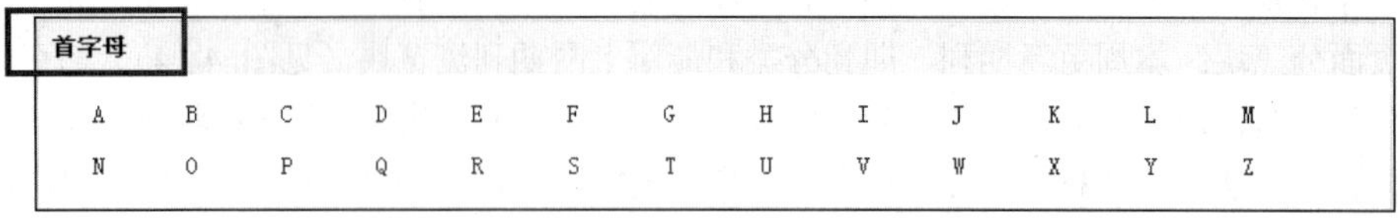

图 4-17　万方数字化期刊数据库首字母分类导航

3. 检索结果

（1）检索结果的显示

通过检索结果列表概览页中显示的内容，包括篇名、作者、中文摘要、刊名等信息，可对检索出的文章进行初步筛选。页面上的排序功能区为用户提供检索结果排序功能。当检索结果小于 500 条记录时，排序输出功能被激活，文字颜色由浅变深；当检索结果大于 500 条记录时，该区功能关闭，文字颜色变为浅色。系统默认为“不排序”，若要排序，则需选择排序字段及排序方式，可通过下拉列表进行选择。如图 4-18 所示，可选择相关度优先、新论文优先和经典论文优先。单击“详细摘要信息”，进入文献的详细页面，其中作者、关键词和分类号三项内容具有热链接功能。

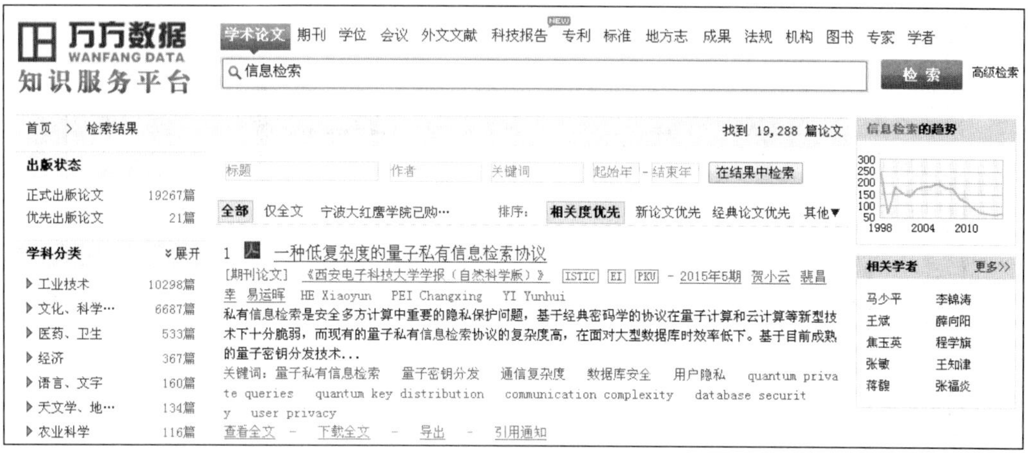

图 4-18　万方数字化期刊数据库快速检索结果

高级检索结果页面如图 4-19 所示，左侧以年份为命中数排序，每页显示检索结果可选择 10、20 和 50。页面右侧还有高频关键词列表。

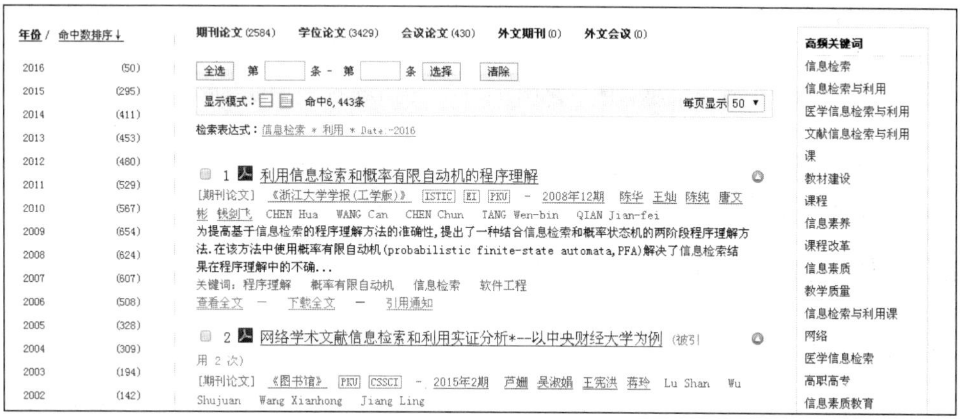

图 4-19　万方数字化期刊数据库高级检索结果

（2）浏览和全文下载

如果需要浏览单条记录的详细题录信息，单击选中的篇名，即可进入单条记录的详细题录信息页面，包括题名、作者、作者单位、关键词、摘要等，以及相关检索词、参考文献等相关信息，该页面还提供相关文献、引用分析、相关分析、添加到不同收藏夹等功能，如图 4-20 所示。

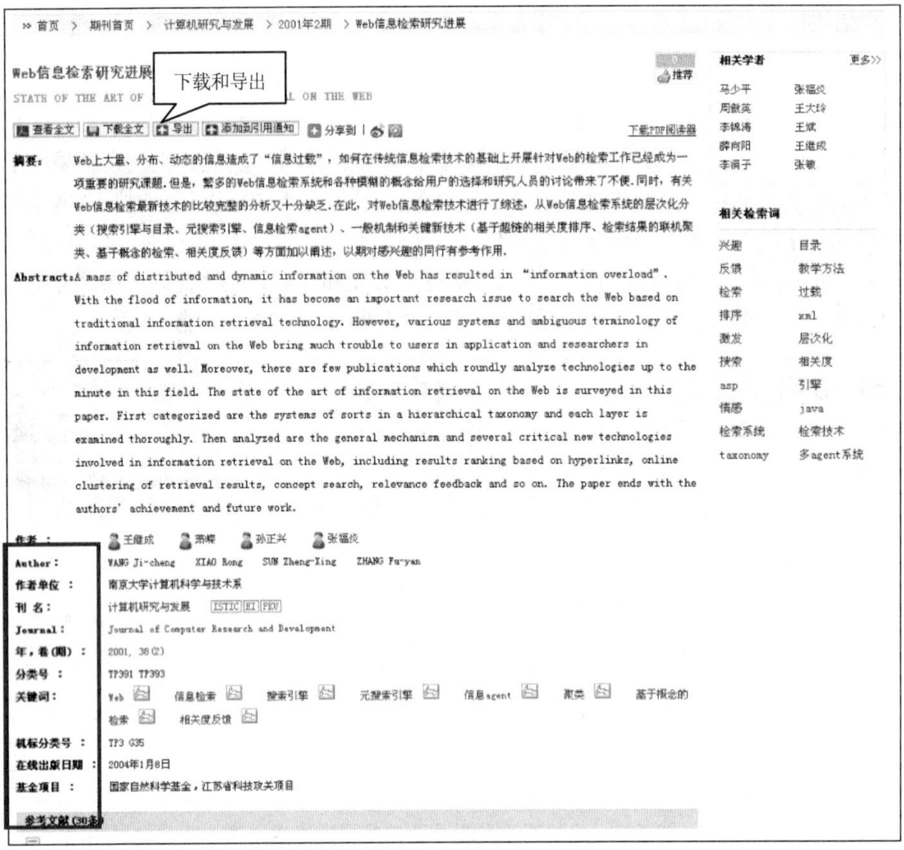

» 首页 > 期刊首页 > 计算机研究与发展 > 2001年2期 > Web信息检索研究进展
Web信息检索研究进展
下载和导出
STATE OF THE ART OF
L ON THE WEB
推荐
查看全文 下载全文 导出 添加到引用通知 分享到
下载PDF阅读器
摘要：Web上大量、分布、动态的信息造成了“信息过载”，如何在传统信息检索技术的基础上开展针对Web的检索工作已经成为一项重要的研究课题。但是，繁多的Web信息检索系统和各种模糊的概念给用户的选择和研究人员的讨论带来了不便。同时，有关Web信息检索最新技术的比较完整的分析又十分缺乏。在此，对Web信息检索技术进行了综述，从Web信息检索系统的层次化分类（搜索引擎与目录、元搜索引擎、信息检索agent）、一般机制和关键新技术（基于超链的相关度排序、检索结果的联机聚类、基于概念的检索、相关度反馈）等方面加以阐述，以期对感兴趣的同行有参考作用。
Abstract：A mass of distributed and dynamic information on the Web has resulted in “information overload”. With the flood of information, it has become an important research issue to search the Web based on traditional information retrieval technology. However, various systems and ambiguous terminology of information retrieval on the Web bring much trouble to users in application and researchers in development as well. Moreover, there are few publications which roundly analyze technologies up to the minute in this field. The state of the art of information retrieval on the Web is surveyed in this paper. First categorized are the systems of sorts in a hierarchical taxonomy and each layer is examined thoroughly. Then analyzed are the general mechanism and several critical new technologies involved in information retrieval on the Web, including results ranking based on hyperlinks, online clustering of retrieval results, concept search, relevance feedback and so on. The paper ends with the authors' achievement and future work.
作者： 王继成 萧嵘 孙正兴 张福炎
Author： WANG Ji-cheng XIAO Rong SUN Zheng-Xing ZHANG Fu-yan
作者单位： 南京大学计算机科学与技术系
刊名： 计算机研究与发展 ISTIC EI PKU
Journal： Journal of Computer Research and Development
年，卷(期)： 2001, 38(2)
分类号： TP391 TP393
关键词： Web 信息检索 搜索引擎 元搜索引擎 信息agent 聚类 基于概念的检索 相关度反馈
机标分类号： TP3 G35
在线出版日期： 2004年1月8日
基金项目： 国家自然科学基金，江苏省科技攻关项目
参考文献(30条)
相关学者 更多>>
马少平 张福炎
周傲英 王大玲
李锦涛 王斌
薛向阳 王继成
李涓子 张敏
相关检索词
兴趣 目录
反馈 教学方法
检索 过载
排序 xml
激发 层次化
搜索 相关度
asp 引擎
情感 java
检索系统 检索技术
taxonomy 多agent系统

图 4-20 万方数字化期刊数据库单条记录的详细题录信息

查看或下载某篇论文的全文，有三种方式可供选择：

① 在检索结果页面直接单击所选论文序号左边的“保存”按钮，选择“打开”或“保存”。

② 在检索结果页面，单击所选论文摘要下方的“查看全文”或“下载全文”按钮。

③ 在所选论文的详细题录信息页面（见图 4-20），单击题名下方的“查看全文”或“下载全文”按钮。

需要注意的是，数据资源系统中提供的全文信息绝大多数是 PDF 格式的，因此浏览与下载原文，应事先安装 PDF 格式文件的阅读软件 Acrobat Reader 简体中文版。

4.1.3 国家科技图书文献中心数据库

1. 数据库概况

国家科技图书文献中心（National Science and Technology Library，NSTL）是一个虚拟式的科技信息资源机构，由中国科学院国家科学图书馆、工程技术图书馆（中国科学技术信息研究所、机械工业信息研究院、冶金工业信息标准研究院、中国化工信息中心）、中国农业科学院图书馆、中国医学科学院图书馆等单位共同组成，是中国目前为各界用户提供科技文献信息服务的一个快捷大型网络服务系统。

国家科技图书文献中心收藏资源十分丰富，有中外文期刊、图书、会议文献、科技报告、学位论文等各种类型、各种载体的科技文献信息资源，其主要任务是面向全国提供馆藏文献的阅览、复印、查询、检索、网络文献全文和各项电子信息服务。

国家科技图书文献中心提供的服务有（见图 4-21）：

（1）文献检索与全文提供

无论注册与否，用户均可免费检索该网站上的各种文献数据库，已注册用户可向系统提出全文请求。所包含的数据库有中文期刊、西文期刊、俄文期刊、日文期刊、中文会议、外文会议、中文学位论文、外文学位论文、国外科技报告、外文文集汇编、外文科技丛书、各种标准规程以及中外专利。

（2）期刊浏览

用户可以浏览各单位收藏的期刊和目次页信息。系统提供字顺浏览和分类浏览两种方式，另外，还可以通过查询框以刊名或者 ISSN 号检索所需的期刊。浏览时，首先选择期刊的语种类型，单击类目或者刊名首字母链接，即可以逐页浏览期刊。找到所需要的期刊后，单击“查看目次”，进入期刊具体信息页面，分年、卷、期列出本系统可以提供浏览的期刊目次情况，单击某一期后的“浏览目次”，系统以 PDF 格式显示该期的目次页，单击“浏览题录”按钮，系统以文本格式显示该期的文章题名，单击相应题名，可显示文摘信息，注册用户则可请求浏览全文。

图 4-21　国家科技图书文献中心首页

（3）全文文献

用户为了科研、教学和学习的目的，可对 NSTL 申请的、面向中国大陆学术界用户开放的国外网络版期刊进行免费的浏览、阅读，并少量下载和临时保存这些网络版期刊文章的书目、文摘或全文数据。

（4）引文检索

用户可以免费在引文库检索收录文献，检索结果集的范围为国际科学引文数据库中收录的来源期刊的文献。

（5）参考咨询

用户可通过实时咨询的方式与咨询员交流，或通过非实时咨询途径提出问题。系统还汇集了一些具有代表性的问题，罗列成“常见问题”版块以供用户浏览和检索。

（6）代查代借

已注册的用户可以在 NSTL 上申请文献的代查和代借服务。

（7）重点领域信息门户

重点领域信息门户是面向科学研究团队、科研管理工作者、情报服务人员等不同人群，可按领域专题定制的知识服务平台。该平台基于不同领域国内外相关机构（政府机关、科研机构、学协会、科技企业、学术会议、个人主页等）网站，自动搜集、遴选、描述、组织和揭示各机构发布的重大新闻、研究报告、预算、资助信息、科研活动等，提供内容浏览、专题定制和邮件自动推送等服务，可帮助用户快速了解和掌握领域内科研发展态势，掌握同行或竞争对手的科技活动动向，发现领域重点及热点主题，把握领域发展概貌，辅助科技决策。

（8）预印本服务

预印本是指科研工作者的研究成果还未在正式刊物发表，而出于和同行交流的目的自愿通过邮寄或网络等方式传播的科研论文、科技报告等文献。与刊物发表的论文相比，预印本具有交流速度快、利于学术争鸣的特点。预印本服务包括中国预印本中心和国外预印本门户（SINDAP）两个服务栏目。

2. 检索方法

“文献检索与全文提供”的检索流程：运用某种检索方式，然后选择相应文献数据库，还可以跨库选择，设置查询的限制条件，最后单击“检索”按钮进行检索。数据库有四种检索方式：普通检索、高级检索、期刊检索和分类检索。

（1）普通检索

文献查询的默认方式为普通检索。如图 4-22 所示，页面有 2 个检索词输入框，可选择检索字段，检索字段是随所选数据库的不同而变化的，跨库查询时所列出的字段是所选数据库共有的字段。检索框之间可进行“与”、“或”、“非”的逻辑关系组配，在检索框内也可以使用逻辑运算符“AND”、“OR”、“NOT”构造检索式。可以单选、多选或全选数据库。系统可在多个数据库中同时检索文献。还可以根据需要设置查询条件，包括查询范围、时间范围、查询方式和馆藏范围。

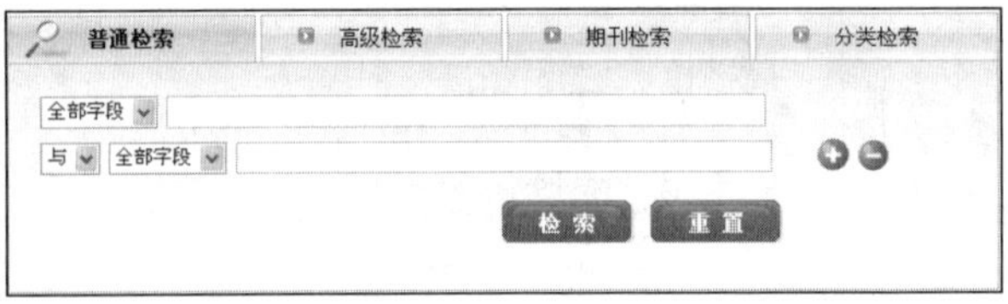

图 4-22 国家科技图书文献中心普通检索

（2）高级检索

高级检索模式适用于专业人员，编写检索式要使用字段限定符、布尔运算符和截词符。如图 4-23 所示，查询表达式的编制可以利用系统提供的数据库、字段对照表和逻辑运算符对照表，再通过输入查询词和括号“()”（半角符号）的限定，在文本框中便可组织出用户定制的查询表达式，若不用“字段对照表”选择字段而直接输入查询内容，则表示在全部字段中查询。在“字段对照表”和“逻辑运算符对照表”选中后单击，系统自动将字段标识符和运算符加入输入框中。用户可在“=”后输入要查询的词、词组或符号，也可以进行修改。用户可以直接在文本输入框中定制查询表达式。使用括号“()”限定运算的顺序。使用截词符“$”进行右边截词检索（“$”代表零个或任意个字母）。注意，运算符前后一定要有半角的空格，字段名称和运算符不区分大小写。

（3）期刊检索

期刊检索是针对期刊文献的特性所提供的一种检索方法，可对单一期刊的文献进行检索，同时也可浏览所选期刊的目次信息。首先，在“西文期刊”、“日文期刊”和“俄文期刊”中选择要检索的数据库。如图 4-24 所示，可通过刊名、ISSN 号对刊名进行检索，选择“刊名”检索字段输入刊名或者选择“ISSN”检索字段输入 ISSN 号，单击“刊名检索”，即可检索出该刊的刊名。单击“浏览此刊目录”，可出现该刊的“年卷期”、“浏览目次”、“浏览题录”及“馆藏单位”等信息。单击“查询此刊内容”进入期刊的简单检索界面，检索方法不再赘述。无论是否输入检索词，单击“刊名浏览”，都会进入到期刊目次浏览的界面。对于中文期刊，目前不提供此种检索方法。

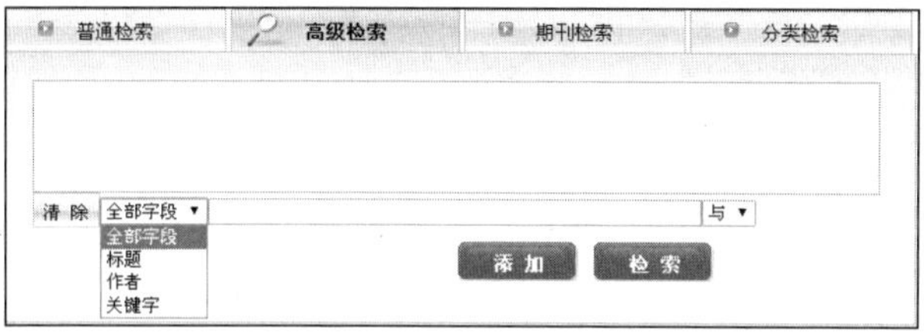

图 4-23　国家科技图书文献中心高级检索

图 4-24　国家科技图书文献中心期刊检索

（4）分类检索

分类检索提供了按学科分类进行辅助检索的功能。如图 4-25 所示，用户可以在系统提供的 21 个学科大类中任意选择一个学科检索文献。在一个学科类目下最多选择不超过 5 个子类别，若超过 5 个，查询时则按大类查询。检索界面提供的数据库选择、查询条件设置等检索方法与“普通检索”相同。

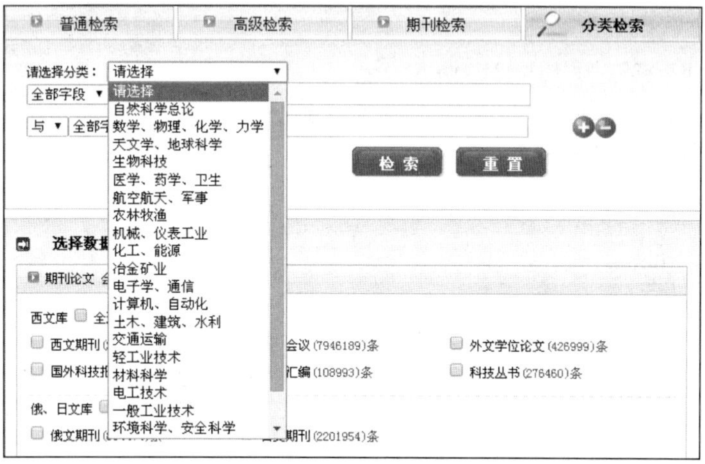

图 4-25　国家科技图书文献中心分类检索

3．检索结果

（1）检索结果的显示

如图 4-26 所示，检索结果列表显示各数据库命中条数和文献的简要信息，包括文献名、作者、文献类型和文献来源信息。单击文献标题链接，可以获得文献的详细题录和摘要信息。

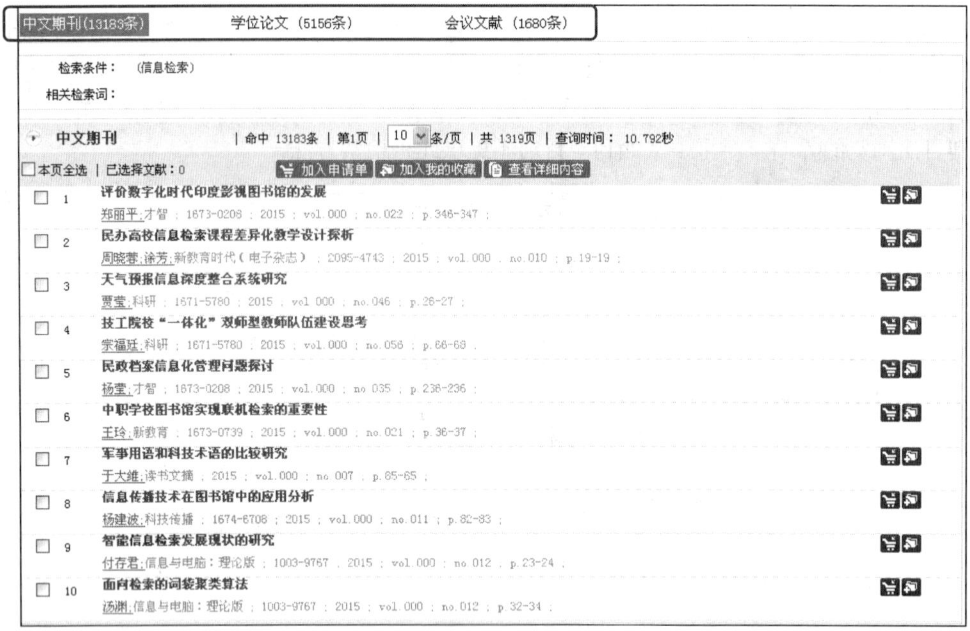

图 4-26 国家科技图书文献中心检索结果

（2）标记和下载

如图 4-27 所示，单击文献标题链接，如果需要该文献原文，则可以勾选该记录前的选择框，将其加入申请单中或加入我的收藏。注册用户登录后单击“订购全文”，系统将通过电子邮件或者邮寄的方式为用户提供电子版或印刷版的原文。

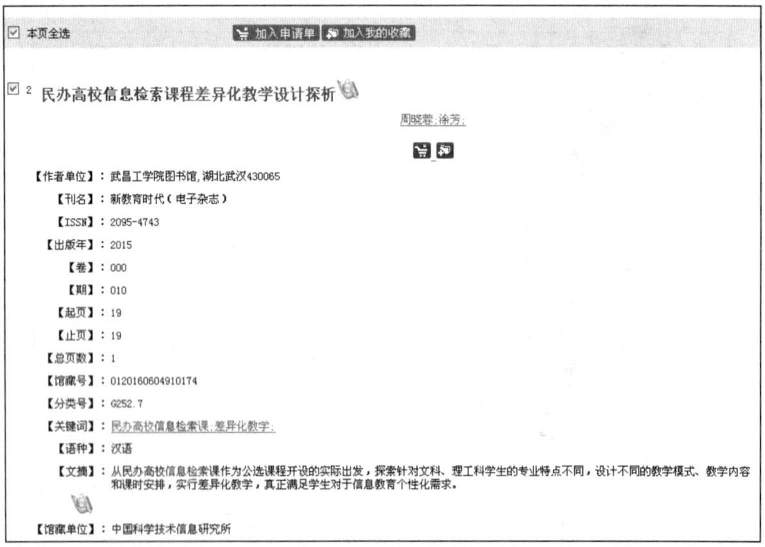

图 4-27 国家科技图书文献中心检索结果文献详细信息

4.1.4 其他中文全文数据库

常用的中文数据库还有很多，除了建立在网络上的大型综合性中文信息资源系统外，目前还有许多数据库只能在局域网范围内使用。下面介绍两个常用的由传统印刷本检索工具开发的数据库。

1. 人大复印报刊资料数据库

（1）数据库概况

人大复印报刊资料数据库是中国人民大学书报资料中心对国内公开出版发行的 3000 多种报刊上的社会科学、人文科学文献，按学科领域或专题进行不同层次的整理加工而形成的系列专题资料，其覆盖面广、信息量大、筛选严谨、结构合理完备。书报资料中心及“复印报刊资料”系列产品以优良的学术品质赢得了社会各界的广泛赞许，“复印报刊资料”的转载量被学界和期刊界普遍视为人文社科期刊领域中的一个客观公正的评价标准。

人大复印报刊资料数据库产品主要有全文数据库、数字期刊库、报刊摘要库、报刊索引库、目录索引库、专题研究库，如图 4-28 所示。

图 4-28　人大复印报刊资料数据库首页

人大复印报刊资料全文数据库是人大复印报刊资料数据库的重要组成部分，收录自 1995 年以来复印报刊资料中的文献全文，约 30 万篇，是由中国人民大学书报资料中心从全国公开出版的 3500 多种核心期刊、500 多种报纸中精选出来的。内容包括政治类（包括马列、社科、政治、哲学、法律）、经济类、教育类（包括教育、文化、体育）、文史类（包括语言、文学、历史、地理及其他）四大类，从 2007 年开始，增加了理工类专题，类目下按年度或季度细分，内容涵盖人文社会科学各个领域及部分自然科学领域。

（2）检索方法

人大复印报刊资料全文数据库的检索分为简单检索与高级检索。

简单检索：如图 4-29 所示，在左侧的框架栏中可以选择所需的学科种类，即确定查找的文献所属范围（如勾选政治学与社会学类、文史类、经济类等，或全选），右侧文章列表会根据选择显示出不同的内容。通过单击“下页”、“尾页”或输入页号来查找需要的文章。检索时，在顶部的检索框中先选择检索时段（可选择范围为 1995 年至今），然后选择检索字段（系统提供命令方式、任意词、关键词、标题字段、副标题、作者、作者简介、正文字段、分类号、摘要、参考文献和原文出处字段供选择），再在检索框内输入检索词或检索表达式。单击“检索”按钮后就能显示出与检索要求相匹配的文章列表。但是这种检索方式精确度不高。

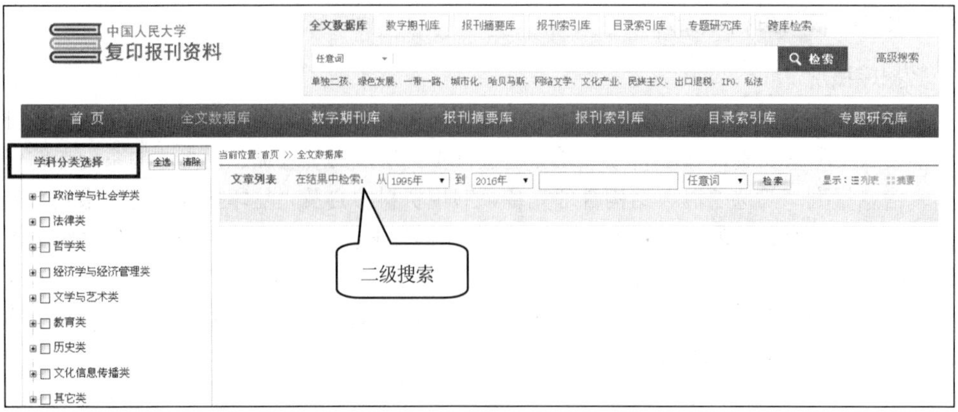

图 4-29　人大复印报刊资料数据库简单检索

高级检索：如图 4-30 所示，单击检索首页上的“高级检索”进入高级检索页面。单击字段名右边的箭头，弹出检索字段选择窗口，显示可以检索的所有字段名。两个不同的检索词可以在词中间加上不同的符号来表示它们的关系。高级检索可以在任意词、记录号、标题、刊物名、出版地、关键词这六个字段之间，用逻辑关系（“与”、“或”、“非”）组配进行检索，检索词之间用下列符号连接。“+”表示逻辑“或”，“*”表示逻辑“与”；“–”表示逻辑“非”。按“添加”按钮，最后按“查询”按钮进行检索。这是一种比较精确的检索方法。

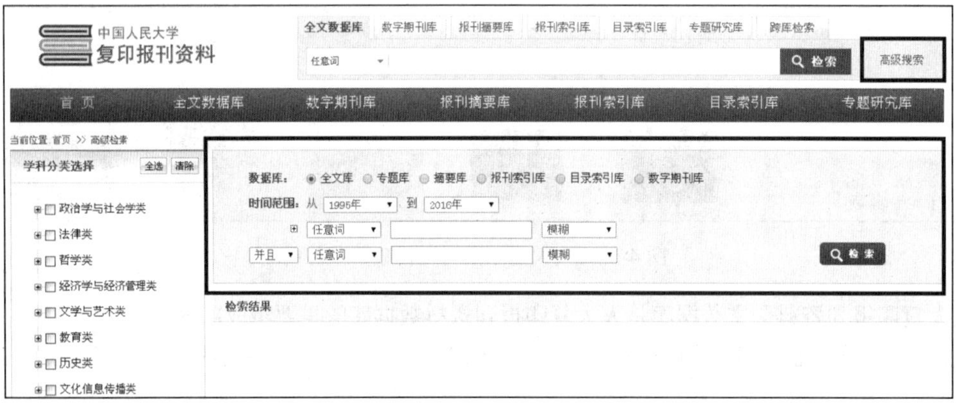

图 4-30　人大复印报刊资料数据库高级检索

二次检索：系统为了缩小检索范围，可以“在结果中检索”或“再次查询”，即在当前这次检索结果文献范围内，再给出检索条件进行检索。经过多次的二次检索，逐渐缩小文献范围，达到检索目的。因此，二次检索有时也称为“渐近检索”。选择检索字段，在检索框内输入检索词。然后单击“二次检索”按钮进行检索。

（3）检索结果

检索结果的显示：执行检索后，屏幕首先显示检索结果的清单，如图 4-31 所示，显示包括题目、作者、检中文献篇数和时间等基本信息。一般情况下，检索结果列表中显示最新加载的文献标题，系统默认显示为列表形式。

切换至摘要列表，如图 4-32 所示，显示包括篇名、来源期刊、作者、原发刊、摘要和关键词等具体信息。若检索结果多于一页，可以通过单击“首页”、“上页”、“下页”、“末页”按钮来进行翻页。此外还对检索结果进行时间上的排序命令。

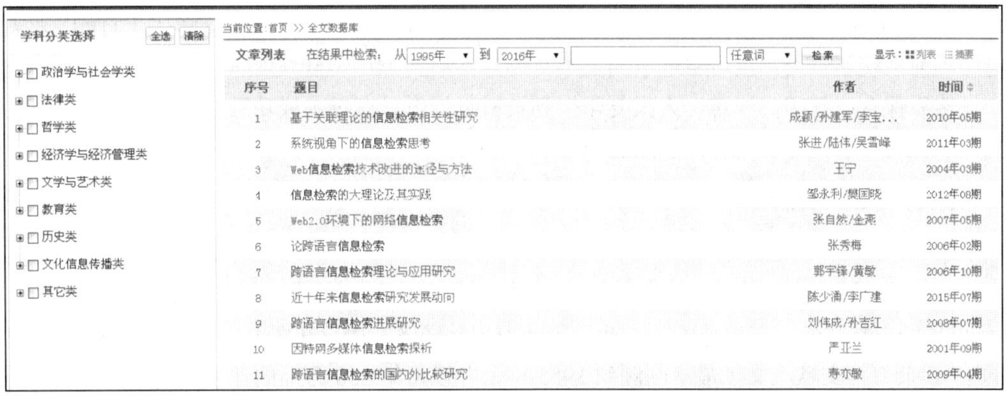

学科分类选择 全选 清除
政治学与社会学类
法律类
哲学类
经济学与经济管理类
文学与艺术类
教育类
历史类
文化信息传播类
其它类
当前位置:首页 >> 全文数据库
文章列表 在结果中检索: 从 1995年 到 2016年 任意词 检索 显示: 列表 摘要
序号 题目 作者 时间
1 基于关联理论的信息检索相关性研究 成颖/孙建军/李宝... 2010年05期
2 系统视角下的信息检索思考 张进/陆伟/吴雪峰 2011年03期
3 Web信息检索技术改进的途径与方法 王宁 2004年03期
4 信息检索的大理论及其实践 邹永利/樊国晓 2012年08期
5 Web2.0环境下的网络信息检索 张自然/金燕 2007年05期
6 论跨语言信息检索 张秀梅 2006年02期
7 跨语言信息检索理论与应用研究 郭宇锋/黄敏 2006年10期
8 近十年来信息检索研究发展动向 陈少涌/李广建 2015年07期
9 跨语言信息检索进展研究 刘伟成/孙吉红 2008年07期
10 因特网多媒体信息检索探析 严亚兰 2001年09期
11 跨语言信息检索的国内外比较研究 寿亦敏 2009年04期

图 4-31　人大复印报刊资料数据库检索结果列表模式

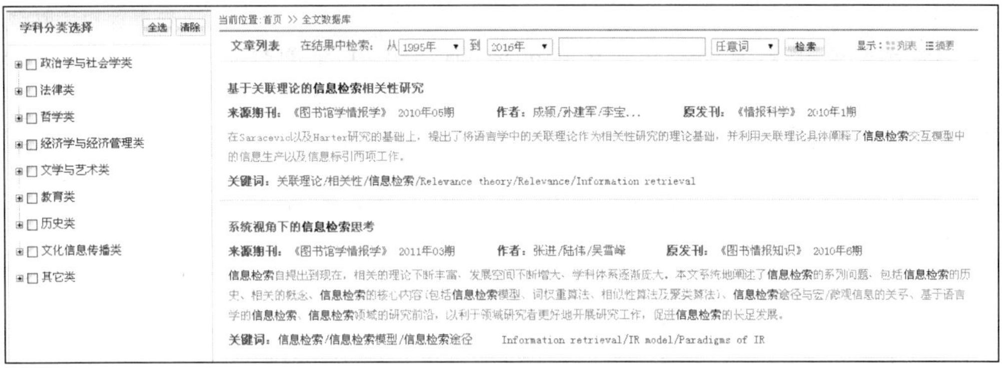

学科分类选择 全选 清除
政治学与社会学类
法律类
哲学类
经济学与经济管理类
文学与艺术类
教育类
历史类
文化信息传播类
其它类
当前位置:首页 >> 全文数据库
文章列表 在结果中检索: 从 1995年 到 2016年 任意词 检索 显示: 列表 摘要
基于关联理论的信息检索相关性研究
来源期刊: 《图书馆学情报学》 2010年05期 作者: 成颖/孙建军/李宝... 原发刊: 《情报科学》 2010年1期
在Saracevic以及Harter研究的基础上，提出了将语言学中的关联理论作为相关性研究的理论基础，并利用关联理论具体阐释了信息检索交互模型中的信息生产以及信息标引两项工作。
关键词: 关联理论/相关性/信息检索/Relevance theory/Relevance/Information retrieval
系统视角下的信息检索思考
来源期刊: 《图书馆学情报学》 2011年03期 作者: 张进/陆伟/吴雪峰 原发刊: 《图书情报知识》 2010年6期
信息检索自提出到现在，相关的理论不断丰富，发展空间不断增大，学科体系逐渐庞大。本文系统地阐述了信息检索的系列问题，包括信息检索的历史、相关的概念、信息检索的核心内容(包括信息检索模型、词权重算法、相似性算法及聚类算法)、信息检索途径与宏/微观信息的关系、基于语言学的信息检索、信息检索领域的研究前沿，以利于领域研究者更好地开展研究工作，促进信息检索的长足发展。
关键词: 信息检索/信息检索模型/信息检索途径 Information retrieval/IR model/Paradigms of IR

图 4-32　人大复印报刊资料数据库检索结果摘要模式

浏览和全文下载：单击所需文献的篇名，即直接进入全文阅读页面，如图 4-33 所示，可获得该文献的题名、作者、作者简介、原文出处、原刊地名、原刊期号、原刊页号、内容提要、期刊名称、复印期号、关键词、中图分类号、文献标识码、文章编号和文章正文等信息。人大复印报刊资料数据库的全文资源是纯文本格式的，不需要安装阅览器就可以直接阅读原文。

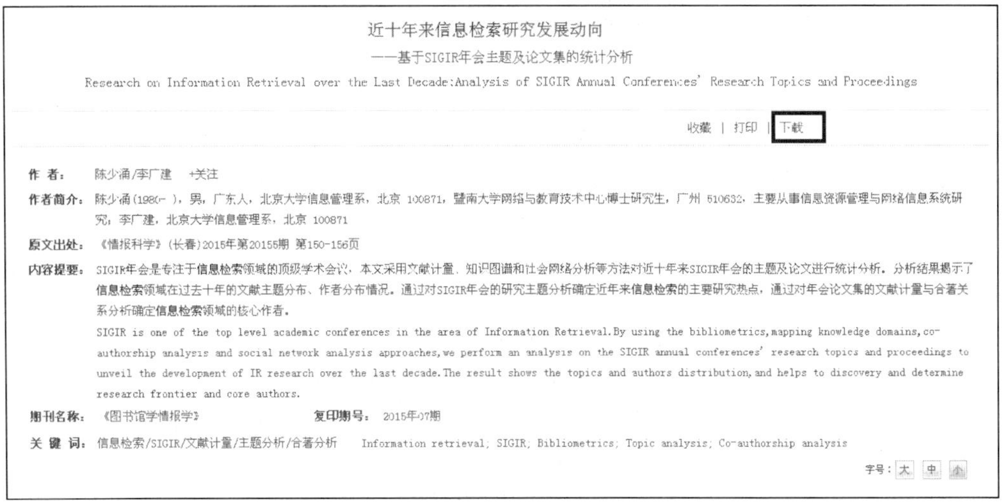

近十年来信息检索研究发展动向
——基于SIGIR年会主题及论文集的统计分析
Research on Information Retrieval over the Last Decade:Analysis of SIGIR Annual Conferences' Research Topics and Proceedings
收藏 | 打印 | 下载
作 者: 陈少涌/李广建 +关注
作者简介: 陈少涌(1980-)，男，广东人，北京大学信息管理系，北京 100871，暨南大学网络与教育技术中心博士研究生，广州 510632，主要从事信息资源管理与网络信息系统研究；李广建，北京大学信息管理系，北京 100871
原文出处: 《情报科学》(长春)2015年第20155期 第150-156页
内容提要: SIGIR年会是专注于信息检索领域的顶级学术会议，本文采用文献计量、知识图谱和社会网络分析等方法对近十年来SIGIR年会的主题及论文进行统计分析。分析结果揭示了信息检索领域在过去十年的文献主题分布、作者分布情况。通过对SIGIR年会的研究主题分析确定近年来信息检索的主要研究热点，通过对年会论文集的文献计量与合著关系分析确定信息检索领域的核心作者。
SIGIR is one of the top level academic conferences in the area of Information Retrieval. By using the bibliometrics, mapping knowledge domains, co-authorship analysis and social network analysis approaches, we perform an analysis on the SIGIR annual conferences' research topics and proceedings to unveil the development of IR research over the last decade. The result shows the topics and authors distribution, and helps to discovery and determine research frontier and core authors.
期刊名称: 《图书馆学情报学》 复印期号: 2015年07期
关 键 词: 信息检索/SIGIR/文献计量/主题分析/合著分析 Information retrieval; SIGIR; Bibliometrics; Topic analysis; Co-authorship analysis
字号: 大 中 小

图 4-33　人大复印报刊资料数据库检索结果全文阅读

如图4-33所示，在全文阅读页面右上方单击“下载”按钮即可下载文档。单击“打印”按钮，系统将打印当前系统显示页，也可将选取的文本复制并粘贴到Microsoft Office Word或记事本等文字编辑器中，然后保存或打印。注意，人大复印报刊资料数据库只有登录成功后，才可以打开文献的详细内容页面和使用下载、保存功能，否则会报错。

2. 维普中文期刊数据库

（1）数据库概况

维普中文期刊全文数据库是目前国内容量最大的综合性文献数据库之一（见图 4-34）。包含1989年以来的自然科学、工程技术、农业、医药卫生、经济、教育和图书情报等学科8000余种期刊刊载的1370余万篇文献，文献最早回溯到1955年，并以每年150万篇的速度递增，按《中国图书馆分类法》将所有文献分为8个专辑（即社会科学、自然科学、工程技术、农业科学、医药卫生、经济管理、教育科学和图书情报）36个专题，基本覆盖了国内公开出版的具有学术价值的期刊，同时还收录了中国港台地区的108种学术期刊，收录核心期刊1490种，数据每周更新，数据完整率达到99%以上，广泛应用于高等院校图书馆、公共图书馆、信息研究机构、信息咨询中心、科研院所、公司企业、医疗机构、中小学图书馆等多个领域。维普中文期刊包含如下数据库：中文科技期刊数据库、中国科学指标数据库、外文科技期刊数据库、中文科技期刊引文数据库、中国科技经济新闻数据库。

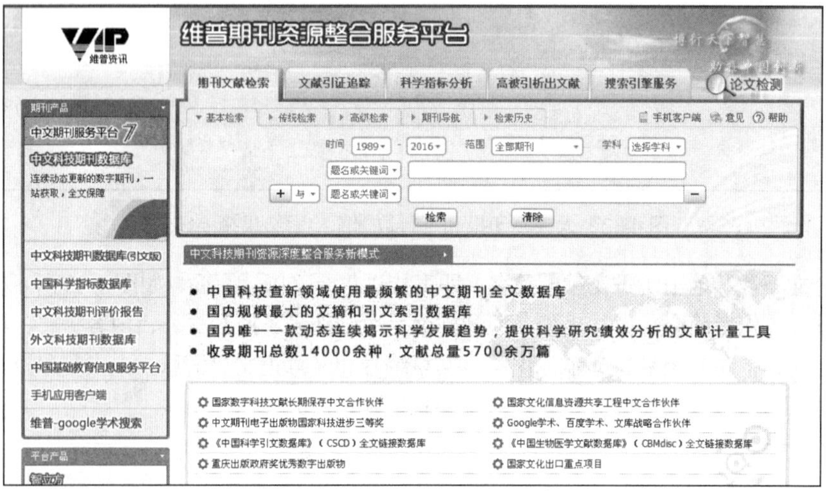

图4-34　维普中文期刊数据库首页

中文科技期刊数据库　（全文版）：该数据库源于1989年创建的《中文科技期刊篇名数据库》，是全国最大的综合性文献数据库之一，其全文和题录文摘版一一对应，包含了1989年至今的14000余种期刊刊载的5700余万篇文献，并以每年180万篇的速度递增。它涵盖了社会科学、自然科学、工程技术、农业科学、医药卫生、经济管理、教育科学和图书情报等学科的14000余种中文期刊数据资源。按照《中国图书馆分类法》进行分类，所有文献被分为8个专辑：社会科学、自然科学、工程技术、农业科学、医药卫生、经济管理、教育科学和图书情报，8个专辑又细分为29个专题。

中文科技期刊数据（文摘版）：该数据库源自《中文科技期刊篇名数据库》，是国内最大的综合性文献数据库之一，从1989年开始建设，于1992年制作了世界上第一张中文光盘。数据库包含从1989年以来的自然科学、工程技术、农业科学、医药卫生、经济管理、教育科学和图书情报等学科 8000余种期刊的830余万篇文献，并以每年150万篇的速度递增。文摘版还是中文科技期刊数据库（全文版）的索引，能独立工作，也可建立本地或远程全文下载链接。

中文科技期刊数据库（引文版）：中文科技期刊数据库（引文版）（Chinese Citation Database，CCD）是维普在 2010 年全新推出的期刊资源整合服务平台的重要组成部分，是目前国内规模最大的文摘和引文索引型数据库之一。该数据库以中文科技期刊数据库（全文版）为依托，收录 1990 年以来公开出版的科技类期刊 8000 多种，其中包括《中文核心期刊要目总览》中的核心期刊 1500 余种，总数据量约 548 万篇文献。可查询论著引用与被引情况、机构发文量、国家重点实验室和部门开放实验室发文量、科技期刊被引情况等，是进行科技文献检索、文献计量研究和科学活动定量分析评价的有力工具。

外文科技期刊数据库（文摘版）：维普资讯有限公司联合国内数十家著名图书馆，以各自订购和收藏的外文期刊为依托，于 1999 年成功开发出外文科技期刊数据库（文摘版），收录了 1992 年至今约 370 万条外文数据，文献语种以英语为主，数据量以每年超过 50 万条的速度递增。

中国科学指标数据库：中国科学指标数据库（China Science Indicators System，CSI）是维普公司于 2009 年 6 月正式推出的一款全新资讯类产品，是目前国内规模最大的基于引文评价的事实型数据库之一，是衡量国内科学研究绩效、跟踪国内科学发展趋势的有力工具。CSI 涵盖了包括理、工、农、医和社会科学等方面的 4000 余种中文期刊和百万级中国、海外期刊发文数据，数据评价时段从 2000 年至当前，每双月更新。用户可以通过本产品查看关于学者、机构、地区、期刊的科研水平及影响力评价，并了解当前国内的科研动态、研究热点和前沿。产品具有内容全面、数据客观、评价公正等显著特征。

中国科技经济新闻数据库：该数据库是由重庆维普资讯有限公司在 1992 年成功开发的又一大型科技类数据库，它是国内第一家电子全文剪报。它综合了传统文字传媒（报纸和期刊）新闻性强、信息量大、信息面广的优点，同时弥补了传统传媒系统性和累积性差的不足，集系统性、新闻性、实用性和情报检索的专业性于一体，从而使传媒的信息资源得到充分的利用。它提供最新的行业动态、科研动态和发展历程，使用户能有效地掌握现在、展望未来。该数据库信息来源于 1992 年至今的 600 余种重要报纸和 5000 多种科技期刊，包括工业、农业、医药、商业、经济等各行业科研动态、企业动态、发展趋势、政策法规等方面的信息资源，累积数据量达 378 万余条，并以每年 25 万条的速度递增。

（2）检索方法

维普数据资源系统的几个数据库的检索界面是统一的，检索方法也基本一致，下面以中文科技期刊数据库（全文版）为例介绍。检索方法有：基本检索、传统检索、高级检索、期刊导航。

① 基本检索

在首页的检索框中直接输入检索词（或检索式）进行检索的方式即为基本检索。基本检索默认在“题名或关键词”字段进行检索。用户可根据需要对时间、期刊、学科范围进行限定，输入检索词后即可得到检索结果。该方式简单易用，检索结果一目了然。

登录基本检索页面，如图 4-35 所示，在时间的下拉菜单中可选择 1989—2016；学科范围包括管理学、经济学、图书情报学等 45 个学科，勾选复选框可进行多个学科的限定；检索入口可选择任意字段、题名或关键词、题名、关键词、文摘、作者、第一作者、机构、刊名、分类号、作者简介、基金资助、栏目信息 13 个检索入口；逻辑组配上，检索框默认为两行，单击“+”、“−”按钮可增加或减少检索框，进行任意检索入口“与”、“或”、“非”的逻辑组配检索期刊范围限定；期刊来源可选全部期刊、核心期刊、EI 来源期刊、SCI 来源期刊、CA 来源期刊、CSCD 来源期刊、CSSCI 等来源期刊。

② 传统检索

传统检索使用专用的检索界面，检索功能非常丰富，可满足同义词索引功能防止漏检、同名作者功能缩小检索范围检索等特殊检索请求。适用于对查准率和查全率要求很高的检索者。

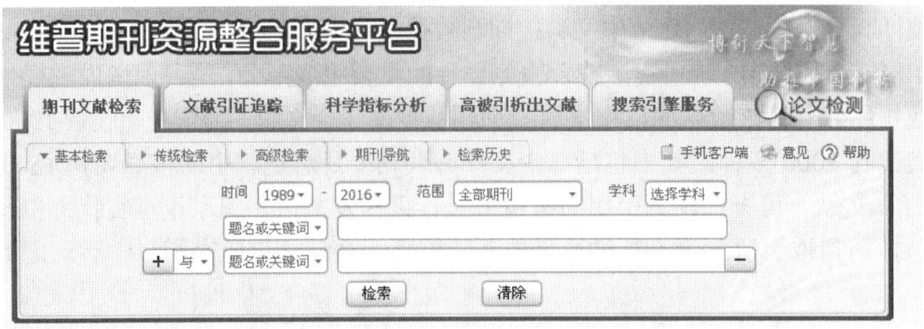

图 4-35 维普中文期刊数据库基本检索

登录传统检索界面，用户检索前可先限定检索范围，进行学科类别限制和数据年限限制。如图 4-36 所示，分类导航系统是参考《中国图书馆分类法》进行分类的，每一个学科分类都可以按树形结构展开，利用导航可缩小检索范围，进而提高查准率和查询速度。

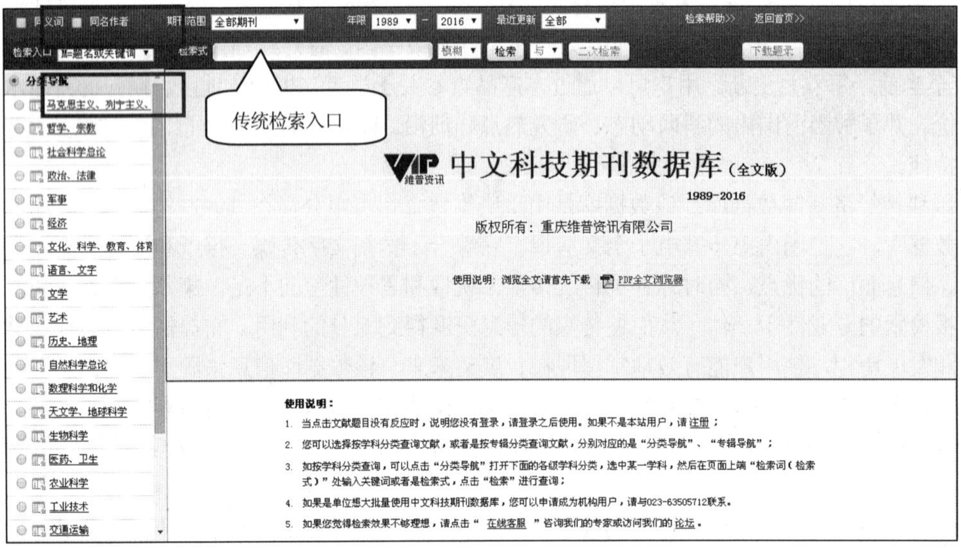

图 4-36 维普中文期刊数据库传统检索

同义词和同名作者是传统检索的特色功能。勾选页面左上角的同义词，输入检索词，再单击“检索”按钮，即可找到与该检索词同义或相近的词。用户可以选择同义词以获得更多的检索结果。勾选页面左上角的同名作者，选择检索入口为作者，输入某一作者姓名，单击“检索”，即可找到以该作者为作者名的作者单位列表，用户可以查找需要的信息以做进一步选择。

用户一次检索的检索结果中可能会出现某些数据是不需要的，这说明检索条件限制过宽，这时就可以考虑采用二次检索。二次检索是在一次检索的检索结果中运用“与”、“或”、“非”进行再限制检索，其目的是缩小检索范围，最终得到期望的检索结果。

③ 高级检索

高级检索是一种比较专业的检索方式，检索功能非常强大。它能实现复杂的逻辑组配检索，限定各种检索条件，以达到精确检索的目的。适用于对自己的检索请求非常明确，对查准率和查全率要求相当高的检索者。高级检索除可选择逻辑运算、检索项、匹配度外，还可以进行相应字段扩展信息的限定，可定义非常复杂和精准的检索请求，最大程度地提高检准率。

高级检索页面提供分栏式检索和专业检索两种方式供读者选择。

如图 4-37 所示，高级检索为读者提供分栏式检索词输入方法。向导式检索的检索操作严格按照由上到下的顺序进行，用户在检索时可根据检索需求进行检索字段的选择。需要注意的是，在查询这些信息时，只有在相应的检索栏中输入适当的检索词才能生效。

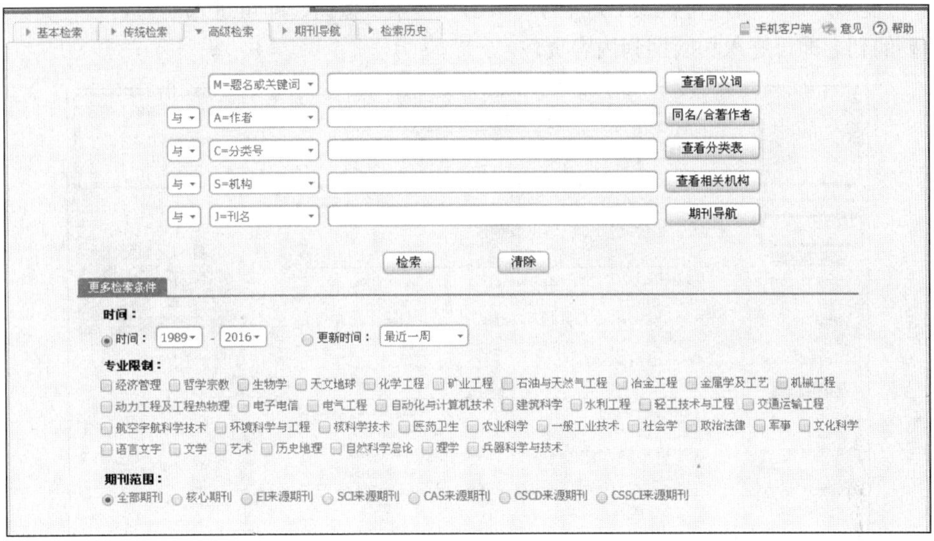

图 4-37　维普中文期刊数据库分栏式检索

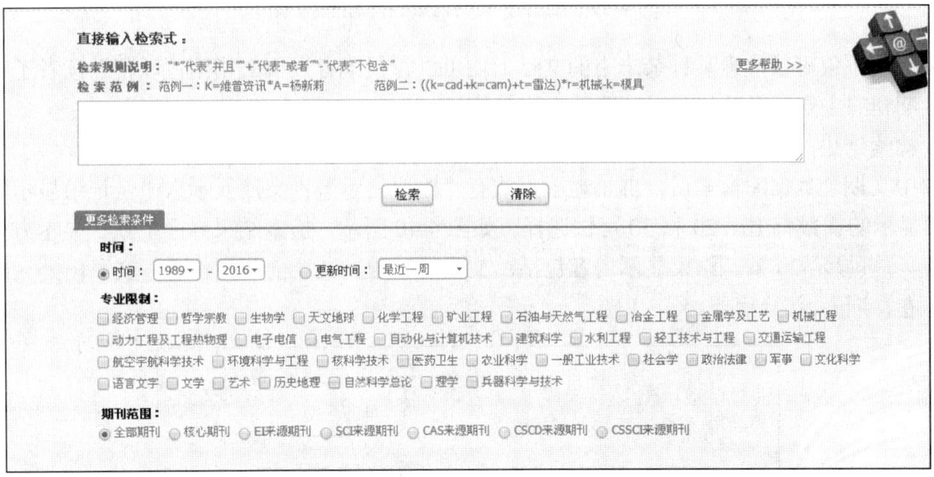

图 4-38　维普中文期刊数据库专业检索

专业检索要求在检索框中直接输入检索式检索。逻辑运算符说明：“*”代表“并且”；“+”代表“或者”；“–”代表“不包含”。注意，编制检索式时可参考检索范例的格式，若需要更详细的指导也可参照帮助文档（通过“在线帮助—数据库检索使用—高级检索”即可找到“高级检索”的帮助文档）；如果检索式输入有误，检索后会返回“查询表达式语法错误”的提示，看见此提示后可返回检索界面重新输入正确的检索表达式。

④ 期刊检索

期刊导航有三种检索方式：按期刊名称字顺查找、按期刊学科分类查找和直接输入期刊名称或 ISSN 号检索。

如图 4-39 所示，按字母顺序查，若用户单击字母 A，即可列出以拼音字母 A 为首字母的所有期刊列表；按期刊学科查，先按大类，再按学科层层展开。用户可以根据学科分类来查找需要的期刊。单击下面的学科分类，即可列出该学科分类下的所有期刊的刊名；如果用户知道准确的刊名或 ISSN 号，可在输入框中输入刊名或 1SSN 号，单击“搜索”按钮，即可进入期刊名列表页。然后，用户单击想要的刊名即可进入相应期刊内容页。

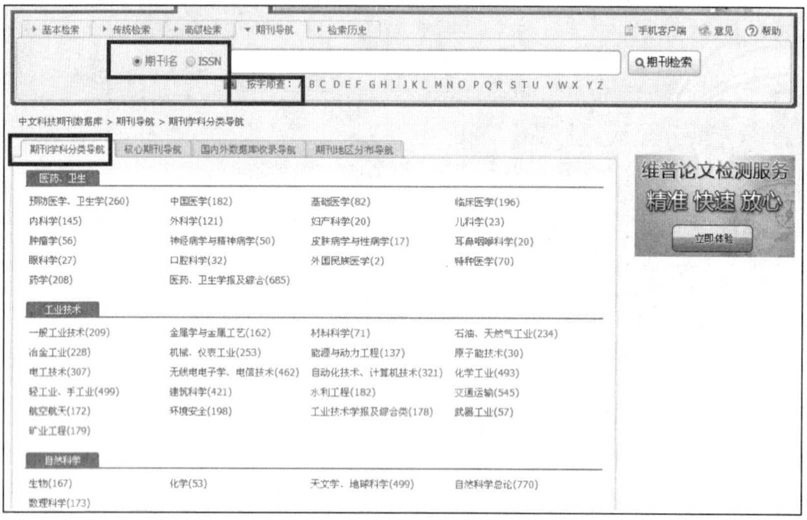

图 4-39 维普中文期刊数据库期刊检索

期刊导航不仅可以检索某种杂志上的文献，还可以查找读者投稿的指南，以帮助读者了解期刊主办信息、期刊的主要栏目及与编辑部联系方式等信息。

（3）检索结果

维普中文期刊数据库检索后，屏幕显示方式有“概要显示”、“文摘显示”、“全记录显示”三种选择，每页显示的篇数有 10、20 和 50 可供选择。如图 4-40 所示，检索结果界面上默认显示方式为“概要显示”，每页显示 20 条。结果显示内容包括：文章的标题、文章前两位作者、文章出处（期刊名、出版年、卷、期）、部分摘要。

图 4-40 维普中文期刊数据库期刊检索结果

检索结果显示窗口显示本次检索命中的文献记录总数。中间概览区中的检索结果只是文献题录。如图 4-41 所示，单击概览区中文献题名，在细览区中显示的是篇名、作者、机构、关键词、文摘、刊名、分类号等文献详细信息。

国内图书馆界关于MOOC的研究综述
The National Libraries on MOOC
单击下载
在线阅读
下载全文
收藏本页
导出题录
分享
作　者：吕晓丽 ;季淑娟　查看高影响力作者
LV Xiao-li,JI Shu-juan (University of Science and Technology Beijing, Beijing 100083, China)
机构地区：北京科技大学,100083　查看高影响力机构
出　处：《大学图书情报学刊》 2016年第34卷第3期 124-128页,共5页　查看高影响力期刊
《Journal of Academic Library and Information Science》
摘　要：MOOC的快速发展给图书馆带来了深刻影响。文章通过梳理学术文献,总经出图书馆界关于MOOC的研究主要集中在MOOC的发展及其对图书馆影响,以及MOOC环境下图书馆的应对策略研究等方面。据此预测图书馆界对MOOC研究的几个重点趋向,即：愈加趋向实证调研,MOOC环境下图书馆的个性化服务研究,以及图书馆自行开发MOOC课程的实践研究会逐渐增多。
The rapid development of MOOC brings profound influence to the library. Through the analysis of the academic literature, the paper summarizes the libraries' research on MOOC mainly concentrated in the development of MOOC, its impact on library research and libraries' research on coping strategies. This paper also forecasts MOOC research of libraries will tend to be empirical research, the personalized service of library will continue to expand under the environment of MOOC, and the practice research of self-developed MOOC course of library will be gradually enriched.
关 键 词：图书馆 MOOC Moocs 慕课 信息服务 信息检索
library MOOC MOOC course information service information retrieval
分 类 号：G255.76 [文化、科学、教育、体育 > 信息与知识传播 > 图书馆学、图书馆事业 > 各种文献工作]
查看高被引论文

图 4-41　维普中文期刊数据库单篇期刊详细信息

浏览包括刊名浏览和全文浏览。刊名浏览可以看到这种期刊在本数据库中的收录年限、刊物出版年列表，单击其中任意一期就可以看到这一期的主要文章信息了。全文浏览是单击浏览区中的篇名，在出现的对话框内选择“在文件的当前位置打开”，可浏览该篇文献全文。

全文下载方式有两种：一是单击细览区中的篇名，如图 4-40 所示，在出现的对话框内选择“下载原文”，即可将原文文献下载到本机磁盘或软盘中；二是将文献全文打开浏览后，如图 4-41 所示，单击论文上方“下载全文”按钮，即可使用维普全文浏览器提供的保存功能将文章保存下来。若想同时下载多篇文献全文或文献题录，可在概览页面勾选多篇同时下载。

注意，中文科技期刊数据库的全文显示格式为 PDF 格式，PDF 格式文件需要安装 Adobe Reader 阅读软件才能打开。

4.2　中文引文数据库

4.2.1　中文社会科学引文索引（CSSCI）

1. 数据库概况

中文社会科学引文索引（Chinese Social Science Citation Index，CSSCI），是由南京大学中国社会科学研究评价中心开发研制的数据库，用来检索中文社会科学领域的论文收录和文献被引情况，是我国人文社会科学评价领域的标志性工程。科学引文索引是从文献之间相互引证的关系上，揭示科学文献之间的内在联系。通过科学引文索引数据库的检索与查询，揭示已知理论和知识的应用、提高、发展和修正的过程，从一个重要侧面揭示学科研究与发展的基本走向。通过科学引文索引数据库的统计与分析，可以从定量的视角评价地区、机构、学科以及学者的科学研究水平，为人文社会科学事业发展与研究提供第一手资料。

CSSCI（见图 4-42）遵循文献计量学规律，采取定量与定性相结合的方法从全国 3000 多种中文人文社会科学学术性期刊中精选出学术性强、编辑规范的期刊作为来源期刊。目前收录包括法学、管理学、经济学、历史学、政治学等在内的 25 大类 500 多种学术期刊，从 2005 年开始每年调整一次期刊，实行动态管理。目前可检索 1998 年至 2016 年的数据，来源文献约 100 万篇，引文文献约 600 万篇。

图 4-42 中文社会科学引文数据库首页

目前，教育部已将 CSSCI 数据作为全国高校机构与基地评估、成果评奖、项目立项、人才培养等方面的重要考核指标。CSSCI 数据库已被北京大学、清华大学、中国人民大学、武汉大学、吉林大学、山东大学、南京大学等 100 多个单位购买使用，并将 CSSCI 作为地区、机构、学术、学科、职称、项目、成果评价与评审的重要依据。

作为我国社会科学主要文献信息统计查询与评价的重要工具，CSSCI 提供多种信息查询、检索途径，可以为社会科学研究者提供国内社会科学研究前沿信息和学科发展的历史轨迹；为社会科学管理者提供地区、机构、学科、学者等多种类型的统计分析数据，从而为制定科学研究发展规划、科研政策提供科学合理的决策参考。

CSSCI 数据库向社会开展网上包库服务。凡订购网上包库的高校采用 IP 地址控制访问权限，网内的用户可以通过校园网的相应链接进入，也可以直接登录该库的 IP 地址，单击“包库用户入口”按钮进入。

2. 检索方法

CSSCI 数据库为二次文献数据库，不包含全文。该库具有检索功能，其来源期刊可通过 CSSCI 主页查询。在 CSSCI 主页单击包库用户入口，进入检索主页，首先按出版年份选择数据库（不选则默认全部数据库），然后进入检索界面进行检索。

检索方式有两种：来源文献检索和被引文献检索。

（1）来源文献检索

来源文献检索主要用来查询本索引所选用原刊的文章的作者（所在单位）、篇名、参考文献等。如图 4-43 所示，其检索途径有篇名（词）、作者、关键词、期刊名称、作者机构、中图类号、基金细节、所有字段、英文篇名等 10 余项。

图 4-43 中文社会科学引文数据库来源文献检索

篇名（词）检索：可以在篇名录入框中输入整个篇名，也可以输入一个词，甚至一个字。

作者检索：如果需要查找某一学者或某团体作者（如某课题组）的发文情况，可在“作者”栏中输入该学者的姓名或团体作者名称，单击“开始检索”按钮，即可在结果显示窗口中显示本次检索的命中结果，在检索结果窗口中显示出本次检索条件及命中篇数等。

关键词检索：关键词是用来反映论文主题意义的词汇，关键词检索提供了通过关键词找到相关论文的途径。检索式中的关键词组配对象可以有多个。

期刊名称检索：检索主要用于对某种期刊发表论文情况的查询。在刊名录入框中输入期刊名称，单击“开始检索”按钮，即可得到 CSSCI 所收录该刊论文情况。当然也可以通过卷期来限制某卷某期发表论文的情况。

作者机构检索：在作者机构输入框中键入某一机构名称，然后单击“开始检索”按钮，则可得到 CSSCI 上所收录的该机构所有论文发表情况。

基金细节检索：对来源文献的基金项目进行检索，包括基金类型和基金细节，有自然基金、国家社科基金、国家级其他基金、教育部基本、其他部委级基金、中科院基金、社科院基金、省（市）级基金、其他基金共 9 种类型可供选择，使用精确、前方一致或模糊检索。

发表年代检索：在相应的输入框中输入阿拉伯数字即可，将检索结果控制在划定的时间范围内。

地区检索：将检索结果限制在指定地区或者非指定地区，注意地名的规范性。

文献类型检索：对论文、综述、评论、传记资料和报告 5 种文献类型进行限制检索。

刊物学科检索：将检索结果控制在指定学科的刊物上，学科类别有管理学、马克思主义哲学、宗教学、语言学、文学、外国文学、中国文学、艺术学、历史学、考古学、经济学、政治学、法学、社会学、民族学、新闻学与传播学、图书馆、情报与文献学、教育学、体育学、统计学、心理学、社会科学总论、军事学、文化学、人文、经济地理、环境科学、其他科学。

多项综合检索：CSSCI 的来源文献检索提供了十几个检索途径，大多数检索途径自身就可以实现逻辑组配检索，这种逻辑组配包含两种运算方式，即“或”（参加运算两者只要有其一即可）和“与”（参加运算两者必须均被包含）。

（2）被引文献检索

被引文献检索主要用于查询作者、论文、期刊等的被引情况。在 CSSCI 数据库选择页面上，选择检索年限，再单击“被引文献”，进入被引文献检索界面。如图 4-44 所示，其检索途径有被引篇名（词）、被引作者、被引期刊名称和被引文献细节等。

图 4-44　中文社会科学引文数据库被引文献检索

被引篇名（词）检索：当被引篇名的检索与来源文献的篇名词检索相同时，可输入被引篇名、篇名中的词段或逻辑表达式进行检索。

被引作者检索：通过被引作者检索，可以了解到某一作者发表的论文在 CSSCI 中被引用的情况。

被引文献期刊名称检索：主要用于查询期刊被引情况。在输入框中输入某刊名，可得到该刊在 CSSCI 中所有被引的情况。

被引文献年代检索：主要是配合以上几种检索的辅助手段，通常不被单独用来检索，只是作为某一出版物某年发布的论文被引用情况的限制。

被引文献类型检索：主要用于查询期刊、报纸、汇编（丛书）、会议文集、报告、标准、法规、电子文献等的被引情况。

被引文献细节检索：被引文献细节检索具有较强的灵活性，可对文献题录信息进行检索。例如，输入某人的姓名，不仅可以检索到该人所著的文献，同样还可以检索到提及该人的文献信息。

3. 检索结果

（1）来源文献检索结果

如图 4-45 所示，在来源文献检索结果显示窗口中可显示检索的命中篇数、检索表达式、来源作者、来源篇名、期刊、年代卷期等。单击“来源篇名”链接，则可看到该篇文章的学科类别、中图类号、关键词、引文（参考文献）列表等更多的信息，如图 4-46 所示。单击篇名后的图标，即可进入页面选择下载。

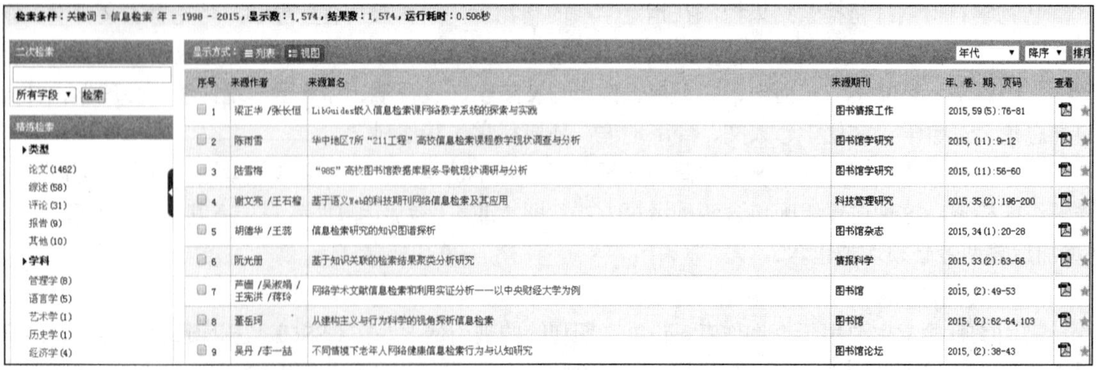

图 4-45　中文社会科学引文数据库来源文献检索结果显示

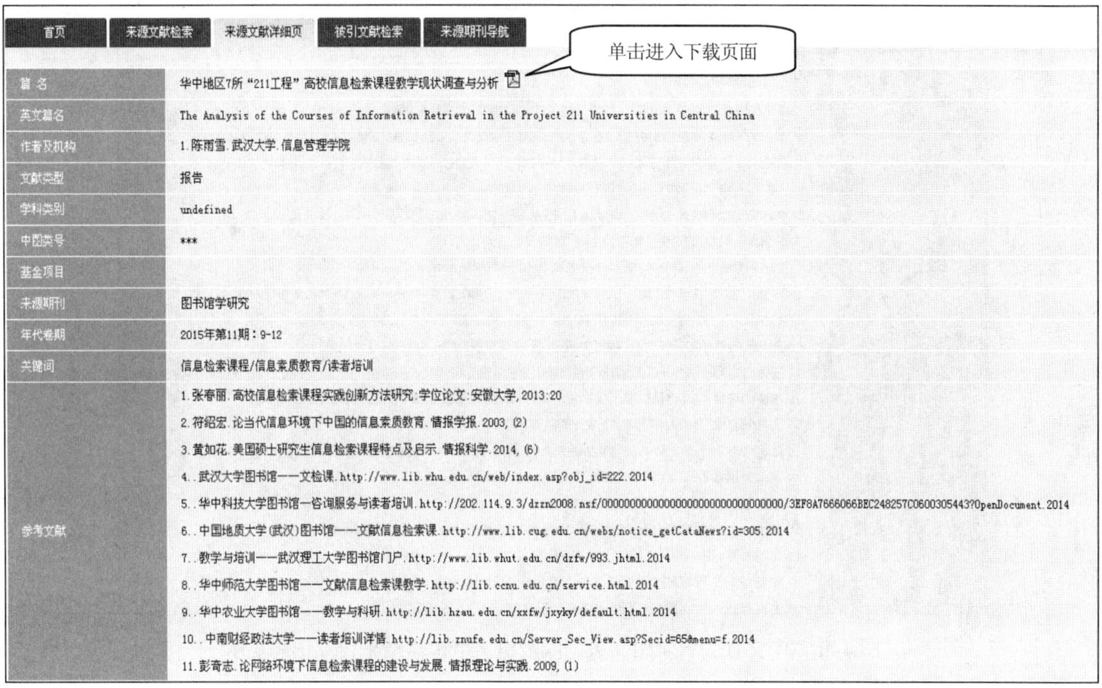

图 4-46　中文社会科学引文数据库来源文献检索结果详细信息显示

（2）被引文献检索结果

如图 4-47 所示，被引文献结果显示窗口依次显示检索的命中结果、总计被引篇次、检索表达式、被引作者、被引文献篇名、被引期刊、被引文献出处、被引次数等，同时还可在此基础之上进行二次检索。

图 4-47　中文社会科学引文数据库被引文献检索结果显示

如图 4-48 所示，单击“被引文摘篇名（词）”链接，则可看到该篇文章的被引文献篇名（词）、被引作者、文献出处和来源文献等信息。单击篇名后的图标，即可进入页面选择下载。

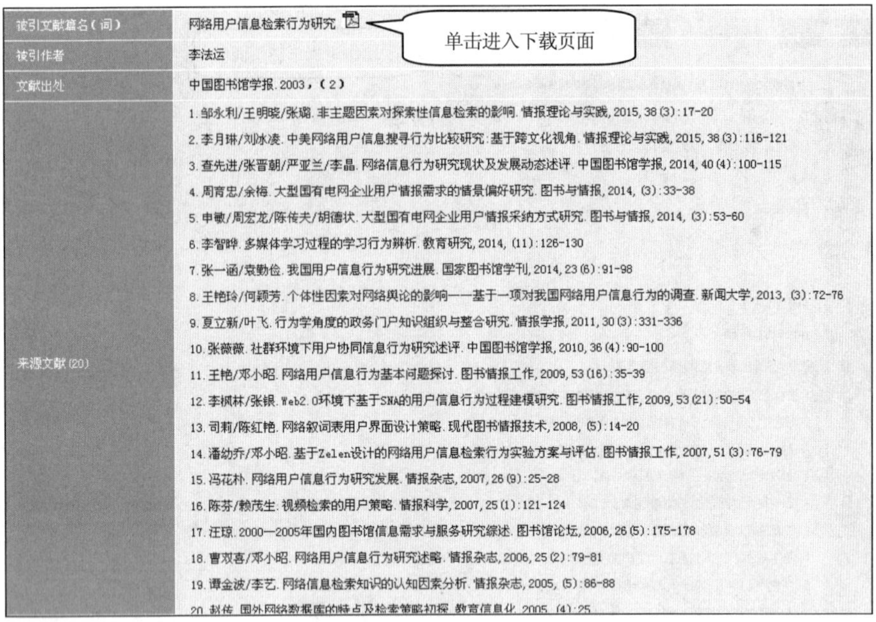

图 4-48　中文社会科学引文数据库被引文献检索结果详细信息显示

4.2.2　中国科学引文数据库（CSCD）

1. 数据库概况

中国科学引文数据库（Chinese Science Citation Database，CSCD）由中国科学情报中心在国家自然科学基金委员会和中国科学院于 1989 年共同资助创建，收录我国数学、物理、化学、天文学、地学、生物学、农林科学、医药卫生、工程技术、环境科学和管理科学等领域出版的中英文科技核心期刊和优秀期刊千余种，目前已积累 1989 年至今的论文记录 370 多万条，引文记录近 3800 万条。

中国科学引文数据库（见图 4-49）内容丰富、结构科学、数据准确。系统除具备一般的检索功能外，还提供新型的索引关系——引文索引。使用该功能，用户可迅速地从数百万条引文中查询到某篇科技文献被引用的详细情况，还可以从一篇早期的重要文献或作者姓名入手，检索到一批近期发表的相关文献，对交叉学科和新学科的发展研究具有十分重要的参考价值。中国科学引文数据库还提供了数据链接机制，支持用户获取全文。

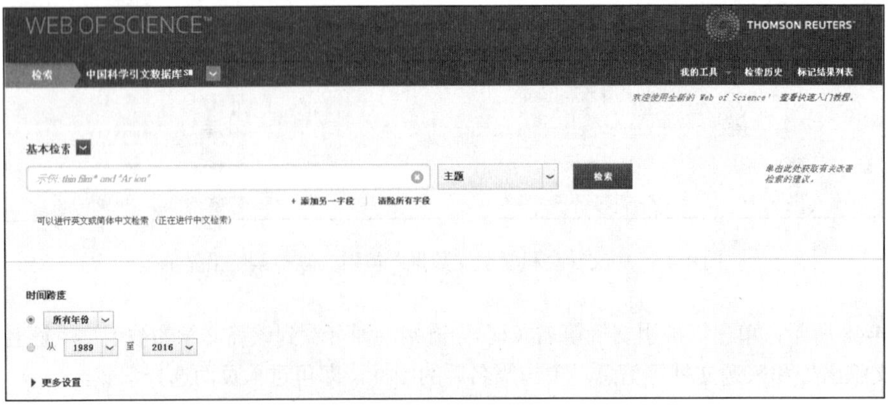

图 4-49　中国科学引文数据库首页页面

中国科学引文数据库被称为“中国的 SCI”，主要由于 CSCD 吸收了美国 SCI 的优点及其数据内容的规范格式，检索功能强大，可以满足各种检索需求，并对各种科学技术活动具有科研绩效的评价功能。

2. 检索方法

中国科学引文数据库是我国第一个引文数据库，2007 年与美国 Thomson-Reuters Scientific 合作，以 ISI Web of knowledge 为平台，实现与 Web of Science 的跨库检索，成为 ISI Web of Knowledge 平台上的第一个非英文语种的数据库。

检索方式有三种：简单检索、被引参考文献检索、高级检索。

（1）简单检索

中国科学引文数据库的默认页面即为简单检索页面。在选定的检索字段前的检索框中输入检索词即可检索。如图 4-50 所示，可检索字段包括主题、标题、作者、作者识别号、出版物名称、出版年、地址、语种以及文献类型。注意，输入词须为英文。

图 4-50　中国科学引文数据库简单检索

（2）被引参考文献检索

中国科学引文数据库的被引参考文献检索可以在时间上向前回溯作者写作论文引用的文献或者追踪该论文发表后的被引用情况。如图 4-51 所示，可检索字段包括被引作者、被引著作、被引年份、被引卷、被引期和被引页。各字段用布尔逻辑运算符“AND”相组配。

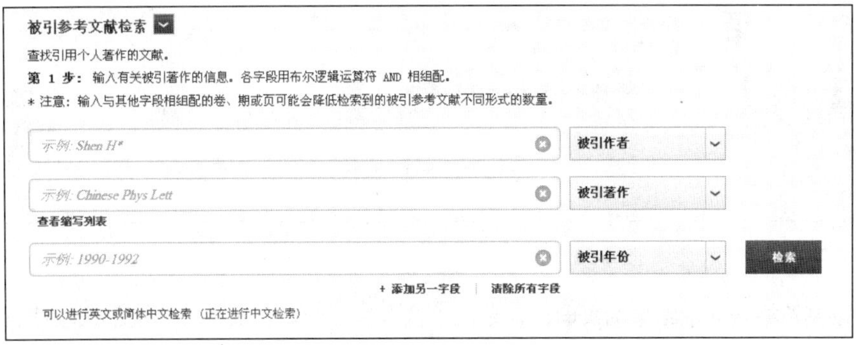

图 4-51　中国科学引文数据库被引参考文献检索

（3）高级检索

中国科学引文数据库的高级检索允许在页面的检索框中输入“字段名称”和“布尔运算符”以及

检索内容构造检索式。如图 4-52 所示，布尔运算符和字段标识都有示例和教程。检索式中的每个检索词都必须用字段标识明确标明；必须用逻辑运算符连接不同字段；组配检索式时，须在每一个检索式编号前输入一个数字（#）符号；一个会话内最多可以创建 200 个检索式；要将“AND”、“OR”、“NOT”、“NEAR”和“SAME”作为普通词进行检索，并用引号将它们括起来。

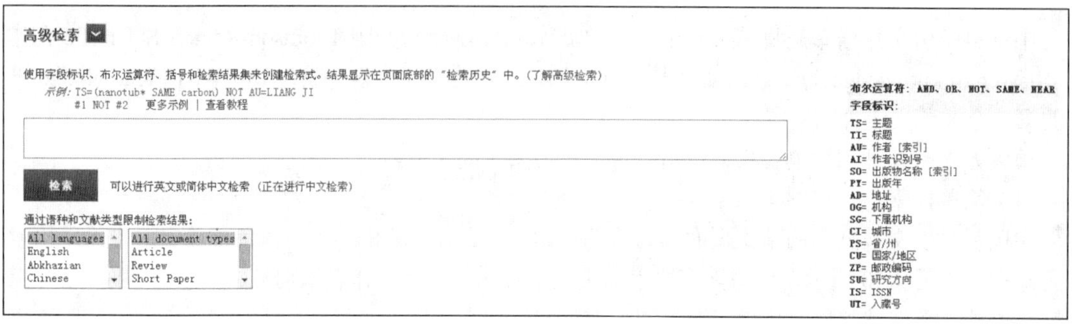

图 4-52　中国科学引文数据库高级检索

3. 检索结果

（1）检索结果的显示

执行检索之后，如图 4-53 所示，检索结果数据显示在页面左方，结果列表以浏览格式显示在当前检索页面上。排序方式可选择按出版日期、被引频次、使用次数、相关性和作者的升序降序排列。如果想显示检索结果的详细内容，可选中检索结果的一条、若干条或全部记录，然后单击“查看”下的“详细内容”菜单选项或直接单击工具栏里的“详细内容”按钮，系统即弹出详细内容显示窗口，以默认显示格式把记录的详细内容显示出来。

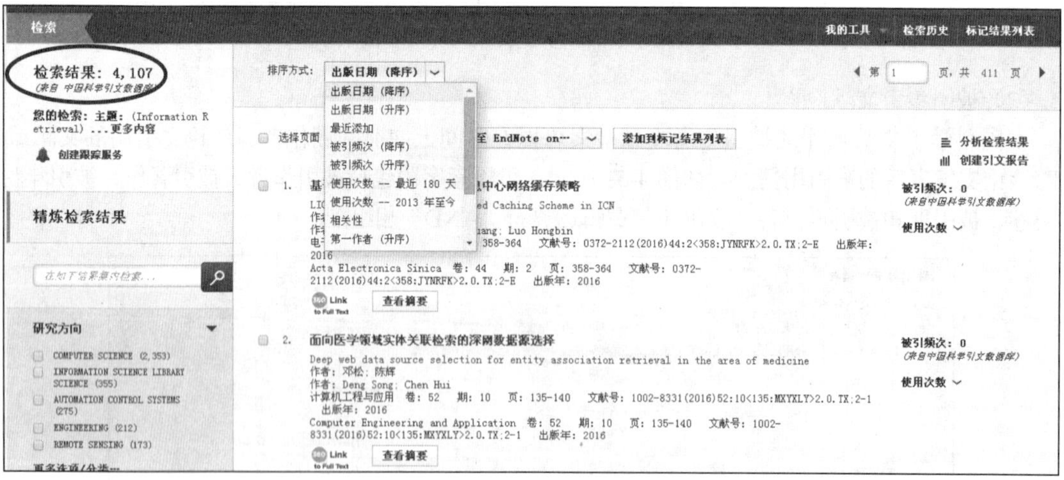

图 4-53　中国科学引文数据库检索结果显示

如果在以浏览格式显示结果的页面内，单击“查看”下的“详细内容”菜单选项或直接单击工具栏里的“详细内容”按钮，则表示要显示全部记录的详细内容，系统弹出详细内容显示窗口，以便逐条显示命中记录的详细内容，如图 4-54 所示。

详细内容显示包括记录的一般信息（来源记录号、被引次数、参考文献数、相关文献数）和记录的详细内容。当选中 10 条记录数后，显示窗口的下方会出现一个滚动条，滚动条后边显示有“当前记录序号/选中记录总数”，单击“上一条”、“下一条”按钮或拖动滚动条，都可以改变当前要显示的记录。如果两条来源文献至少有一条参考文献相同，就表示它们有相关度。CSCD 系统支持相关记录的检索并能显示两个相关记录的共同引文。

全文选项
保存至 EndNote online
添加到标记结果列表
第 1 条，共 4,107 条
单击打印
Advances in
ng Based Text Categorization
基于机器学习的文本分类技术研究进展
作者：SU JinShu; ZHANG BoFeng; XU Xin
作者：苏金树；张博锋；徐昕
Journal of Software
软件学报
卷：17 期：9 页：1848-1859
文献号：1000-9825(2006)17:9<1848:JYJQXX>2.0.TX;2-R
DOI：10.1360/jos171848
出版年：2006
摘要
In recent years, there have been extensive studies and rapid progresses in automatic text categorization, which is one of the hotspots and key techniques in the information retrieval and data mining field. Highlighting the state-of-art challenging issues and research trends for content information processing of Internet and other complex applications, this paper presents a survey on the up-to-date development in text categorization based on machine learning, including model, algorithm and evaluation. It is pointed out that problems such as nonlinearity, skewed data distribution, labeling bottleneck, hierarchical categorization, scalability of algorithms and categorization of Web pages are the key problems to the study of text categorization. Possible solutions to these problems are also discussed respectively. Finally, some future directions of research are given.
摘要：文本自动分类是信息检索与数据挖掘领域的研究热点与核心技术，近年来得到了广泛的关注和快速的发展。提出了基于机器学习的文本分类技术所面临的互联网内容信息处理等复杂应用的挑战，从模型、算法和评测等方面对其研究进展进行综述评论。认为非线性、数据集偏斜、标注瓶颈、多层分类、算法的扩展性及Web页分类等问题是目前文本分类研究的关键问题，并讨论了这些问题可能采取的方法。最后对研究的方向进行了展望。
关键词
引文网络
127 被引频次
94 引用的参考文献
查看 Related Records
查看引证关系图
创建引文跟踪
(数据来自 中国科学引文数据库SM)
全部被引频次计数
160 / 所有数据库
33 / Web of Science 核心合集
1 / BIOSIS Citation Index
127 / 中国科学引文数据库
0 / Data Citation Index
0 / Russian Science Citation Index
0 / SciELO Citation Index
使用次数
最近 180 天：1
2013 年至今：7
进一步了解

图 4-54　中国科学引文数据库检索结果单条详细显示

（2）检索结果的输出与打印

检索结果提供三种输出方式，即 E-mail、打印和下载。检索结果可以通过勾选每条记录前的选择框，或者直接选中“本页”或“所有记录”进行输出结果的选择，对选中的结果直接单击“E-mail”、“打印”和“下载”按钮即可进行相应操作。

思考题

1. 中国期刊全文数据库如何检索？有哪些特有功能？
2. 万方数据库的检索方法与 CNKI 有何不同？
3. 如何直接浏览人大复印报刊资料数据库的全文内容？
4. 维普中文期刊包含哪些数据库？
5. CSSCI 和 CSCD 这两个引文数据库的各自有哪些特色？
6. 简述各个中文数据库的检索结果如何下载。

第 5 章　常用外文期刊数据库检索及其利用

学术期刊发端于国外，目前仍然是全世界范围内学术论文和科技成果发表的最主要载体，在人类发展和科技进步中起着举足轻重的作用。

随着时代的发展，在世界范围内形成了多个著名的学术期刊出版集团或科技信息机构，他们或出版大量高质量学术期刊（如 Elsevier、Springer），或编制各种期刊索引、文摘等二次文献（如 ISI 编制的 SCI、SSCI、A&HCI 等）。随着数字图书馆技术与互联网技术的日益发展，各出版集团和科技信息机构开始将他们旗下的期刊或文献信息产品逐步电子化（纸质文献扫描电子化或原生电子出版），并开发成基于互联网访问的文献数据库。一般来说，这些数据库都需要机构用户或个人用户付费订购才能使用，我们将它们称之为商用数据库。

另一方面，为促进科学及人文信息的广泛交流，促进利用互联网进行科学交流与出版，提升科学研究的公共利用程度，保障科学信息的保存，20 世纪 90 年代末开始在国际学术界、出版界、信息传播界和图书情报界大规模地兴起了开放存取（Open Access，OA）运动。这一运动催生了一批以 DOAJ 为代表的免费 OA 期刊数据库。

相比于原先的纸本期刊文献，期刊文献数据库具有文献收录范围广、检索途径多、检索响应时间短、检索结果利用方便等特点。

目前，外文期刊数据库仍然以英文期刊数据库为主，即使是德文、法文等语种的期刊论文，数据库一般也都会提供英文的文摘信息和其他检索信息。常用的外文期刊数据库一般分为期刊全文数据库和期刊索引文摘数据库两大类。期刊全文数据库一般是在提供期刊论文基本文摘信息的基础上同时提供论文的全文；而期刊索引文摘数据库则一般只提供期刊论文的文摘信息和引证信息，不提供全文服务，但它可以帮助人们更高效地发现文献线索、发掘文献之间的内在联系、理清学科发展脉络。

5.1　外文期刊全文数据库

5.1.1　Elsevier ScienceDirect 全文数据库

1．概述

荷兰 Elsevier 公司是全球最大的科技与医学文献出版发行商之一，已有 130 多年的历史，总部设在荷兰阿姆斯特丹，并在世界各地设有办事处。

Elsevier 公司出版的期刊是国际公认的高水平学术期刊，其旗下出版的 2500 多种期刊大多数都被 SCI、EI 所收录，属于国际核心期刊，其中不乏像《柳叶刀》（Lancet）和《细胞》（Cell）这样的顶级学术期刊。该公司通过与 Pergamon、North Holland、Excerpt Medica 等著名出版社合并，将其出版的期刊和图书全部数字化，推出通过网络服务的数字信息解决方案——ScienceDirect。ScienceDirect 全文数据库主要包括物理与工程学、生命科学、健康科学和社会人文科学四大学科主题，涉及数学、物理、化学、天文学、医学、生命科学、商业及经济管理、计算机科学、工程技术、能源科学、环境科学、材料科学等学科。同时 Elsevier 通过开放存取（Open Access）合作项目，使用户可在 ScienceDirect 上查阅超过 3800 种学术期刊的全文，通过回溯建库，可以查阅超过 2000 种期刊自 1995 年以来的全文。

数据库访问地址：http://www.sciencedirect.com/。首页界面如图 5-1 所示。

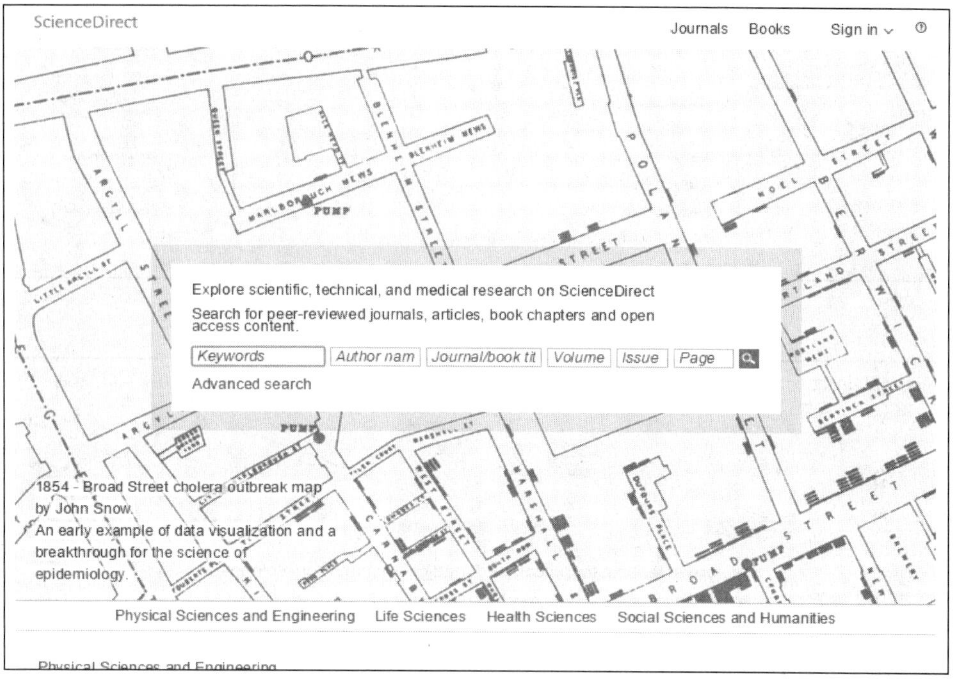

图 5-1　Elsevier ScienceDirect 全文数据库首页

2．检索方法

ScienceDirect 提供浏览检索（Browse）、简单检索（Simple search）、高级检索（Advanced search）和专家检索（Expert search）4 种检索模式。

（1）浏览检索

ScienceDirect 的浏览检索提供两种方式来呈现其所收录的期刊。一种是按照期刊刊名的字母顺序罗列期刊，另一种是按照期刊的学科分类罗列期刊。当然这两种方式是支持结合使用的。例如，可以在首页右上角，单击“Journal”按钮，得到所有期刊的刊名列表，用户可以根据刊名首字母缩小期刊浏览范围，结合页面左侧的学科分类进一步缩小期刊浏览的范围，找到某一本特定期刊后，即可按照卷期浏览该种期刊历年的论文。如图 5-2 所示。

还可以在首页下部，直接选择某一学科大类，通过学科的层层细分，找到自己需要的学科，然后结合刊名首字母找到需要的期刊。

（2）简单检索

ScienceDirect 的首页即为简单检索界面。该界面提供关键词（Keywords)、作者（Author name)、刊名/书名（Journal/Book title)、卷（Volume)、期 （Issue）和页码（Page）6 个字段的检索框。用户可以根据检索需求选择若干字段输入检索词，检索框之间默认为布尔逻辑“与”(And）的关系，如图 5-3 所示。

（3）高级检索

单击 ScienceDirect 首页搜索框左下角的“Advanced search”按钮进入高级检索界面，如图 5-4 所示。

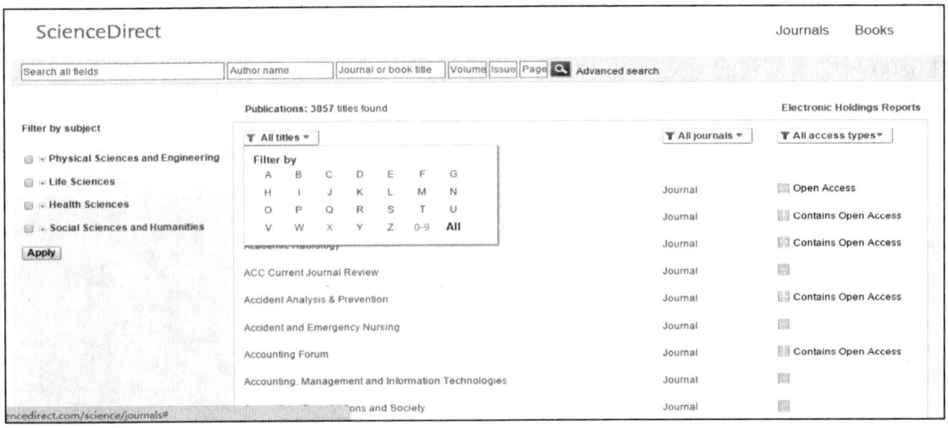

图 5-2 ScienceDirect 浏览检索界面

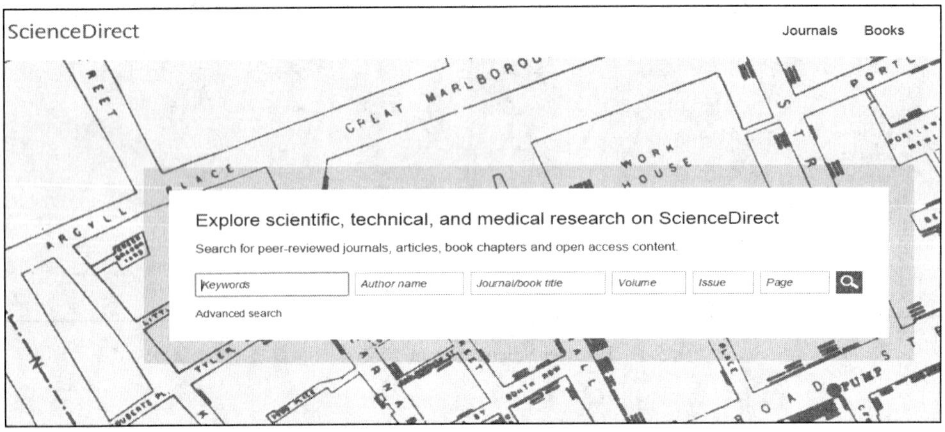

图 5-3 ScienceDirect 简单检索界面

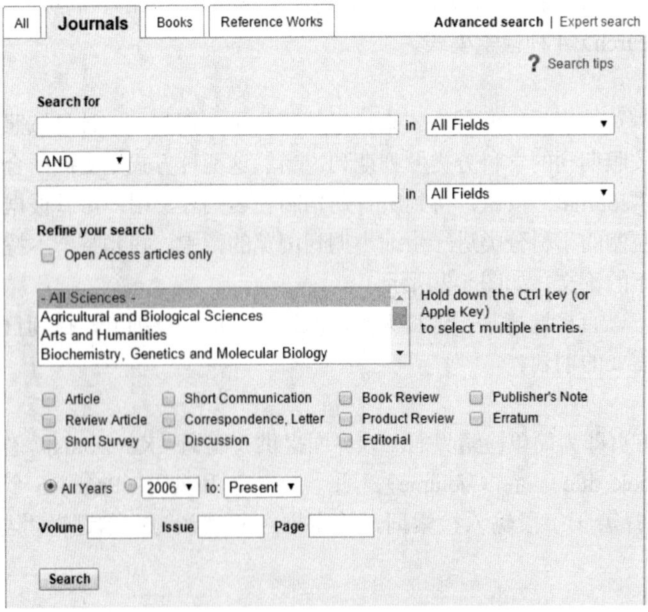

图 5-4 ScienceDirect 高级检索界面

高级检索提供两组检索框以实现两组检索词的组配检索功能，用户可以通过字段下拉框（Field）选择不同的字段来限定检索词所对应的检索范围，并通过布尔逻辑下拉框选择不用的组配检索方式。在高级检索模式中，ScienceDirect 提供的检索字段包括任意字段（All Field）、文摘/标题/关键词（Abstract、Title、Keywords）、作者（Authors）、特定作者（Specific Author）、母体文献标题（Source Title）、标题（Title）、关键词（Keywords）、文摘（Abstract）、参考文献（Reference）、国际标准连续出版物编号（ISSN）、国际标准书号（ISBN）和作者地址（Affiliation）。

由于 ScienceDirect 是囊括 Elsevier 集团所有出版物的电子文献平台，包括了期刊（Journals）、图书（Books）和各种参考工具书（Reference Works），所以在执行期刊文献的检索前，需要先选定文献类型为“Journals”，并且进一步在出版时间区间、卷（Volume）、期（Issue）、页码（Page）、文章类型（Article Types）以及学科主题（Subjects）等文献特征上进行限定。

（4）专家检索

在 ScienceDirect 的高级检索界面的右上方单击“Expert Search”，即可切换到专家检索界面。专家检索界面提供基于布尔逻辑的检索式运算检索功能。用户根据检索要求，灵活运用布尔逻辑运算符、字段限定符、截词符、短语检索符、位置运算符和优先处理运算符结合检索词构建一个完整的检索式，输入到检索框内进行检索。文献其他特征的限定与高级检索基本相同，如图 5-5 所示。

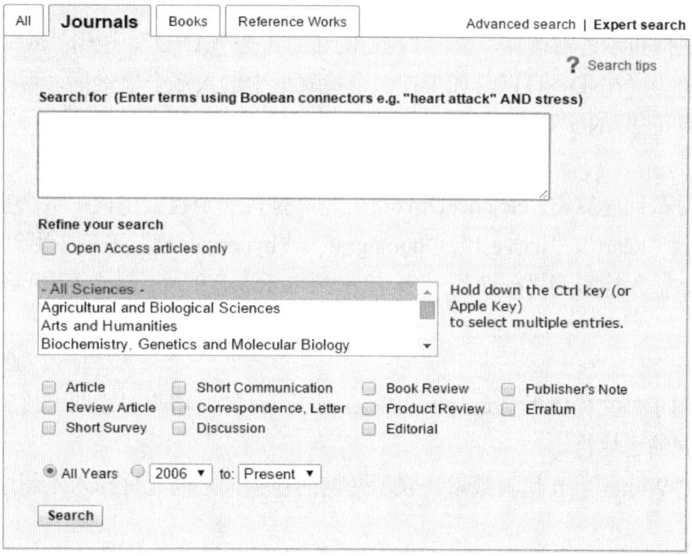

图 5-5　ScienceDirect 专家检索界面

3．检索结果

ScienceDirect 期刊文献的检索结果除了逐条罗列检索命中的数据记录以外，还会在上部显示检索命中数（Search results）和检索式（Search expression）。每一条数据包括文章题名、刊名、出版时间、卷号、期号、页码和作者信息。在检索结果页面的左侧提供命中记录的出版年分布、刊物分布和主题分布情况，方便用户进一步缩小检索范围，如图 5-6 所示。

单击具体某一条记录，可链接至这篇文章更为详细的信息，包括：作者详细信息（E-mail 地址和通信地址）、文摘信息、研究亮点（Highlights）、图表摘要（Graphical Abstract）、获取原文链接（PDF/Purchase PDF/Get Full Text Elsewhere，视文章来源和用户订购情况而提供不同的获取方式）和数字对象标识符（DOI）。

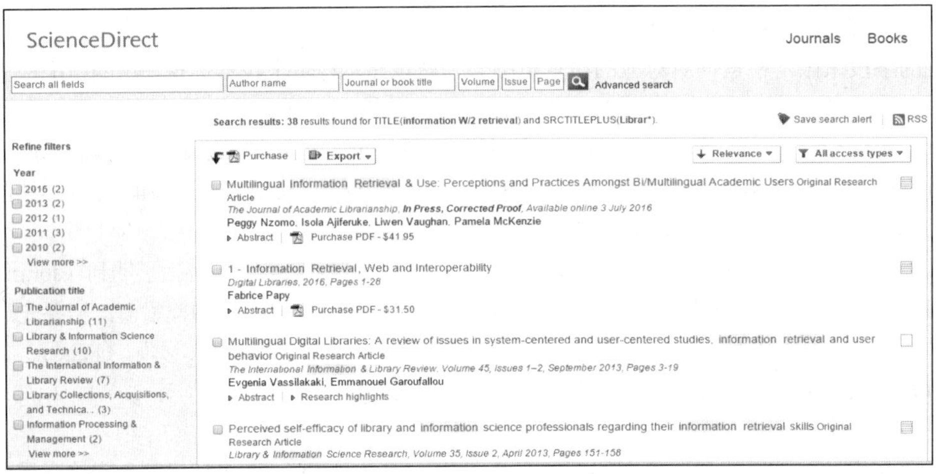

图 5-6 ScienceDirect 检索结果界面

4．检索技巧

（1）布尔逻辑算符

ScienceDirect 支持布尔逻辑运算，逻辑“与”的运算符为“AND”，逻辑“或”的运算符为“OR”，逻辑“非”的运算符为“AND NOT”。如果在一个检索框中输入多个检索词，系统默认各检索词之间的空格代表逻辑运算符“AND”。

（2）通配符

通配符，也就是截词运算符。ScienceDirect 用“*”替代一个检索单词中数个字母，如输入检索词“h*r*t”，将会检索到“heart”、“harvest”、“homograf”、“hypervalen”，等等；用“?”替代一个检索单词中的 1 个字母，如输入检索词“gro?t”，将会检索到“grout”或“groat”但不会检索到“groundnut”或“grommet”。

（3）位置算符

位置算符一般用于外文检索的邻近检索。ScienceDirect 针对用户对于两个检索之间邻近关系的不同需求提供 3 种不同的运算符。

W/n：W 代表“Within”，n 代表数量，表示两侧的检索词之间允许插入不超过 n 个其他词，前后词序不做限定。

PRE/n：PRE 代表“Precedes”，n 代表数量，表示两侧的检索词之间允许插入不超过 n 个其他词，但前后词序保持不变。

双引号“”：代表精确的词组检索，用来查找与双引号内的检索词组完全一致的文献，检索词的前后词序不变。

（注：位置算符中的“n”实际上代表两个检索词之间的距离。位于同一词组时，一般取值 3～5；位于同一个句子时，一般取值不超过 15；位于同一段落时，一般取值不超过 50。）

5.1.2 EBSCOhost 全文数据库

1．概述

EBSCO 是一个大型文献服务专业公司，提供期刊、文献订购及出版等服务，总部在美国，在全球 19 个国家设有分部。EBSCO 开发了 100 多个在线文献数据库，包括 4000 余种期刊全文，涉及自然科学、社会科学、人文和艺术等多个学术领域。其中两个主要全文数据库是 Academic Search Premier 和 Business Source Premier。

（1）学术期刊集成全文数据库（Academic Search Premier，ASP）总收录期刊 7699 种，其中提供全文的期刊有 3971 种。收录的期刊中经过同行评议（peer-reviewed）的期刊有 6553 种，其中 3123 种提供全文。被 SCI & SSCI 收录的核心期刊有 993 种（全文有 350 种）。学科主要涉及工商、经济、信息技术、人文科学、社会科学、通信传播、教育、艺术、文学、医药、通用科学等多个领域，社会科学类和自然科学类期刊各占 50%。

（2）商业资源电子文献全文数据库（Business Source Premier）总收录期刊 4432 种，其中提供全文的期刊有 3606 种。收录的期刊中经过同行评议的期刊有 1678 种，其中提供全文的有 1067 种。被 SCI & SSCI 收录的核心期刊有 398 种（全文有 145 种）。涉及的主题范围有国际商务、经济学、经济管理、金融、会计、劳动人事、银行等，其中著名的如《每周商务》（Business Week）、《财富（福布斯）》（Forbes）、《哈佛商业评论》（Harvard Business Review）、《经济学家预测报告》（County Reports From The Economist Intelligence Unit （EIU））等。

EBSCOhost 检索地址为：http://search.ebscohost.com/。

根据机构用户订购的实际情况，EBSCOhost 的首页界面会有一定程度的不同，如图 5-7 所示。

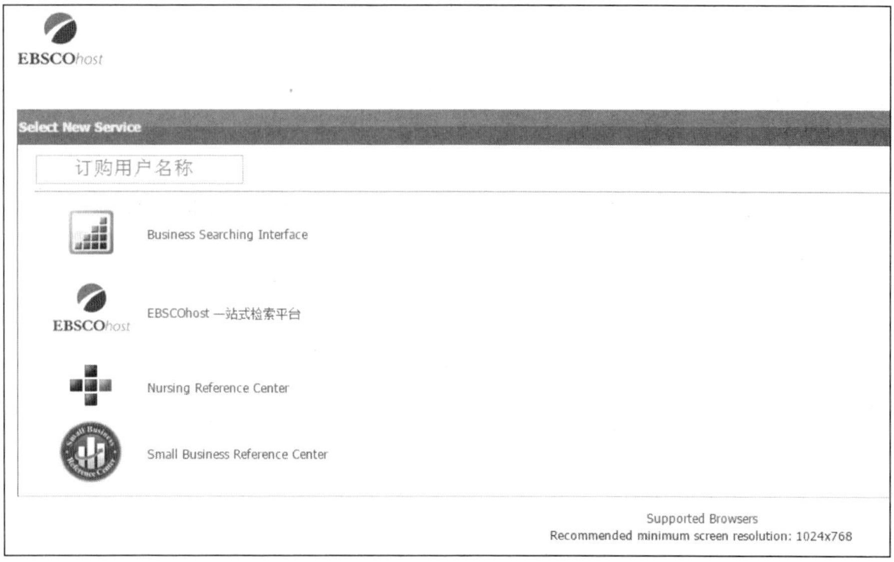

图 5-7　EBSCOhost 数据库检索首页界面

2. 检索方法

下面以“学术期刊集成全文数据库”为例介绍 EBSCOhost 数据库的检索方法。EBSCOhost 提供基本检索（Basic Search）、高级检索（Advanced Search）两种界面。但实际上也支持浏览检索（Browse）和以检索式为基础的专家检索（Expert Search）功能。

（1）浏览检索

在 EBSCOhost 检索首页单击“EBSCOhost 一站式检索平台”，即可进入 EBSCOhost 一站式检索平台，如图 5-8 所示。

该界面默认为基本检索模式，并且检索的对象囊括用户订购的 EBSCO 旗下的所有数据库。如需进行浏览检索，可先单击页面左上方的“Publications”，选择“Academic Search Premier-Publications”，系统就会按照刊名字母顺序罗列所有"ASP"收录的所有期刊。罗列的数据记录除了刊名信息外还包括提供目录的起止时间和提供 PDF 格式全文的起止时间。

图 5-8 EBSCOhost 一站式检索平台界面

EBSCOhost 提供按照字母顺序、主题描述和任意匹配三种方式检索期刊，单击刊名链接即可浏览该期刊被收录时间内每一期的目录、文摘及全文，如图 5-9 所示。

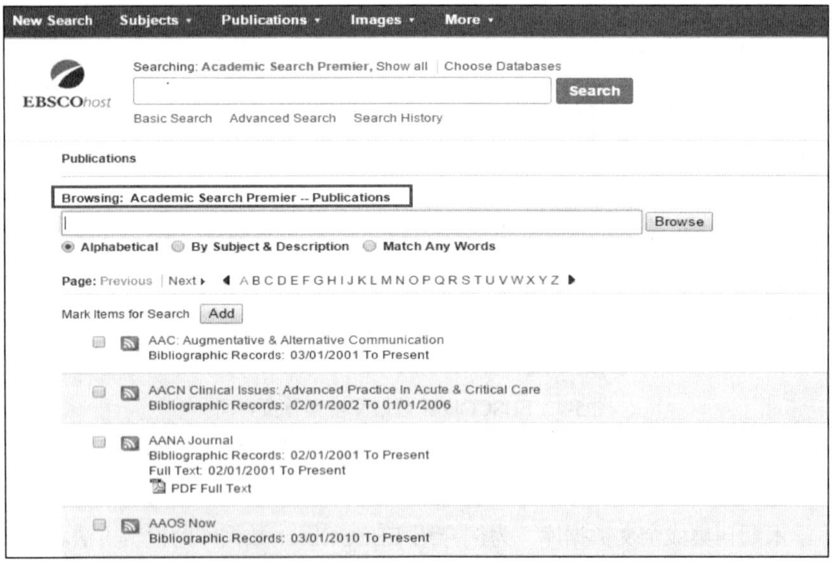

图 5-9 EBSCOhost 浏览检索界面

（2）基本检索

如前所述，EBSCOhost 检索的首页默认为基本检索界面，并且检索的对象囊括用户订购的 EBSCO 旗下的所有数据库。因此，在开始检索之前，为保证检索数据库是"学术期刊集成全文数据库"，需要在检索框上方单击"Choose Databases"，勾选"Academic Search Premier"。

EBSCOhost 的基本检索支持在检索框中输入一个或多个检索词或词组，如果没有使用字段代码对检索词进行限定，则默认检索词或词组在任意字段中进行匹配检索。在检索框左下角单击“Search Options”，可以对检索条件和检索结果进行进一步的设定和控制。用户可以在检索模式（Search Modes）选项中将默认的同一字段内布尔逻辑或词组检索模式（Boolean/Phrase）切换为其他不同的检索模式；用户可以在结果精炼选项中对是否为全文（Full Text）、是否为同行评议期刊（Scholarly (Peer Reviewed) Journals）、是否拥有参考文献（Reference Available）、期刊出版时间、文章内图表特征和具体刊名进行限定。同时，针对学术期刊集成全文数据库还可以对文章类型和文章页数进行限定，如图 5-10 所示。

（3）高级检索

在基本检索界面的检索框下方，单击“Advanced Search”，即可切换到高级检索界面。EBSCOhost 高级检索默认提供三行检索框，用户可根据检索的实际需要增减检索框的行数。用户可在字段下拉框中选择特定的检索字段，输入检索词。检索框之间提供布尔逻辑下拉框，用户可以选择检索词之间不同的组配方式。其他检索条件和检索结果限定与基本检索界面相同，如图 5-11 所示。

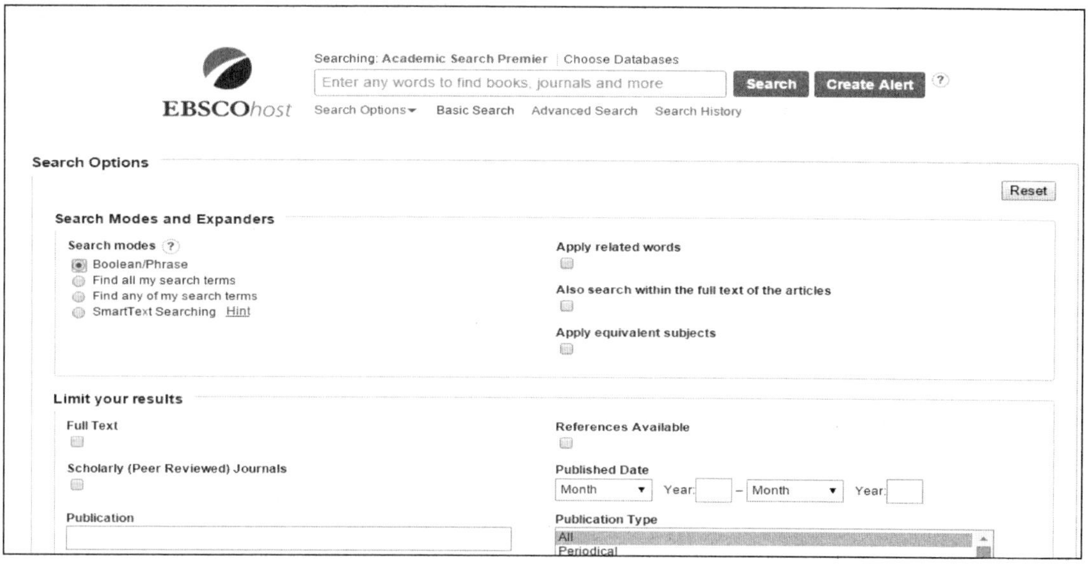

图 5-10　EBSCOhost 基本检索界面

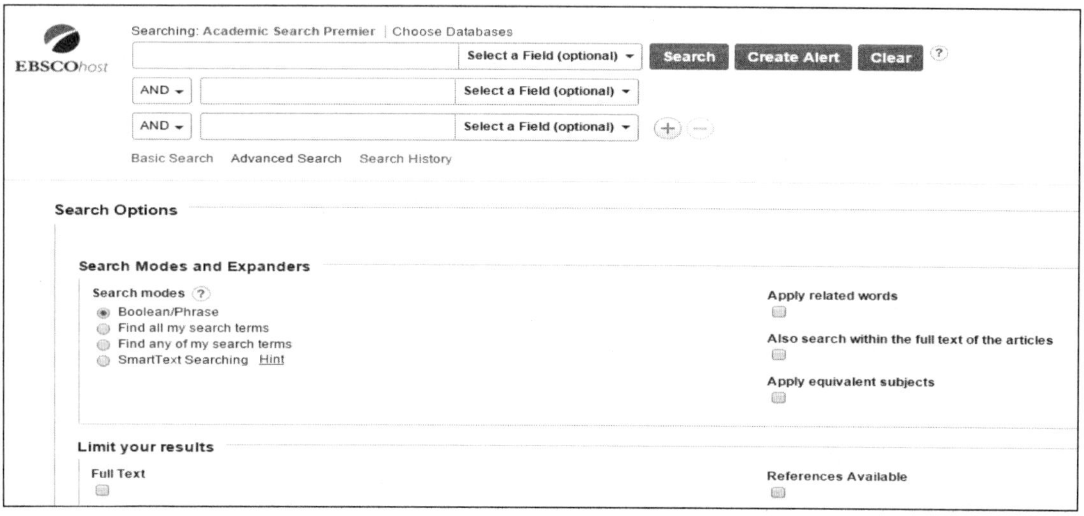

图 5-11　EBSCOhost 高级检索界面

（4）专家检索

当基本检索和高级检索无法满足复杂而精确的检索需求时，需要用户综合运用检索知识和数据库提供的检索功能，这一检索模式实际上就是专家检索模式。用户可以使用两种方式来实现专家检索的目标：一种是根据检索主题要求，结合字段代码、布尔逻辑运算符、通配符、位置运算符、优先运算符和适当的检索词编辑好检索式，输入到基本检索的检索框中，完成检索；另一种是将检索式分拆成几个部分，在基本检索或高级检索界面中完成数次检索，而后在检索记录（Search History）中对数次检索结果进行布尔逻辑运算检索。

3. 检索结果

在完成检索条件设定并输入相应检索词后，EBSCOhost 系统会将检索命中记录逐条罗列，用户可以根据自己的需要选择相应的排序方法（Relevance）和每页显示的结果数。系统会在检索结果上部显示检索命中数（Search Results），在页面左侧显示当前检索的检索式和限定条件，并提供对检索结果进一步限定的精炼选项，包括是否只显示全文（Full Text）、文献类型（Source Types）、主题（Subject）、刊物（Publication）和出版者（Publisher），等等。

检索结果列表中的每一条数据不仅包含文章题名、刊名、出版时间、卷号、期号、页码和作者信息，还会列出该篇文章的所有主题词（Subject）并提供 PDF 全文的链接地址。

单击具体某一篇文章标题，可链接至该篇文章更为详细的信息，包括：作者详细信息（E-mail 地址和通信地址）、文摘信息、主题词、文章包含的图表（Images）、获取原文链接（PDF Full Text）、数字对象标识符（DOI）和数据库存取号（Access Number），等等。

检索结果界面如图 5-12 所示。

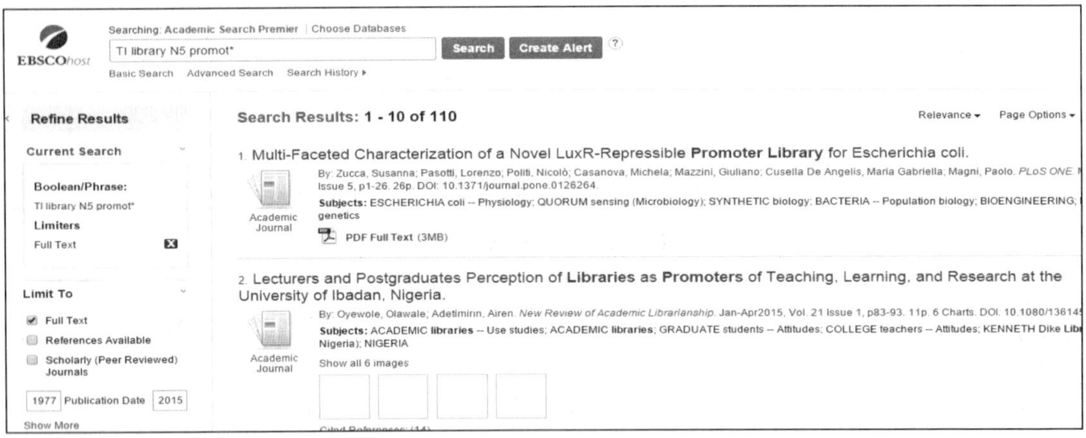

图 5-12　EBSCOhost 检索结果界面

4. 检索技巧

（1）布尔逻辑算符

EBSCOhost 支持布尔逻辑运算，逻辑“与”的运算符为“AND”，逻辑“或”的运算符为“OR”，逻辑“非”的运算符为“NOT”。

（2）位置算符

EBSCOhost 系统中的位置算符同样用于邻近检索，但算符和用法与 ScienceDirect 有很大的不同。

Wn：表示两侧的检索词之间允许插入不超过 n 个其他词，前后词序保持不变。作用与 ScienceDirect 中的“PRE/n”相同。

Nn：N 代表“Near”，n 代表数量，表示两侧的检索词之间允许插入不超过 n 个其他词，但前后词序可变。

双引号“”：代表精确的词组检索，用来查找与双引号内的检索词组完全一致的文献，检索词的前后词序不变。

（3）字段代码检索

EBSCOhost 系统提供丰富的检索字段作为用户的检索入口，同时这些字段都有相对应的代码，方便用户记忆，也可以减短检索式的长度。检索式基本语法规则是，输入字段代码、空格、然后输入检索词。例如：TI “information retrieval”，代表检索文章标题中带有“information retrieval” 这一词组的所有文章。在检索期刊论文时，常用的字段和字段代码如表 5-1 所示。

表 5-1　EBSCOhost 检索常用字段及其代码

字段	字段代码	含义	字段	字段代码	含义
All Text	TX	全文	Keyword	KW	关键词
Author	AU	作者	ISSN	IS	国际连续出版物标准号（国际统一刊号）
Title	TI	文章标题	Journal Name	SO	刊名
Subject	SU	主题	Access Number	AN	数据库存取号
Abstract	AB	文摘			

（4）通配符

EBSCOhost 系统中通配符的用法与 ScienceDirect 相同，用“*”替代一个检索单词中数个字母，用“?”替代一个检索单词中的 1 个字母，不再赘述。

（5）检索式检索

字段代码检索结合位置算符、布尔逻辑算符、通配符等，可构建功能强大的检索式，完成精确的检索要求。例如：检索式 (TI “information retrieval” N5 librar*) and SO librar* 代表在带有图书馆或图书馆员的刊物中检索标题中含有“图书馆与信息检索”主题的文章。

5.1.3　SpringerLink 全文数据库

1．概述

Springer（施普林格）是全球著名的科技出版集团，创始于 1842 年的德国柏林，2004 年与另一著名的学术出版集团 Kluwer 完成合并。2008 年宣布收购著名的开放存取出版商 BioMed Central。Springer 出版集团通过 SpringerLink 数据库平台向全世界提供学术期刊及电子图书在线服务。截至 2016 年 7 月，SpringerLink 收录期刊 3,310 种，图书 216,186 种，丛书 5,707 种，此外还有超过 43,000 种参考工具书和协议。

SpringerLink 收录的期刊以医学、生命科学和理工类为主，同时也收录社会科学类、教育学类、哲学类和法律类刊物。其中，医学类（Medicine）945 种，生命科学类（Life Science）561 种，生物医学类（Biomedical Science）456 种，工程类（Engineering）398 种，数学类（Mathematics）318 种，物理学类（Physics）305 种，化学类（Chemistry）281 种，计算机科学类（Computer Science）279 种，社会科学类（Social Science）279 种。Springer 收录的刊物大多属于国际核心期刊，被 EI、SCI 或 CI 等世界著名索引收录，同时由于采用电子优先出版的策略，文献更新速度快，是科研人员获取学术文献的重要信息源。

SpringerLink 数据库访问地址：http://link.springer.com/。

2. 检索方法

（1）浏览检索

SpringerLink 首页左侧提供 24 个学科分类，单击任一学科，将罗列该分类下所有文章（Articles），并且默认按照发布时间（最新）排序。单击该页面左侧文献类型（Content Type）中的“Journal”，即可看到该学科分类下所有的期刊按照更新时间排列。单击某本期刊，即可看到这本期刊的最新文章（Latest Articles）、收录起止时间（Coverage）、期刊曾用名（Journal History）等详细信息。在页面右侧提供检索该刊物具体某一卷或某一期的检索框（Find a Volume or Issue）。

同时，用户也可以在首页底部左边的目录（Our Content）中直接单击“Journal”，SpringerLink 会按照最近更新的排序罗列其收录的所有期刊。用户可以在页面的左侧选择具体的学科分类（Discipline/Subdiscipline）和语种（Language），以缩小期刊的浏览范围。此外，在 SpringerLink 首页的中部，也会推荐 4 种热门期刊（Featured Journals），用户可以直接单击浏览，如图 5-13 所示。

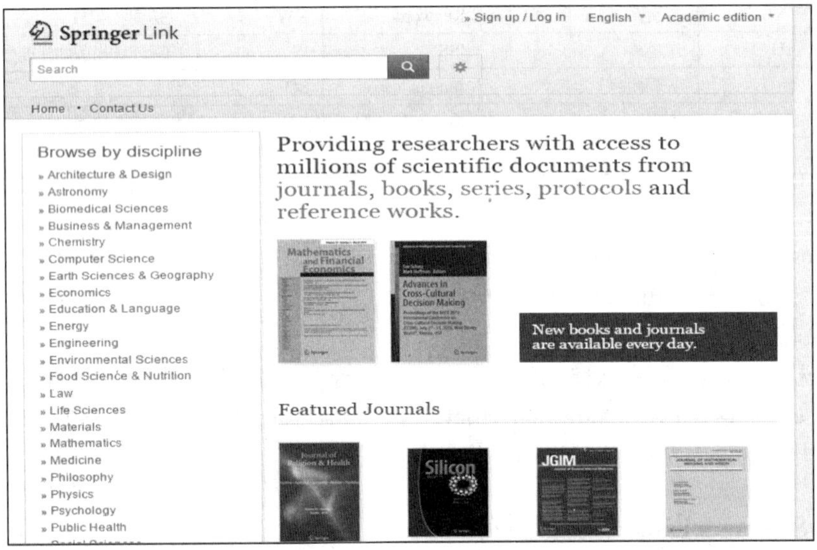

图 5-13　SpringerLink 浏览检索界面

（2）简单检索与专家检索

SpringerLink 首页即为简单检索界面，如图 5-14 所示。

图 5-14　SpringerLink 简单检索界面

如果在检索框内直接输入检索词，则默认为按关键词进行全文检索；如果在检索框内输入多个检索词，并且用空格分隔，则默认检索词之间的布尔逻辑关系是"与"（AND），并进行全文检索。如果在检索框中输入编辑好的检索式，则默认为按照检索式运算规则进行专家检索。

（3）高级检索

单击简单检索框右边的"齿轮"按钮，再单击"Advanced Search"，就可以切换到高级检索界面，如图 5-15 所示。

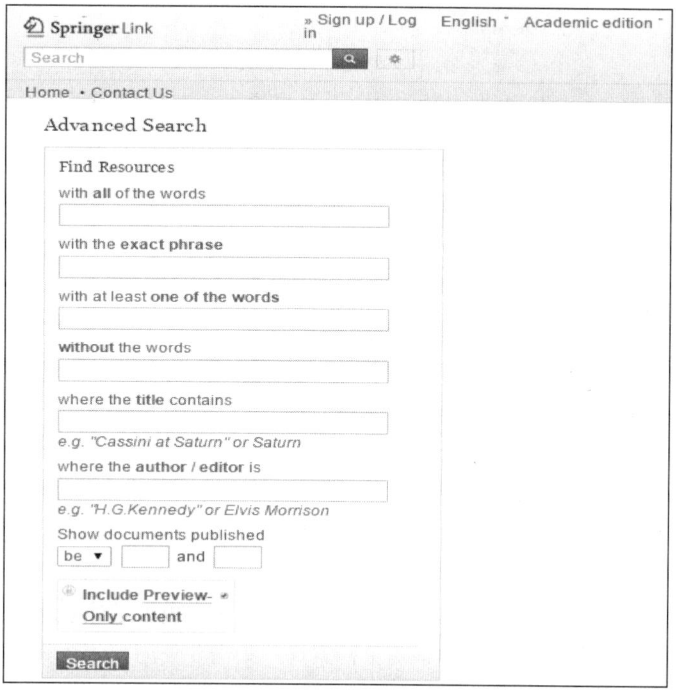

图 5-15　SpringerLink 高级检索界面

高级检索界面提供 6 行检索框，分别可以执行句子检索（All of the Words）、精确词组检索（Exact Phrase）、单个词检索（One of the Words）、逻辑非检索（Without the Words）、标题关键词检索（Title）和责任者检索（Author/Editor），检索框之间的布尔逻辑关系默认为"与"（AND）。在简单检索的基础上，高级检索界面还提供出版时间的限定。

3. 检索结果

无论是简单检索、高级检索还是以检索式为基础的专家检索，SpringerLink 检索的结果都会罗列检索到的 SpringerLink 旗下的所有电子文献，包括期刊文章、图书、图书章节、丛书章节、协议，等等。所以要检索期刊文献时，必须在检索结果页面的左侧文献类型（Content Type）下选择"Article"，以排除其他文献类型的检索结果。

SpringerLink 期刊文献检索的结果默认按照检索词的相关度排列每一篇命中文献及其相关信息，包括文摘、作者、刊名和出版年。同时在每一条记录下提供 PDF 全文下载链接（Download PDF）或网页全文链接（View Article）。

单击任意一条记录的标题链接，可以查看该篇文章的详细信息，包括出版信息（刊名、年号、卷号、期号及页码）、作者信息（作者、单位及 E-mail 地址）、文章摘要、收稿日期、DOI 编号、关键词、被引证信息（Literature Cited）和全文下载链接（Download Article）等，如图 5-16 所示。

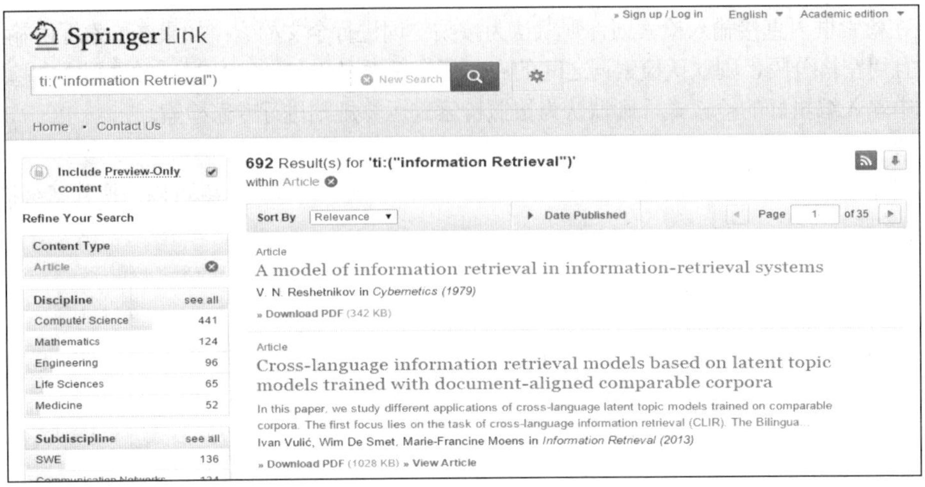

图 5-16 SpringerLink 检索结果界面

4. 检索技巧

SpringerLink 的布尔逻辑算符、通配符的用法与 ScienceDirect 相同，但位置算符和检索式语法规则有所不同，需要区别对待。

（1）位置算符

SpringerLink 采用“NEAR”算符进行邻近位置检索，代表两个检索词之间允许出现 10 个以内单词，两个检索词前后顺序可变。

（2）检索式格式

SpringerLink 检索式的格式与其他数据库有所不同，采用字段限定检索时，格式为字段代码后跟冒号，然后跟检索词。如果同一字段内检索多个检索词，则需要使用布尔逻辑算符或位置算符连接各检索词，并在外部加括号。例如：检索式 TI:(“information Retrieval”) 代表在标题中检索含有“information retrieval”词组的文章。

5.1.4 其他重要的外文期刊全文数据库

1. Wiley Online Library 电子期刊数据库

John Wiley & Sons Inc.是拥有 200 多年历史的国际知名专业出版机构，在化学、生命科学、医学以及工程技术等领域的学术文献出版方面颇具权威性，2007 年 2 月与 Blackwell 出版社合并，将两个出版社的出版物整合到同一平台上提供服务。Wiley Online Library 是一个综合性的网络出版及服务平台，提供全文电子期刊、在线图书 、在线参考工具书以及实验室指南的服务。Wiley Online Library 收录期刊超过 1,500 种，涉及化学、物理、工程、农业、兽医学、食品科学、医学、护理、口腔、生命科学、心理、商业、经济、社会科学、艺术、人类学等学科。

数据库访问地址：http://onlinelibrary.wiley.com/。

2. SAGE 期刊全文数据库

SAGE 出版公司于 1965 年创立于美国，是世界第五大学术出版商，分支遍布北美、欧洲、南亚及泛太平洋地区。SAGE 与全球超过 400 家专业学术协会合作出版 900 余种高品质学术期刊，每年出版 12～15 种百科全书和超过 800 种的新书，致力于成为著者、编辑和协会天然家园。

通过访问 SAGE 推出的全文期刊数据库，可支持和促进专业学者、高等院校师生对传播媒体、教育、心理与咨询、社会学、犯罪学、城市研究与规划、政治和国际关系、商业管理和组织学、观光旅游学、青少年及老年研究、方法学、考古人类学、语言文学、食品科学、信息科学、数学与统计学、化学和材料科学、工程、环境科学、生命科学、护理学、健康科学与临床医学等 40 多个学科进行原创性学术研究探索。

SAGE 出版的学术期刊为 100%同行评审，截止到 2016 年，548 种期刊被 JCR 收录，其中超过 100 种期刊在其所在的学科类别中排名前十位，5 种期刊位列学科排名榜首；205 种期刊被 SCI 收录，其中 52 种排名前 25%；386 种期刊被 SSCI 收录，其中 148 种排名前 25%。SAGE 在教育学、心理学、社会学、政治和国际关系学、语言文学、商业管理和组织学、情报与信息科学、传播媒体学、犯罪学与刑法学、环境科学、城市规划和研究、生命科学和医学等领域都有十分卓著的表现。

数据库访问地址：http://online.sagepub.com/。

3．Taylor & Francis 系列期刊全文数据库

Taylor & Francis 出版集团拥有 200 多年的出版历史，作为世界领先的学术性期刊、图书、电子书及参考工具书出版社之一，出版的内容遍及人文、社会科学、行为科学、科学技术和医学等各个领域。目前，Taylor & Francis 在全球范围内出版 2350 余种期刊，出版的电子图书近 50,000 册，享有良好的声誉。

Taylor & Francis 人文社科期刊数据库提供超过 1000 种经专家评审的高质量期刊，包括来自社会科学与人文科学先驱出版社 Routledge 以及声誉卓越的 Psychology Press 的期刊。 其中有 480 种期刊被 SSCI 和 A&HCI 收录, 内容最早至 1997 年。该数据库包含以下学科内容：人类学与考古学、艺术与人文、行为科学、商务、管理与经济、犯罪学与法学、教育学、地理、规划、城市与环境、图书馆与信息科学、媒体、文化与传播研究、政治、国际关系与区域研究、公共卫生与社会保健、社会学及其相关学科、体育、休闲与旅游、战略、防御与安全研究。

Taylor & Francis 科技期刊数据库提供超过 460 种经专家评审的高质量科学与技术类期刊，其中超过 80%的期刊被 SCI 收录，内容最早至 1997 年。该科技期刊数据库包含 5 个学科：环境与农业科学、化学、工程、计算机技术、物理学、数学与统计学。

数据库访问地址：http://www.tandfonline.com/。

4．DOAJ 开放存取期刊库

DOAJ（Directory of Open Access Journals）是目前世界上最大最专业的开放存取期刊检索系统之一。DOAJ 由瑞典 Lund 大学图书馆创建和维护，2016 年 6 月，DOAJ 与美国著名的开放存取机构 PLOS（the Public Library of Science，美国科学公共图书馆）合作，收购其旗下所有期刊数据，使得目前 DOAJ 收录的期刊超过 9,000 种，文章 2,236,491 篇。

DOAJ 对其收录的期刊有着严格的质量控制，包括很多被 SCI、EI 等国际权威索引收录的期刊，所以其收录的文章都是经过同行评议或严格评审的，质量高，与期刊发行同步，且都能免费下载全文。

2016 年 6 月，DOAJ 的服务器从谷歌（Google）服务器撤离，这就意味着中国大陆的用户能够更方便地访问和使用 DOAJ 的所有资源。

数据库访问地址：https://doaj.org/。

5．JSTOR 电子过刊数据库

JSTOR 全名为 Journal Storage，于 1995 年 8 月成立，是一个对过期期刊进行数字化的非营利性机构。JSTOR 是以政治学、经济学、哲学、历史等人文社会学科主题为中心，兼有一般科学性主题共十几

个领域的代表性学术期刊的全文库，目前收录 1000 多种期刊，提供从创刊号到最近三至五年前过刊的 PDF 全文。有些过刊的回溯年代早至 1665 年。

2010 年，JSTOR 启动“现刊收录项目”（Current Scholarship Program），到 2017 年，预计将与 200 多家出版商实现合作，收录现刊文章。

数据库访问地址：http://www.jstor.org/。

5.2 国外期刊索引文摘数据库

5.2.1 Engineering Village 索引文摘数据库

1. 概述

Engineering Village（Engineering Information Village）是由美国工程信息公司提供的基于 Web 的网络数据库，它的核心产品是 Engineering Index（工程索引，简称 EI）。

20 世纪 90 年代以来，随着网络通信技术的发展，EI 公司开始提供网络版数据库 EI Compendex Web；同时开始研究基于 Internet 环境下的集成信息服务模式，1997 年左右推出的 Engineering Village 是以 EI Compendex Web 为核心数据库，将世界范围内的工程信息资源组织、筛选、集成在一起，向用户提供“一步到位”的便捷式服务。Engineering Villag 数据库除了收录 1969 年以来的 EI Compendex 数据（每年收录 2600 余种工程期刊、会议录和科技报告）以外，还包括 1990 年以来的 EI PageOne 数据（在 EI Compendex 的 2600 种期刊基础上扩大收录范围，每年收录 5600 种工程期刊、会议录和科技报告）。

数据库访问地址：https://www.engineeringvillage.com/。

2. 检索方法

（1）快速检索

Engineering Village 首页默认为快速检索（Quick Search）界面，实际上类似于其他数据库的高级检索界面，如图 5-17 所示。

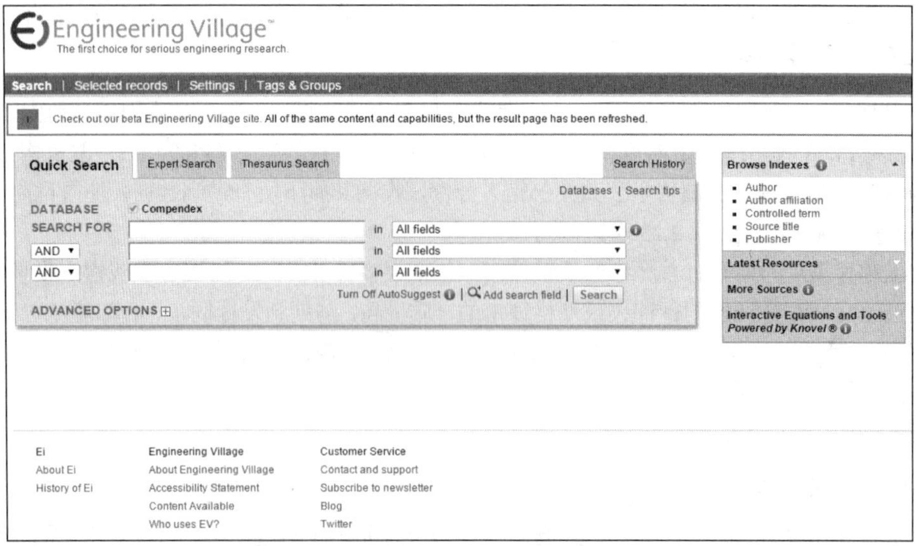

图 5-17 Engineering Village 快速检索界面

快速检索默认提供三行检索框，用户可以在检索框内输入检索词或检索式，并通过后方的下拉框选择检索词所在的字段（Fields）。检索框之间提供布尔逻辑运算方式的下拉框，供用户选择组配检索的方式。如果需要，也可以单击“Add Search Terms”添加检索框以输入更多检索词。

（2）专家检索

在 Engineering Village 首页快速检索页面上单击“Expert Search”选项，即可切换到专家检索界面，如图 5-18 所示。

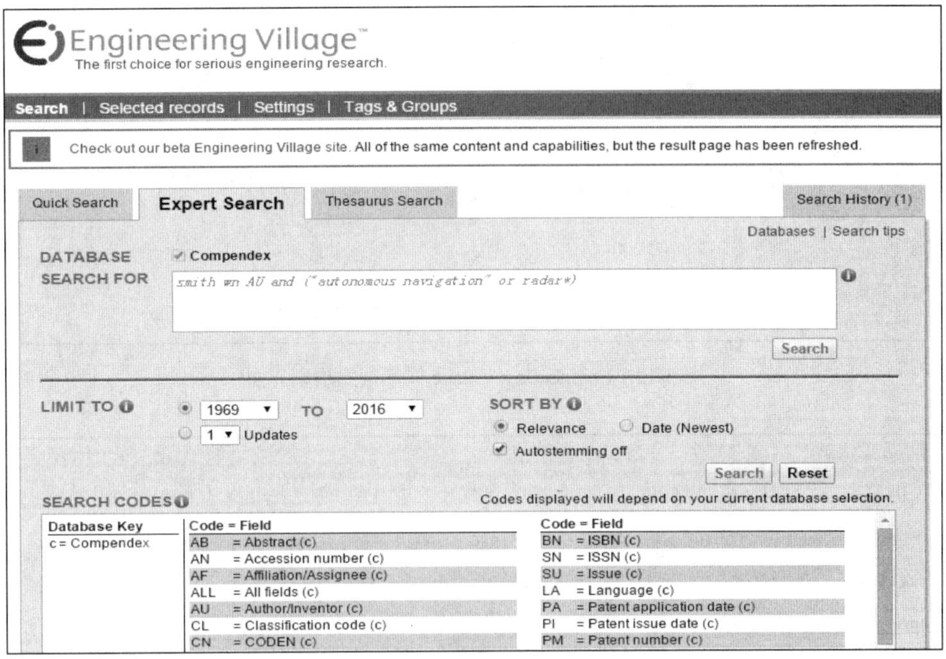

图 5-18 Engineering Village 专家检索界面

专家检索要求用户在熟悉 Engineering Village 的各种检索技巧（字段代码、通配符、检索式语法等）的基础上，根据检索主题要求构建相应的检索式，然后输入到检索框中，执行检索。为了方便用户掌握这些检索技巧，Engineering Village 在检索页面右上部提供检索帮助（Search Tips）链接；在检索框的下部，提供了 30 个字段的代码，以便帮助用户尽快掌握编辑检索式的方法和技巧。

（3）同义词库检索

在 Engineering Village 首页快速检索页面上单击“Thesaurus Search”，即可切换到同义词库检索界面，如图 5-19 所示。

用户可以在输入框中提交检索词或词组，可以是已经确定的规范处理的叙词，也可以是自然语言的自由词。系统会根据输入的检索词在词库中匹配出经过规范处理的上位词（Broader Terms）、下位词（Narrower Term）和相关词（Related Terms），用户在此基础上选取若干检索词执行检索。通过同义词库检索，用户可以得到规范控制的词汇术语，查找同义词和相关词，进而改变检索策略以提高检索的查全率或查准率。

3. 检索结果

同其他外文数据库一样，Engineering Village 会将检索命中的文献在检索结果页面上逐条罗列，显示文章的题名、作者和刊名，如图 5-20 所示。

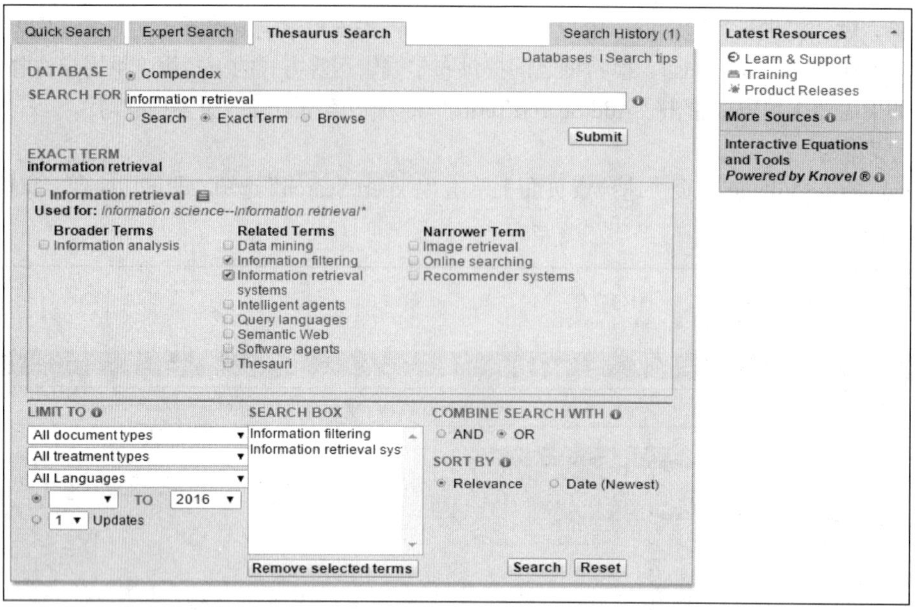

图 5-19 Engineering Village 同义词库检索界面

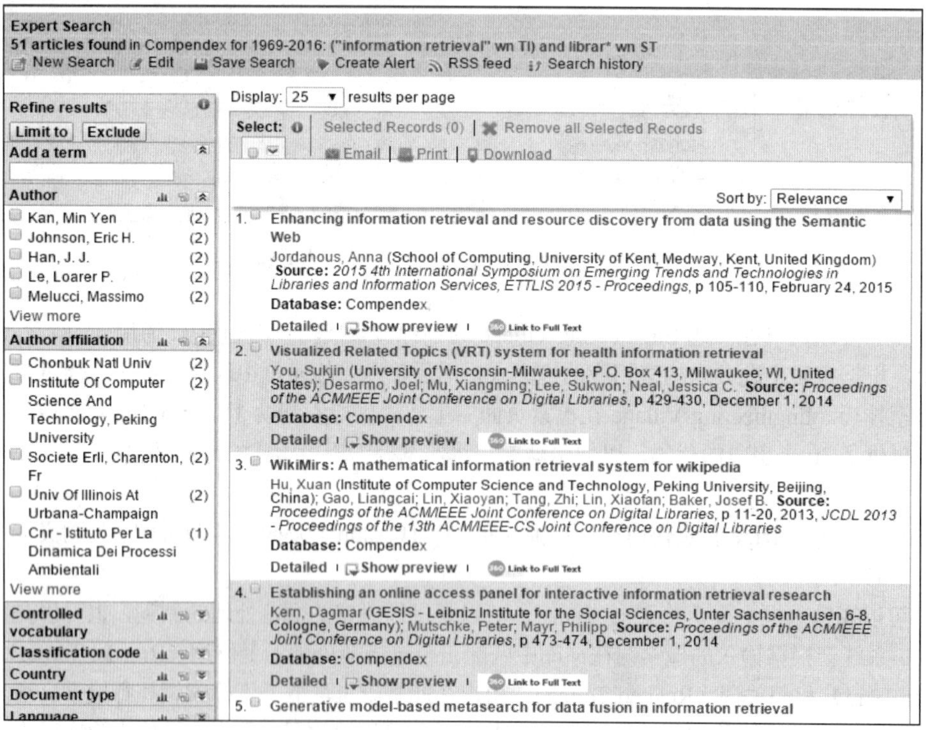

图 5-20 Engineering Village 检索结果界面

在检索结果列表上方显示命中结果数和当前检索条件，在页面左侧，提供各种精炼项以方便用户进一步缩小检索结果范围，包括作者（Author）、作者单位（Author Affiliation）、控制词（Controlled Vocabulary）、分类号（Classification Code）、国家（Country）、文献类型（Document Type）、语种（Language）、母体文献（Source Title）、年份（Year）和出版者（Publisher）。注意，由于EI收录大量会议论文，所以如果仅仅需要检索期刊文献，可以在“Document Type”中选择“Journal”。

单击任意一条命中记录，即可进入该篇文献的详细信息，包括文摘、作者信息（作者、E-mail 地址和单位信息）、主题词、分类号和获取原文的链接等。

4．检索方法

Engineering Village 系统中布尔逻辑算符、优先运算符和通配符与其他数据库类似，但在位置算符、检索式语法等方面有自己独特的规则。

（1）位置算符

NEAR/n：表示两侧的检索词之间允许插入不超过 n 个其他词，前后词序可变。

ONEAR/n：表示两侧的检索词之间允许插入不超过 n 个其他词，但前后词序保持不变。

双引号“”：代表精确的词组检索，用来查找与双引号内的检索词组完全一致的文献，检索词的前后词序不变。

中括号{}：代表精确的短语或句子检索，括号内的禁用词（如 and、the、not）不再被过滤，而作为检索的必要条件。

注意，在使用 NEAR 或 ONEAR 算符时，不得与通配符、双引号、中括号同时使用。

（2）词干检索

除了进行作者检索时，在快速检索中，系统会对检索词在外文中的不同变化形态的词同时进行检索，例如检索“management”时，系统将自动返回“manage”、“managed”、“ manager”、“managers”、“managing”、“management”等词的检索结果。如果需要停用词干检索，则需要在检索框下方勾选“Autostemming off”。

在专家检索模式中，系统不再自动启用词干检索，如果需要进行词干检索，则需要在检索词前端加“$”符号。

（3）检索式语法规则

Engineering Village 的检索式语法规则是检索词或检索词组在前，中间加“wn”连接检索字段代码。布尔逻辑算符为英文小写状态，例如：

librar* wn TI 代表检索文章标题中包含图书馆、图书馆员或图书馆事业的文章；

("information retrieval" wn TI) and librar* wn ST 代表在图书馆学相关刊物中检索题名包含“信息检索”这一词组的文章。

5.2.2 Web of Science 系列索引文摘数据库

1．概述

Web of Science 是汤森路透（Thomson Reuters）公司开发的信息检索平台，其核心产品是美国科技信息所（The Institute for Scientific Information，ISI）旗下的世界三大索引数据库（SCI、SSCI 和 A & HCI）。通过这个平台用户可以检索关于自然科学、社会科学、艺术与人文学科的文献信息，包括国际期刊、免费开放资源、图书、专利、会议录、网络资源等。

Web of Science 收录的数据库包括德温特世界专利文献数据库（Derwent Innovations Index，DII）、美国国家医学图书馆生命科学文献数据库（MEDLINE）、中国科学引文数据库（Chinese Science Citation Database, CSCD）、俄罗斯科学引文索引数据库（Russian Science Citation Index）等 9 个数据库。用户可以同时对多个数据库进行单库或跨库检索。

Web of Science 最核心的产品是 Web of Science 核心合集数据库（Web of Science Core Collection），

包含9个子库，其中最著名的是3个期刊引文数据库——Science Citation Index Expanded（SCIE，1900年至今），Social Sciences Citation Index（SSCI，1998年至今）和Arts & Humanities Citation Index（A & HCI，1998年至今）。数据来源于自然科学、社会科学、艺术及人文科学等多学科领域的12,000多种世界权威的、高影响力的学术期刊，收录论文中所引用的参考文献，并按照被引作者、出处和出版年代编成独特的引文索引。

此外，Web of Science提供功能强大且具有广泛影响力的分析工具［包括ESI（Essential Science Indicators）、JCR（Journal Citation Reports）和InCites］，并且提供在线个人文献管理工具EndNote Online。

数据库访问地址：http://apps.webofknowledge.com/ （机构订购用户方可正常访问）。

2．检索方法

Web of Science 提供简体中文、繁体中文、日文等8种语言界面，同时提供基本检索（Basic Search）、作者检索（Author Search）、被引参考文献检索（Cited Reference Search）、化学结构式检索（Structure Search）和高级检索（Advanced Search）5种模式，用户可以单击检索框左上方的检索模式下拉框进行切换。

（1）基本检索

Web of Science首页默认为基本检索模式的界面，默认检索的目标数据库是Web of Science Core Collection，用户如需切换为其他字库或者全库检索，可通过左上角的数据库下拉框进行选择。基本检索界面如图5-21所示。

图5-21 Web of Science基本检索界面

在基本检索界面，用户可在检索框中输入检索词或词组，然后单击右边的下拉框选择具体的字段。如果有多个检索词需要进行布尔逻辑组配检索，则可以单击“添加另一字段”（Add Another Field）以增加检索框，选择好布尔逻辑组配方式后还可以在检索框下方对文献的出版时间、索引字库等进行设置，然后单击“检索”（Search）按钮即可执行检索。

（2）作者检索

Web of Science的作者检索模式方便用户跟踪某一作者在某一领域内的所有研究成果。作者检索界面如图5-22所示。

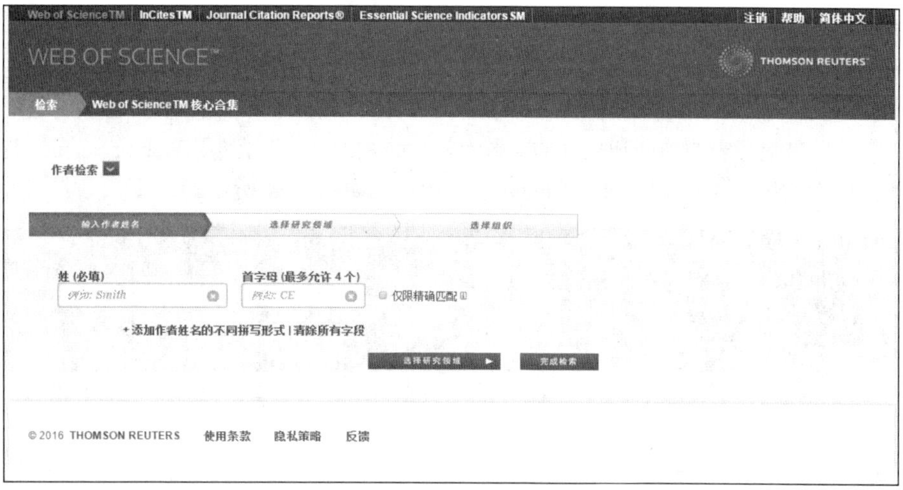

图 5-22　Web of Science 作者检索界面

用户可以在两个检索框中分别输入作者的名（Last Name）和姓（Family Name）。鉴于各个国家和各种出版物对于作者姓名的署名方式有着不同的习惯和要求（尤其像中国地区），系统允许用户添加不超过4种的作者姓名的不同拼写形式（Add Author Name Variant）。然后单击“研究领域”（Select Research Domain）选择该作者的主要研究领域，最后单击“组织”（Organization）选择作者所在的单位。单击“完成检索”（Finish Search），系统会罗列该作者在某一研究领域内的所有学术文献。

（3）被引参考文献检索

被引参考文献检索是 Web of Science 极具代表性的功能，通过检索获得文献之间相互的引证关系，可以了解学科发展背景和脉络，发掘新的文献信息线索，其界面如图 5-23 所示。

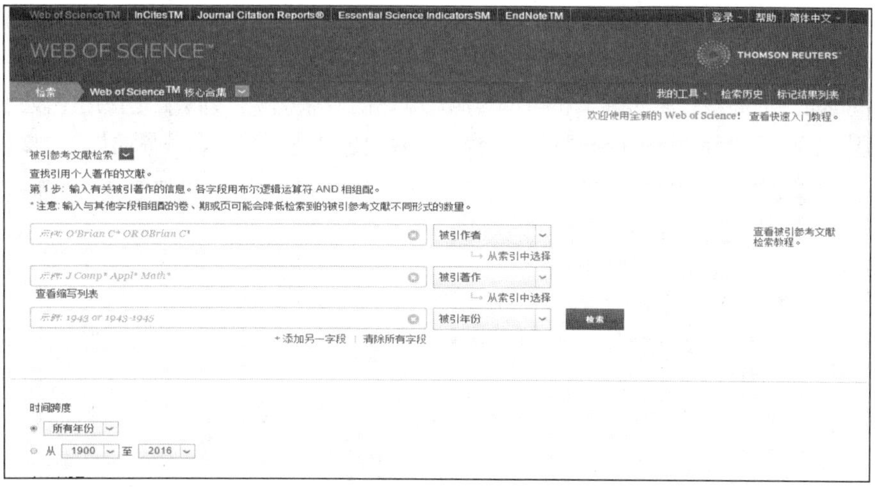

图 5-23　Web of Science 被引参考文献检索界面

Web of Science 的被引参考文献检索默认提供 3 行检索框供用户输入检索词，用户可以选择具体的字段（Field）作为检索入口。这些字段包括被引作者（Cited Author）、被引著作（Cited Work）、被引年份（Cited Year）、被引卷（Cited Volume）、被引期（Cited Issue）、被引页（Cited Page）和被引标题（Cited Title）。检索框之间的布尔逻辑默认为逻辑“与”（AND），如果有更多的检索词，可以单击“添加另一字段”。在检索框下方，还可以对被引情况的时间跨度和索引子库进行限定。

（4）化学结构式检索

Web of Science 提供的化学结构式检索功能主要用于 2 个化学数据库的检索，包括：Current Chemical Reactions（收录了来自期刊和专利文献中的化学物质一步或多步新合成方法）和 Index Chemicus（收录世界上有影响的期刊报导的新颖有机化合物）。用户可利用 Web of Science 提供的 Java 插件工具绘制化学结构式（Structure Drawing）进行检索，如图 5-24 所示。

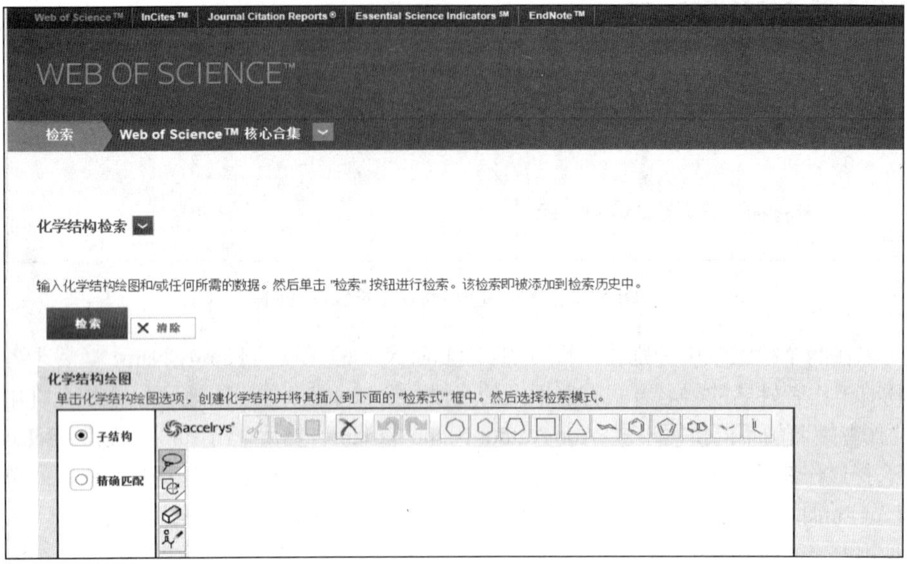

图 5-24　Web of Science 化学式检索界面的化学结构绘图检索界面

用户还可以根据已经掌握的化合物名称（Compound Name）、化合物生物活性（Compound Biol. Act.）和分子量（Molecular Weight）等化合物数据或化学反应数据进行检索，如图 5-25 所示。

（5）高级检索

Web of Science 的高级检索实际上相当于其他数据库的专家检索，实际上是使用字段代码、布尔运算符、运算优先符、通配符等构建检索式，结合其他限制条件进行检索，其界面如图 5-26 所示。

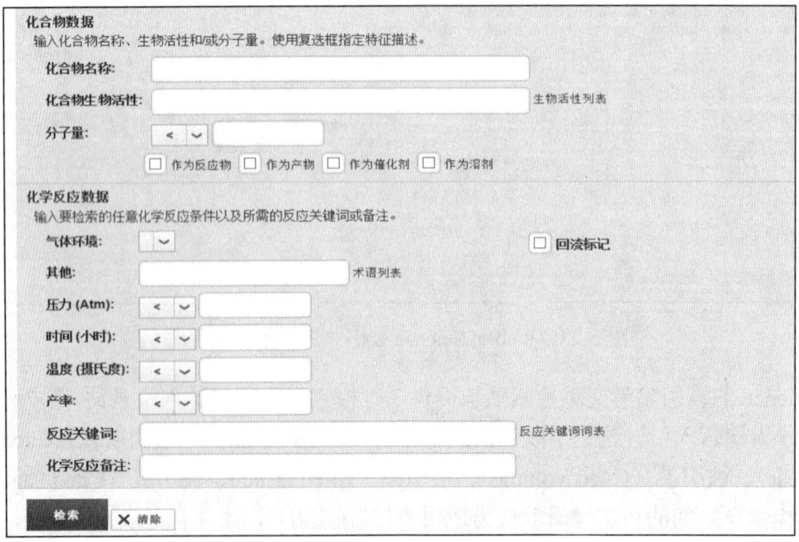

图 5-25　Web of Science 化学式检索界面的化合物数据检索和化学反应数据检索界面

图 5-26　Web of Science 高级检索界面

在高级检索中常用的检索期刊文献的字段及代码如表 5-2 所示。

表 5-2　Web of Science 中检索期刊文献常用字段及代码

字段代码	字段名称	字段含义	字段代码	字段名称	字段含义
TS	Topic	主题	OO	Organization	机构
TI	Title	标题	CI	City	城市
AU	Author [Index]	作者	CU	Country	国家/地区
AI	Author Identifiers	作者识别号	FO	Funding Agency	基金资助机构
GP	Group Author [Index]	团体作者	FG	Grant Number	基金授权号
ED	Editor	编者	FT	Funding Text	基金信息
SO	Publication Name	出版物名称	SU	Research Area	研究方向
DO	DOI	DOI 编号	WC	Web of Science Category	Web of Science Category
PY	Year Published	出版年	IS	ISSN/ISBN	国际统一刊号/国际标准书号
AD	Address	地址			

在输入检索式执行检索后，Web of Science 会在检索框下方自动显示每一条检索记录（Search History），用户可单击查看检索结果，也可对历次检索记录重新进行布尔逻辑组配检索。

3. 检索结果

Web of Science 的检索结果会罗列每一篇检索命中文献，包括该篇文献的篇名、作者、刊名、年号、卷号、期号、页码、被引频次、所属数据库信息和使用次数信息。单击被引频次，即可查看引证该篇文献的所有文献信息。检索结果既可以按照检索条件相关性和时间排序外，还可以按照被引频次进行排序。在页面的左部，系统提供 Web of Science 分类目录、文献类型、研究方向等精炼项，以方便用户进一步缩小检索结果范围。检索结果界面如图 5-27 所示。

Web of Science 并不直接提供文献的全文，用户可以单击查看该篇文献的文摘信息（浙江大学用户可以通过“360 link to full text”链接到该篇文献出版商的全文获取地址)。单击文献标题，可以查看该篇文献的详细信息，包括关键词、作者信息（所属机构、E-mail 地址和通信地址)、出版商等。还可以查看引证关系图，创建引文跟踪或者添加到个人文献管理工具“EndNote online”。

图 5-27　Web of Science 检索结果界面

4. 检索技巧

Web of Science 的布尔逻辑运算符、通配符与其他数据库相同，不再赘述。

（1）检索式基本语法规则

Web of Science 最基本的检索式一般由字段代码和检索词组成，中间由“=”连接。当有多个检索词或检索式时，中间由布尔逻辑算符连接。如有优先运算的，使用括号。

例如：TI=cell death

TI=(cell death OR apoptosis)

(TI=(cell death OR apoptosis)) AND AD=Japan

（2）位置检索

Web of Science 使用“SAME”表示两个检索词或词组位于同一个句子中，检索词前后顺序可变。

（3）逻辑算符的先后顺序

当一个检索式中出现多个逻辑算符时，其运算的先后次序是：()→SAME→NOT→AND→OR。

（4）检索式组配检索

Web of Science 支持对检索历史中的检索式进行布尔逻辑组配检索。用户可以在每个检索式编号前输入数字符号 (#)，然后使用布尔运算符（AND、OR、NOT）连接数个检索式，以生成新的检索式执行检索。例如：

检索式 1：“TI=(cell death OR apoptosis)”；

检索式 2：“AD=(Japan OR Russia)”。

将检索式 1 和检索式 2 进行布尔逻辑“与”运算，则可以生成

检索式 3：“#1 AND #2”，

其功能相当于检索式：(TI=(cell death OR apoptosis)) AND (AD=(Japan OR Russia)。

5.2.3　国外其他有关索引文摘数据库

1. SciFinder 化学索引文摘数据库

SciFinder 是由美国化学学会（American Chemical Society，ACS）旗下的化学文摘服务社（Chemical Abstracts Service，CAS）所出版的网络版数据库，是全世界最大、最全面的化学化工及其相关领域的学术信息数据库之一。SciFinder 整合了化学文摘 1907 年至今的所有内容、MEDLINE 医学数据库、CASREACT 化学反应信息数据库、CHEMCATS 化学品来源信息数据库以及欧洲和美国等 30 多家专利机构的全文专利信息。它涵盖的学科包括应用化学、化学工程、普通化学、物理、生物学、生命科学、医学、聚合体学、材料学、地质学、食品科学和农学等诸多领域。SciFinder 中的“化学文摘”是化学和生命科学研究领域中不可或缺的参考和研究工具。

SciFinder 的核心数据库之一是 CAplus，收录 1907 年至今的文献及部分 1907 年以前的文献，文献来自 150 多个国家的 9,000 多种期刊，文献的类型有期刊、专利、会议录、技术报告、图书等，涵盖的学科有化学、生化、化工及其相关学科，目前收录超过 2,700 万条记录，每天更新 3,000 条以上记录。

数据库访问地址：https://scifinder.cas.org。

2. Scopus 文摘索引数据库

Scopus 是当今世界最大的文摘和引文（A&I）数据库之一，与 ScienceDirect 一样同属于 Elsevier 旗下。Scopus 的数据来源于 Elsevier、Kluwer、Institutionof Electrical Engineers、John Wiley、Springer、Nature、American Chemical Society 等大型学术数据库或学术机构。用户通过 Scopus 简洁而直观的界面可以检索到来自全球 5,000 家科学出版公司的超过 21,900 多种科学期刊（其中，超过 20,000 种为同行评议期刊），覆盖 150 多个国家的超过 40 多种语言的刊物。

除期刊文献外，Scopus 收录了 680 余万份会议论文，600 余种商业出版物以及 500 余种丛书或系列图书。此外，Scopus 的检索结果全面集成了科研网络信息，包括超过 4 亿个学术网页，来自 5 个专利组织的 2100 万条专利信息和多种精选资源（如预印本、机构仓储等）。

Scopus 对每个独立机构赋予一个机构编码（Affiliation ID），对每位作者赋予一个作者编码（Author ID）。通过机构检索和分析功能可以统计各机构的文献信息（总发文量，总被引次数）、主要作者、各领域发文占比、期刊源、专利信息，等等；通过作者检索和分析功能，可以统计该作者的文献信息（总发文量，总被引次数）、h 指数、引文概览（可选择排自引，或排共同作者引用）、作者的个人文献输出分析图表，等等。

数据库访问地址：http://www.scopus.com。

思考题

1. 如果需要检索经济学方面的期刊论文，有哪些数据库可以作为检索的信息源？
2. 除了本章介绍的 DOAJ 开放存取期刊库以外，还有哪些外文数据库也属于 OA 期刊数据库？
3. 索引文摘数据库的核心功能是什么？相比于全文数据库有什么优势？
4. 尝试比较 ScienceDirect、SpringerLink、Web of Science 等数据库提供的检索字段及代码的异同。
5. 尝试比较 ScienceDirect、EBSCOhost、Web of Science 等数据库中检索式的不同语法规则。

第 6 章　特种文献信息检索

特种文献是指出版发行和获取途径都比较特殊的科技文献，是一种介于图书与期刊之间的似书非书、似刊非刊的文献资料。一般包括专利文献、标准文献、科技报告、会议文献、学位论文、科技档案、产品样本和政府出版物等。特种文献特点鲜明、内容广泛、类型复杂、数量庞大，涉及科学技术、生产生活各个领域，从不同角度反映着科学技术发展的现状、水平及发展趋势，具有重要的参考价值。

6.1　专利信息及其检索

6.1.1　专利基本知识

1．专利的概念

专利，是受法律规范保护的发明创造，它是指一项发明创造向国家审批机关提出专利申请，经依法审查合格后向专利申请人授予的在规定的时间内对该项发明创造享有的专有权。专利（Patent）一词来源于拉丁语 Litterae Patentes，原意为公开的信件或公共文献，是中世纪的君主用来颁布某种特权或独占权利证书的证明。

专利有三层含义：一是指专利权，即专利权人对发明创造享有的专利权；二是指取得专利权的发明创造，即专利技术，是受国家认可并在公开的基础上进行法律保护的专有技术；三是指专利文献，即记录发明创造的内容及法律保护的技术范围。

2．专利的特征

（1）专有性

专利具有专有的特性。专利权是由政府主管部门根据发明人或申请人的申请，认为其发明成果符合专利法规定的条件，而授予申请人或其合法受让人的一种专有权。它专属权利人所有，专利权人对其权利的客体（即发明创造）享有占有、使用、收益和处分的权利。《中华人民共和国专利法》（以下简称《专利法》）规定：任何单位或者个人未经专利权人许可，都不得实施其专利，即不得为生产经营目的制造、使用、许诺销售、销售、进口其专利产品，或者使用其专利方法以及使用、许诺销售、销售、进口依照该专利方法直接获得的产品。

（2）地域性

地域性指一个国家或一个地区所授予和保护的专利权仅在该国或地区的范围内有效，对其他国家和地区不发生法律效力，其专利权是不被确认与保护的。因此，发明创造在哪个国家申请专利，就由哪个国家授予专利权，而且只在专利授予国的范围内有效，而对其他国家则不具有法律的约束力，其他国家不承担任何保护义务。但是，同一发明创造可以同时在两个或两个以上的国家申请专利，获得批准后其发明便可以在所有申请国获得法律保护。

（3）时间性

时间性指专利权人对其发明创造所拥有的法律赋予的专有权只有在法律规定的时间内有效，期限届满后，专利权人对其发明创造就不再享有独自制造、使用销售等专有权。发明创造便随着保护期限的结束而成为社会公有的财富，任何单位或个人都可以自由无偿地使用该发明来创造产品。各国的专利法对于专利权的有效保护期均有各自的规定，而且计算保护期限的起始时间也各不相同。

我国《专利法》第 42 条规定：发明专利权的期限为 20 年，实用新型和外观设计专利权的期限为 10 年，均自申请日起计算。

3．专利的类型

从被保护的发明创造的实质内容来看，专利的种类包括发明专利、实用新型专利和外观设计专利 3 种。

（1）发明专利

发明是专利法保护对象之一。按照我国《专利法》的规定，发明是指对产品、方法或者其改进所提出的新的技术方案。所谓的产品是指工业上能够制造的各种新制品，包括有一定形状和结构的固体、液体、气体之类的物品；所谓的方法是指对原料进行加工，制成各种产品的方法，如药品的制造方法等。

（2）实用新型专利

与发明专利相比，实用新型专利也被称为“小发明”。它是对产品的形状构造或者其结合所提出的适于实用的新的技术方案。

实用新型专利的保护范围要比发明专利窄得多。发明专利对所有新的产品和方法都给予保护，而实用新型专利只保护有一定形状和结构的产品。如果是无确定形状的产品，如气态、液态、粉末状颗粒状物质或材料以及工艺、方法等技术发明则不属于实用新型专利的保护范围。

（3）外观设计专利

外观设计是指对产品的形状、图案、色彩或者其结合所做出的具有美感并适用于工业上应用的新设计。

与发明和实用新型技术方案本身为保护对象不同，外观设计注重的是产品的形状、图案、色彩或者组合，它是对产品的装饰性或艺术性的外表设计。一件外观设计专利只用于一类产品，若有人将其用于另一类产品上，不视为侵犯外观设计专利权。

4．授予专利权的条件

我国《专利法》第 22 条规定：授予专利权的发明和实用新型，应当具备新颖性、创造性和实用性。

（1）新颖性

新颖性是指该发明或者实用新型不属于现有技术，也没有任何单位或者个人就同样的发明或者实用新型在申请日以前向国务院专利行政部门提出过申请，并记载在申请日以后公布的专利申请文件或者公告的专利文件中。

（2）创造性

创造性是指与现有技术相比，该发明具有突出的实质性特点和显著的进步，该实用新型具有实质性特点和进步。

（3）实用性

实用性是指该发明或者实用新型能够制造或者使用，并且能够产生积极效果。

我国《专利法》第 23 条规定：授予专利权的外观设计，应当不属于现有设计；也没有任何单位或者个人就同样的外观设计在申请日以前向国务院专利行政部门提出过申请，并记载在申请日以后公告的专利文件中。

5. 专利制度

专利制度就是依据 8.2.2，以授予发明创造专利权的方式来保护、鼓励发明创造，促进发明创造的推广应用，推动科学技术进步和经济发展的一种法律制度。专利制度的核心是专利法。

（1）专利制度的特点

① 法律保护

专利制度的核心是 8.2.2，专利法的核心是专利权的保护。专利权是一种财产权、专有权，对这种无形财产所拥有的专有权不是自然产生的，是由国家主管机构依照专利法的规定，经审查合格后授予的。发明人、设计人依法取得这种权利后，其发明创造的专有权就受到法律的保护。

② 提出申请

获得专利权必须由申请人提出专利申请。因此，专利制度的一个特点是专利申请制，即专利权的获得并非国家自动给予的，也不是自然产生的。

在实行专利制度的国家，绝大多数采取先申请原则，少数采取先发明原则。先申请原则是指就同一个发明创造有两个或两个以上的单位或个人分别提出专利申请，专利权授予第一个提出专利申请的人。先申请原则是为了鼓励发明人尽早提出申请，保护为公共利益而尽早公开自己发明创造的人。先发明原则是指就同一发明创造有两个或两个以上的单位或个人分别提出专利申请，专利权授予第一个实际做出发明创造的申请人。先发明原则目前只有美国和菲律宾两个国家实行。

③ 科学审查

所谓科学审查是指对提出专利申请的发明创造进行形式和包括发明创造的定义、新颖性、创造性、实用性等专利实质条件的审查。

目前世界上绝大多数国家对发明专利都实行审查制，对实用新型专利和外观设计专利只进行形式审查。

④ 公开通报

公开性是专利制度的一个重要特征。“公开性”是指任何单位或个人在申请专利时，将其发明创造的主要内容写成详细的说明书提交给专利局，经审查合格后，由专利局将发明创造内容以专利说明书的形式向世界公开。技术公开有利于发明创造的推广使用，避免重复研究。

⑤ 国际交流

各国 8.2.2 虽然只在本国范围内有效，但随着专利制度的国际化发展，各国技术往来就可以采取互惠的办法。实行了专利制度，有专利保护，就可以消除技术拥有方因输出技术得不到保护而产生的顾虑，促进相互间的技术交流与合作。我国专利制度的实行，为我国对外开展技术交流与合作创造了良好的环境和条件。

（2）专利申请与审查

① 专利申请文件

一项发明创造完成之后，并不能自动获得专利权，还必须由申请人向专利局提交专利申请文件。各国专利法对专利申请文件的形式和内容都有比较严格的规定。我国《专利法》规定，申请发明或实用新型专利的申请文件包括请求书、说明书及其摘要、权利要求、附图等，申请外观设计专利的申请文件包括请求书以及外观设计的图片或者照片等。

请求书是申请人请求专利局授予其发明创造专利权的书面文件。请求书是以表格的形式由专利局统一印制的，申请人可以根据情况按照规定要求，有选择地填写表上的项目。

说明书是专利申请文件中最长的部分，其目的是为了具体说明发明或者实用新型的实质内容。说明书起着公开发明或者实用新型的作用。它要求对发明或者实用新型做出清楚完整的说明，使任何一个具有该专业一般技术水平的技术人员能够根据说明书的内容实现该发明或者实用新型，必要时应当有附图。

摘要是发明或者实用新型说明书的简明文摘。它包括发明或者实用新型的名称，所属技术领域，需要解决的技术问题，主要技术特征和用途。它要求短小精悍，全文不得超过 200 字。

权利要求书是专利申请文件的核心部分。专利制度的特征之一就是给予专利权人一定时间内对其发明创造的独占权，而确定这一权利范围，主要是依据权利要求书所表述的发明或实用新型的技术特征范围。因此，权利要求书是确定专利保护范围的重要法律文件。

权利要求书与说明书有着密切的关系。我国《专利法》规定："权利要求应当以说明书为依据，说明要求专利保护的范围"，说明书中叙述过的发明或者实用新型的技术特征，只有在权利要求书中体现出来，才能得到专利保护，如果说明书阐明的关键技术特征在权利要求书中没有反映出来，就不能得到专利保护。而权利要求书中说明的发明或者实用新型的技术特征，必须在说明书中找到依据，才能成为有效的权利要求，在说明书中没有公开的发明或者实用新型内容，不能成为权利要求而得到保护。

② 专利申请的审查和批准

专利局接受专利申请后，须依照专利法规定的程序进行审查，对符合专利法规定的申请才授予专利权。世界各国对专利申请案的审批制度，主要有以下 3 种形式：

- 形式审查制，又称登记制。专利局只对申请文件是否齐备，文件的格式是否符合规定要求，是否交纳了申请费等形式上的条件进行审查，而不涉及发明的技术内容。只要形式审查合格后，即授予专利权。形式审查的优点是审批速度快，专利局不需要设置庞大的审查机构。缺点是批准的专利质量不能保证，专利纠纷与诉讼案多。
- 实质审查制，又称完全审查制。专利申请案经形式审查合格后，还要进行实质审查，即审查该发明的内容是否具备新颖性、创造性、实用性，以确定是否授予专利权。经过实质审查批准的专利，质量较高，可以减少专利争议和诉讼。但实质审查要花费较多的人力和时间，往往造成申请案的积压。
- 延迟审查制，也称请求审查制或早期公开、延迟审查制。专利申请经形式审查合格后，不立即进行实质审查，而是先将申请文件予以公开，并给予临时保护，自申请日起一段时间内，待申请人提出实质性审查请求后，专利局才进行实质审查。逾期不提出请求的，该申请被视为撤回。实行延迟审查制可以加快专利信息交流，减轻专利局的审查工作量。因为延迟审查期间可以淘汰一部分不成熟或者实用价值不大及另有新技术代替的专利申请。

我国对发明专利申请采用延迟审查制，对实用新型和外观设计专利申请采取形式审查制。

6. 专利文献

专利文献是指国家知识产权局按照法定程序公布的专利申请文件和公告的授权专利文件，包含已经申请或被确认为发现、发明、实用新型和工业品外观设计的研究、设计、开发和试验成果的有关资料，以及保护发明人、专利所有人及工业品外观设计和实用新型注册证书持有人权利的有关资料的已出版或未出版的文件（或其摘要）。

专利文献主要有专利申请说明书、专利说明书、实用新型说明书、工业品外观设计说明书、专利公报、专利索引等。

专利说明书是个人或企业为了获得某项发明的专利权，在申请专利时必须向专利局呈交的有关该发明的详细技术说明，一般由三部分组成：

① 著录项目。著录项目包括专利号、专利申请号、申请日期、公布日期、专利分类号、发明题目、专利摘要或专利权范围、法律上有关联的文件、专利申请人、专利发明人、专利权所有者等。专

利说明书的著录项目较多并且整齐划一，每个著录事项前还须标有国际通用的数据识别代号（INID）。

② 发明说明书。发明说明书是申请人对发明技术背景、发明内容以及发明实施方式的说明，通常还附有插图。旨在让同一技术领域的技术人员能依据说明重现该发明。

③ 专利权项。专项权项简称权项，又称权利要求书，是专利申请人要求专利局对其发明给予法律保护的项目，当专利批准后，权项具有直接的法律作用。

发明专利申请说明书如图 6-1 所示。

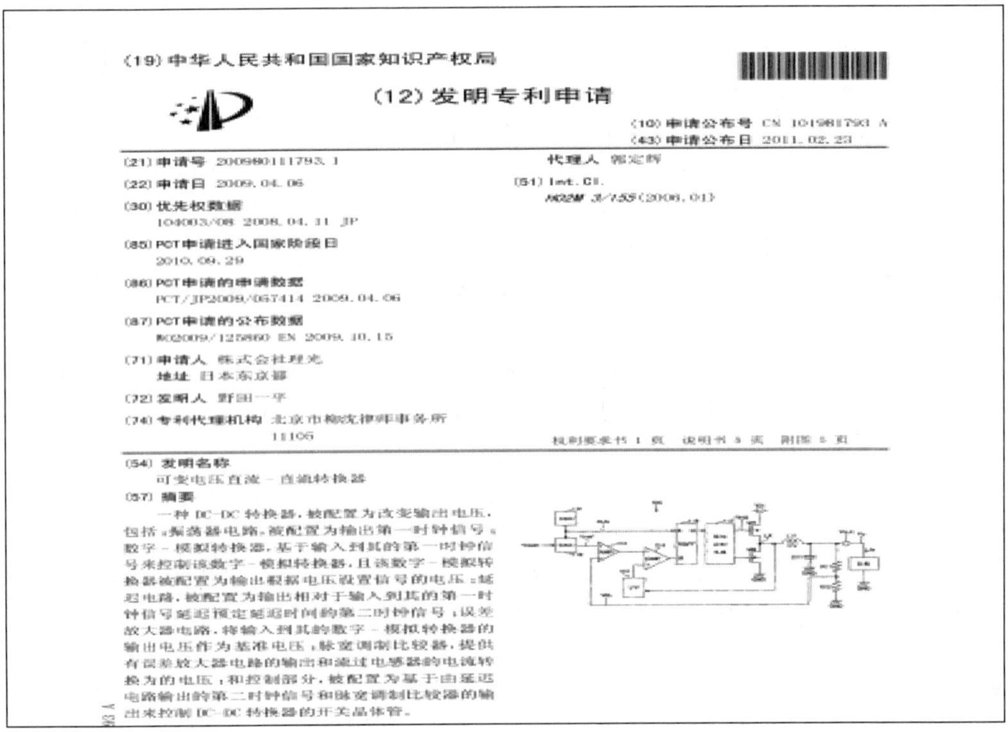
(19) 中华人民共和国国家知识产权局

(12) 发明专利申请

(10) 申请公布号 CN 101981793 A
(43) 申请公布日 2011.02.23

(21) 申请号 200980111793.1
(22) 申请日 2009.04.06
(30) 优先权数据
104003/08 2008.04.11 JP
(85) PCT申请进入国家阶段日
2010.09.29
(86) PCT申请的申请数据
PCT/JP2009/057414 2009.04.06
(87) PCT申请的公布数据
WO2009/125860 EN 2009.10.15
(71) 申请人 株式会社理光
地址 日本东京都
(72) 发明人 野田一平
(74) 专利代理机构 北京市柳沈律师事务所 11105

代理人 郭定辉
(51) Int.Cl.
H02M 3/155(2006.01)

权利要求书 1 页　说明书 5 页　附图 5 页

(54) 发明名称
可变电压直流－直流转换器
(57) 摘要
一种 DC-DC 转换器，被配置为改变输出电压，包括：振荡器电路，被配置为输出第一时钟信号；数字－模拟转换器，基于输入到其的第一时钟信号来控制该数字－模拟转换器，且该数字－模拟转换器被配置为输出根据电压设置信号的电压；延迟电路，被配置为输出相对于输入到其的第一时钟信号延迟预定延迟时间的第二时钟信号；误差放大器电路，将输入到其的数字－模拟转换器的输出电压作为基准电压；脉宽调制比较器，提供有误差放大器电路的输出和通过电感器的电流转换为的电压；和控制部分，被配置为基于由延迟电路输出的第二时钟信号和脉宽调制比较器的输出来控制 DC-DC 转换器的开关晶体管。

图 6-1　发明专利申请说明书

7. 国际专利分类法

专利制度实施以来，随着各国专利文献数量的不断增加，许多国家为了管理和使用这些专利文献，相继制定了各自的专利分类体系，但在编制原则、体系结构、标识方式和分类规则等方面存在较大差异，这对检索同一技术主题在世界范围内的专利文献很不方便。随着专利制度的国际化发展，从 20 世纪 50 年代开始，人们逐步认识到需要一个国际统一的专利分类法。

国际专利分类法（International Patents Classification，IPC）是根据欧洲理事会 16 个成员国于 1954 年 12 月在巴黎签订的“关于发明专利国际专利欧洲协定”而制定的。1968 年 2 月诞生了第一版国际专利分类法，并于 1968 年 9 月 1 日起公布生效。IPC 诞生后，许多非欧洲理事会国家也全部或部分采用，其在国际专利信息活动中的使用价值也随着时间的推移愈加明显。1971 年 3 月 24 日，在世界知识产权组织和欧洲理事会共同主持下的保护工业产权巴黎联盟成员国外交会议上，签订了“关于国际专利分类法的斯特拉斯堡协定”，即“IPC”协定（该协定于 1975 年生效），确定由世界知识产权组织负责执行国际专利分类协定的各项业务。至今已有 70 多个国家和 4 个国际组织采用这种分类方法。国际专利合作条约（PCT）、欧洲专利公约（EPC）及中国等国家和组织一开始就采用 IPC。美国和英国目前虽然仍用本国专利分类法，但在专利文献上同时标注与本国专利分类相应的国际专利分类号。

（1）国际专利分类法的分类原则

各国的专利分类法主要有两种原则：一是按功能分类；二是按应用分类。国际专利分类法则综合这两种分类原则的优点，确定采用按功能分类为主，功能与应用相结合的原则，既考虑发明的功能，又兼顾发明的实际应用，而以发明的功能为主。

（2）国际专利分类表及其结构

1968 年第一版国际专利分类表面世以来，国际专利分类表每 5 年修订一次。现在使用的是第 7 版国际专利分类表。

在专利文献上表示国际专利分类及版次时，简写成 Int.cl，n 为表示分类表版次的阿拉伯数字（第 1 版没有数字表示）。如 Int.cl^7 表示使用的是第 7 版国际分类表。

国际专利分类表中的内容包括了与发明专利有关的全部技术内容，其分类方法是以等级层叠形成的，将发明的技术内容按部、大类、小类、大组、小组，以及小组中的小圆点的个数逐级分类，组成一个完整的分类体系。

部（Section）是分类系统的一级类目，分为 8 个部，用大写字母 A～H 表示。部下面还有分部（Sub-Section），分部只有类目，不设类号，是“部”下的一个简单标题划分。表 6-1 所示是 8 个部和相应分部的类目名称。

大类（Class）是分类系统的 2 级类目，类号由部的字母符号加两位阿拉伯数字组成。小类（Subclass）是分类系统的 3 级类目，类号由大类号加上一个大写英文字母组成。大组（Group）是分类系统的 4 级类目，类号由小类号加上 1～3 位阿拉伯数字（通常 3 位数字为奇数），然后是一条斜线“/”，斜线后再加 2 个 0 表示。小组（Subgroup）是分类系统的 5 级或 5 级以上类目，类号是在大组的类号斜线“/”后换上“00”以外的至少 2 位阿拉伯数字。

表 6-1　国际专利分类表部与分部类目名称

部	分　部
A.人类生活必需品	农业、食品与烟草、个人和家庭用品、健康与娱乐
B.作业、运输	分离和混合、成型、印刷、运输
C.化学、冶金	化学、冶金
D.纺织、造纸	纺织和其他类不包括的柔性材料、造纸
E.固定建筑物	建筑物、挖掘、采矿
F.机械工程、照明、加热、武器、爆破	发动机与泵、一般工艺、照明与加热、武器、爆破
G.物理	仪表、核子学
H.电技术	

由此可见，一个完整的国际专利分类号由部、大类、小类、大组、小组的符号结合构成，类号的结构特点是字母—数字—字母—数字相间。如：

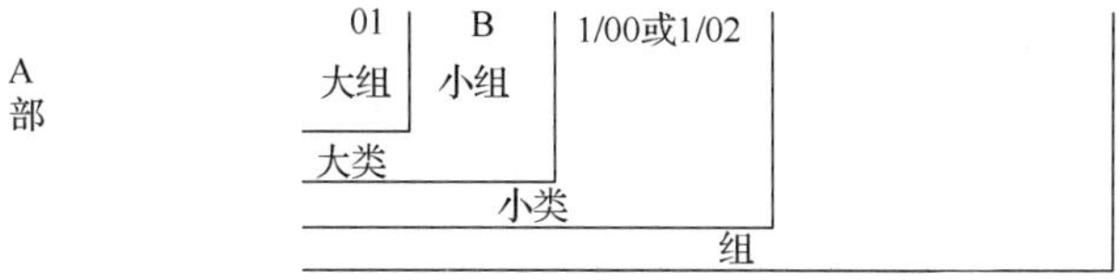

小组的等级随组号后的小圆点“•”的数目递增而递增，第 5 级为 1 个小圆点（•），第 6 级为 2 个小圆点（••），等等。

由于国际专利分类法使用等级层叠结构，因此下一级类目的技术内容必然包含在上一级类目的技术内容之中。

下面以分类号 B64C25/30 为例，说明各级类目之间的等级结构关系：

部	B	作业；运输
大类	B64	飞行器；航空；宇宙航行
小类	B64C	飞机；直升机
大组	B64C25/00	起落装置
一级小组	25/02 •	起落架
二级小组	25/08 ••	非固定的；如可抛弃的
三级小组	25/10 •••	可收放的；可折叠的或类似的
四级小组	25/18 ••••	操作机构
五级小组	25/26 •••••	操纵或锁定系统
六级小组	25/30 ••••••	应急动作的

所以分类号 B64C25/30 的内容是指飞机或直升机上的起落装置，是一种可收放或折叠的、用于应急的操纵或锁定系统。

从上例可以看出，不是所有小组都处于同一等级，小组的组号数字不能表明小组的等级水平，而是取决于组号后小圆点的多少。分类等级中的主题名称是按照小组编号及小圆点的递减顺序往前逐级组合确定的。如小组 25/30 的组名应由较高组号 25/26、25/18、25/10、25/08、25/02 逐级隶属来确定。小圆点除表示等级细分外，还有代替紧挨着它的上一级组的组名，避免重复的作用。

国际专利分类表第 7 版共 9 册，即《使用指南》和 8 册《部分类表》。《使用指南》指出 IPC 的产生、发展与作用，阐述分类表的编制指导思想、分类体系及特点，规定分类结构、分类原则、使用方法、标识方法、术语含义，并通过具体例子简要说明如何使用分类表对专利文献进行分类和检索。《部分类表》按部以等级逐级展开，对技术内容充分细分。

8. 中国专利编号

（1）专利申请号

专利申请号是指国家知识产权局受理一件专利申请时给予该专利申请的一个标志号码。目前，我国执行的是中华人民共和国知识产权行业标准《ZC 006-2003 专利申请号标准》。

专利申请号用 12 位阿拉伯数字表示，包括申请年号、申请种类号和申请流水号三部分。按照由左向右的次序，专利申请号中的第 1～4 位数字表示受理专利申请的年号；第 5 位数字表示专利申请的种类；第 6～12 位数字（共 7 位）为申请流水号，表示受理专利申请的相对顺序。专利申请号中使用的每一位阿拉伯数字均为十进制。

① 申请年号

专利申请号中的年号采用公元纪年。例如，2011 表示专利申请的受理年份为公元 2011 年。

② 申请种类号

专利申请号中的申请种类号用 1 位数字表示，所使用数字的含义规定如下：1 表示发明专利申请；2 表示实用新型专利申请；3 表示外观设计专利申请；8 表示进入中国国家阶段的 PCT 发明专利申请；9 表示进入中国国家阶段的 PCT 实用新型专利申请。

上述申请种类号中未包含的其他阿拉伯数字在作为种类号使用时的含义由国家知识产权局另行规定。

③ 申请流水号

专利申请号中的申请流水号用 7 位连续数字表示，一般按照升序使用。例如，从 0000001 开始，顺序递增，直至 9999999。

每一自然年度的专利申请号中的申请流水号重新编排，即从每年 1 月 1 日起，新发放的专利申请号中的申请流水号不延续上一年度所使用的申请流水号，而是从 0000001 重新开始编排。

④ 校验位

校验位是指以专利申请号中使用的数字组合作为源数据经过计算得出的 1 位阿拉伯数字（0～9）或大写英文字母 X。校验位位于专利申请号之后，在专利申请号与校验位之间使用一个下标单字节实心圆点符号作为间隔符。

例如，专利申请号：2011 20000013.9，其各部分释义如图 6-2 所示。

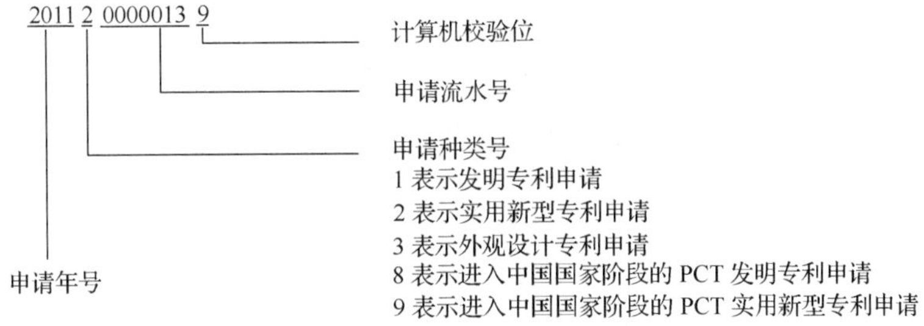

图 6-2　专利申请号释义

⑤ 专利号

专利号是在授予专利权时给出的编号，专利申请人获得专利权后，国家知识产权局颁发的专利证书上专利号为 ZL（专利的首字母）+申请号。

（2）专利文献号

专利文献号是指国家知识产权局按照法定程序，在专利申请公布和专利授权公告时给予的文献标志号码。目前，我国执行的是中华人民共和国知识产权行业标准《ZC 007-2004 专利文献号标准》。

专利文献号用 9 位阿拉伯数字表示，包括申请种类号和流水号两部分。专利文献号中的第 1 位数字表示申请种类号，第 2～9 位数字（共 8 位）为文献流水号，表示文献公布或公告的排列顺序。

① 申请种类号

专利文献号中的申请种类号用 1 位阿拉伯数字表示。所使用的数字含义规定如下：1 表示发明专利申请；2 表示实用新型专利申请；3 表示外观设计专利申请。

② 文献流水号

专利文献号的流水号用 8 位连续阿拉伯数字表示，按照发明专利申请第一次公布，或实用新型、外观设计申请第一次公告各自不同的编号序列顺序递增。发明专利授权公告号沿用该发明专利申请在第一次公布时被赋予的专利文献号。

③ 专利文献种类标识代码

专利文献种类标识代码是以一个大写英文字母，或者一个大写英文字母与一位阿拉伯数字的组合表示，单纯数字不能作为专利文献种类标识代码使用。大写英文字母表示相应专利文献的公布或公告，阿拉伯数字用来区别公布或公告阶段中不同的专利文献种类（具体使用方法参见《ZC 0008-2004 专利文献种类标识代码标准》）。

专利文献种类标识代码中字母的含义规定如下：

A——发明专利申请公布

B——发明专利授权公告

C——发明专利权部分无效宣告的公告

U——实用新型专利授权公告

Y——实用新型专利权部分无效宣告的公告

S——外观设计专利授权公告或专利权部分无效宣告的公告

④ 专利文献号使用规则《ZC 007-2004 专利文献号标准》特别指出：中国国家代码 CN 和专利文献种类标识代码均不构成专利文献号的组成部分。然而，为了完整地标识一篇专利文献的出版国家，以及在不同程序中的公布或公告，应将中国国家代码 CN、专利文献号、相应的专利文献种类标识代码联合使用，从而形成了专利申请公布号或授权公告号。排列顺序应为国家代码 CN、专利文献号、专利文献种类标识代码。例如，CN XXXXXXXXX A。

例如，专利授权公告号：CN 100378905 U，其各部分释义如图 6-3 所示。

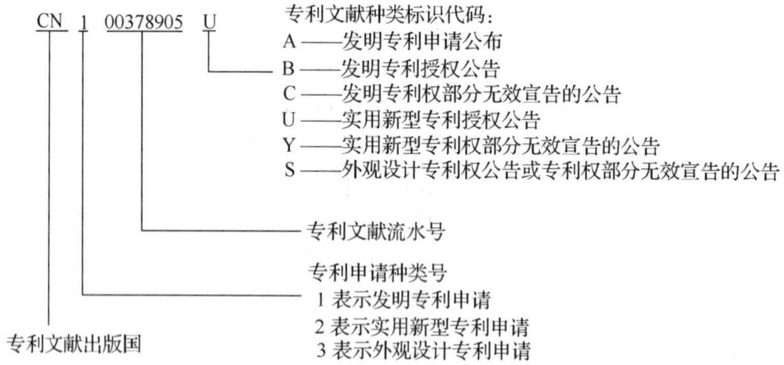

图 6-3 专利授权公告号释义

6.1.2 中国专利文献的检索

1. 传统专利文献检索工具

我国常用的传统专利文献检索工具主要有专利公报、专利索引和文摘、专利分类法等。

（1）专利公报

《中国专利公报》是国家知识产权局每周定期公开出版的受理、审查和授权公告的唯一法定刊物，共分《发明专利公报》、《实用新型专利公报》、《外观设计专利公报》三种。每周每种公报合订为一期，全年 52 期，以大 16 开印刷品形式出版发行。

《中国专利公报》主要刊载专利申请公开、专利权授予、专利事务、授权公告索引等多项内容。

① 专利申请公开和授权决定。具体包括公布或者公告发明专利申请和实用新型专利申请中记载的著录事项、摘要和摘要附图。著录事项包括申请的名称、国际专利分类号、申请日、申请号、公开号或授权公告号等。

② 专利事务。具体记载与专利申请的审查及专利的法律状态有关的事项，如申请的撤回、专利权的撤销、专利权的无效宣告、专利权的终止、专利权的继承或转让等。

③ 索引。将每期公报所公布的专利申请以及授权的专利，按 IPC（国际专利分类号）、专利号和专利权人编排三个索引，同时给出授权公告号/专利号对照表。

（2）专利索引

中国专利局目前出版有《中国专利索引》，为一年度索引，它对每年公开、公告、审定和授权的专利，以条目的形式进行报道，是检索中国专利文献的一种十分有效的工具，其不足之处为出版速度较慢，仅有年度索引，不能满足查阅近期专利的需要，又无文摘，不便于判断取舍。

《中国专利索引》主要包括以下内容：

① 分类年度索引。分类年度索引将发明、实用新型和外观设计按年度，根据 IPC 号或国际外观设计分类顺序编排，其内容依次为 IPC 号/外观设计分类号、公开号 GK/审定号 SD/专利名 ZL/公告号 GG、申请号、申请人/专利权人、专利名称、刊登该专利公报的“卷号”和“期号”（如 5～9 代表第 5 卷第 9 期）。

② 申请人、专利权人年度索引。按照申请人或专利权人姓名或译名的汉语拼音字母顺序按年进行编排，按发明专利、实用新型专利和外观设计专利编成三个部分。

无论是查阅“分类年度索引”，还是查阅“申请人、专利权人年度索引”，都可以获得分类号、发明名称、文献号或专利号、申请人或专利权人、卷期号这五项数据。

除《分类年度索引》外，由中国专利局文献部文献馆编辑出版的《中国发明专利分类文摘》（1985 年起出版年度刊）和《中国实用新型专利分类文摘》（1989 年起出版年度刊），也是检索中国专利文献的工具书。这两种文摘分别收录了每年公开、公告的全部发明和实用新型专利申请。文摘有各种年度索引，如公开号索引、公告号索引、申请号索引、申请人索引等，可从不同角度进行检索。

两种文摘均按 IPC 分类编为 8 个分册，各分册内容包括 IPC 小类类目目录、文摘和各种索引。由于分类文摘是按 IPC 号顺序排列的，必须持有分类号才能浏览文摘，因而各索引实际上是与分类号的对照表。

2. 网络专利文献检索工具

我国主要的专利检索数据库有中华人民共和国国家知识产权局（www.sipo.gov.cn）、中国专利信息网（www.patent.com.cn）、中国知识产权网（www.cnipr.com）、中国发明专利技术信息网（www.lst.com.cn）、中国知网——专利数据库（www.cnki.net）、万方数据知识服务平台——专利数据库（www.wanfangdata.com.cn）等。

（1）中华人民共和国国家知识产权局专利检索数据库

① 概述

中华人民共和国国家知识产权局专利检索数据库分为专利申请指南、专利电子申请、专利审查高速路、专利检索、专利审查信息查询、专利公布公告查询、专利审查流程公共服务、专利审查投诉平台、专利数据服务、咨询服务 10 大模块。其中，专利检索与分析系统收录了 103 个国家、地区和组织的专利数据，其中涵盖了中国、美国、日本、韩国、英国、法国、德国、瑞士、俄罗斯、欧洲专利局和世界知识产权组织。其数据更新周期为：中外专利数据，每周三；同族、法律状态数据，每周二；引文数据，每月。该数据库网页如图 6-4 至图 6-6 所示。

图 6-4　中华人民共和国国家知识产权局网站

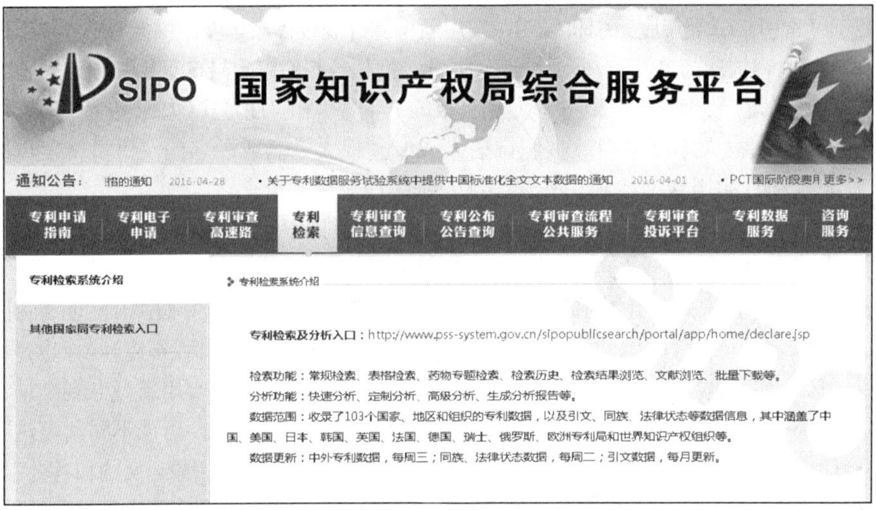

图 6-5 国家知识产权局专利检索-1

图 6-6 国家知识产权局专利检索-2

② 检索方法

选择主页面菜单中的“专利检索”，在专利检索页面中，默认显示（选择）“常规检索”，如图 6-7 所示。

常规检索可以按照申请内容、申请号、公开（公告）号、申请（专利权）人、发明人、发明名称等检索类型进行检索。执行检索后在检索结果列表中系统会显示检索结果的概要信息，在检索历史列表中显示此次检索的相关信息。

- 选择“申请内容”检索项目时，系统将在摘要、关键词、权利要求和分类号中同时检索。
- 输入多个关键词，中间用空格分隔，系统按照多个关键词是“OR”的关系进行检索。
- 输入一个中间带空格词组，则需要在词组两边加英文的双引号，系统会检索包含该词组的文献信息。
- 输入保留关键字，则需要在保留关键字两边加英文的双引号。
- 支持逻辑运算符“AND”、“OR”、“NOT”。

图 6-7　专利检索系统的常规检索

- 支持截词符“#”、“+”、“？”。
- 申请号格式：文献的申请国+申请流水号。
- 公开（公告）号格式：文献的公开国+公开流水号+公布级别。
- 当根据申请（专利权）人、发明人、发明名称检索时，系统会根据用户输入弹出联想框辅助输入，如图 6-8 所示。

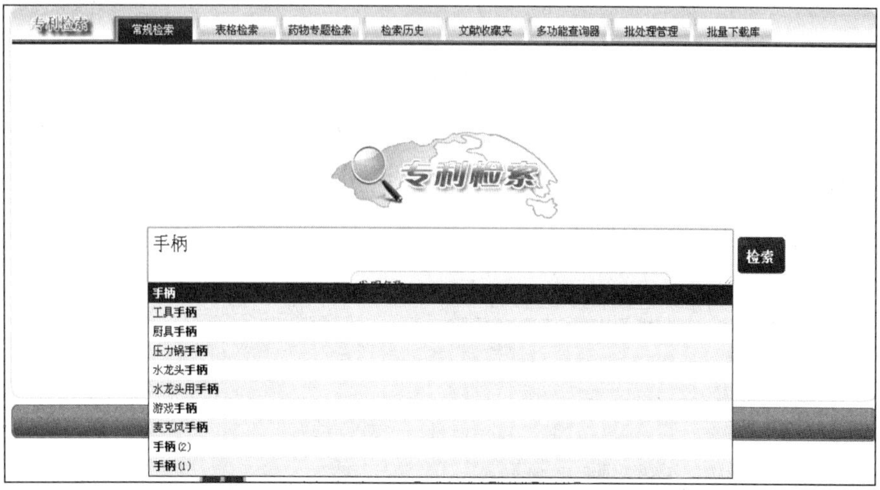

图 6-8　专利检索与服务系统的联想辅助输入

系统高级检索分中外专利联合检索、中国专利检索和外国及港澳台专利检索，如图 6-9 所示。

用户根据需要依次输入相应的检索信息，使用“生成检索式”功能，系统会根据用户输入的表格项信息，在“检索式”区域生成对应的检索式，也可以在“检索式”编辑区手动编写检索式，可以单击检索表格项/算符快速输入检索表格项名称/算符，如图 6-10 所示。

③ 检索结果

使用常规或者表格检索后，检索结果会显示在检索结果列表页面中，如图 6-11 和图 6-12 所示。

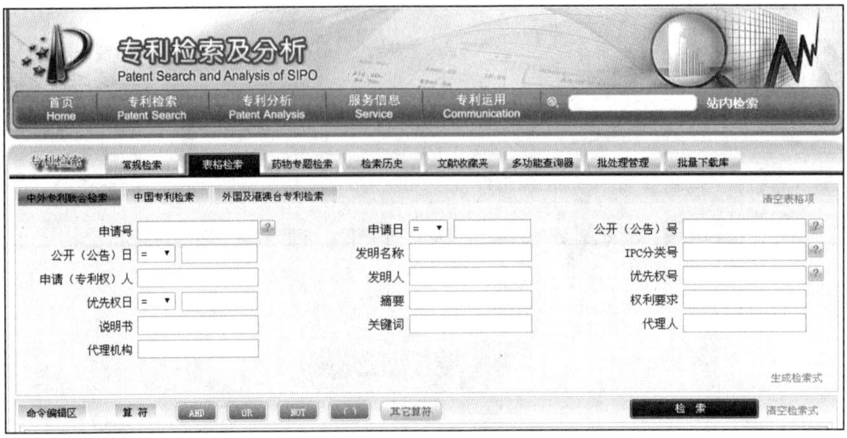

图 6-9 专利检索系统的表格检索

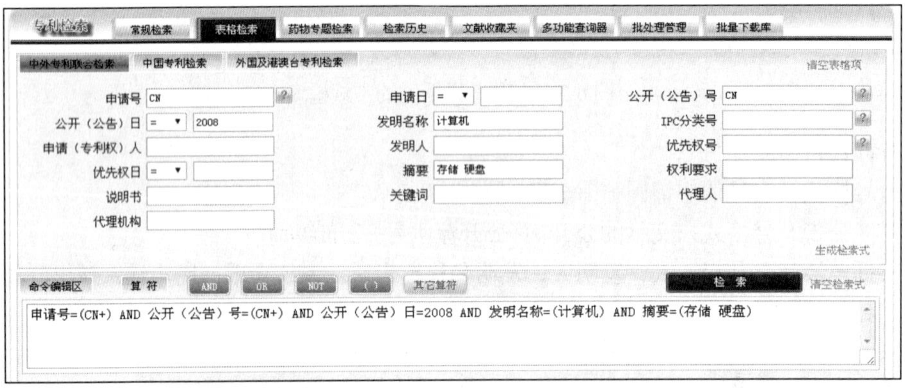

图 6-10 专利检索与分析系统的表格检索

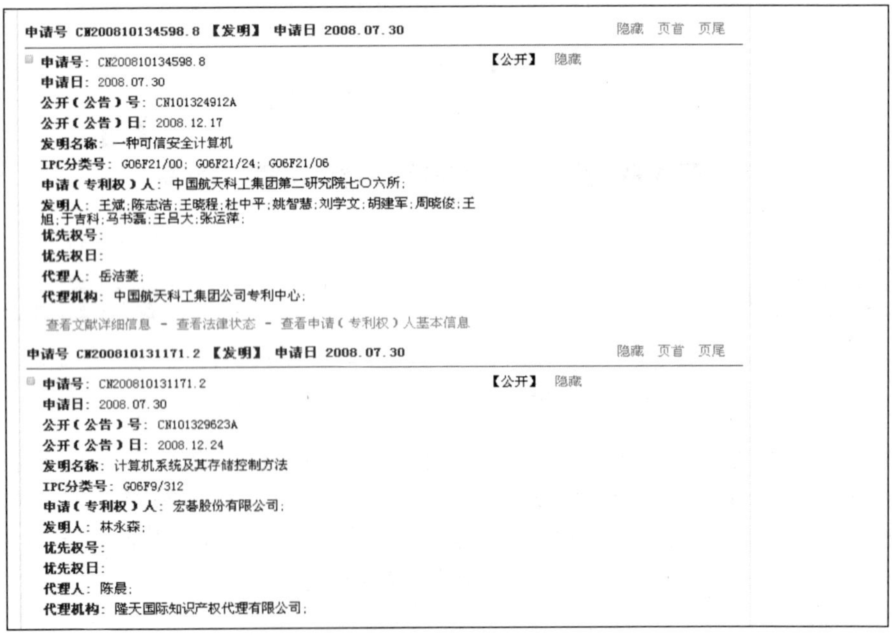
申请号 CN200810134598.8 【发明】 申请日 2008.07.30 隐藏 页首 页尾

申请号：CN200810134598.8 【公开】 隐藏
申请日：2008.07.30
公开（公告）号：CN101324912A
公开（公告）日：2008.12.17
发明名称：一种可信安全计算机
IPC分类号：G06F21/00；G06F21/24；G06F21/06
申请（专利权）人：中国航天科工集团第二研究院七〇六所；
发明人：王斌；陈志浩；王晓程；杜中平；姚智慧；刘学文；胡建军；周晓俊；王旭；于吉科；马书磊；王吕大；张运萍；
优先权号：
优先权日：
代理人：岳洁菱；
代理机构：中国航天科工集团公司专利中心；

查看文献详细信息 - 查看法律状态 - 查看申请（专利权）人基本信息

申请号 CN200810131171.2 【发明】 申请日 2008.07.30 隐藏 页首 页尾

申请号：CN200810131171.2 【公开】 隐藏
申请日：2008.07.30
公开（公告）号：CN101329623A
公开（公告）日：2008.12.24
发明名称：计算机系统及其存储控制方法
IPC分类号：G06F9/312
申请（专利权）人：宏碁股份有限公司；
发明人：林永森；
优先权号：
优先权日：
代理人：陈晨；
代理机构：隆天国际知识产权代理有限公司；

图 6-11 专利检索与分析系统的检索结果

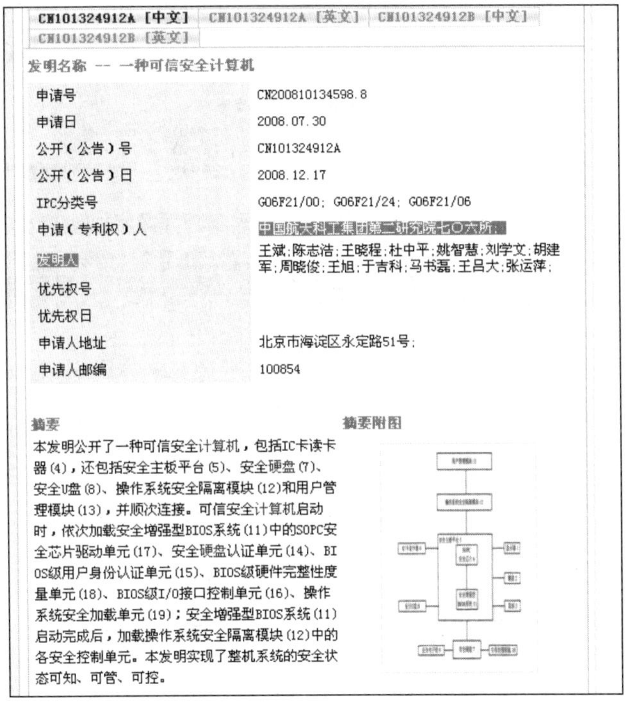
CN101324912A [中文]
CN101324912A [英文]
CN101324912B [中文]
CN101324912B [英文]
发明名称 -- 一种可信安全计算机
申请号 CN200810134598.8
申请日 2008.07.30
公开（公告）号 CN101324912A
公开（公告）日 2008.12.17
IPC分类号 G06F21/00; G06F21/24; G06F21/06
申请（专利权）人 中国航天科工集团第二研究院七〇六所;
发明人 王斌;陈志浩;王晓程;杜中平;姚智慧;刘学文;胡建军;周晓俊;王旭;于吉科;马书磊;王吕大;张运萍;
优先权号
优先权日
申请人地址 北京市海淀区永定路51号;
申请人邮编 100854
摘要
本发明公开了一种可信安全计算机，包括IC卡读卡器(4)，还包括安全主板平台(5)、安全硬盘(7)、安全U盘(8)、操作系统安全隔离模块(12)和用户管理模块(13)，并顺次连接。可信安全计算机启动时，依次加载安全增强型BIOS系统(11)中的SOPC安全芯片驱动单元(17)、安全硬盘认证单元(14)、BIOS级用户身份认证单元(15)、BIOS级硬件完整性度量单元(18)、BIOS级I/O接口控制单元(16)、操作系统安全加载单元(19)；安全增强型BIOS系统(11)启动完成后，加载操作系统安全隔离模块(12)中的各安全控制单元。本发明实现了整机系统的安全状态可知、可管、可控。
摘要附图

图 6-12　专利检索与分析系统的检索结果显示

（2）中国知网——专利数据库

《中国专利全文数据库（知网版）》包含发明专利、实用新型专利、外观设计专利三个子库，准确地反映中国最新的专利发明。专利相关的文献、成果等信息来源于 CNKI 各大数据库。可以通过申请号、申请日、公开号、公开日、专利名称、摘要、分类号、申请人、发明人、优先权等检索项进行检索，并一次性下载专利说明书全文，如图 6-13 和图 6-14 所示。

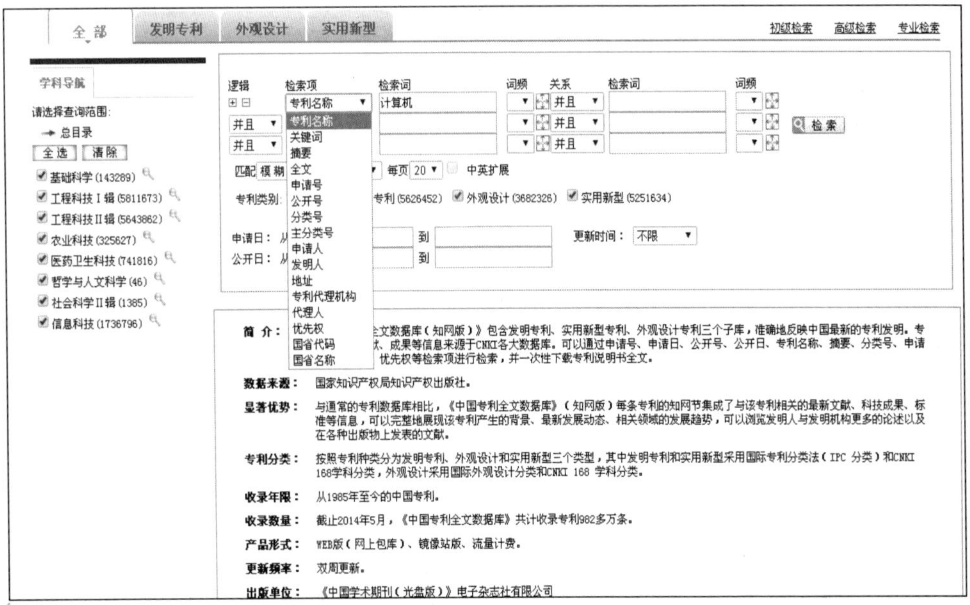
全 部
发明专利
外观设计
实用新型
初级检索
高级检索
专业检索
学科导航
请选择查询范围:
总目录
全选
清除
基础科学 (143289)
工程科技 I 辑 (5811673)
工程科技 II 辑 (5643862)
农业科技 (325627)
医药卫生科技 (741816)
哲学与人文科学 (46)
社会科学 II 辑 (1385)
信息科技 (1736796)
逻辑
检索项
检索词
词频
关系
检索词
词频
专利名称
计算机
并且
检 索
专利名称
关键词
摘要
全文
申请号
公开号
分类号
主分类号
申请人
发明人
地址
专利代理机构
代理人
优先权
国省代码
国省名称
匹配
模糊
每页
20
中英扩展
专利类别:
专利 (5626452)
外观设计 (3682326)
实用新型 (5251634)
申请日：从
公开日：从
到
更新时间：
不限
简 介：
全文数据库（知网版）》包含发明专利、实用新型专利、外观设计专利三个子库，准确地反映中国最新的专利发明。专
成果等信息来源于CNKI各大数据库。可以通过申请号、申请日、公开号、公开日、专利名称、摘要、分类号、申请
优先权等检索项进行检索，并一次性下载专利说明书全文。
数据来源：
国家知识产权局知识产权出版社。
显著优势：
与通常的专利数据库相比，《中国专利全文数据库》（知网版）每条专利的知网节集成了与该专利相关的最新文献、科技成果、标准等信息，可以完整地展现该专利产生的背景、最新发展动态、相关领域的发展趋势，可以浏览发明人与发明机构更多的论述以及在各种出版物上发表的文献。
专利分类：
按照专利种类分为发明专利、外观设计和实用新型三个类型，其中发明专利和实用新型采用国际专利分类法（IPC 分类）和CNKI 168学科分类，外观设计采用国际外观设计分类和CNKI 168 学科分类。
收录年限：
从1985年至今的中国专利。
收录数量：
截止2014年5月，《中国专利全文数据库》共计收录专利982多万条。
产品形式：
WEB版（网上包库）、镜像站版、流量计费。
更新频率：
双周更新。
出版单位：
《中国学术期刊（光盘版）》电子杂志社有限公司

图 6-13　中国知网——中国专利摘要数据库高级检索界面

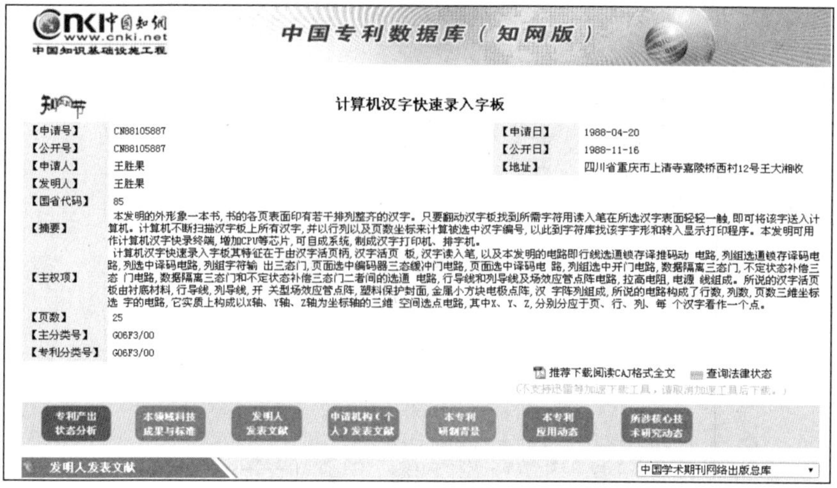
中国专利数据库（知网版）
www.cnki.net
中国知识基础设施工程
计算机汉字快速录入字板
【申请号】 CN88105887
【申请日】 1988-04-20
【公开号】 CN88105887
【公开日】 1988-11-16
【申请人】 王胜果
【地址】 四川省重庆市上清寺嘉陵桥西村12号王大湘收
【发明人】 王胜果
【国省代码】 85
【摘要】 本发明的外形象一本书，书的各页表面印有若干排列整齐的汉字。只要翻动汉字板找到所需字符用读入笔在所选汉字表面轻轻一触，即可将该字送入计算机。计算机不断扫描汉字板上所有汉字，并以行列以及页数坐标来计算被选中汉字编号，以此到字符库找该字字形和转入显示打印程序。本发明可用作计算机汉字快录终端，增加CPU等芯片，可自成系统，制成汉字打印机、排字机。
【主权项】 计算机汉字快速录入字板其特征在于由汉字活页柄，汉字活页 板，汉字读入笔，以及本发明的电路即行线选通锁存译推码动 电路，列组选通锁存译码电路，列选中译码电路，列组字符输 出三态门，页面选中编码器三态缓冲门电路，页面选中译码电 路，列组选中开门电路，数据隔离三态门，不定状态补偿三态 门电路，数据隔离三态门和不定状态补偿三态门二者间的选通 电路，行导线和列导线及场效应管点阵电路，拉高电阻，电源 线组成。所说的汉字活页板由衬底材料，行导线，列导线，开 关型场效应管点阵，塑料保护封面，金属小方块电极点阵，汉 字阵列组成，所说的电路构成了行数，列数，页数三维坐标选 字的电路，它实质上构成以X轴、Y轴、Z轴为坐标轴的三维 空间选点电路，其中X、Y、Z，分别分应于页、行、列、每 个汉字看作一个点。
【页数】 25
【主分类号】 G06F3/00
【专利分类号】 G06F3/00
推荐下载阅读CAJ格式全文
查询法律状态
专利产出状态分析
本领域科技成果与标准
发明人发表文献
申请机构（个人）发表文献
本专利研制背景
本专利应用动态
所涉核心技术研究动态
发明人发表文献
中国学术期刊网络出版总库

图 6-14 中国知网——中国专利摘要数据库检索结果

（3）万方数据知识服务平台——专利数据库

万方数据专利数据库收录 1985 年中国专利法实施以来公开的中国发明、实用新型、外观设计专利的题录、文摘信息。登录万方数据资源系统专利数据库，在检索界面上方提供基础版万方数据中外专利数据库和加强版万方数据 patentool 专利工具。基础版提供针对专利文献的一些基础服务，加强版则是基于专利文献资源特色开发的一个提供综合性服务的应用工具，提供发明专利、实用新型专利、外观设计专利及全选四种数据库选择，如图 6-15 和图 6-16 所示。数据库提供基础检索和高级检索 2 种检索方式，高级检索提供包括专利名称、申请人、发明人、通信地址、申请号、申请日期、审定公告号、审定公告日、分类号、主权项、文摘、代理机构、代理人 13 个检索字段选择，各对话框之间可进行“与”、“或”、“非”的布尔逻辑运算。

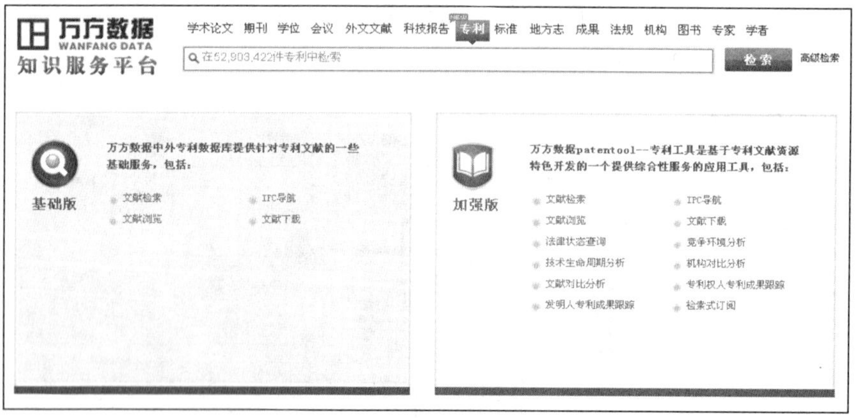
万方数据
WANFANG DATA
知识服务平台
学术论文 期刊 学位 会议 外文文献 科技报告 专利 标准 地方志 成果 法规 机构 图书 专家 学者
在52,903,422件专利中检索
检索
高级检索
万方数据中外专利数据库提供针对专利文献的一些基础服务，包括：
基础版
文献检索
IPC导航
文献浏览
文献下载
万方数据patentool--专利工具是基于专利文献资源特色开发的一个提供综合性服务的应用工具，包括：
加强版
文献检索
IPC导航
文献浏览
文献下载
法律状态查询
竞争环境分析
技术生命周期分析
机构对比分析
文献对比分析
专利权人专利成果跟踪
发明人专利成果跟踪
检索式订阅

图 6-15 万方数据专利数据库

（4）中国专利信息网

中国专利信息网由国家知识产权局专利检索咨询中心于 1997 年 10 月开发建立，是国内最早通过互联网向公众提供专利信息服务的网站。该网站的中国专利数据库收录了 1985 年以来公开的全部中国发明、实用新型和外观设计专利的题录和文摘信息，如图 6-17 所示。可通过简单检索、逻辑检索、菜单检索 3 种方法检索题录（包括法律状态）、文摘和权利要求信息，并浏览和打印发明、实用新型专利全文扫描图形。数据库每三个月更新一次。访问该网站需先进行用户注册。

图 6-16　万方数据专利数据库 patentool 专利工具

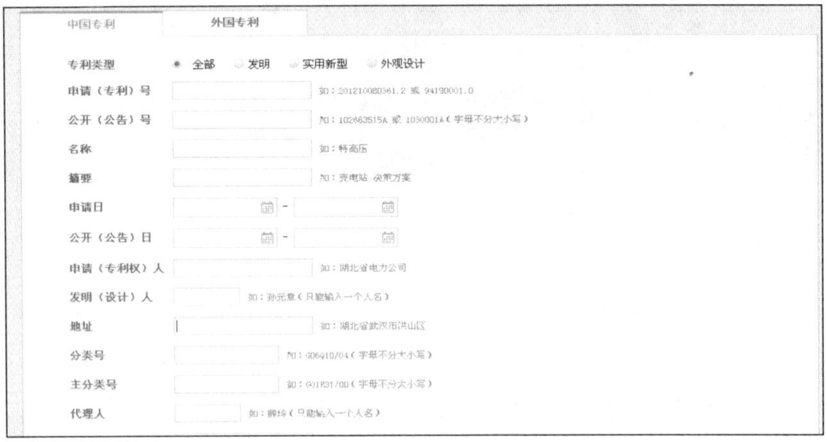

图 6-17　中国专利信息网检索界面

（5）中国知识产权网

中国知识产权网是由国家知识产权局专利文献出版社于 1999 年 10 月创建的知识产权信息与服务网站。该网站的专利数据来源于每周出版的电子版《专利公报》。数据库收录了 1985 年中国专利法实施以来公开的全部中国发明、实用新型和外观设计专利，设有发明、实用新型、外观设计专利数据库和法律状态数据库。该数据库提供“基本检索”和“高级检索”两种方法。数据库每周三更新。

6.1.3　国外专利文献检索

国外主要的专利检索数据库有美国专利检索数据库（www.uspto.gov/patft/index.html）、欧洲专利检索数据库（www.epo.org）、日本专利检索数据库（www.jpo.go.jp）、加拿大知识产权局网站数据库（opic.gc.ca）、世界知识产权组织网站数据库（www.wipo.int）等。

1. 美国专利检索数据库

美国国家专利检索数据库是由美国专利商标局提供的，分为授权专利数据库和申请专利数据库两部分。授权专利数据库提供了 1790 年至今各类授权的美国专利，其中有 1790 年至今的图像说明书，1976 年至今的全文文本说明书（附图像链接）；申请专利数据库只提供了 2001 年 3 月 15 日起申请说明书的文本和图像。检索方式包括快速检索、高级检索、精确检索、专利号检索等，如图 6-15 至图 6-21 所示。

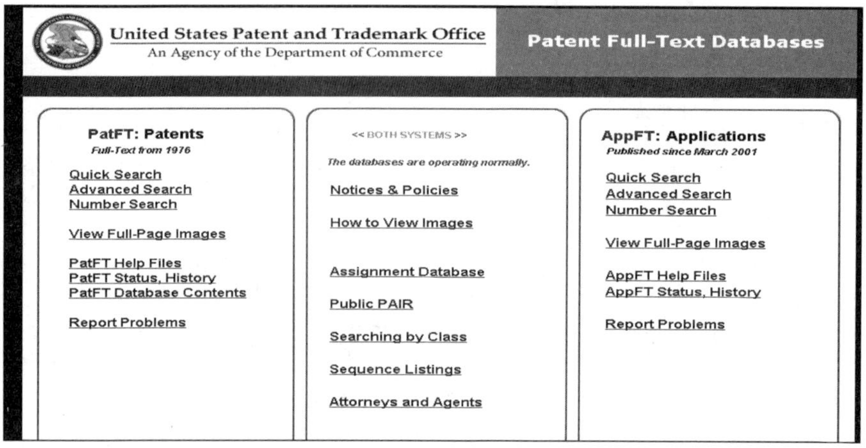

图 6-18 美国专利检索数据库图

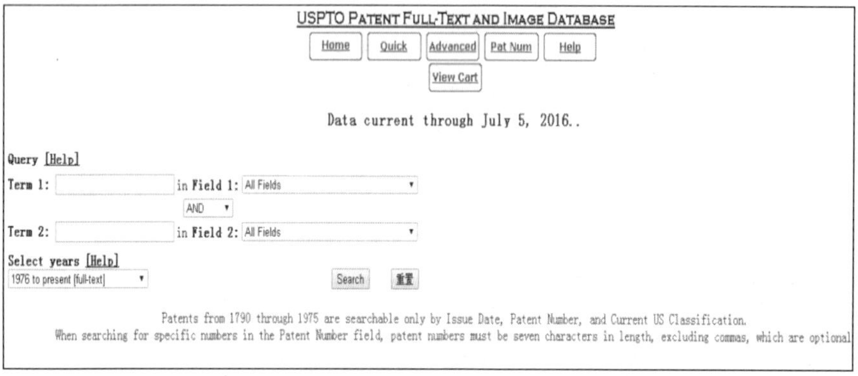

图 6-19 美国专利检索数据库快速检索图

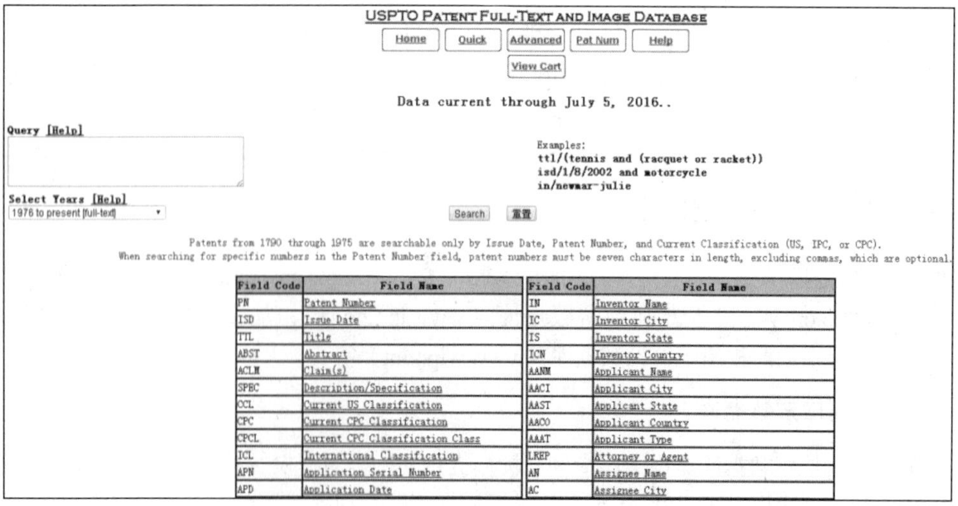

图 6-20 美国专利检索数据库高级检索图

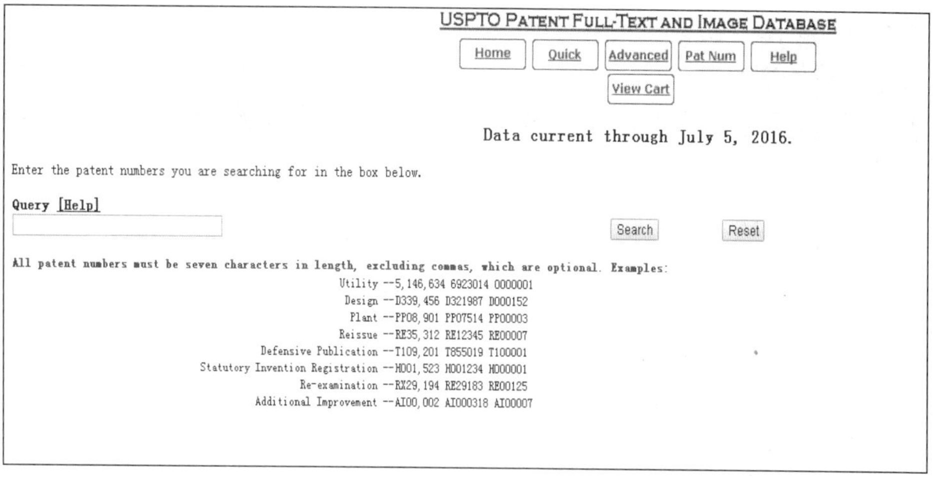

图 6-21 美国专利检索数据库号码检索图

2. 欧洲专利检索数据库

欧洲专利检索数据库由欧洲专利局及其成员国提供，专利数据库收录时间跨度大，涉及的国家多，收录了 1920 年以来（各国的起始年代有所不同）世界上 50 多个国家和地区出版的共计 1.5 亿多万件文献的数据。但检索数据不完整，只有部分国家的题录数据有英文发明名称及英文文摘。如果从英文发明名称或英文文摘字段进行检索就会造成漏检。该库主要有快速检索、高级检索和分类检索等，如图 6-22 至图 6-24 所示。

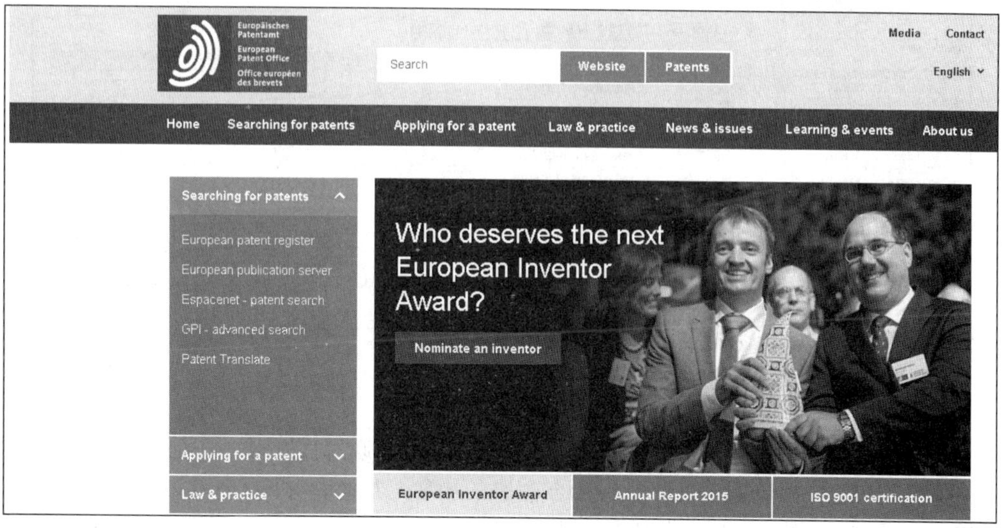

图 6-22 欧洲专利检索数据库

3. 世界知识产权数字图书馆网站

世界知识产权数字图书馆（Intellectual Property Digital Library，IPDL）由世界知识产权组织于 1998 年建立，主要收录有 PCT 国际专利公报数据库、PCT 国际专利全文图形数据库、马德里快报数据库、海牙快报数据库、健康遗产测试数据库和专利审查最低文献量科技期刊数据库。系统中的信息有的每天更新，有的每周更新，有的每月更新。

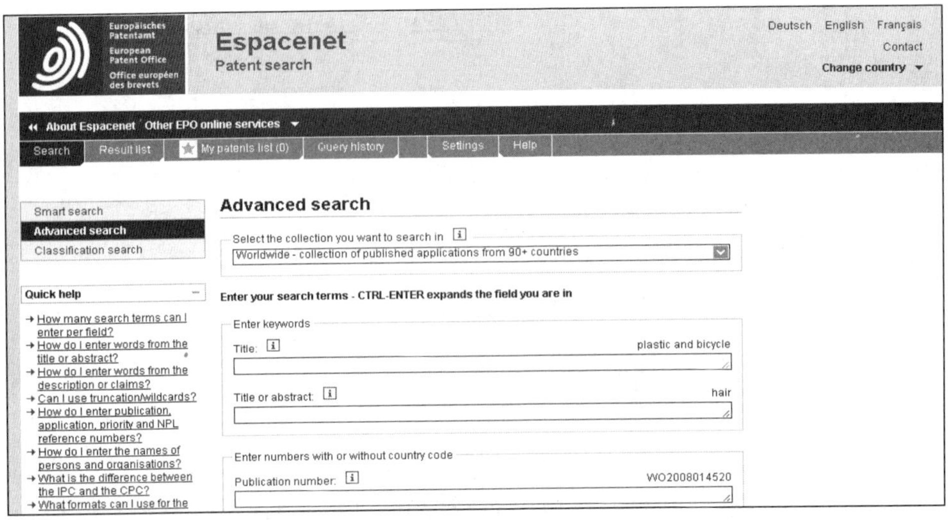

图 6-23 欧洲专利检索数据库高级检索

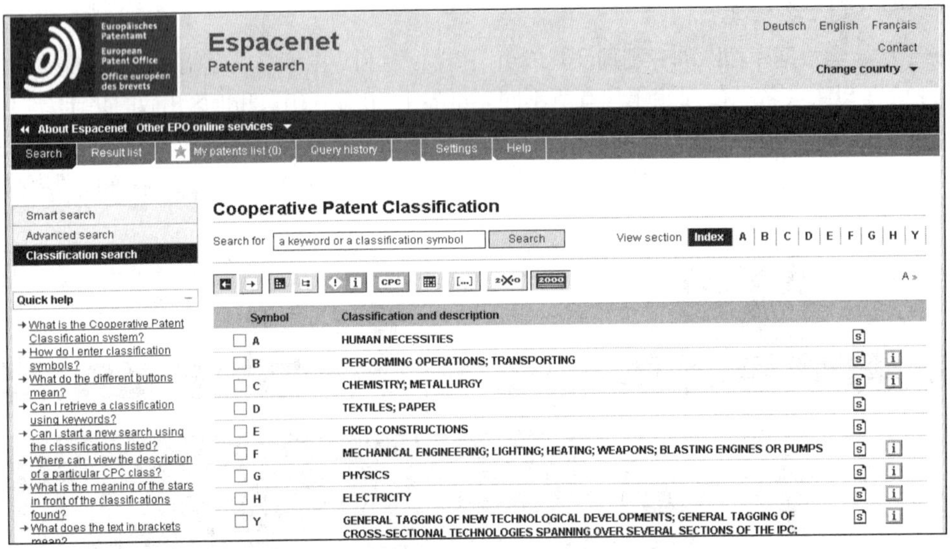

图 6-24 欧洲专利检索数据库分类检索

4. 加拿大专利数据库网站

加拿大专利数据库网站是由加拿大国家知识产权局建立的政府官方网站，可通过英语、法语免费检索加拿大专利信息。该数据库收录了 1920 年以来的加拿大专利说明书文本及扫描图形信息。

1978 年 8 月 15 日以前授权的专利未收录文摘和权利要求信息，只能通过专利号、标题、发明人、分类号进行检索。

5. 澳大利亚知识产权局网站（http://ipaustralia.gov.au）

澳大利亚知识产权局网站提供澳大利亚 1975 年以来公开的专利申请的免费检索。单击网站主页上的“Search Database”，可得到系统提供的 4 个数据库：新专利方案数据库（New Patent Solution Database）、专利主机题录数据库（Patents mainframe bibliographic database）、澳大利亚公开专利数据库（AU Published Patent Date Searching）和专利说明书全文数据库（Patent specifications）。

6. 日本特许厅工业产权数字图书馆（http://www.jpo.go.jp）

日本专利检索数据库——日本特许厅工业产权数字图书馆提供 1976 年以来公开的日本专利及 1993 年 1 月以来日本专利的法律状态信息。专利信息每月更新，专利法律状态信息每两周更新。通过关键词、公开号等字段进行检索。数据库支持英、日两种语言检索。英文界面提供日本专利的英文摘要信息，日文界面提供日本专利说明书全文信息。

7. 韩国专利数据库网站（http://kipris.or.kr.englisn/index.html）

韩国专利数据库网站由韩国知识产权信息中心于 1998 年开始建立，于 2000 年 1 月开始通过互联网向公众提供免费专利检索服务。数据库提供韩国专利、商标等知识产权的韩文信息，并提供美国、日本、欧洲专利的英文摘要信息。首次访问该数据库的用户需要进行用户注册。

6.2 标准文献检索

6.2.1 标准基本知识

1. 标准的概念

标准是指为了在一定范围内获得最佳秩序，经协商一致制定并由公认机构批准，共同使用和重复使用的一种规范性文件。它以科学、技术和实践经验的综合成果为基础，经有关方面协商一致，由主管机关批准，以特定形式发布，作为共同遵守的准则和依据。

标准涉及工农业、工程建设、交通运输、对外贸易和文化教育等领域，包括质量、安全、卫生、环境保护、包装储运等多种类型。

自标准实施之日起，至标准复审重新确认、修订或废止的时间，称为标准的有效期，又称标龄。由于各国情况不同，标准有效期也不同。ISO 标准每 5 年复审一次，平均标龄为 4.92 年。我国在国家标准管理办法中规定国家标准实施 5 年内要进行复审，即国家标准有效期一般为 5 年。

2. 标准的类型

（1）按使用范围划分

国际标准：指国际间通用的标准。例如，国际标准化组织标准（ISO）、国际电工委员会标准（IEC）等。

区域标准：指经世界某一地区的若干国家标准化机构协商一致颁布的标准。例如，全欧标准（EM）、欧洲计算机制造商协会标准（ECMA）等。

国家标准：指由一个国家的全国性标准化机构批准颁布的标准。例如，中国国家标准（GB）。

专业标准：指根据某专业范围统一的需要，由专业主管机构和专业标准化机构批准发布的标准。例如，美国石油学会标准（API）。

企业标准：由企业单位制定的适用于本单位的标准。例如，美国波音飞机公司标准（BAC）。

（2）按内容划分

基础标准：是标准的标准，一般包括名词术语、符号、代号、机械制图、公差与配合等。

产品标准：指对产品结构、规格、质量和检验方法所做的技术规定。

辅助产品标准：包括工具、模具、量具、夹具、专用设备及其部件的标准等。

原材料标准：包括材料分类、品种、规格、化学成分、物理性能、实验方法、保管验收规则等标准。

方法标准：指产品性能、质量方面的检测、试验方法为对象而制定的标准。

（3）按法定效力划分

① 强制性标准（GB）：是法律发生性的技术，即在该法律生效的地区或国家必须遵守的文件。强制性国家标准用“GB”为代号，如GB7726—92。

属于强制性标准的有：

药品标准，食品卫生标准，兽药标准；

产品及产品生产、储运和使用中的安全、卫生标准，劳动安全、卫生标准，运输安全标准；

工程建设的质量、安全、卫生标准及国家需要控制的其他工程建设标准；

环境保护的污染物排放标准和环境质量标准；

重要的通用技术术语、符号、代号和制图方法；

通用的试验、检验方法标准；

互换配合标准；

国家需要控制的重要产品质量标准。

② 推荐性标准（GB/T）：是建议性的技术文件，即推荐给企业、团体机构或个人使用的技术文件。推荐性标准不具有强制性，任何单位均有权决定是否采用，违犯这类标准，不构成经济或法律方面的责任。但推荐性标准一经接受并采用，或各方商定同意纳入经济合同中，就成为各方必须共同遵守的技术依据，具有法律上的约束性。推荐性国家标准用“GB/T”为代号，如GB/T3860—95。

③ 指导性标准（GB/Z）：是对标准化工作的原则和一些具体做法的统一规定。例如，产品型号编制规则、各类标准编制导则等。指导性国家标准用“GB/Z”为代号。

3．标准文献

标准文献是按照规定程序编制并经过一个公认的权威机构批准的，供在一定范围内广泛而多次使用，包括一整套在特定活动领域必须执行的规格、定额、规划、要求的技术文件。标准文献是一种重要的科技出版物。一个国家的标准文献反映着该国的经济政策、技术政策、生产水平、加工工艺水平、标准化水平、自然条件、资源情况等内容，对于全面了解该国的工业发展情况，是一种重要的参考资料。

4．标准文献的特点

（1）明确的适用范围和用途

标准文献是供国民经济多部门多次使用的技术文件。出版任何一项标准，首先必须明确规定其适用范围、用途及有效期限，且每级标准适用于特定的领域和部门。

（2）统一的产生过程、编制格式和叙述方法

它是有组织、有步骤地进行标准化工作的具体成果：各国标准化机构对其出版的标准文献都有一定的格式要求，这就使标准文献成为具有体裁划一、逻辑严谨、统一编号等形式特点的文献体系。

（3）可靠性和现实性

标准文献中记录的数据，只能是经过严格的科学验证取得的，并且要随时间不断修订、补充和废除。

（4）协调性

要求不仅与同类课题有关的现行标准，而且与正在编制的标准相互配合，从而谋求技术上的协调一致。

（5）时效性

标准是以科学、技术和先进经验的综合成果为基础而编制的，随着科技发展和时间的推移，旧标准失去时效而被新标准替代。标准文献的更新较快。

（6）约束性

标准文献是公认的技术依据，在一定条件下，又是一种技术上的法律，具有法律性质。

5. 标准文献的分类

（1）国际标准文献的分类

1991 年 ISO 组织完成了国际标准分类法的编制工作，《国际标准分类法》（简称 ICS）是由信息系统和服务委员会（INFCO）制定的，它主要用于建立国际标准、区域性标准、国家标准及其他标准文献的目录结构，并作为国际标准、区域性标准和国家标准的订购系统的基础，也可用作数据库和图书馆中标准及标准文献的分类。ICS 的制定将促进信息和有关工具（如目录、选择清单、数据库等）的协调，以及国际标准、区域性标准、国家标准及其他标准文献的传播。

ICS 采用三级分类，第一级由 41 个大类组成，第二级分为 405 个二级类目，第三级为 884 个三级类目，分类法采用数字编号，第一级和第三级采用双位数，第二级采用三位数表示，各级类目之间以实圆点（中文版采用短横线）相隔。

我国自 1995 年开始对 ICS 进行分析，将其与中国标准分类法进行了对照，于 1996 年出版了 ICS 的中文版，该版本是在 ICS 的结构下，根据我国国情适当补充形成的。目前，与 ICS 第四版相对应的 ICS 中文版已即将出版，该中文版中仍增加了一些适合我国国情的条目。至今为止，我国在标准分类上仍采用 ICS 与中国标准分类法并行的办法，随着我国标准化工作与国际的接轨，ICS 将最终取代中国标准分类法。

（2）我国标准文献的分类

1984 年国家标准局编制了适合我国国情的标准文献专用的《中国标准文献分类法》（试行），它用于除军工标准外的各级标准和有关标准文献的分类。其分类体系结构以专业划分为主，由一级类目和二级类目组成：一级类目设有 24 个大类，先从人类基本生产活动排序，后划分工业生产和人类生活需要，其大类序列如表 6-2 所示。

表 6-2　标准文献分类大类序列

类　别	类　名	类　别	类　名
A	综合	N	仪器、仪表
B	农业、林业	P	建筑
C	医药、卫生、劳动保护	Q	建材
D	矿业	R	公路与水路运输
E	石油	S	铁路
F	能源、核技术	T	车辆
G	化工	U	轮船
H	冶金	V	航空、航天
J	机械	W	纺织
K	电工	X	食品
L	电子技术、计算机	Y	轻工、文化与生活用品
M	通信、广播	Z	环境保护

6.2.2 中国标准及其检索

1. 传统标准文献检索工具

我国传统标准文献检索工具主要有中国标准出版社出版的《中华人民共和国国家标准目录及信息总汇》、《中国国家标准汇编》、《中国国家标准分类汇编》、《中国标准化年鉴》、《中华人民共和国行业标准目录》和《国家标准代替废止目录》等二次文献。

《中华人民共和国国家标准目录及信息总汇》是由国家技术监督局标准化司和中国技术监督情报所联合编制，由中国标准出版社按年度出版。它收录对象为中国国家标准、推荐性国家标准和行业标准。一般由四部分组成：国家标准专业分类目录（中、英文），被废止的国家标准目录，国家标准修改、更正、勘误通知信息以及索引。其中，国家标准专业分类目录收录截止到前一年年底前批准发布的现行国家标准信息，并按中国标准文献分类法（CCS）编排。

正文前的分类目录给出分类、类目及标准著录的页码。标准条目著录有专业分类、标准号、标准名称（中文及英文）、提出部门、标准类别、标准水平、和国际标准的关系、发表日期、实使日期、代替标准等。正文后附有“标准顺序号索引”，它按标准顺序号编排，给出标准所在页码。

《中国标准化年鉴》，由国家标准局编辑，1985 年创刊，以后逐年出版一本。内容包括我国标准化事业的现状、国家标准分类目录和标准序号索引三部分。

《中华人民共和国国家标准目录》，由中国标准化协会编辑，不定期出版，内容除包括现行国家标准外，还列出了行业标准。该目录分标准序号索引和分类目录二部分编排。

《标准化通信》，由中国标准化协会编辑出版，月刊。该刊报道国内最新标准及标准化工作动态。

《台湾标准目录》，由厦门市标准化质量管理协会翻印，1983 年出版。该目录收录台湾 1983 年前批准的共 10136 个标准。

《中华人民共和国行业标准目录》汇集包装行业等 50 多个行业的标准目录，是检索行业标准的常用工具。

利用《国家标准代替废止目录》，一般既可由现行标准查找代替标准，也可由被代替标准查询现行标准。用代替或废止标准查询现行标准一般较难，这是由于有时代替标准与现行标准并非同号，国家已宣布某项标准被代替了，而用户却弄不清此项标准是被代替，还是被废止了，利用这种目录则方便查找。

2. 网络标准文献检索工具

我国主要的标准检索数据库有中国标准服务网（www.cssn.net.cn）、万方数据资源系统（www.wanfangdata.com.cn）、中国标准化研究院网站、中国国家标准咨询服务网等。

（1）中国标准服务网

中国标准服务网是国家级标准信息服务门户，其标准信息主要依托于国家标准化管理委员会、中国标准化研究院标准馆及院属科研部门、地方标准化研究院（所）及国内外相关标准化机构。目前提供查询的数据库有：现行国家标准（GB）；行业标准（HB）；美国计算机协会（ASME）；美国实验材料协会（ASTM）；美国电气与电子工程师协会（IEEE）；美国保险商实验所（UL）；国际标准（IS0）；国际电工委员会标准（IEC）制定的标准；以及英、法、美、德、日五国的国外标准。需要注意的是，非注册用户只能使用部分数据库资源，注册后（包括免费注册）才可以使用全部。

同时网站还提供国家标准化的发布实施、作废等的动态信息，和标准类期刊和图书的查询和定购，以及国内外标准的服务等，如图 6-25 和图 6-26 所示。

（2）万方数据资源系统

万方数据的中外标准数据库是检索中外标准的题录文摘型数据库，收录了中国国家标准、中国行业标准、中国建材标准、中国建设标准、国际标准化组织标准、国际电工委员会标准、欧洲标准、英国标准学会标准、法国标准协会标准、德国标准化学会标准、日本工业标准调查会标准、美国国家标准、美国行业标准等国内外各种标准，标准提供单位是国家质量技术监督局，如图 6-27 和图 6-28 所示。

图 6-25 中国标准服务网

图 6-26 中国标准服务网标准高级检索

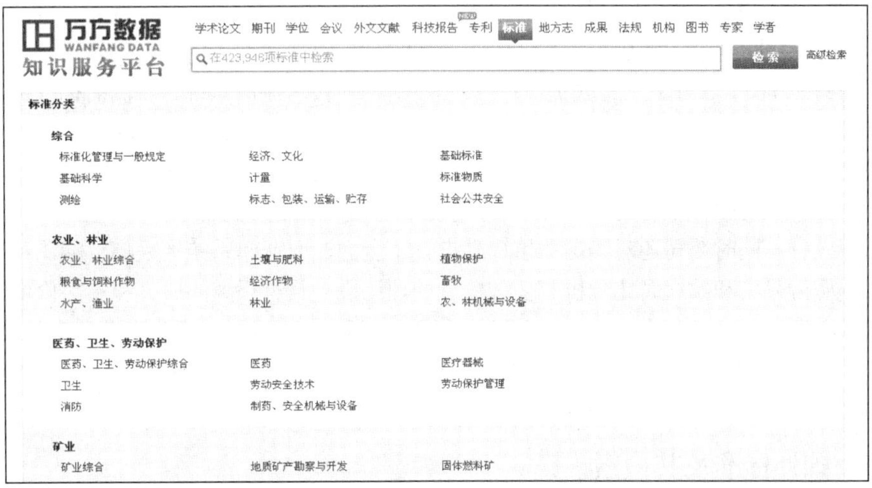

图 6-27 万方数据中外标准数据库

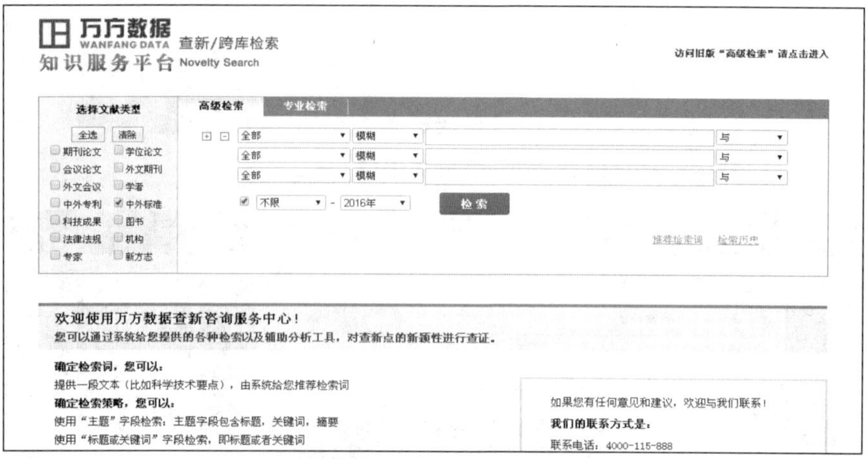

图 6-28　万方数据中外标准数据库高级检索

（3）中国标准化研究院网站

中国标准研究院是我国唯一的国家级标准化研究机构，也是我国重要的标准化研究和开发基地，肩负着发展和开拓中国的标准化科学事业的重要责任。该研究院是在原中国标准化与信息分类编码研究所、中国技术监督情报研究所和国家质量技术监督局管理所的基础上，经国家质量技术监督局同意并报中央机构编制委员会办公室批准于 1999 年 10 月 12 日组建，同年 12 月 27 日正式挂牌成立。中国标准研究院设有质量与环境研究室、基础标准化研究室、术语标准化研究室、能源与资源标准化研究室、信息技术标准化研究室、信息分类编码标准化研究室、计算机辅助技术标准化研究室、技术监督理论研究室和情报研究室 9 个研究部门；设有生产许可证审查中心、全国组织机构代码管理中心、中国物品编码研究中心、国家质量技术监督局信息中心和标准馆。丰富的标准信息为用户提供了极大的方便。

（4）中国国家标准咨询服务网

中国国家标准咨询服务网是国际国内专业化标准咨询服务性网站，旨在宣传国家、行业及国际标准方面的发展动态和最新咨询信息，全面、快速、准确地为社会和企业提供国内外标准化信息服务，以满足中国加入 WTO 后，国际国内对标准透明度及标准查询方面的需求。本网站以丰富的栏目内容，雄厚的标准资源为全国的各行各业标准需求者提供最快捷准确的标准资讯。

网站现已完成了自建国初期到目前为止国家出版发行的各类国家标准含（废止与修订）29000 多个，行业标准约 90000 多个，地方标准 12000 个，企业标准 50 多万个，国际及国外先进国家颁布发行的 10 万多个标准的收集、分类、整编工作；并且采用 Web 技术制成系统、全面的标准数据资源库，如《中国国家标准题录总览》、《中国国家标准文本 Web 数据库》、《中国行业标准题录总览》等光盘产品已由中国标准出版社正式出版。由国家标准化管理委员会授权批准，西安大东国际数据股份有限公司与中国标准化研究院联合编著的《中国行业标准题录总览（1949—2003）》一书也由中国标准出版社正式对外出版发行。同时公司还对美国军事标准进行了全面、专业、系统地采集、翻译和整理工作，通过相关数据资源采集和数据对比分析等多种信息处理手段，具有极大的研究和实用价值。到目前为止，是目前国内唯一可提供中英文两种文字服务的网站。网站已有 A、B 两类企业级会员 68000 多个，并且以每月 2000 个新会员的速度递增。该网站已被国际上 51 个著名门户网站收编，并被国际著名的搜索引擎 Google 列为国标查询的首位网站。

6.2.3　国外标准及其检索

国外主要的标准检索数据库有世界标准服务网（www.wssn.net）、美国国家标准（ANSI）检索

(www.ansi.org)、英国标准（BS）检索（www.bsi.org.uk)、ISO 标准检索（www.iso.org)、IEC 标准检索（www.iec.ch）等。

1．国际标准化组织（ISO）及其标准文献检索

（1）概况

国际标准是由国际标准化组织（International Organization for Standardization，ISO）统一颁布的标准。国际标准化组织的宗旨是在全世界促进标准化及有关活动的发展，以便于国际物资交流和服务，并扩大知识、科学、技术和经济领域中的合作。国际标准化组织是世界上最大的国际标准化机构，是非政府性国际组织，每个国家只能有一个团体被接纳为该组织成员。ISO 总部设在瑞士日内瓦。

ISO 标准每 5 年重新修订审定一次。使用时要注意选用最新标准版本。

ISO 标准号的结构形式为标准代号+顺序号+年份，如 ISO 3347—1976 表示 1976 年颁布的有关木材剪应力测定的标准。

ISO 标准的分类按制定标准的技术委员会（TC）的名称设立类目。现分为 146 个大类，分类号由字母加数字组成。

（2）国际标准检索工具

国际标准化组织官方网站（http://www.iso.org）于 1975 年开通，如图 6-29 所示。网站设置了 12 个栏目，包括：ISO 简介、ISO 的成员、ISO 的技术工作、ISO 的联系方式、标准和世界贸易、世界标准服务网络、ISO 标准目录、ISO9000 和 ISO 14000、新闻与商务等。

“ISO 标准目录”栏目包含有 ISO 国际标准数据库，该库收录了有关基础科学、社会科学、自然科学、农业、医学、土木工程、环境工程等方面计 2 万多条国际标准的题录，包括已发布的 ISO 标准信息、ISO 作废标准和其他 ISO 出版物以及订购信息；另外，“ISO 9000 和 ISO14000”栏目专门介绍基于 ISO9000 系列标准的质量管理和质量认证的详细出版信息，以及基于 ISO14000 系列标准的环境管理方面的信息。

“ISO 在线”有英、法 2 种语言版，其英文版网址为 http://www.iso.org/iso/en/ isoonline.- frontpage。

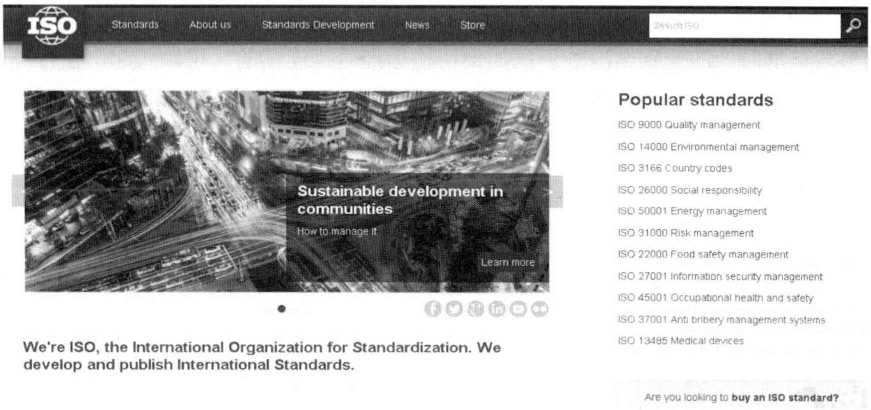

图 6-29　国际标准化组织网站

ISO 国际标准数据库有“基本检索”、“高级检索”两种方式，其中“基本检索”只需在其主页上部的检索框内输入检索要求即可，如图 6-30 所示。

为了既快又准地找到所需标准，提高检索效率，应采用“高级检索”方式。单击 ISO 主页上的“Advanced Search”即进入“高级检索”界面。“检索区”设置了若干检索字段，用户可检索其中某个字段，也可进行多字段组合检索，此时系统默认在字段间作“与”运算。

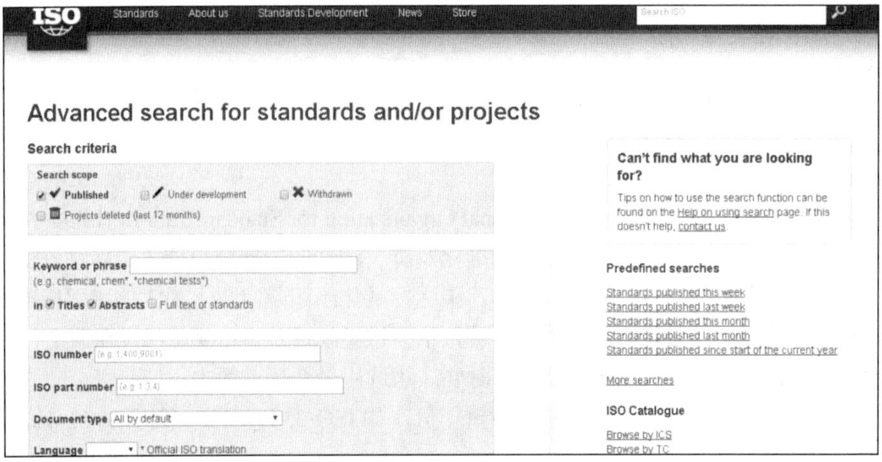

图 6-30 国际标准化组织网站高级检索

① 关键词或词组（Find Keyword or Phrase）

该字段供用户输入单词或词组进行检索，而词组必须置于双引号（“”）中；如果在该字段中一次输入两个或两个以上检索词，系统默认各词之间以 OR 算符相连；若希望检索结果中同时含有所输入的全部检索词，应在检索词之间加上 AND，例如：copper and coating；如果在输入的某个检索词使用了 NOT 算符，则检索结果中不会出现含有这个检索词的记录。该字段支持截词检索，采用“x”为截词符。

勾选本字段下方“Titles”、“Abstracts”或“Full Text or Standards”的复选框，可指定在标准名称、摘要或全文中进行检索。

② 标准号（ISO Number、ISO Partnumber）

ISO 标准的编号由“ISO+标准顺序号+制定或修改年份”构成。按标准号检索时，输入标准顺序号即可，如检索前述标准只需输入 9001。若检索标准中的某一部分，例如 ISO 9000 第 4 部分，可在 ISO Number 后输入 9000，再在 ISO Partnumber 后输入 4，也可直接在 ISO Number 后输入 9000-4。需要一次检出多项标准时，应分别情况处理：如果待检标准号是连续的，可输入起、止标准号，中间以“:”相连，例如 1:400；如果标准号是间断的，应将待检标准号分别输入，中间以“,”分隔，例如“9000，14001，14004”；如果标准号既有连续的，又有间断的，则应将上述方法结合使用，例如“1:400，9000，14001，14004”。

③ 文献类型（Document Type）

单击该字段的下拉菜单，可以选择检索的文献类型，如“International Standard”（标准）、“Guide”（指南）、“Technical Specification”（技术准则）等。

④ 国际标准分类号（ICS）

在该字段输入 ICS 分类号，可检索出相应类别的标准。采用在标准号字段检索时相似的方法，可一次检出多个类别的标准。

⑤ 阶段代码（Stagecode、Datecurrent　Stagereached）

该字段供用户使用“阶段代码”进行检索。

⑥ 技术委员会（Committee、Subcommittee）

该字段供用户按技术委员会分类进行检索。单击该字段的下拉菜单，选择需要检索的技术委员会的英文代码，若对某技术委员会下设的分技术委员会进行检索，应先选定技术委员会代码，然后输入分技术委员会的编号。

ISO 系统执行用户的检索指令后，将反馈检索结果的清单，包括标准号和标准名称，如图 6-31 所示。单击标准号，则会显示标准的订购信息，选择电子文档（PDF 格式）或印刷文本，以及文献的语种（英文或法文），便可获得所需标准。

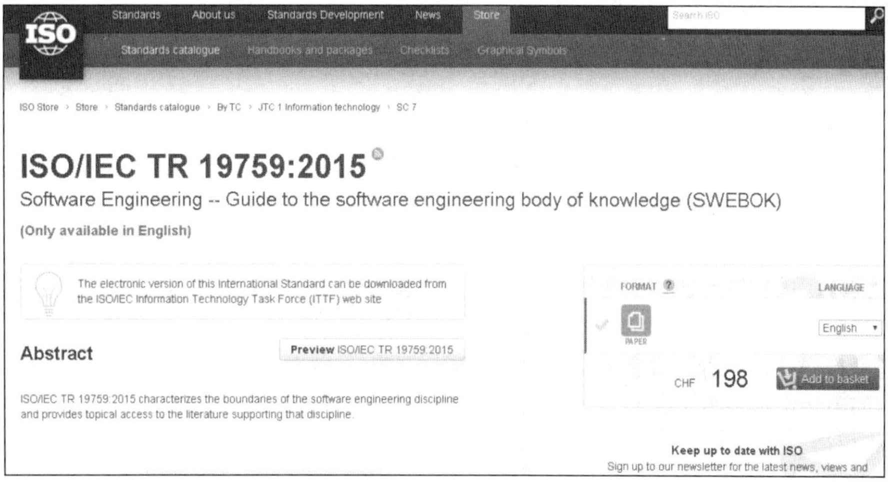

图 6-31 国际标准化组织网站标准检索结果

2. 国际电工委员会（IEC）及其标准文献检索

（1）概况

国际电工委员会（http://www.iec.ch）简称 IEC，是 International Electron Technical Commission 的缩写。它也是非政府性国际组织，是联合国社会经济理事会的甲级咨询机构，正式成立于 1906 年 10 月，是世界上成立最早的专门国际标准化机构。

IEC 的宗旨是促进电气、电子工程领域中标准化及有关问题的国际合作，增进国际的相互了解。为此，IEC 出版包括国际标准在内的各种出版物，并希望各成员国在本国条件允许的情况下，在本国的标准化工作中使用这些标准。IEC 网站提供电力、电子、电信和原子能方面的工程技术信息。IEC 标准的编号为 IEC+顺序号+制订（修订）年份。

（2）检索工具及其检索

IEC 标准的主要检索工具是《国际电工委员会标准目录》（IEC Catalogue of Publications），该目录为年刊，由 IEC 中央办公室以英法文对照的形式编辑出版。它由两大部分组成：

① 标准序号目录（Numerical List of IEC Publications）。该目录按标准号顺序排列，不仅包括现行标准，而且包括作废标准，现行标准用黑体印刷，废弃标准均给出替代标准。

② 主题索引（Subject Index），按主题词字顺排列，主题词分两级。

IEC Catalogue of Publications 对应的中文版检索工具是《国际电工标准目录》，该目录正文按 IEC 技术委员会（TC）号排列，后附有标准序号索引，其检索方法与 IEC Catalogue of Publications 相仿。

3. 美国国家标准

美国国家标准是由美国国家标准协会（American National Standards Institute，ANSI）颁布的标准。该协会建于 1918 年，和其他国家不同，协会本身很少制订标准，大部分是该协会从本国 72 个专业团体所制订的专业标准中择取对全国具有重要经济意义的标准，经 ANSI 各专业委员会审核后作为国家标准，并给出 ANSI 标准代号及分类号，目前 ANSI 有 1 万多条标准。

ANSI 标准采用字母与数字相结合的混合标记分类法，目前共分为 18 个大类，每个大类下再细分若干个小类，并用一个字母标记一个大类，用数字表示小类。

ANSI 自行制订的国家标准：ANSI+分类号+小数点+序号+年份，专业标准经审批后提升为国家标准：ANSI+断开号+原专业标准号+制定年份+（修订年份）。

4．日本工业标准

日本工业标准（Japanese's Industrial Standards，JIS），由成立于 1949 年的日本工业标准调查会（Japanese Industrial Standards Committee，JISC）负责制定，由日本标准协会发行。现行 JIS 标准近万条，每隔 5 年审议一次。

日本工业标准（http://www.jsa.or.jp）为国家级标准，除药品、食品及其他农林产品另制订专业技术规范或标准外，内容涉及各个工业领域，包括技术术语及符号，工业产品的质量、形状及性能；试验分析与测量，设计、生产、使用及包装运输等方面。

日本工业标准采用字母与数字相结合的混合标记分类法，用一个字母表示一个大类，共 17 个大类，大类下面用数字细分为 146 个小类。标准号的构成为：标准代号（JIS）+字母类号+数字类号+标准序号+制定年份。

5．英国标准

英国标准（British Standard，BS），由创建于 1901 年的英国标准学会（British Standards Institution，BSI）负责制订。英国标准在世界上有较大影响，因为英国是标准化先进国家之一，并为英联邦国家采用，所以英国标准受到国际上的重视。英国标准每 5 年复审一次，现行标准近万条。

英国标准的标准号构成为：标准代号（BS）+顺序号+分册号+制订（修订）年份。

6.3 科技报告检索

6.3.1 科技报告基本知识

1．科技报告的概念

科技报告是在科研活动的各个阶段，由科技人员按照有关规定和格式撰写的，以积累、传播和交流为目的，能完整而真实地反映其所从事科研活动的技术内容和经验的特种文献。它具有内容广泛、翔实、具体、完整，技术含量高，实用意义大，而且便于交流，时效性好等其他文献类型所无法相比的特点和优势。

科技报告注重详细记录科研进展的全过程，大多数科技报告都与政府的研究活动、国防及尖端科学技术领域有关，其撰写者或提出者主要是政府部门、军队系统的科研机构和一部分由军队、政府部门与之签订合同或给予津贴的私人公司、大学等。

科技报告所报道的内容一般必须经过有关主管部门的审查与鉴定，具有较好的成熟性、可靠性和新颖性，是非常重要的学术信息资源。对于交流科研思路、推动发明创造、评估技术差距、改进技术方案、增加决策依据、避免科研工作中的重复与浪费，促进科研成果转化为生产力具有积极的作用。科研人员经常查阅科技报告可以少走弯路，避免重复研究，提高科研水平的起点，得到事半功倍的效果。

2. 科技报告的特点

（1）迅速反映新科研成果

以科技报告形式反映科研成果比这些成果在期刊上发表，一般要早一年左右，有的则不在期刊上发表。

（2）内容多样化

它几乎涉及整个科学、技术领域和社会科学、行为科学以及部分人文科学领域。

（3）保密性较强

大量科技报告都与政府的研究活动、高新技术有关，使用范围控制较严。

（4）报告质量参差不齐

大部分科技报告是合同研究计划的产物，由工程技术人员编写，由于撰写受时间限制、因保密需要以工作文件形式出现等因素影响，使报告的质量相差很大。

（5）连续编号

每份报告自成一册，装订简单，一般都有连续编号。

3. 科技报告的类型

按科技报告反映的研究阶段，大致可分为两大类：一类是研究过程中的报告，如现状报告、预备报告、中间报告、进展报告、非正式报告；另一类是研究工作结束时的报告，如总结报告、终结报告、试验结果报告、竣工报告、正式报告、公开报告等。

按报告的文献形式可分为：报告书，是一种比较正式的文件；札记，研究中的临时记录或小结；论文，准备在学术会议上或期刊上发表的报告；备忘录，供同一专业或同一机构中的少数人沟通信息用的资料；通报，对外公布的、内容较为成熟的摘要性文件；技术译文，等等。

按报告的使用范围可划分为：绝密报告、机密报告、秘密报告、非密限制发行报告、非密报告、解密报告等。

按报告的性质划分为：科学报告、技术报告、工程报告、调查报告、研究报告、专门报告、分析报告、正式报告、非正式报告、会议报告、评估报告、专题报告、交流报告、生产报告、经济报告、测试报告等。

6.3.2　科技报告检索

1. 传统科技报告检索工具

（1）我国传统科技报告检索工具

《科学技术研究成果公报》，由中国国家科委科学技术成果管理办公室主办，由科技文献出版社出版，1963 年创刊，发行月刊。它报道我国较大的科研成果，由国务院有关部门推荐、经国家科委科学技术成果管理办公室正式登记、以摘要形式在《公报》上公告。期刊按分类编排，有 4 个大类：第一类为农业、林业；第二类为工业、交通及环境科学；第三类为医药、卫生；第四类为基础科学。每一大类中按《中图法》分类号顺序编排，每年第 12 期是年度分类索引。中国科技信息研究中心已开发了其电子产品——中国科技成果库。

（2）国外传统科技报告检索工具

《宇航科技报告》（Scientific and Technical Aerospace Reports，STAR）创刊于 1963 年，发行半月刊。它由美国国家航空和宇航局编辑出版，是当前报道世界航空宇航及其相关学科和工艺技术方面科技报告的文摘型检索刊。它主要收录 NASA 报告、NASA 专利、学位论文和专著以及美国其他政府机构、研究单位、公司企业、大专院校的科技报告，也报道国外发表的科技报告。同时，它也转载相当数量的 PB、AD 和 DOE 报告。STAR 使用统一编号形式“N+年代+顺序号”。在 Dialog 联机检索系统中有 108 号文档与之对应，数据库名称是“Aerospace Database”。

《文摘通信》（Abstract Newsletters），由美国国家技术情报局出版，按学科分成 26 个专题，按周出版，以文摘形式报道 NTIS 最新发行和有较大使用价值的报告。

《技术札记》（Tech Notes），由美国国家技术情报局出版，主要报道来自美国政府六大部门科研单位收集的技术上有推广价值的科技报告、技术发明和数据表格等，内容分为 12 个学科，按月出版。

《能源研究文摘》（Energy Research Abstracts，ERA），由美国能源部科技情报中心主办，创刊于 1976 年，发行半月刊。它是 DOE 报告的主要检索工具。

《ERA》主要报道美国能源部所属单位和合同户所提供的科学研究报告，也报道与能源研究有关的期刊论文、会议论文、图书、专利和学位论文等，还有其他单位的与能源有关的文献。报道内容集中在能源领域，也包括安全、环境科学、生物医学、物理学及法规等相关方面。

2．网络科技报告检索工具

我国主要的科技报告检索数据库有万方数据资源系统（www.wanfangdata.com.cn）、国家科技图书文献中心 NTSL（www.nstl.gov.cn）、中国知网——中国科技项目创新成果鉴定意见（www.cnki.net）、国研网（www.drcnet.com.cn）、中国资讯行（www.chinainfobank.com）等。

国外主要的科技报告检索数据库有美国政府四大科技报告（PB 报告、AD 报告、DOE 报告、NASA 报告）、美国政府报告通报与索引（GRA & I）、NTIS 数据库（http://www.ntis.gov.au）和英国科技报告等。

（1）国研网及系列研究报告

国务院发展研究中心信息网（http://www.drcnet.com.cn）简称国研网，是由国研网公司开发的中国著名的大型经济类专业网站。国务院发展研究中心是直属国务院的政策研究和咨询机构，主要职责是研究国民经济、社会发展和改革开放中的全局性、综合性、战略性、长期性问题，提供政策建议和咨询意见，而国研网则以国务院发展研究中心丰富的信息资源和强大的专家阵容为依托，由国务院发展研究中心的专家不定期发布有关中国经济和社会诸多领域的调查研究报告。

目前，国研网公司已推出了“国研报告数据库”、“宏观经济报告数据库”、“金融中国报告数据库”、“行业经济报告数据库”、“世界经济金融评论报告数据库”等一系列专业经济信息产品。其中，“国研报告数据库”每年 200 期，100 万字左右，不定期出版，网络版每天在线更新，印刷版每月初出版，具有很高的权威性和预见性；“宏观经济报告数据库”是多视角展示中国经济发展的转型氛围和内外部环境的研究报告库，由月度分析报告、专题研究报告、决策参与三个子库构成；“金融中国报告数据库”是对我国金融整体运行状况和政策导向进行深入跟踪研究分析形成的一系列研究报告库，由月度分析报告、季度分析报告、专题研究报告、金融决策参考等系列子数据库组成；“世界经济金融评论报告数据库”收录国研网编译的国际知名经济研究机构和媒体（如 IMF、高盛公司、摩根斯坦利、野村证券、法国 CDC IXIS、德意志银行、《经济学家》杂志）的最新研究报告，内容包括这些机构对全球经济、金融形势的分析判断与预测，各国经济发展热点问题的研究评论，以及最新的经济理论研究。这几个数据库是政府、企业、金融机构领导、决策人士和经济研究人员观察了解国内外经济风云变幻的窗口，均以光盘版、网络版等多种形式出版。

同时，国研网提供了从行业、书名、作者和关键词等途径对深度报告进行的查询，并提供报告的目录与摘要信息，如图 6-32 所示。

图 6-32　国研网

（2）万方数据资源系统

万方数据科技报告数据库是题录资源。其中，中文科技报告的收录始于 1966 年，源于中华人民共和国科学技术部，有 20000 余份；外文科技报告的收录始于 1958 年；美国政府四大科技报告（AD、DE、NASA、PB）有 1100000 余份，如图 6-33 和图 6-34 所示。

图 6-33　万方科技报告数据库检索图

图 6-34　科技报告检索结果

（3）国家科技图书文献中心

国家科技图书文献中心（National Science and Technology Library，NSTL）是经国务院领导批准，于 2000 年 6 月 12 日成立的一个基于网络环境的科技信息资源服务机构，如图 6-35 和图 6-36 所示。该中心由中国科学院文献情报中心、中国科学技术信息研究所、机械工业信息研究院、冶金工业信息标准研究院、中国化工信息中心、中国农业科学院农业信息研究所、中国医学科学院医学信息研究所、中国标准化研究院标准馆和中国计量科学研究院文献馆组成。

图 6-35 国家科技图书文献中心

图 6-36 国家科技图书文献中心科技报告检索

（4）中国知网——中国科技项目创新成果鉴定意见数据库

该数据库主要收录正式登记的中国科技成果，按行业、成果级别、学科领域分类。每条成果信息包含成果概况、立项、评价，知识产权状况及成果应用，成果完成单位、完成人等基本信息，如图 6-37 所示。

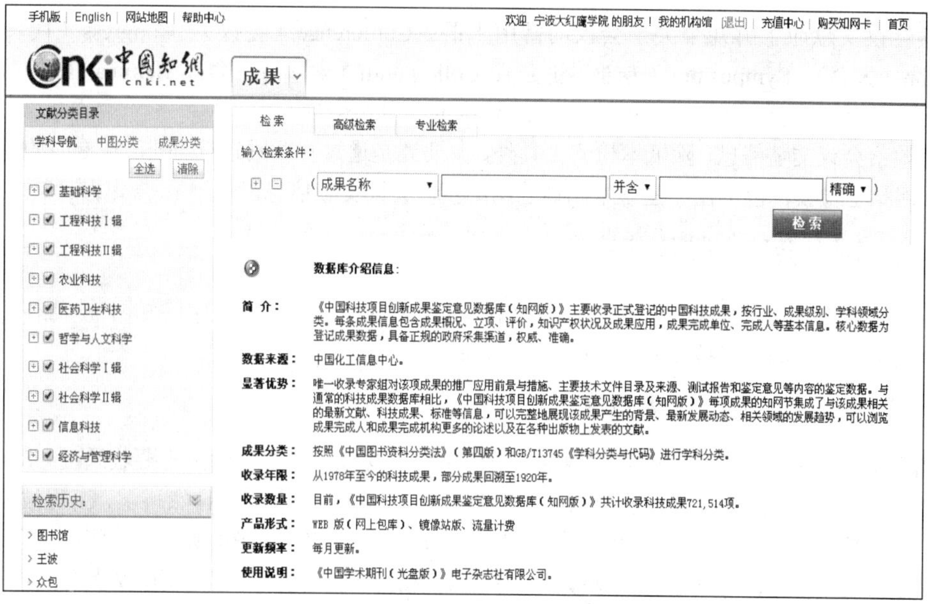
手机版 | English | 网站地图 | 帮助中心
欢迎 宁波大红鹰学院 的朋友！我的机构馆 [退出] | 充值中心 | 购买知网卡 | 首页
中国知网 cnki.net
成果
文献分类目录
学科导航 中图分类 成果分类
全选 清除
基础科学
工程科技Ⅰ辑
工程科技Ⅱ辑
农业科技
医药卫生科技
哲学与人文科学
社会科学Ⅰ辑
社会科学Ⅱ辑
信息科技
经济与管理科学
检索历史：
图书馆
王波
众包
检索 高级检索 专业检索
输入检索条件：
成果名称 并含 精确
检索
数据库介绍信息：
简 介：《中国科技项目创新成果鉴定意见数据库（知网版）》主要收录正式登记的中国科技成果，按行业、成果级别、学科领域分类。每条成果信息包含成果概况、立项、评价，知识产权状况及成果应用，成果完成单位、完成人等基本信息。核心数据为登记成果数据，具备正规的政府采集渠道，权威、准确。
数据来源：中国化工信息中心。
显著优势：唯一收录专家组对该项成果的推广应用前景与措施、主要技术文件目录及来源、测试报告和鉴定意见等内容的鉴定数据。与通常的科技成果数据库相比，《中国科技项目创新成果鉴定意见数据库（知网版）》每项成果的知网节集成了与该成果相关的最新文献、科技成果、标准等信息，可以完整地展现该成果产生的背景、最新发展动态、相关领域的发展趋势，可以浏览成果完成人和成果完成机构更多的论述以及在各种出版物上发表的文献。
成果分类：按照《中国图书资料分类法》（第四版）和GB/T13745《学科分类与代码》进行学科分类。
收录年限：从1978年至今的科技成果，部分成果回溯至1920年。
收录数量：目前，《中国科技项目创新成果鉴定意见数据库（知网版）》共计收录科技成果721，514项。
产品形式：WEB 版（网上包库）、镜像站版、流量计费
更新频率：每月更新。
使用说明：《中国学术期刊（光盘版）》电子杂志社有限公司。

图 6-37　中国知网——中国科技项目创新成果鉴定意见数据库检索

6.4　会议文献检索

6.4.1　会议与会议文献概述

随着科学技术的迅速发展，各个国家的学会、协会、研究机构及国际学术组织越来越多，为了加强科学家之间的信息交流，各学术组织每年都定期或不定期地召开学术会议。学术会议按其组织形式和规模区分，一般可分为以下五大类：国际性会议、地区性会议、全国性会议、学会或协会会议、同行业联合会议。

会议文献是指各类学术会议的资料和出版物，包括会议前参加会议者预先提交的论文文摘、在会议上宣读或散发的论文、会上讨论的问题、交流的经验和情况等经整理编辑加工而成的正式出版物（会议录）等。广义的会议文献包括会议论文、会议期间的有关文件、讨论稿、报告、征求意见等，而狭义的会议文献仅指会议录上发表的文献。新的理论、新的解决方案和新发展的概念通常最早出现在学术会议上发表的论文中。

会议文献一般分为：①会前文献，包括会议日程、论文目录、摘要和会议论文预印本（由于经费等原因，有的会议之后就不再出版正式文献）；②会中文献，包括开幕词、讨论记录和闭幕词等；③会后文献，有会议录（Proceedings）、会议论文集（Symposium）、会议论文汇编（Transactions）、期刊特辑、图书以及有关会议的声像资料等形式。

会议文献一般有四个特征：①传递新产生的但未必成熟的科研信息，对学科领域中新发现、新成果等重大事件的首次报道率较高，是人们及时了解有关学科领域发展状况的重要渠道；②涉及的专业内容集中、针对性强，一般是围绕同一会议主题撰写相关的研究论文；③内容新颖，即时性强，最能反映各个学科领域现阶段研究的新水平、新进展；数量庞大，出版不规则；④出版形式多种多样，有图书、期刊、科技报告、预印本、视听资料等形式。

检索会议文献应了解几个关于会议的常用术语：Conference（会议）、Congress（代表大会）、Convention（大会）、Symposium（专业讨论会）、Colloquium（学术讨论会）、Seminar（研究讨论会）、Workshop（专题讨论会）、Group meeting/Panel meeting（分组会议）等。

现在检索会议文献信息，除纸本检索工具外，主要还是通过互联网进行，既可在专门的商业网站、专业性的网站上检索，也可在一些学术团体的网站获得会议文献信息。

6.4.2 国内会议文献及其检索

我国主要的会议文献检索数据库有万方的中国学术会议全文数据库、中国知网——国内外重要会议论文全文数据库、国家科技图书文献中心（NTSL）等。

1．中国学术会议论文全文数据库

中国学术会议论文全文数据库是国内唯一的学术会议文献全文数据库，主要收录 1998 年以来国家级学会、协会、研究会组织召开的全国性学术会议论文，数据范围覆盖自然科学、工程技术、农林、医学等领域，是了解国内学术动态必不可少的帮手，如图 6-38 和图 6-39 所示。中国学术会议论文全文数据库分为两个版本：中文版、英文版。其中中文版所收会议论文内容是用中文撰写的；英文版主要收录在中国召开的国际会议的论文，论文内容多为英文撰写的。

2．中国知网——国内外重要会议论文全文数据库

国内外重要会议论文全文数据库的文献是由国内外会议主办单位或论文汇编单位书面授权并推荐出版的重要会议论文。由中国学术期刊（光盘版）电子杂志社编辑出版的国家级连续电子出版物专辑。重点收录 1999 年以来，中国科协系统及国家二级以上的学会、协会，高校、科研院所，政府机关举办的重要会议以及在国内召开的国际会议上发表的文献。其中，国际会议文献占全部文献的 20%以上，全国性会议文献超过总量的 70%，部分重点会议文献回溯至 1953 年，如图 6-40 和图 6-41 所示。

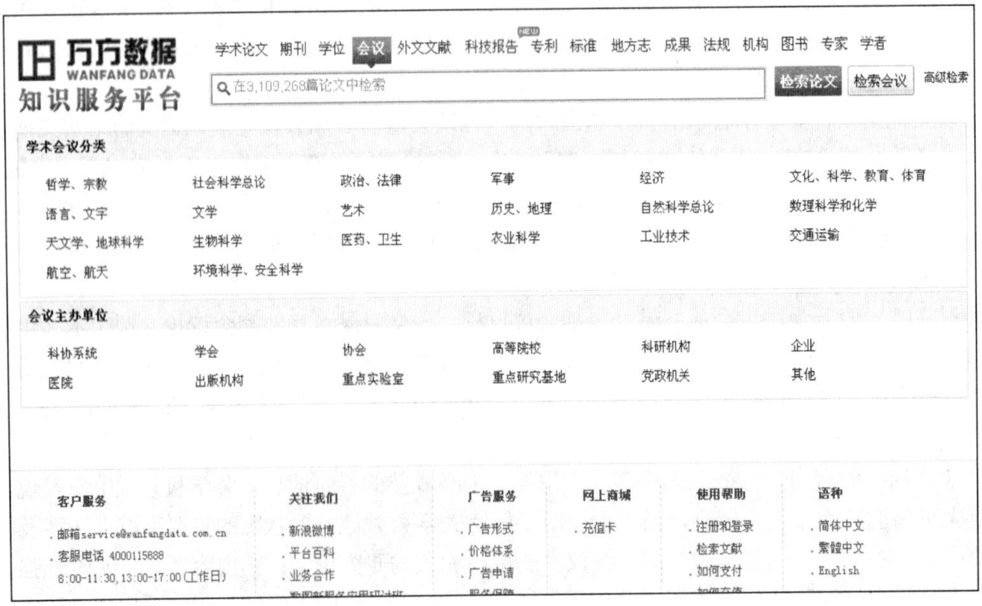

图 6-38 中国学术会议论文全文数据库

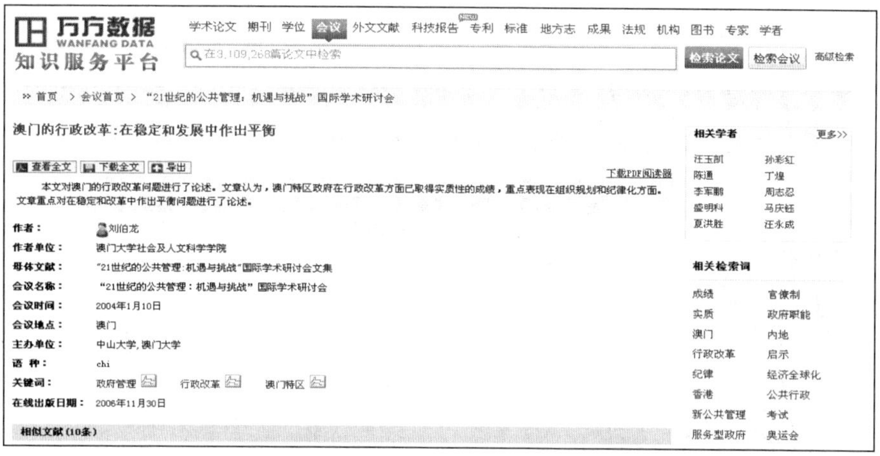

图 6-39　中国学术会议论文全文数据库检索结果

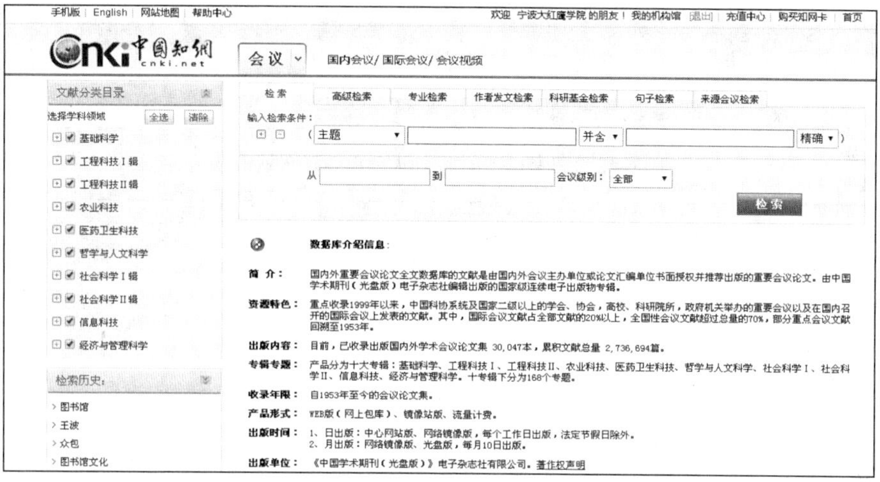

图 6-40　中国知网——国内外重要会议论文全文数据库检索

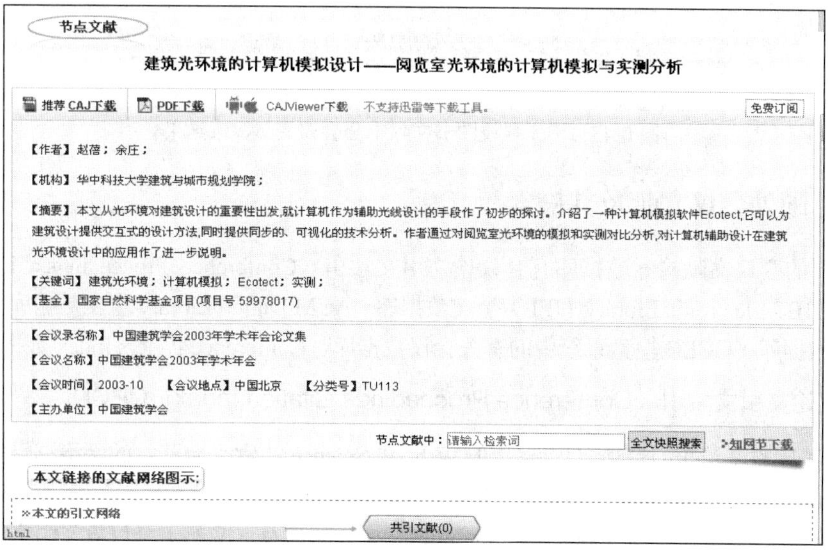

图 6-41　中国知网——国内外重要会议论文全文数据库检索检索结果

3．国家科技图书文献中心（NSTL）

国家科技图书文献中心网站如图 6-42 和图 6-43 所示。

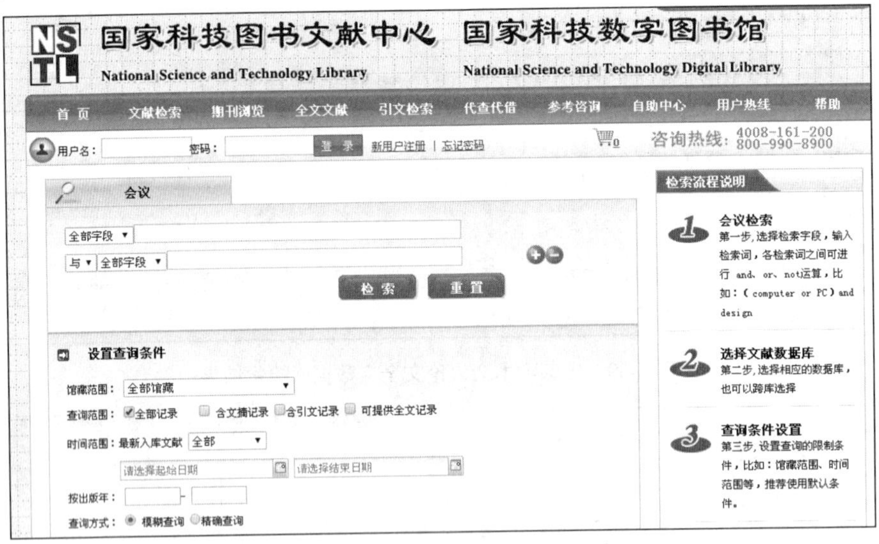

图 6-42　国家科技图书文献中心会议文献检索

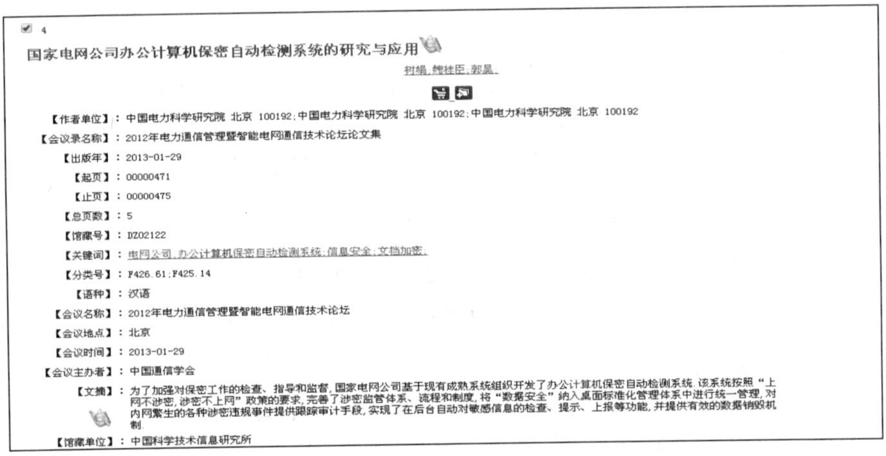

图 6-43　国家科技图书文献中心会议文献检索结果

6.4.3　国外会议文献及其检索

国外主要的会议文献检索数据库有会议论文引文索引（Conference Proceedings Citation Index，CPCI）、IEEE/IET Electronic Library（IEL）全文数据库、ACM Digital Library 全文数据库、SPIE Digital Library 全文数据库、OCLC 检索系统中的有关会议数据库、Conference Papers Index 数据库等。

1．会议论文引文索引（Conference Proceedings Citation Index，CPCI）

CPCI 是美国科学情报研究所（ISI）基于 Web of Science 检索平台开发的网络书目数据库，包括 CPCI-S（Conference Proceedings Citation Index-Science，科技会议论文引文索引）和 CPCI-SSH（Conference Proceedings Citation Index & Humanities，社会科学及人文科学会议论文引文索引）两个子库，汇集了世界上最新出版的会议录资料，包括专著、丛书、预印本以及来源于期刊的会议论文，提供了综合全面、多学科的会议论文资料，可以看到论文的题录和文摘。现在 CPCI 并入 Web of Science 核心合集，成为其旗下的一个子库。

科技会议论文引文索引收录自 1990 年以来每年近 10000 个国际科技学术会议出版的共计 190 多万篇会议论文。每年约增加 220000 个记录，数据每周更新；涵盖学科包括农业、环境科学、生物化学、分子生物学、生物技术、医学、工程、计算机科学、化学和物理。

社会科学及人文科学会议论文引文索引收录自 1990 年以来每年近 2800 个国际学术会议出版的共计约 200000 篇会议论文；每年约增加 20000 个记录，涵盖了社会科学、艺术和人文科学的所有领域，包括心理学、社会学、公共健康、管理、经济、艺术、历史、文学和哲学等。

2．IEEE/IET Electronic Library（IEL）全文数据库

IEL 全文数据库（1988 年至今）提供美国电气电子工程师学会（IEEE）及国际工程和技术学会（IET）出版的会议录全文。

3．ACM Digital Library 全文数据库

ACM Digital Library 全文数据库收录了 1985 年以来美国计算机协会（Association for Computing Machinery）的会议录全文。

4．SPIE Digital Library 全文数据库

SPIE Digital Library 全文数据库收录了 1998 年以来国际光学工程学会（SPIE）所有的会议录全文。

5．OCLC 检索系统中的有关会议数据库

（1）Papers First（国际学术会议论文索引数据库）。该数据库收录世界范围内各类学术会议上发表的学术论文的索引信息，每两周更新一次。其内容覆盖了自 1993 年以来在“大英图书馆资料中心”会议文库中所收集的所有大会、专题讨论会、博览会、讲习班、学术报告会上以及其他会议上所发表的论文。

（2）Proceedings（国际学术会议录索引数据库）。Proceedings 是 Papers First 的相关库，收录了世界范围内举办的各类学术会上发表的论文的目次表。可通过该库检索 1993 年以来“大英图书馆资料中心”的会议录。此外，还可根据所列出的某一学术会议所提交的论文了解各次会议的概貌和当时的学术水平。Papers First 数据库中的每条记录对应着 Proceedings 数据库中的某个会议记录，可以根据其记录中的数据库号在 Proceedings 中检索出该会议完整的目次表。该数据库每周更新两次。

6．Conference Papers Index 数据库

该库是剑桥科学文摘（CSA）中的一个子库。该库收录了（1982 年至今）世界上重要会议论文的题录信息，1995 年以后的数据集中于生命科学、环境科学及水科学领域。目前，CSA 已经开发了自己的网络平台 CSA Internet Database Service，网址为 http://www.csa.corn。该网站提供多库检索及相关 Internet 资源的浏览，可以记录检索历史，保存检索策略，每日更新，可帮助用户及时了解最新的研究成果。

6.5　学位论文检索

6.5.1　学位论文基本知识

1．学位论文的概念

学位论文是高等学校、科研机构的学生修学毕业为获得各级学位所撰写的论文。学位论文是学术

论文的一种形式。根据《中华人民共和国学位条例》的规定，学位论文分为学士论文、硕士论文、博士论文三种。

学士论文表明作者较好地掌握了本门学科的基础理论、专门知识和基础技能，并具有从事科学研究工作或承担专门技术工作的初步能力。

硕士论文表明作者在本门学科上掌握了坚实的基础理论和系统的专业知识，对所研究课题有新的见解，并具有从事科学研究工作或独立承担专门技术工作的能力。

博士论文表明作者在本门学科上掌握了坚实宽广的基础理论和系统深入的专门知识，在科学和专门技术上做出了创造性的成果，并具有独立从事创新科学研究工作或独立承担专门技术开发工作的能力。

2．学位论文的特点

（1）学位论文是高等学校、科研机构的毕业生为获得各级学位所撰写的论文。

（2）学位论文选题新颖，理论性、系统性较强，阐述详细。

（3）参考文献多、全面，有助于对相关文献进行追踪检索。

（4）单纯的文摘数据已无法满足读者需要，读者对电子论文全文的需求呈上升趋势。

3．学位论文的组成

学位论文一般由论文和附录两大部分组成。

论文部分包括：①封面，统一印制；②题名页；③目次摘要，包括简短摘要（同学术论文）和详细摘要（供论文答辩委员会审阅）；④关键词；⑤前言，篇幅比学术论文的前言长；⑥材料、方法、结果、讨论；⑦致谢；⑧参考文献。

附录部分包括：论文中未放入的数据、图表、照片、术语说明。

4．学位论文的收藏

世界上，学位的授予是从中世纪开始的，1180 年巴黎大学授予第一批神学博士学位。在学位论文的处理上，各个国家的学校或研究单位不尽相同。由于学位论文大部分不公开出版，所以全文的获取比较困难。只有少数国家将学位论文集中保存，统一报道与提供。

美国和加拿大学位论文由美国 Proust 公司收集，该公司还收集、报道、提供其他国家的学位论文。其出版的学位论文有印刷型、缩微胶卷、光碟和网络数据库。英国的学位论文统一收藏于不列颠图书馆的国家外借图书馆（NLL）内，对读者不借论文原件，但提供复印服务。日本规定国立大学的学位论文统一存储于日本国家图书馆内，私立大学的学位论文则由本校图书馆收藏。

中国收藏学位论文的法定单位为：①国家图书馆（主要收藏博士论文）；②中国科学技术信息研究所（主要收藏自然科学学位论文）；③中国社会科学院图书馆（主要收藏社会科学方面的学位论文）；④解放军医学图书馆（主要收藏军队医学博士、硕士学位论文）。

尽管大多数图书馆不予系统收藏学位论文，但随着网络的发展，学位论文的检索比以往更容易，但目前收费的数据库仍然居多。

6.5.2 国内学位论文检索

1．万方中国学位论文全文数据库

万方中国学位论文全文数据库是由国家法定学位论文收藏机构——中国科技信息研究所提供，并委托万方数据加工的“中国学位论文文摘数据库”，该数据库收录我国各学科领域的学位论文。数据来源于各高等院校、研究生院及研究所。专业范围为自然科学和社会科学各领域。该数据库始建于 1985 年，收录了自 1980 年以来我国自然科学领域博士、博士后及硕士研究生论文，是我国目前收录数量最多的学位论文全文库，如图 6-44 和图 6-45 所示。

图 6-44　万方学位论文库

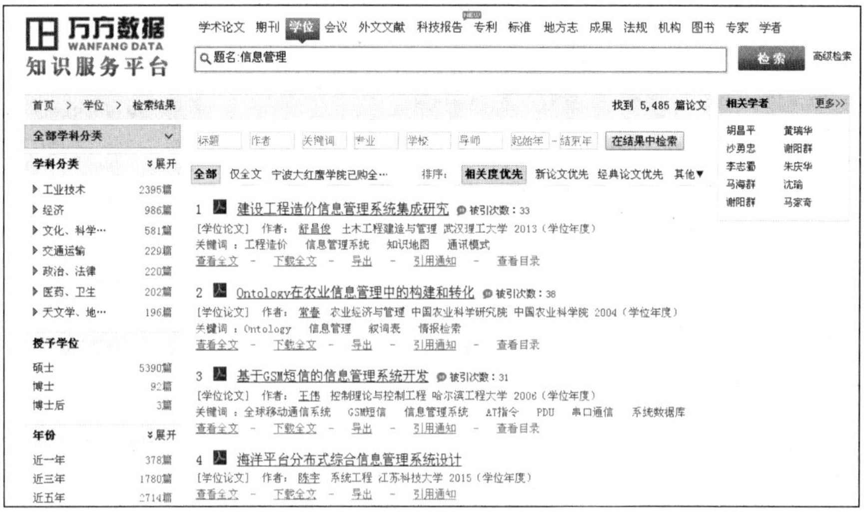

图 6-45　万方学位论文库检索结果

2. 中国优秀博硕士学位论文全文数据库

中国优秀博硕士学位论文全文数据库是目前国内相关资源最完备、高质量、连续动态更新的优秀学位论文全文数据库之一，收藏从 1984 年至今的博硕士学位论文，目前，累积博硕士学位论文全文文献 2 996 157 篇，如图 6-46 和图 6-47 所示。该数据库覆盖基础科学、工程技术、农业、医学、哲学、人文、社会科学等各个领域。产品分为十大专辑：基础科学、工程科技Ⅰ、工程科技Ⅱ、农业科技、医药卫生科技、哲学与人文科学、社会科学Ⅰ、社会科学Ⅱ、信息科技、经济与管理科学，十大专辑下分为 168 个专题。

3. CALLS 高校学位论文文摘与全文数据库

CALLS 高校学位论文文摘与全文数据库是由中国高等教育文献保障体系 CALIS 全国工程文献中心——清华大学图书馆牵头组织，协调高校合作建设的文摘与全文数据库，如图 6-48 所示。截至 2002 年 5 月 21 日，全国已有 97 所高校申请加入学位论文数据库的建库工作，学位论文数据库的上网数据量已达到 97 000 多条，内容覆盖自然科学、社会科学、医学等各个学科领域。

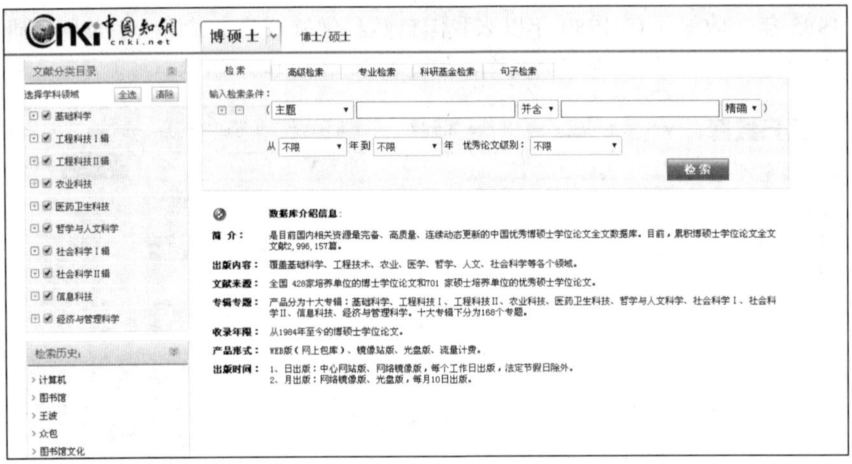

图 6-46 中国优秀博硕士学位论文全文数据库

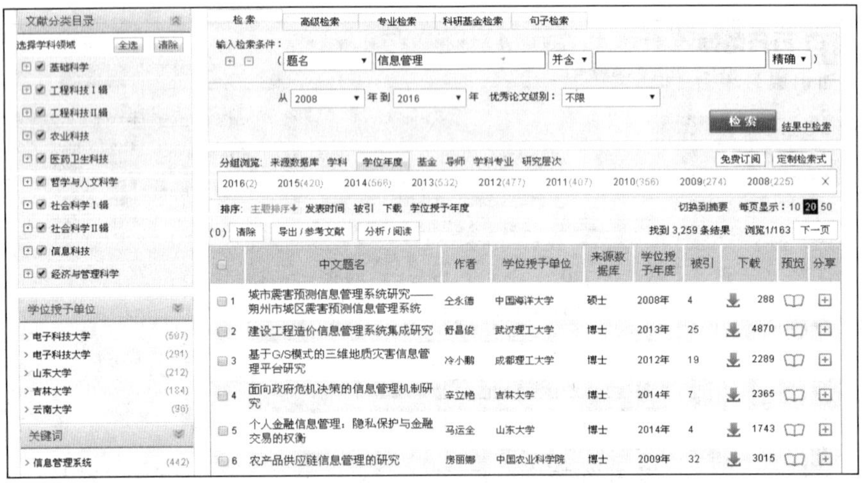

图 6-47 中国优秀博硕士学位论文全文数据库检索结果

图 6-48 CALLS 高校学位论文文摘与全文数据库检索

6.5.3　国外学位论文检索

PQDT 博硕士论文数据库（Proust Dissertations & Theses，PQDT，原名 PQDD），是美国 Proust 公司（原名 UMI 公司）出版的基于网络环境下的博硕士论文数据库。它收录了欧美 1000 余所大学的数百万篇学位论文，是目前世界上最大和最广泛使用的学位论文数据库之一。该数据库内容覆盖理工和人文社科等领域，其主题涉及农业、天文学、生物和环境科学、商业和经济、化学、教育、工程、美术和音乐、地理和地区规划、地质学、保健科学、历史和政治、语言和文学、图书信息科学、数学和统计学、哲学和宗教、物理学、心理学和社会学。PQDT 具有以下特点：收录年代长，从 1861 年开始；数据更新快，每周更新；1997 年以来的部分论文不但能看到文摘索引信息，还可以看到前 24 页的论文原文。

PQDT 系统提供了基本检索和高级检索两种检索方式，如图 6-49 和图 6-50 所示。

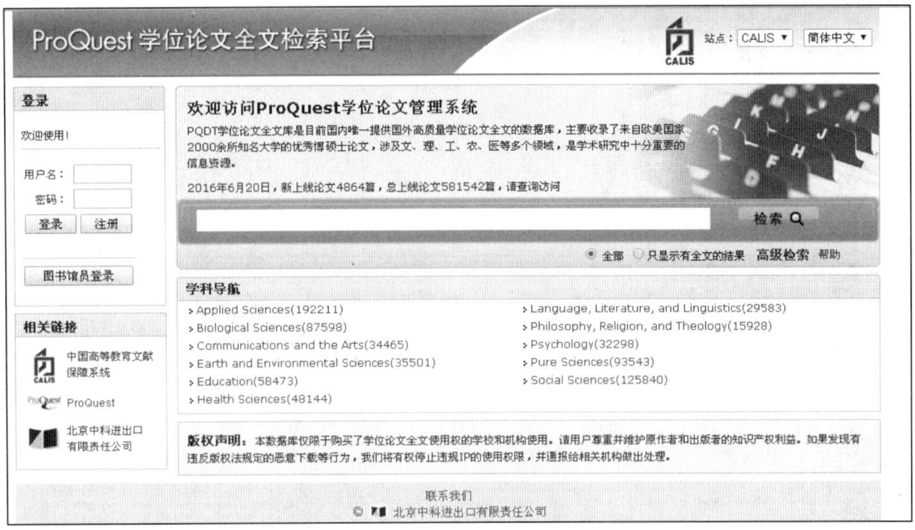

图 6-49　PQDT 基本检索

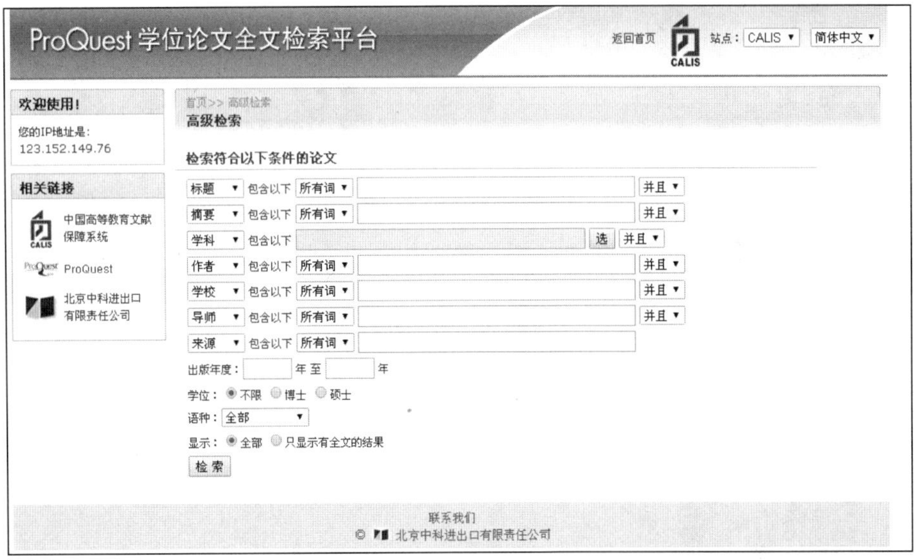

图 6-50　PQDT 高级检索

思考题

1．中国专利文献检索途径有哪些？
2．国内外标准有哪些检索工具？
3．什么是科技报告？科技报告有哪些检索途径？
4．会议文献有几种类型？国内会议文献有哪些检索途径？
5．简述学位论文的概念、特点、组成及检索方法。

第 7 章　事实和数据型信息检索

7.1 事实和数据型信息概述

7.1.1 事实和数据型数据库概念

在数字信息资源发展的初期，事实数据库与全文数据库合并称为源数据库，在数据库的划分上，也有些重复。但现在，事实数据库更多是强调最原始的事实、数字信息、图谱信息等，可以说是非文献型的数据库，与基于期刊论文、会议论文、学位论文的文献型的全文数据库、参考数据库不同。

事实数据库是事实型数据库和数据型数据库的简称。事实型数据库是指以各种有检索和利用价值的事实信息为存储对象的一类数据库，数据库信息来源于百科全书、字词典、人名录、机构名录等。其内容包括各种名词术语、有关学科、机构、名人等方面的信息，能够提供各种事实的直接信息。“事实”可以是既有数字又有文字的统计资料，也可以是纯文字的知识资料。

数据型数据库也称为数值型数据库，是指以各种调查和统计数据为存储对象，专门提供以数值方式表示数据的一类数据库。数值型数据库除存储各种数值，如统计数据、科学技术数据、社会资源数据、商业经济、地理环境数据外，还存储运算公式、图谱、表格等。例如，金融、证券系统数据库中的货币兑换、化学物质结构数据库、生物蛋白质序列数据库等，大多属于此类。在商业和经济领域中，数值数据库能提供特定产品的价格趋势、国家工业增长率等数值信息。在科技领域，数值数据库能提供物质的物理化学性质、结构、频谱等。

7.1.2 事实和数据型数据库作用与特点

人们在从事生产、学习、科学实验、经济活动或其他日常事务中，都会碰到各种各样的事实和数据问题。我们研究问题查找资料，很多时候往往不需要长篇大论或观点，而只是需要某一个信息、一个知识点或背景材料。例如，某个英文缩写、某个字或词汇的读音和含义及用法、某种物质的物理化学性质、某一句名言出自哪朝哪代哪个人、某个用人单位的基本情况介绍、某个产品的技术特性数据等，这些都是具体的事实和数据问题。从有关的工具书、数据库或有关报纸、期刊等不同载体的文献集合中找出这些具体的事实和数据，都可以认为是事实和数据检索。

事实型数据库的作用就是提供对此类问题的检索结果，从某种程度上说，事实及数值数据库的作用大致相当于传统的参考工具书。但因参考工具书编写和出版周期长，许多正在发展中的最新事实和数据，如各类产品的最新产销数据、价格、股票和黄金市场每日升跌，世界上正在发生的重大事件等，是时刻漂移变动的，不可能快速被工具书收录，用参考具书查找也就不可能得到答案。此时，查询合适的事实和数值数据库或其他类型的信息源是最适用的一条途径。大部分事实与数值数据库本身就是某种参考工具书的计算机化，但它在内容、范围及功能上所具备的一些优势是参考工具书所不能比的。

事实和数据型数据库主要具有以下特点：

① 与传统参考工具书相比，事实和数据型数据库用计算机检索，可做远程的联机检索，实现信息资源的共享查询服务。

② 事实和数据型数据库涉及学科及行业范围非常广泛，从人们的日常生活、事务处理、经济活动到科学研究，各个领域都有涉及。

③ 事实和数据型数据库的数据结构不同，有一元、二元和多元的参数结构；描述方式不同，有的仅有数字，有的除数字外还有文字、图形、图像、公式及计算程序；编排体例不同，各有不同的应用领域。因此事实和数据型数据库的检索方式也各有特性，没有统一的模式，也难以形成统一的标准。

④ 相对于文献型数据库，事实和数据型数据库直接面向问题，总是以特定的事实或数字回答用户的查询。前者的检索结果可能是成百上千条文献，而事实和数据型数据库的检索结果往往可能只是单一的值、一组数据或一个事实。

7.2 中文事实型数据库系统选介

7.2.1 国务院发展研究中心信息网（国研网）

1. 数据库概况

国务院发展研究中心信息网（简称“国研网”）创建于1998年，是由国务院发展研究中心主管、北京国研网信息有限公司承办的大型经济类专业信息平台。

国研网以国务院发展研究中心的信息资源和专家阵容为依托，对国务院发展研究中心的研究成果、国研网自主研发报告以及合作研究机构和专业人士提供的各种知识资源进行数字化管理和开发，是集理论研究、形势分析、政策解读、数据发布、辅助决策于一体的专业经济信息平台，为中国各级政府部门、研究机构和企事业单位准确把握国内外宏观环境、经济金融运行特征、发展趋势及政策走向，从而进行管理决策、理论研究、微观操作提供有价值的参考。

国研网已经建成了内容丰富、检索便捷、功能齐全的大型经济信息数据库集群，同时针对不同类型用户需求，开发形成了党政版、教育版、金融版、企业版、世经版五个专版产品，并应市场需求变化推出了“经济·管理案例库”、“战略性新兴产业数据库”、“国务院发展研究中心行业景气监测平台”、“文化产业数据库”及“中国电子商务数据库”。

2. 国研网教育版内容

“国研网教育版”是国研网针对高校用户设计的专版，旨在为全国各高等院校的管理者、师生和研究机构提供高端的决策和研究参考信息，如图7-1所示。它由全文数据库、统计数据库、研究报告数据库、专题数据库、世经数据库五大数据库集群组成。数据库访问网址：http://www.drcnet.com.cn。

全文数据库包括国研视点、宏观经济、金融中国、区域经济、行业经济、企业胜经、世经评论、高校参考、基础教育、经济形势分析报告、发展规划报告、经济普查报告、政府工作报告、政府统计公报、中国国情报告和财政预决算及审计十六个数据库。

统计数据库包括最新数据、每日财经、金融数据、世经数据、重点行业数据、宏观数据、对外贸易数据、区域经济数据（市级）、产品产量数据、中国教育经费数据、工业统计数据等内容。

研究报告数据库通过持续跟踪、分析国内外宏观经济、金融和重点行业基本运行态势、发展趋势，准确解读相关政策趋势和影响，及时研究各领域热点、重点问题，致力于为用户提供研究和战略决策需要的高端信息产品。该报告数据库包括宏观经济分析报告、金融中国分析报告、行业季度分析报告和行业月度分析报告四大子库。

图 7-1　国研网教育版首页

专题数据库由重点专题数据库和热点专题数据库两部分组成。重点专题数据库包括新农村建设、科学发展观、国际贸易、跨国投资、领导讲话、宏观调控、国内政府管理创新、市场与物价、人口与就业、政策法规、社会保障、循环经济、体制改革、国外政府管理借鉴、聚焦“十一五”、农民工问题、资源环境、基础设施建设、公共管理理论等内容。热点专题数据库是以辅助政策研究及学术研究、便于用户集中获取相关资料为目的，针对宏观经济、金融、区域经济、行业经济和企业管理等领域不同阶段内的热点问题而设计的专题数据库，其中还包括 2002 年以来为“两会”设计、制作的专题。

世经数据库及时编译全球顶尖科研机构（如联合国、世界银行、国际货币基金组织等）、著名学者的最新研究成果。全方位地反映权威专家学者对全球经济金融走势以及对全球经济社会发展的热点问题的前瞻性分析、判断与展望。从而为有关部门的战略规划、管理决策、理论研究以及微观操作提供有价值的高端决策信息参考。

3. 国研网统计数据库及使用

国研网系列数据库分为两类：一类是文献类资源，一类是统计数据类资源。文献类资源与其他文献资源检索类似，已在其他章节详细介绍，这里不再介绍。

国研网统计数据库由最新数据、每日财经、宏观经济数据库、金融统计数据库、重点行业数据库、对外贸易数据库、区域经济数据库、产品产量数据库、工业统计数据库、国有资产管理数据库、财政税收数据库、人口与就业数据库、居民收支与价格数据库、教育统计数据库、世界经济数据库、企业排行榜等内容构成。

国研网统计数据库主要有以下特点：

全面性——数据内容丰富全面，涵盖国民经济的各个方面；

权威性——所有数据均源自于国家权威统计部门提供的信息资料；

实用性——数据库指标体系的设计遵循分析研究的逻辑推衍，科学实用；

准确性——数据的校验实行严格的三级审查制度，确保统计数据准确无误；

及时性——月度、季度、年度数据在都在国家规定的解密时间后及时更新；

系统性——各数据库都提供经过专业化处理、长度充足的时间序列数据，系统有序；

灵活性——提供多维检索方式，实现对数据的立体查询，并可以 EXCEL 格式导出下载。

国研网统计数据库界面分为四块区域，分别为宏观专题数据库系列、区域经济数据库系列、行业经济数据库系列和世界经济数据库系列，如图 7-2 所示。

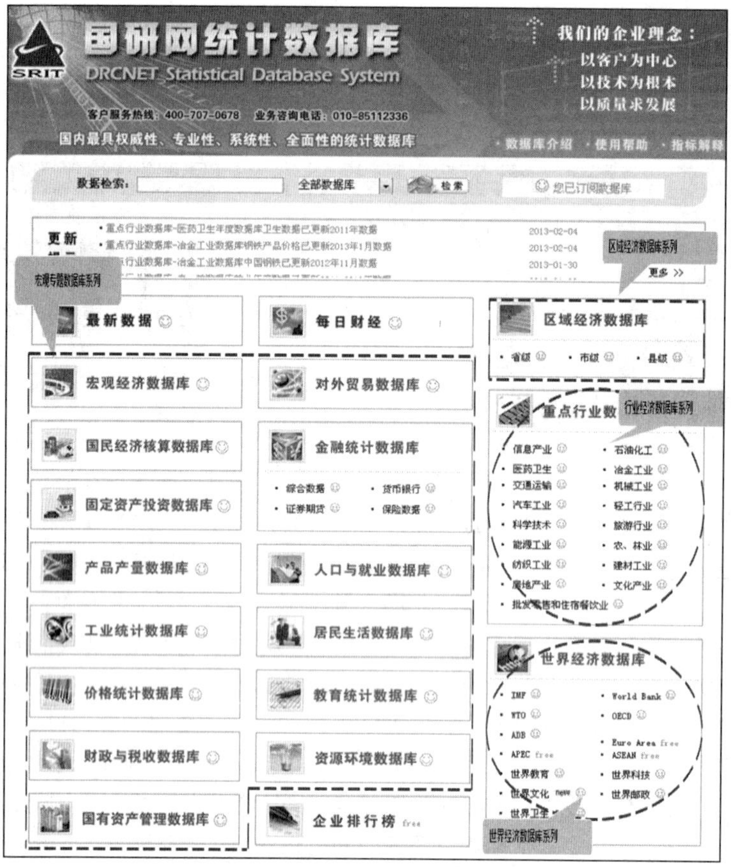

图 7-2 国研网统计数据库首页

下面以宏观经济数据库地区月度数据使用为例，查询北京、天津和上海的食品价格指数和居住价格指数，时间选择为 2016 年的 3、4、5 月，图 7-3 至图 7-6 所示分别为统计数据多维检索（见图 7-3），显示统计数据结果（见图 7-4），统计结果数据导出（见图 7-5），统计结果数据图形显示（见图 7-6）。

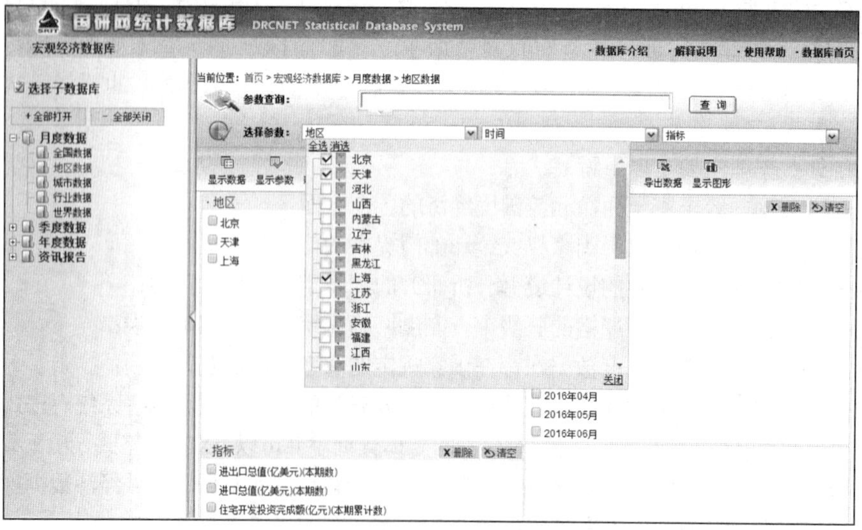

图 7-3 国研网统计数据多维检索

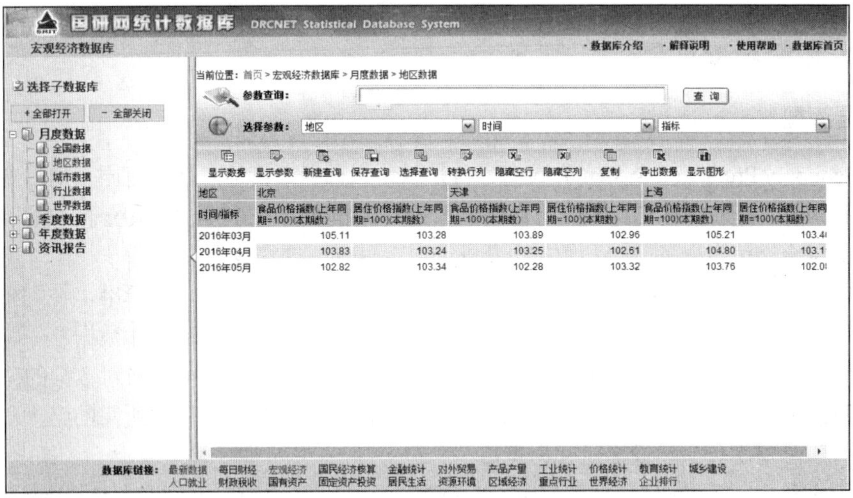

图 7-4　显示统计数据结果

图 7-5　统计结果数据导出

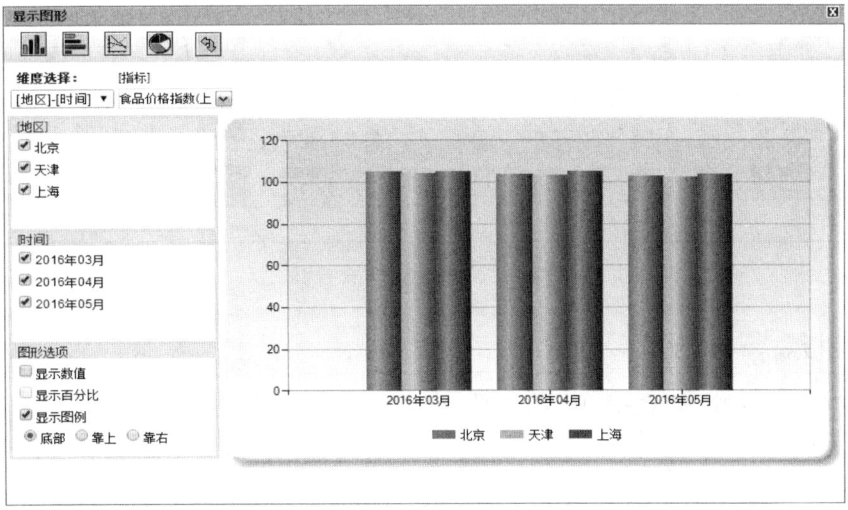

图 7-6　统计数据结果图形显示

7.2.2 EPS 数据平台

1. 数据库概况

EPS（Economy Prediction System）数据平台是以北京福卡斯特信息技术有限公司专业的数据和技术资源为依托，建立起来的集丰富详实的数值型数据资源和强大的分析预测系统于一体，面向多学科，覆盖多领域的综合性信息服务平台和数据分析平台。

EPS 的开发设计参考了 SAS、SPSS 等国际著名分析软件的设计理念和标准，在完整、全面、权威的数据库的基础上建立强大的数据分析和数据预测功能，突破了传统数据库数据单一、操作复杂的使用方式，通过内嵌的数据分析预测软件在平台内只需单击相关按钮即可完成对数据的分析和预测。

EPS 数据库涵盖经济、金融、会计、贸易、能源等领域实证与投资研究所需的绝大部分数据，可为实证研究、学科与实验室建设提供强力支持。

EPS 数据平台是“数据库+统计分析预测”的数值型数据库，拥有 25 万多个统计指标的时间序列，数据总量超过 40 亿条，内容涉及贸易、经济、财经、税收、社会服务、农业、工业、能源、教育、金融、科技、卫生、海洋、旅游、房地产、交通、环境、建筑等 40 个领域、30 多个一级学科、200 多个二级学科及国民经济行业大中小类，覆盖全国各省、400 多个市、2000 多个县和港澳台地区及全球 200 多个国家与国际组织。所有数据均来自权威的官方统计部门，并按照月、季、年及时更新，保证数据的权威性、及时性与准确性，可以极大地满足不同专业的师生对于专业统计数据的需求。

EPS 数据平台首页和检索界面分别如图 7-7 和图 7-8 所示。

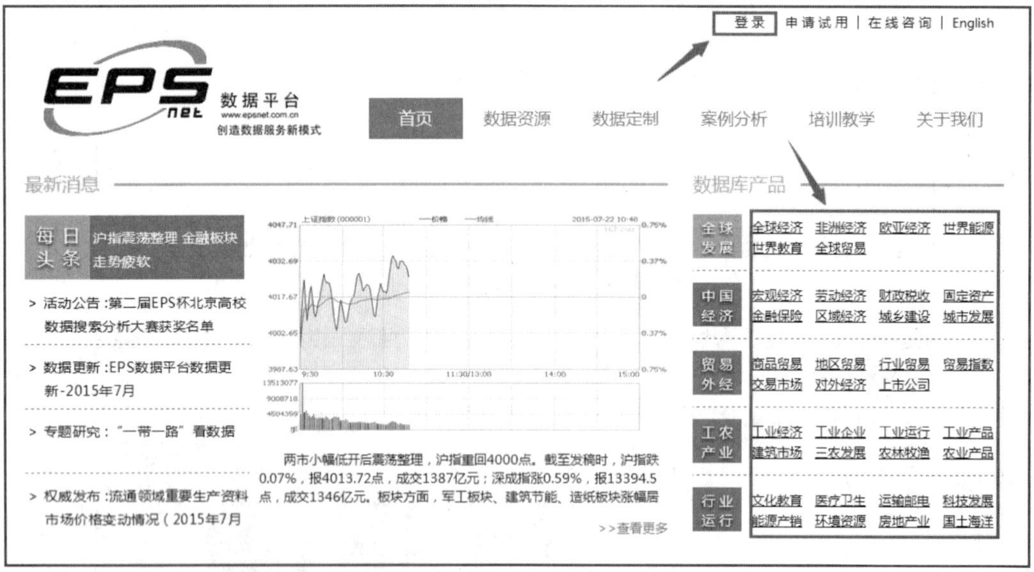

图 7-7 EPS 数据平台首页

2. 数据检索

EPS 数据平台数据检索常用两种检索方式，一种为单库内检索，另一种为跨库检索。两种不同的检索方式，满足不同检索习惯的用户快速查找指标的需求。

我们以检索全国各省 2004 年至 2013 年第一、二、三产业所占比重为例。下面分别以库内检索和跨库检索两种方式详细介绍使用方法。

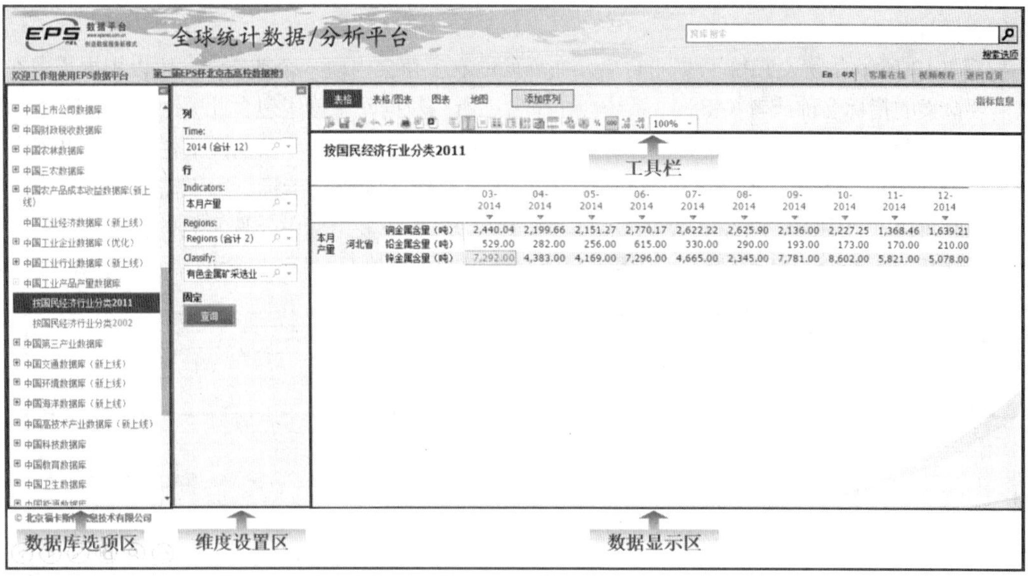

图 7-8 EPS 数据平台检索界面

(1) 库内检索

目前，EPS 数据平台在线提供 40 多个专业数据库。如图 7-9 所示，用户登录平台后，可以在界面的左端进入相应的数据库进行指标检索。

例如：选择进入“中国宏观经济数据库（年度分地区）”之后，可以在“指标”纬度框下进行库内高级模糊检索。通过单击纬度框内的“放大镜”图标，然后输入需要检索的指标名称或者关键词，系统会把查询结果显示在指标纬度栏下方，可根据需要进行相应的选择。

同时，在纬度栏内单击右键，会出现针对指标选择的一系列便捷功能，如全选、取消全选、选择层、取消选择层、选择子项、取消选择子项等，方便用户对指标进行选择。

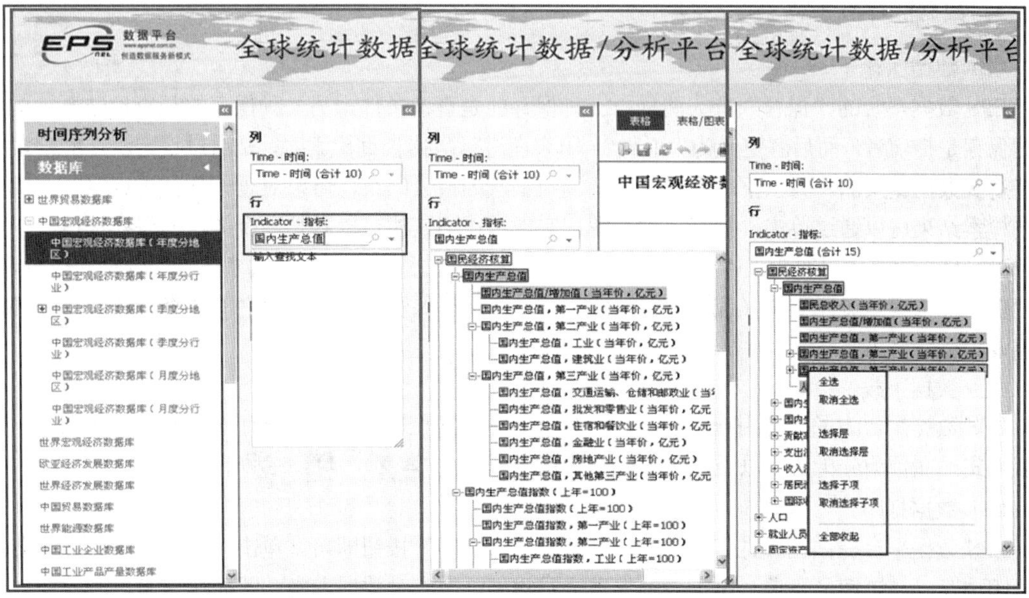

图 7-9 EPS 数据平台库内检索

（2）跨库检索

如图 7-10 所示，登录 EPS 数据平台后，在界面的右上角会出现一个搜索栏，可以根据需求在其中输入需要检索的指标名称或者关键词。系统会在平台上所有数据库中搜索包含此关键词的指标并同时显示搜索结果。例如：要查询全国各省的国内生产总值增加值的情况，可以在搜索栏中输入“国内生产总值”这一关键词，系统会返还数十条包含“国内生产总值”的统计指标。由于需要的是全国各省的数据，因此可以在“中国宏观经济数据库（年度分地区）”下众多指标中勾选需要的指标。在单击“显示数据”之后，系统会自动跳转至“中国宏观经济数据库（年度分地区）”数据库并显示所需的数据。

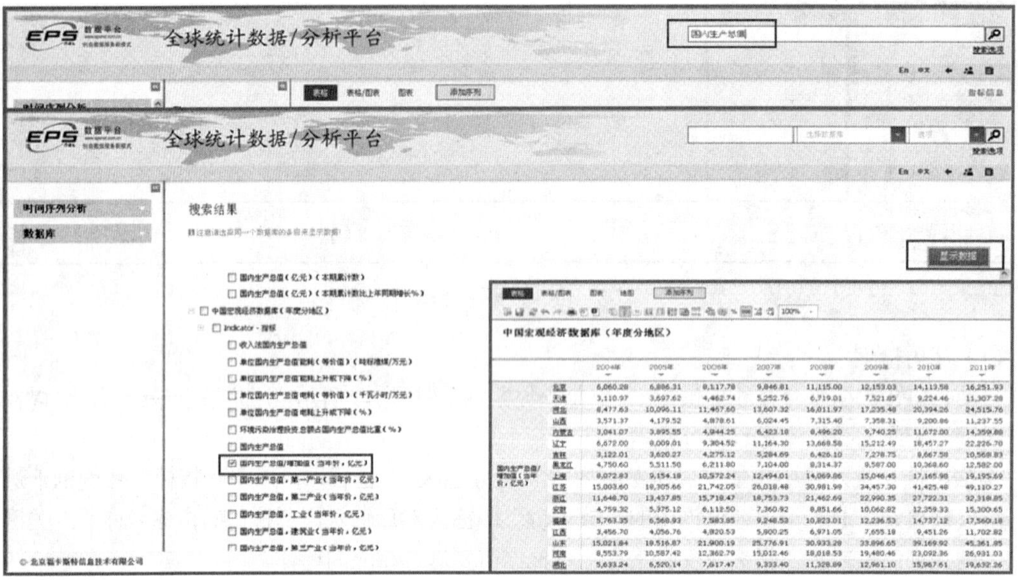

图 7-10　EPS 数据平台跨库检索

3．数据保存与下载

（1）数据保存

EPS 数据平台的“保存”分为两种：一种保存的是查询条件，另一种保存的是查询结果。这里的数据保存是指前者，而后者定义为“下载”。用户在进行数据查询检索时，是通过设定一定的检索条件才能得到数据结果的。为了下次登录时方便调用上次的检索结果，可以对查询条件进行保存。调出上次的检索结果可以通过单击“打开报表”图标实现。在工具栏可以看见两个类似的保存按钮，一个是“保存”，另一个是“另存为”。“另存为”按钮是建立新的文件名，即将查询条件使用新命名进行保存；而“保存”按钮是按原来的（或系统默认的）文件名进行保存，也就是对之前的查询条件进行替换，不需要重新命名。

（2）数据下载

EPS 数据平台为了方便用户的使用，提供了多种下载方式。在数据查询页面下提供 两种下载格式；在预测分析页面以及时间序列分析页面下提供 三种下载格式。

（3）数据打印

EPS 数据平台提供在线打印功能。只需要单击“打印”按钮即可。单击“打印”按钮后，会先看到打印预览，如果满足要求，单击“确定”按钮就可以完成对数据表格、图标的打印。

4. EPS 数据平台各项功能介绍

（1）表格转置功能

用户可以通过单击“转置表格”图标，实现被检索数据的行列转换（见图 7-11）。同时也可以通过拖拽改变纬度栏的位置，实现不同样式的表格形式。

注：当某一纬度被拖拽到“固定”区域下方时，其纬度中的指标不能实现多选（只能选择一项）。同时，被选指标的相应信息会显示在表格的上方。

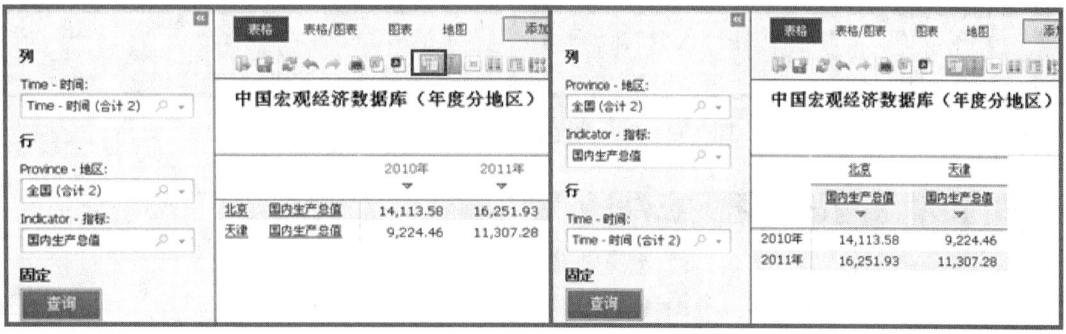

图 7-11　EPS 数据平台表格转置

（2）数据筛选功能

用户可以通过单击“筛选”图标，实现对被检索数据的筛选（见图 7-12）。例如：要筛选掉小于 0 的数据时，可以在数据筛选设置对话框中输入相应的参数，完成操作。同时，若想找回被筛选掉的数据，可以通过再次单击“筛选”图标，然后单击“清除”按钮，实现数据回归。

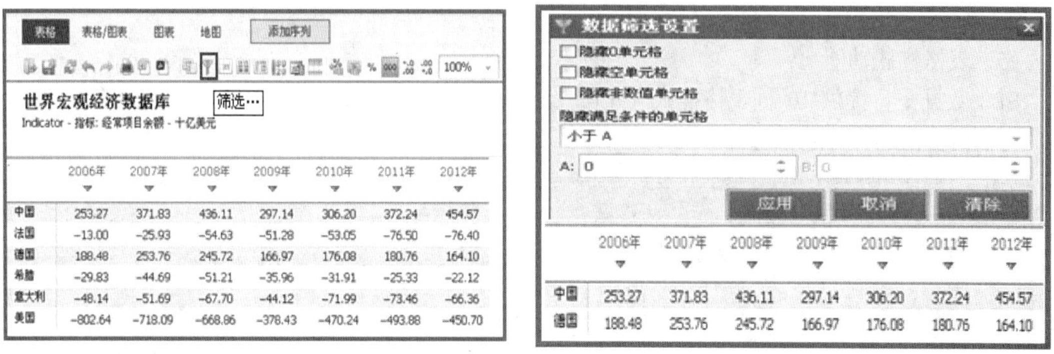

图 7-12　EPS 数据平台数据筛选

（3）高亮显示功能

当被检索出的数据过多时，用户可以通过“高亮显示”功能（见图 7-13），使需要的数据在众多的数字中以不同的颜色、字体、背景色彩突显出来。例如：当仅需要突显大于 0 的数据时，可以在高亮显示设置对话框中输入相应的参数，完成操作。同时，若想取消高亮显示，可以通过再次单击“高亮显示”图标，然后单击“清除”按钮，实现数据样式回归。

（4）条件样式功能

当被检索出的数据过多时，用户可以通过“条件样式”功能（见图 7-14），通过表格色调以及图标样式的变化来区分数据数值的大小，使用户能更加便捷、直观地找到需要的数据。系统提供 8 种表格的色调样式以及 12 种图标样式，用户可根据自己的喜好进行选择。同时，若想取消条件样式，可以通过再次单击“条件样式”图标，然后单击“清除”按钮，实现数据样式回归。

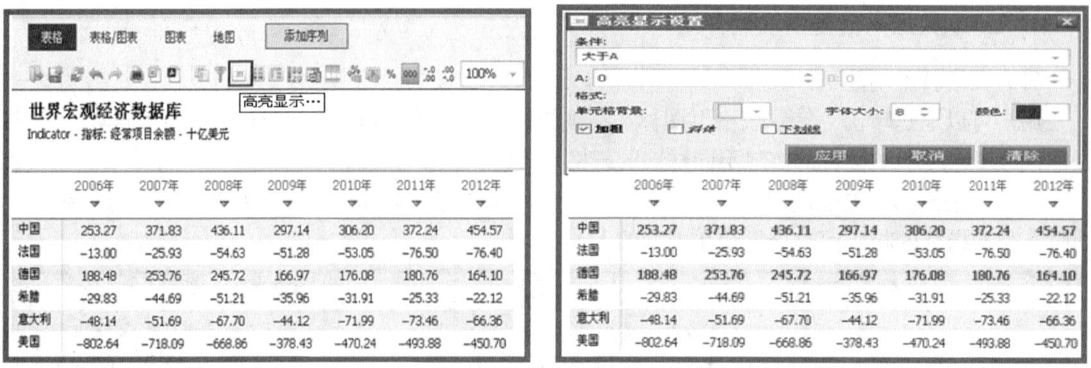

图 7-13 EPS 数据平台数据结果高亮显示

图 7-14 EPS 数据平台条件样式

（5）表格样式功能

EPS 数据平台提供 10 种表格样式（见图 7-15）可供选择，相应的表格背景颜色也会发生变化。用户可根据自己的喜好进行选择。

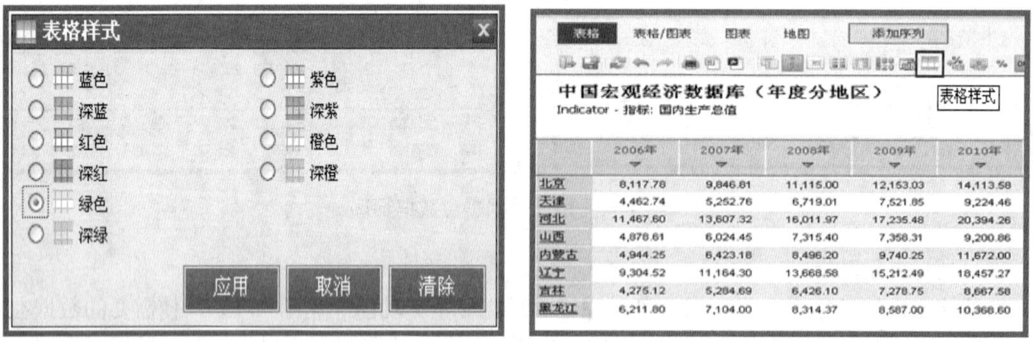

图 7-15 EPS 数据平台表格样式选择

（6）合并计算功能

EPS 数据平台提供强大的数据计算功能（见图 7-16）。用户可以在线直接对用户检索出的数据进行 20 多种相关运算。同时，相关的计算结果也可以以 PDF、WORD、EXCEL 格式直接下载到本地，大大节约了用户进行数据运算与数据处理的时间。同时，若想清除合并计算的相关数据，可以通过再次单击“合并计算”图标，然后单击“清除”按钮，实现数据清除。

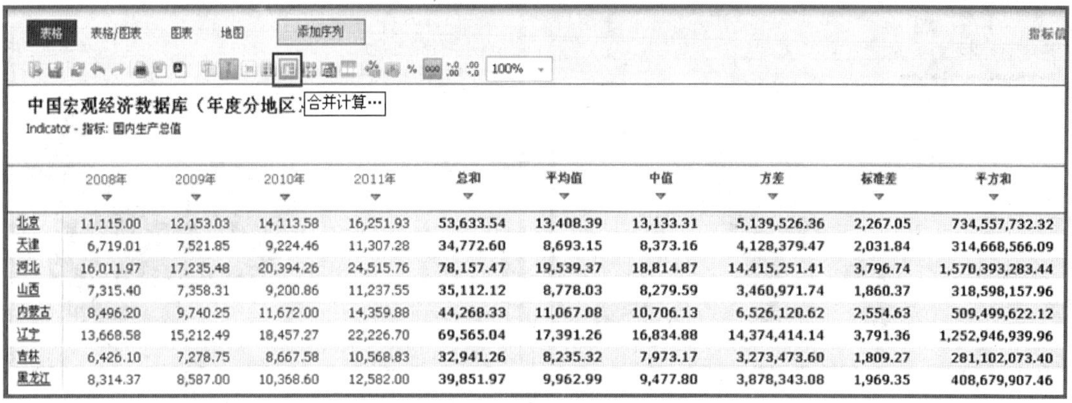

	2008年	2009年	2010年	2011年	总和	平均值	中值	方差	标准差	平方和
北京	11,115.00	12,153.03	14,113.58	16,251.93	53,633.54	13,408.39	13,133.31	5,139,526.36	2,267.05	734,557,732.32
天津	6,719.01	7,521.85	9,224.46	11,307.28	34,772.60	8,693.15	8,373.16	4,128,379.47	2,031.84	314,668,566.09
河北	16,011.97	17,235.48	20,394.26	24,515.76	78,157.47	19,539.37	18,814.87	14,415,251.41	3,796.74	1,570,393,283.44
山西	7,315.40	7,358.31	9,200.86	11,237.55	35,112.12	8,778.03	8,279.59	3,460,971.74	1,860.37	318,598,157.96
内蒙古	8,496.20	9,740.25	11,672.00	14,359.88	44,268.33	11,067.08	10,706.13	6,526,120.62	2,554.63	509,499,622.12
辽宁	13,668.58	15,212.49	18,457.27	22,226.70	69,565.04	17,391.26	16,834.88	14,374,414.14	3,791.36	1,252,946,939.96
吉林	6,426.10	7,278.75	8,667.58	10,568.83	32,941.26	8,235.32	7,973.17	3,273,473.60	1,809.27	281,102,073.40
黑龙江	8,314.37	8,587.00	10,368.60	12,582.00	39,851.97	9,962.99	9,477.80	3,878,343.08	1,969.35	408,679,907.46

图 7-16　EPS 数据平台合并计算

（7）多样化图形展示功能

在选取数据得到数据表格后，可以先通过 EPS 数据平台的图表显示功能对已经查到的数据进行图表分析。如图 7-17 所示，用户可以根据需求对所选数据以不同的图形显示出来，如饼图、柱形图、条形图、折线图、面积图、雷达图等（部分图形样式可以转换为 3D 形式显示）；还可以通过功能按钮添加数据值标签、坐标轴标签、图例。同时，用户可根据具体需求，通过单击“自定义图表”按钮，实现图表属性的个性化设定。

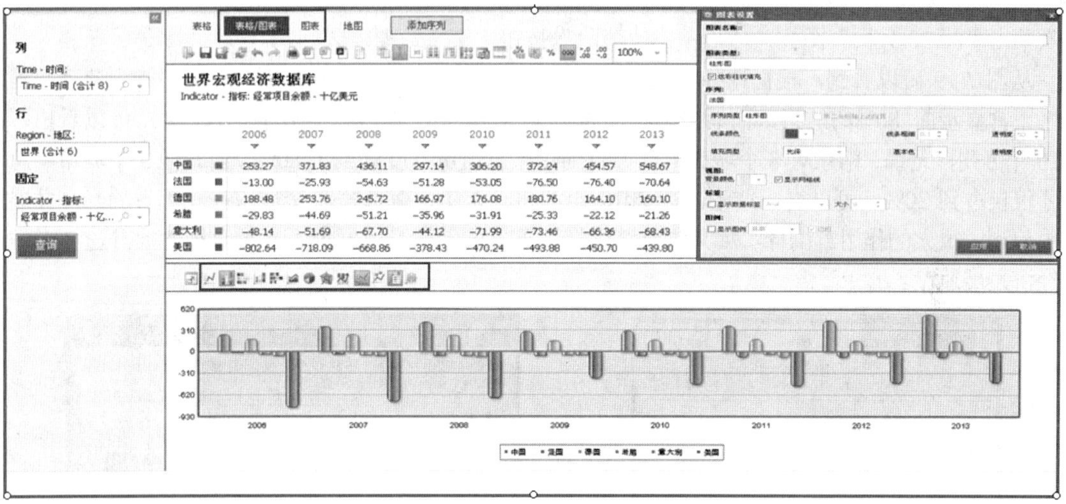

图 7-17　EPS 数据平台多样化图形展示

（8）数字地图功能

为了让数据体现得更加直观、更加生动，EPS 数据平台还提供了数字地图功能（见图 7-18）。数字地图功能是通过对地图上不同区域颜色的深浅变化，以直观的形式展现中国各省或者世界各国的数据变化情况。用户单击工具栏上的“地图”按钮，便可按地图模式查看数据。地图类型因所选择数据源而异，即世界各国数据显示世界地图，中国各省数据则显示中国地图。从地图上可以很清晰地看到每个地区的数量值，还可以看到同一数量区间的地区。同时，还可以对地图进行属性设置，以改变地图的颜色方案、间隔数、间隔设置的计算方法等。这些都可以帮助用户进行深度的数据挖掘，更好地为用户提供数据支持。

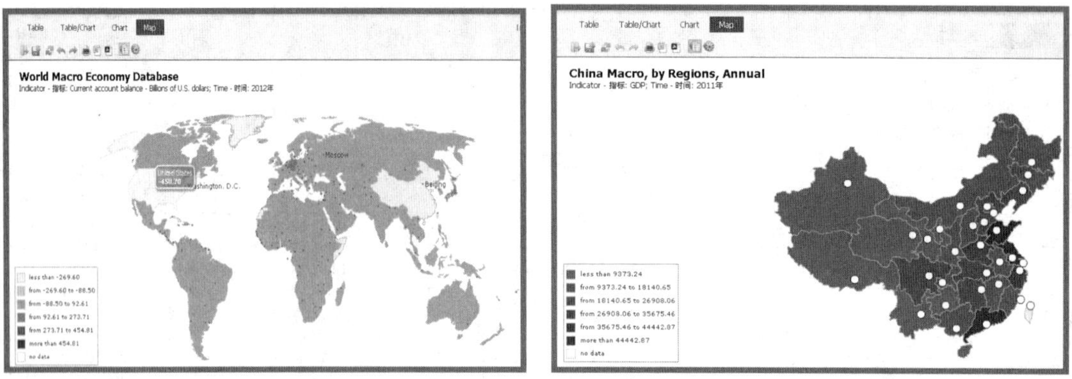

图 7-18　EPS 数据平台数字地图

（9）80/20 分析功能

EPS 数据平台的 80/20 分析（见图 7-19）是根据意大利经济学家帕雷托的 80/20 法则进行数据分析的一种方法，通过这种方法的分析，可以将已经查询到的数据分为重要的并且占比例达到 80%的数据和不重要的仅占比例 20%的数据。这样，用户就可以在经济研究、能源研究或者管理研究等过程中轻松地判断出重要的占 80%的因素是来源于哪方面或者哪个地区，从而为相关决策提供数据支持。

例如，我们对查找到的数据（2009 年、2010 年江苏省各市地区生产总值）进行 80/20 分析。可以通过单击“80/20 分析”图标，实现对数据进行 80/20 分析。可以在参数设置对话框中选择需要分析的某一列，然后对分析结果的字体和其背景颜色加以设置。同时，若想删除 80/20 分析结果，可以通过再次单击“80/20 分析”图标，然后单击“清除”按钮，实现数据样式回归。

从图 7-19 可以看到，根据选择系统对 2010 年这一列进行了 80/20 分析：依降序排列此列数据，表格正常显示前 80%的结果，而后 20%的结果则以总和的形式显示。在分析结果中，可以看出，在 2010 年苏州、无锡、南京等 8 个城市对江苏省的生产总值贡献度达到了 80%，而其他 5 个城市的总贡献才仅仅占到 20%。可以得出结论，在 2010 年苏州、无锡、南京等 8 个城市在江苏省的经济发展过程中起到了很大的作用。同样，如果想继续保持江苏省的经济高速发展，必须重视并提升这 8 个城市的经济发展速度。

图 7-19　EPS 数据平台 80/20 分析

（10）分析预测功能

EPS 数据平台的分析预测模块（见图 7-20）主要是利用计量经济学的各种预测分析方法，对数据中的计算统计量进行单变量的预测分析。具体方法包括：统计描述、线性回归、指数平滑、趋势分析、ARIMA、自相关分析、邹氏检验、异方差怀特检验、残差自相关分析等。

例如，我们利用“趋势分析”对 2012 年及 2013 年的国内生产总值进行预测。数据样本选取中国宏观经济数据库中 1952 年至 2011 年的全国国内生产总值的历史数据。通过单击“分析预测”图标，可以进入分析预测界面。在其中可以选择需要的建模方法，也可以对数据指标（序列）进行编辑，并可以定义新的变量。

从建模方法中，我们选择趋势分析，进入参数设置界面（见图 7-21）。在其中输入和趋势分析有关的参数，同时可以设定样本的起始观测期以及预测期数目。预测期数=“2”表明预测 2011 年之后两年的值。这里指的是 2012 年及 2013 年的国内生产总值。单击“计算”按钮，相关的分析结果就会显现在页面的右方。其分析结果包括四部分内容：模型序列的方程、其各期的拟合值、预测值，以及置信区间；源序列及模型序列的曲线图；残差图；验证分析结果的统计描述表格。同时，所有的内容都可以以不同的格式下载到本地，为相关研究提供数据支持。

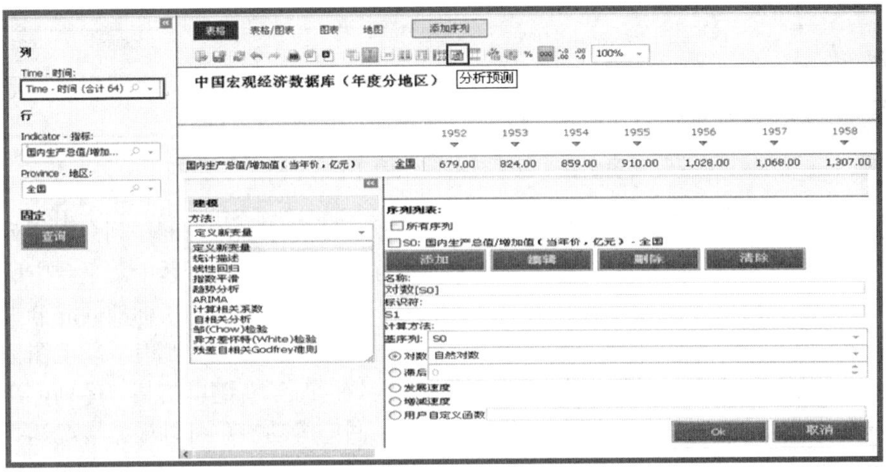

图 7-20　EPS 数据平台分析预测

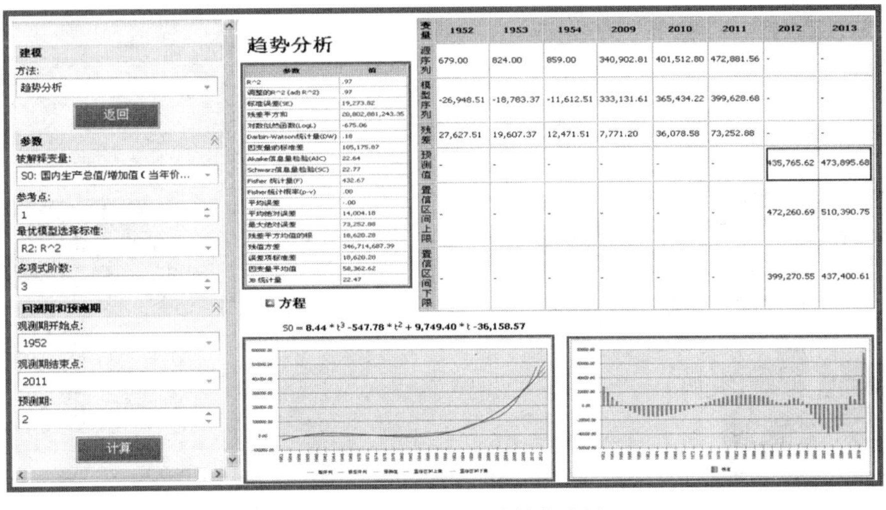

图 7-21　EPS 数据平台趋势分析

根据研究对象或研究方向的不同，也可以选择其他的建模方法来进行课题研究。每一种方法都会涉及相关的参数设置，用户可根据具体情况对参数加以设置。其他模型的使用方法在此不一一赘述。

（11）时间序列分析功能

时间序列分析模块（见图 7-22）可以满足将不同数据库中的指标放在同一个功能区中去分析它们之间的关系，实现跨行业，跨领域的相关性分析。用户可以将需要研究的指标以时间序列方式添加到时间序列分析功能区中，并根据需要选择不同的统计分析与预测方法。

例如，我们要研究中国经济发展与其能源消耗之间的关系，可以分别在“中国宏观经济数据库”和“世界经济发展数据库”中检索相关指标，并单击“添加序列”按钮，把需要分析的指标添加到时间序列分析功能区中。注意，添加序列时，纬度选择栏的“列”下，只允许存在时间唯一纬度。序列添加成功后，可以在界面左上角单击“时间序列分析”按钮，进入时间序列分析模块。

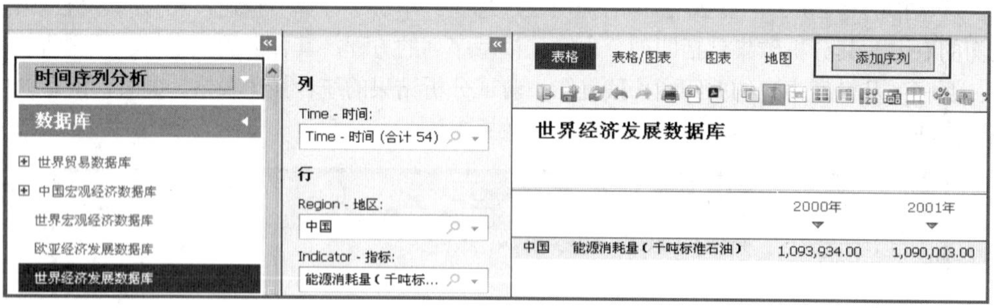

图 7-22　EPS 数据平台时间序列分析

图 7-23 所示为时间序列分析功能区的页面设置情况。所有添加的时间序列会在序列选择框中列出，用户可以通过鼠标拖拽的方式将需要研究的指标拖拽到数据分析区中。平台中所有数据库的数据都可以添加到时间序列分析功能区中，实现对不同数据库中不同指标的同时分析。同时，除数字地图功能外，EPS 数据平台的所有特色功能在时间序列分析区中都有，功能图标被排列在数据显示区的上方。用户也可以根据需要利用相关功能。同时，右键单击某一序列，会出现包括删除序列、数据计算、序列转换、聚合、平滑、预测、回归等功能。可以根据情况选择相关功能对数据进行处理、分析与预测。自定义图标功能能够实现所需要的图标形式，由图 7-23 可以看出，随着国家经济的发展，国内生产总值的提高，能源的消耗也越发加剧。

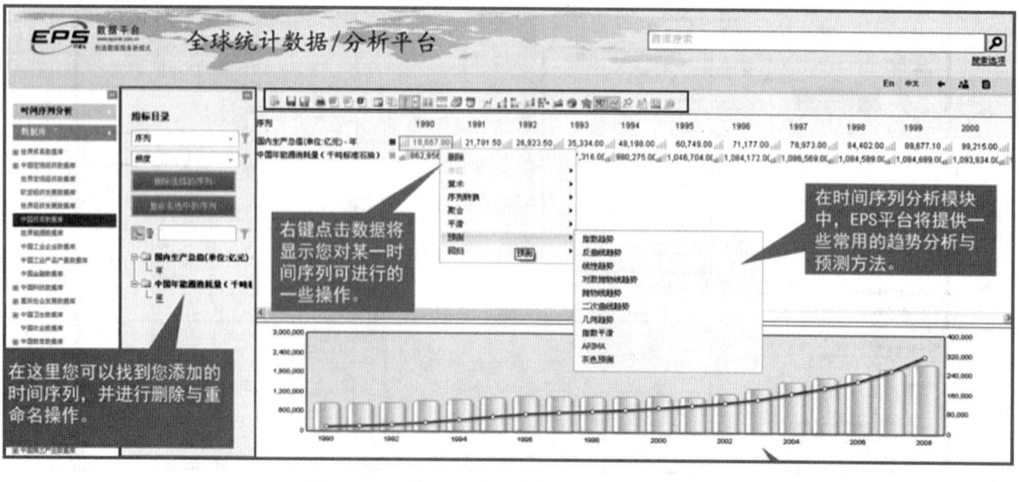

图 7-23　时间序列分析功能区的页面设置

7.2.3　万方数据知识服务平台

万方数据资源系统是中国科技信息研究所、万方数据集团公司开发的网上数据库联机检索系统，是在互联网领域，集信息资源产品、信息增值服务和信息处理方案为一体的综合信息服务商。该系统自 1997 年 8 月开始在互联网上对外服务，2010 年升级为万方数据知识服务平台，目前包括期刊论文、专业文献、会议论文、学位论文、科技成果、专利数据、公司及企业、产品信息、标准、法律法规、科技名录、高等院校信息、公共信息等各类数据资源。

万方数据库类型丰富，尤以理工类文献为特色，涵盖工程、信息科技、电脑、中医药和环境科学等 40 个与科学技术有关的范畴。万方数据库还可提供很多实用生活方面的信息，如院校信息、医药信息、交通旅游信息、商品和通信信息等，可适合不同层次读者的需求。

万方数据知识服务平台的事实数值资源如下：

（1）科技成果：主要收录了国内的科技成果及国家级科技计划项目。内容由“中国科技成果数据库”等十几个数据库组成，收录的科技成果总记录约 60 多万项，内容涉及自然科学的各个学科领域。

（2）新方志：地方志，也称为“方志”。地方志书是由地方政府组织专门人员，按照统一体例编写，综合记载一定行政区域内，一定历史时期的政治、经济、文化及自然资源的综合著作。也有少数地方志是由地方单位或民间组织编纂的。万方数据方志收集了 1949 年以后出版的中国地方志。

（3）政策法规：主要由国家信息中心提供，信息来源权威、专业，对把握国家政策有着不可替代的参考价值。收录自 1949 年建国以来全国各种法律法规约 40 万条。内容不但包括国家法律法规、行政法规、地方法规，还包括国际条约及惯例、司法解释、案例分析等。

（4）机构：收录了国内外企业机构、科研机构、教育机构、信息机构各类信息 20 多万条。其中，企业信息包括企业名称、负责人姓名、注册资金、固定资产、营业额、利税、行业 SIC、行业 GBM 等基本信息，详细介绍了企业经营信息，包括商标、经营项目、产品信息、产品 SIC、产品 GBM 以及企业排名，尤其全面收录了企业的联系信息，包括行政区代号、地址、电话、传真、电子邮件、网址等。科研机构信息包括机构名称、曾用名、简称、负责人姓名、学科分类、研究范围、拥有专利、推广的项目、产品信息等，尤其收录了科研机构的联系信息，包括行政区代号、地址、电话、传真、电子邮件、网址等。教育机构信息包括机构名称、负责人姓名、专业设置、重点学科、院系设置、学校名人等信息以及详细的联系信息，包括行政区代号、地址、电话、传真、电子邮件、网址等。信息机构信息包括机构名称、负责人姓名、机构面积、馆藏数量、馆藏电子资源种类等信息以及详细的联系信息，包括行政区代号、地址、电话、传真、电子邮件、网址等。

（5）科技专家：收录了 2 万多条国内自然科学技术领域的专家名人信息，介绍了各专家的基本信息、受教育情况及其在相关研究领域内的研究内容及其所取得的进展，为国内外相关研究人员提供检索服务，有助于用户掌握相关研究领域的前沿信息。

7.3　英文事实型数据库系统选介

7.3.1　国际货币基金组织（IMF）数据库

国际货币基金组织（International Monetary Fund，IMF）是一个拥有 185 名成员国的世界组织，其成立宗旨是推动国际货币合作、汇率稳定和有序汇率安排，促进经济增长和提高就业率，向各国提供临时经济援助以维护贸易支付差额的调整。国际货币基金组织的业务包括金融监督、经济援助和技术支持，旨在满足成员国在世界经济飞速发展的情况下不断变化的需求。由于其与成员国长期而密切的关系，国际货币基金组织已提供了一些最具权威的宏观经济数据集，其融合度与历史深度是其他同类数据库无法相比的，国际国币基金组织因此被认为是宏观经济数据的权威资源（见图 7-24）。

IMF 电子资源包括 3 个子库：

（1）国际收支统计（Balance of Payment Statistics，BOP）。BOP 提供了一个统计说明，概括了一个经济体与世界其他经济体之间的经济交易。从全球、区域和国家的角度，记录了商品、服务和金融的流通。国家信息显示了国际投资地位，说明了每个国家的外部金融资产和负债情况。BOP 涵盖了 170 个国家的数据，涉及数据有：当前账户余额和构成，包括商品、运输服务、旅行、政府服务、其他服务、员工薪酬、投资收入和当前转移项目的借贷。金融账户余额和构成，包括股票和再投资收益的债权债务、债务证券、金融主管当局、政府、银行和其他部门、金融衍生物、贸易、贷款、货币和存款的资产和负债。储备资产包括黄金储备、特别提款权（SDRs）和外汇。BOP 根据不同国家按季度、年度提供自 1967 年以来的数据。

（2）国际金融统计（International Financial Statistics，IFS）。IFS 创刊于 1948 年，是一本月刊。从 1961 年起每年增加一期年刊，提供超过来自 200 个国家的 3.2 万个时间序列数据。IFS 统计数据被定为国际和国内的财政标准。所选的关键数据集，如商品价格、消费价格和贷款偿还等，被累计记入地区和全球表中。主要提供国际货币基金组织各成员在汇率、基金、国际清偿能力、储备金、货币和银行账户、利率、商品价格、产品、政府财政、劳力、国民核算、进出口和人口等方面的统计数据。

（3）贸易方向统计（Direction of Trade Statistics，DTS）。DTS 是贸易价值当前最全面的信息来源之一。它为国家与贸易伙伴之间的进出 121 项目提供超过 10 万个时间序列。数据按国家组织来展示，并累计记入地区和全球表中。DTS 收录了 186 个国家的自 1980 年以来的年度和季度数据。

IMF 数据库网址：http://www.elibrary.imf.org/。

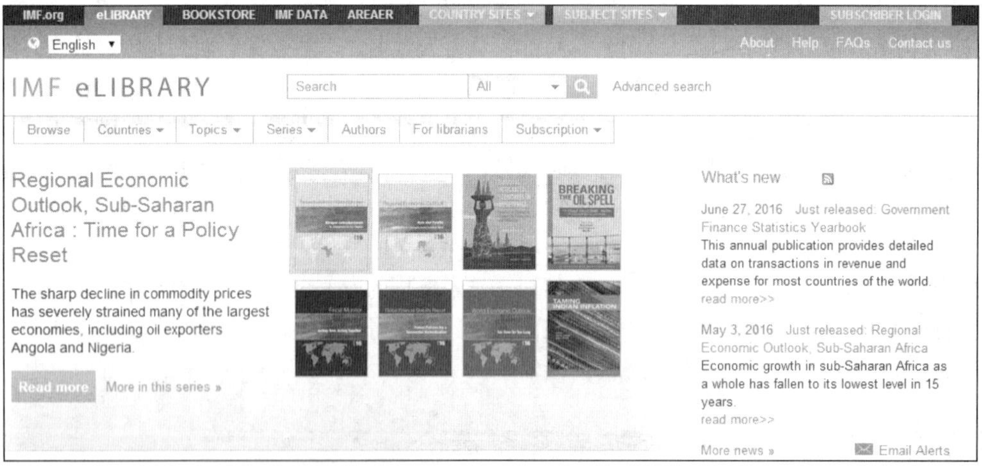

图 7-24 IMF 国际货币基金组织数据库首页

7.3.2 世界银行（World Bank）数据库

World Bank 电子资源由世界银行出版社出版发行。世界银行出版社拥有获取、生产、推广及发行世界银行出版物和电子产品的权利。此外，该出版社经营并管理银行发展书店，处理与世界银行知识产权有关的所有权利和许可，确定世界银行官方出版物的标准。这些出版物标注世界银行的 ISBN，从出版社办公室获得，并由其发行。为了支持世界银行全球知识供应商的角色，出版社还与其他银行合作，向决策者、学术界、大众和其他顾客传播其出版物。

世界银行（World Bank）数据库（见图 7-25）内容包括 4 个子库：

（1）世界银行在线图书馆（World Bank Elibrary，E-library）：进入世界银行在线图书馆，可以在线阅读世界银行所有有关社会和经济类的全文图书、报告和多种文件。它带给读者的是一个全文检索和多重查询的数据库。迄今为止该在线图书馆已提供了世界银行从 1987 年以来出版的 4000 多种图书、所有世界银行政策研究工作报告和各种文件的全文内容，同时也介绍了即将出版的图书信息等。

（2）世界发展指数（World Development Indicators，WDI）：是对全球经济发展各方面基本经济数据的汇总。它包含了 695 种发展指数的统计数据，以及 208 个国家和 18 个地区与收入群从 1960 年至今的年度经济数据。数据包括了社会、经济、财政、自然资源和环境等各方面的指数。

（3）全球金融发展（Global Development Finance，GDF）：包括 136 个国家的外债与金融流程数据资料，收录了从 1970 年以来 217 种参数的统计数据，这些国家定期向世界银行债权人报告系统通报该国国家债券和国家保证债券的情况。此数据库覆盖了外债总计和流向，全球主要的经济整合，基本的债务比率、新协议的常规条件、长期债务中的货币构成、债务重组等。

（4）全球经济监控（Global Economic Monitor，GEM）：是早期世界银行为了便于银行成员内部监控和报告每日全球经济状态而建立的。是一个能够分析当前经济趋势以及经济与金融指数的“一站式”平台。将几个早期的“内部”银行产品整合为单一的单界面产品，可链接至优质的高频率更新的经济和金融数据资源。

世界银行数据库网址：http://data.worldbank.org/。

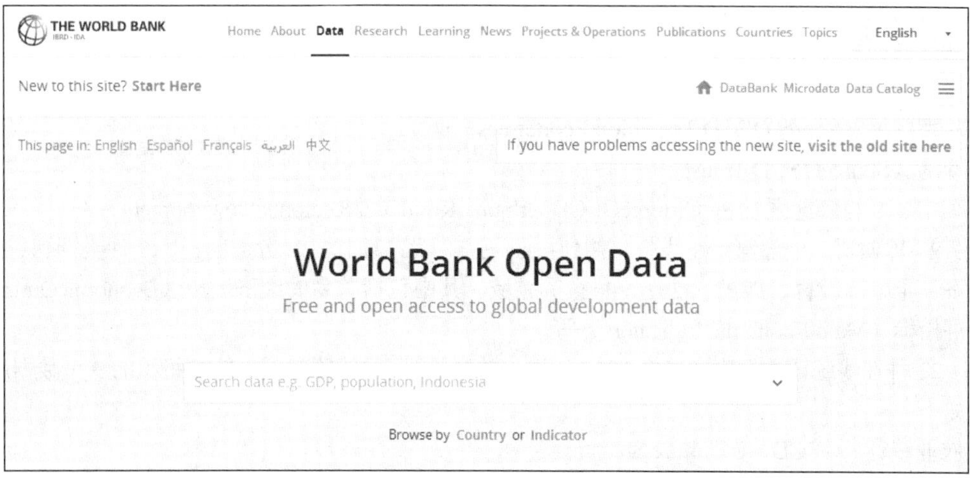

图 7-25　世界银行（World Bank）数据库

7.3.3　经济合作发展组织（SourceOECD）数据库

SourceOECD 数据库（见图 7-26）是由经济合作发展组织（OECD）出品的一个在线图书馆，可 24 小时提供 OECD 的报告书、统计汇编和数据库，是传播经合组织研究成果的重要工具。

OECD 是由 30 个市场经济国家组成的政府间国际经济组织，旨在共同应对全球化带来的经济、社会和政府治理等方面的挑战，并把握全球化带来的机遇。成员国包括澳大利亚、奥地利、比利时、加拿大、捷克、丹麦、芬兰、法国、德意志、希腊、匈牙利、冰岛、爱尔兰、意大利、日本、韩国、卢森堡、墨西哥、荷兰、新西兰、挪威、波兰、葡萄牙、斯洛伐克、西班牙、瑞典、瑞士、土耳其、英国、美国，其总的国民生产总值占全世界的 2/3。OECD 还包括国际能源组织、国际原子能组织、欧洲交通部长会议、发展中心、教育研究和创新，以及西非发展中国家组织等 6 个半自治的代理机构。

SourceOECD 的内容包括三大部分：

（1）逾 3200 种图书、报告，其中约 1700 种具有电子版，且每年增加 200 多种。这 1700 种图书按照领域分为 20 个类别：

- 农业和食品（SourceOECD Agriculture&Food）
- 发展学（SourceOECD Development）
- 教育和技术类（SoureeOECD Education&Skills）
- 新兴经济形态（SourceOECD Emerging Economies）
- 就业（SourceOECD Employment）
- 能源（SoureeOECD Energy）
- 环境和可持续发展（SourceOECD Environment&Sustainable Development）
- 财政和投资/保险和社会保障（SourceOECD Finance&Investment/Insurance& Pensions）
- 宏观经济和未来学研究（SourceOECD General Economics&Future Studies）
- 政府管理（SourceOECD Governance）
- 工业，服务业和贸易（SourceOECD Industry，Services&Trade）
- OECD 成员国数据统计（SourceOECD National Accounts&Historical Statistics）
- 核能源（SourceOECD Nuclear Energy）
- 科学和信息技术（SourceOECD Science&Information Technology）
- 社会问题/移民/卫生健康（SourceOECD Social Issues/Migration/Health）
- 统计资源和方法（SourceOECD Statistics Sources&Methods）
- 税收（SourceOECD Taxation）
- 转型经济（SourceOECD Transition Economies）
- 交通（SourceOECD Transport）
- 城市、乡村和地区发展（SourceOECD Urban，Rural and Regional Development）

（2）27 种期刊，全部都有在线版。期刊按照种类分为：期刊、参考类期刊、统计类期刊三大类，涵盖经济、金融、教育、能源、法律、科技等领域。其中包括著名的经济展望（EconomicOutlook）、主要经济指标（Main Economic Indicators）等。

（3）22 种在线统计数据库（包括 1965 年以来的数据），此外还有国际能源组织的 9 个数据库。具体标题如下：

- 农业统计（OECD Agriculture Statistics）
- 银行统计（OECD Banking Statistics）
- 经济前景（OECD Economic Outlook）
- 教育统计（OECD Education Statistics）
- 就业与劳动市场统计（OECD Employment and Labour Market Statistics）
- 健康数据（OECD Health Data）
- 保险统计（OECD Insurance Statistics）
- 国际发展统计（OECD International Development Statistics）
- 国际直接投资统计（OECD International Direct Investment Statistics）
- 国际移民统计（OECD International Migration Statistics）
- 基于商品统计的国际贸易（International Trade by Commodity Statistics）

- 主要经济指标（Main Economic Indicators）
- 国际贸易月度统计（Monthly Statistics of International Trade）
- OECD 国家的国民会计（National Accounts of OECD Countries）
- 科学、技术以及研究和开发数据库（OECD Science，Technology and R&D Databases）
- 社会消费数据库（OECD Social Expenditure Database）
- 服务领域的国际贸易统计（（）ECD Statistics on International Trade in Services）
- 计量全球化统计（OECD Statistics on Measuring G10balisation）
- 结构分析数据库（OECD Structural Analysis Database（STAN））
- 结构和人口贸易统计（Structural and Demographic Business Statistics）
- 税收统计（OECD Tax Statistics）
- 电信与互联网统计（OECD Telecommunications and Internet Statistics）
- 燃烧物的碳排放统计（C02 Emissions from Fuel Combustion）
- 煤炭信息（Coal Information）
- 电力信息（Electricity Information）
- 能源价格和税收（Energy Price and Taxes）
- 能源政策预报（Forecasts from Energy Policies）
- 天然气信息（Natural Gas Information）
- 石油信息（Oil Information）
- 可再生能源信息（Renewables Information）
- 世界能源统计与平衡（World Energy Statistics and Balances）

SourceOECD 数据库网址：http://www.oecd-ilibrary.org

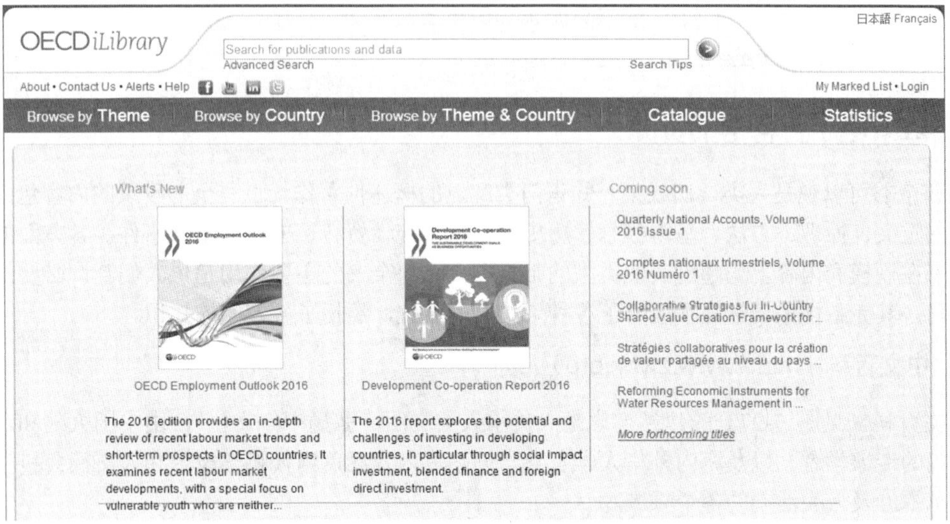

图 7-26 经济合作发展组织（SourceOECD）数据库

7.4 其他事实和数据型数据资源选介

网络资源非常丰富，网上免费的事实和数据型数据库以及以提供事实与数据为主要内容的网站数量也很庞大，为我们查找各类参考资料、事实信息提供了一条非常便利实用的途径。网络上常见的参考资源有字典、词典、百科全书、年鉴、传记、地理信息、机构名录、统计资料等。

虽然互联网上参考资源非常丰富，但互联网上发布的信息大多未经过仔细的审阅，或虽有一些单位、机构落实专人进行控制，但大多是未经审阅的所谓“自行发布”形式。另外，互联网上信息资源整序不够，同种主题的Web网站数量不断增加，但现有搜索引擎的索引功能尚待完善，一次检索往往出现成千上万条命中记录的情况，真正有用的资料夹杂在太多的信息垃圾中间，令上网检索者无所适从。所以要对检索到的资源进行评估，通过评估来选择合适的信息资源。

一般来说，对网上信息的评估主要从以下几个方面考虑：

（1）真实性。通过查找其他相关资料来核实验证该网址内容，如通过对网站被其他网站链接、被专业论文引用的情况对该网站的信息质量进行分析。

（2）权威性。主要从网站的创建者和信息的发布者来考虑，网站应有明确的创建者或版权所有者，信息发布者应在相应的专业领域具有一定的权威性。一般来说，某个专业较著名的权威机构或专家所拥有的网站和发布的信息是真实可靠的，具有较高的质量。尤其是大学和研究机构的网站，一般在发布前已对信息做过审查、筛选，这样的信息权威性强。

（3）准确性。准确性通常指该文章或消息表达时的恰当程度和语句结构是否正确，内容是否通顺，有无前后矛盾。统计表格或图片清晰易读，没有诸如可能、大概之类的模糊词语等。另外，从该网页的人名、组织名称、地名等专用名称的正确与否，可看出该网页作者或维护人员的负责态度。

（4）客观性。信息的客观性越好，它的可信度就越高。如果一则信息商用性质太重，对某商品或市场有推销倾向，或者作者在文章中使用过激的词语或有某种偏见的迹象，或者文章内容带煽动性，都应视为缺乏客观性。

（5）时效性。一个好的网站应当明确地说明其创建期和最近的更新期，具有较高的更新频率。网站内容所引用的文献、数据应当有明确的日期，对于过时的信息和死链接应当及时清除。

（6）稳定性和连续性。一个好的信息源，其信息质量（即可信度、可观性、准确度等）应是稳定的，它对事物的表达应是连续的、发展的、适时的。

7.4.1 电子百科全书资源

百科全书可以说是人类一切或某一知识门类广泛的概述性著作。百科全书收录的内容包括各学科或专业的定义、原理、方法、基本概念、历史及现状、统计资料、书目和重大事件等各方面的资料。百科全书在规模和内容上均超过其他类型的工具书。百科全书的主要作用是供人们查询必要的知识和事实资料，其完备性在于它几乎包容了各种工具书的成分，囊括了各方面的知识。

1. 中文百科（http://www.zwbk.org）

中文百科（见图7-27）的建站初衷是“传承人类文明，弘扬中华文化”，由中国大陆和台湾、香港、澳门的专家学者，以及海内外华人学者参与创建。内容涵盖当代科学技术和人文社会科学的各门学科；范围涉及人类活动的各个领域。

随着中文百科的建设和发展，文化价值和社会价值的不断提升，传播经济信息和参与互联网经济活动（包括电子商务）成为中文百科在线的重要使命之一。目前，中文百科已发展成为文化价值、社会价值和经济价值兼具的新型网络百科。

2. 百度百科（http://baike.baidu.com）

百度百科（见图7-28）是百度公司推出的一部内容开放、自由的网络百科全书平台。其测试版于2006年4月20日上线，正式版在2008年4月21日发布，截至2016年4月，百度百科已经收录了超过 1300 多万的词条，参与词条编辑的网友超过 580 万人，几乎涵盖了所有已知的知识领域。百度百科旨在创造一个涵盖各领域知识的中文信息收集平台。百度百科强调用户的参与和奉献精神，充分调动互联网用户的力量，汇聚上亿用户的头脑智慧，积极进行交流和分享。

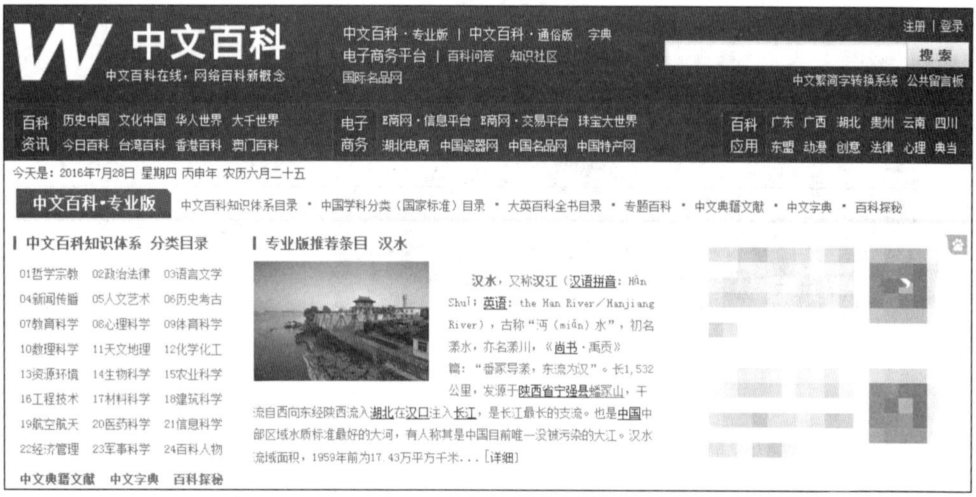

图 7-27　中文百科首页

图 7-28　百度百科首页

3. 互动百科（http://www.baike.com/）

互动百科（见图 7-29）是一家全球领先的社会化知识媒体平台，2005 年由潘海东博士创立，通过维基技术、词媒体、按需媒体的多元拓展，成为集互动百科网、HDWIKI、移动互联网三大业务于一体的综合型企业集团，以创新为导向，不断从技术、产品、服务层面提升用户使用感受。旗下互动百科网是全球最大中文百科网站，致力于为数亿中文用户免费提供海量、全面、及时的百科信息，并通过全新的维基平台不断改善用户对信息的创作、获取和共享方式。截止到 2015 年年底，互动百科已经发展成为由超过 1000 万用户共同打造的拥有 1400 万词条、2000 万张图片、5 万个微百科的百科网站。

图 7-29　互动百科首页

4．维基百科（http://zh.wikipedia.org）

“自由的百科全书”——维基百科是一个基于维基（Wiki）技术的全球性多语言百科全书协作计划，同时也是一部在互联网上体现的网络百科全书网站，其目标及宗旨是为全人类提供自由的百科全书——用他们所选择的语言来书写而成的，是一个动态的、可自由访问和编辑的全球知识体。维基百科由来自全世界的志愿者协同写作。自 2001 年 1 月 15 日英文维基百科成立以来，维基百科不断快速成长，已经成为最大的资料来源网站之一。

5．Encyclopedia Britannica Online（http://www.britannica.com）

英国大百科全书在线版（简称 EB Online），又称“不列颠百科全书”，是世界上公认的权威参考工具书。目前，EB Online 的用户已遍及国外各高校、中小学、公共图书馆及政府机构。特别是在欧美地区，几乎每个图书馆都在使用 EB Online 电子版。EB Online 已成为世界上使用最广泛的电子参考工具之一。网站资源可以按主题展开浏览或直接按字序浏览，还可以按关键词检索浏览。

6．哥伦比亚百科全书（http://www.encyclopedia.com）

该网站免费提供选自《哥伦比亚百科全书》超过 5.7 万篇的文章，每篇文章可以链接到相关报纸、期刊的文章一级图像和地图。

7.4.2　电子化字（词）典、辞典

字典与词典是以“说文解字”为目的，提供文字或词语拼写、读音、意义、用法等相关知识供人们查考的工具。电子化字（词）典、辞典具有信息量大、使用方便、查检迅速的特点。有大量电子字典以光盘或网络的方式发行，提供查询服务，目前网上有许多免费的电子字典，以及不同语种对译的翻译器。互联网上字典类数据库非常多，因此很难列举穷尽。下面介绍几个提供网上免费字典查询的比较有影响的网站。

1．汉典（http://www.zdic.net/）

汉典是一个面向广泛受众、含有丰富及有益内容的教育和信息网站，如图 7-30 所示。汉典始建于 2004 年，是一个有着巨大容量的字、词、词组、成语及其他中文语言文字形式的免费在线辞典。汉典

的宗旨是介绍中国文化、历史和语言，为那些在中文学习、研究方面有兴趣的人提供帮助与服务，并探讨中文语言文字使用的规范和标准。

汉典有 5 个附加的、额外的和辅助的网站，包括汉典古籍、汉典诗词、汉典书法、汉典中文论坛及新建的汉典英文论坛。

汉典收录了 75983 个汉字、361998 个词语、短语和词组，以及 32868 成语的释义；汉典古籍收录了总共包含有 38529 章节的 1055 部古典文献书籍、203 篇古文；汉典诗词收录了 268886 首古典诗词；汉典书法收集 135804 个著名的中国书法家汉字书法作品。

图 7-30　汉典检索首页

2．在线汉语字典（http://xh.5156edu.com/）

在线汉语字典提供了在网络环境下随时对不能正确把握的字、词的读音、含义、用法及相关的词语、成语等进行系统而全面的了解和学习的平台。系统提供从拼音、笔画、部首等已知条件找到相应汉字的各种信息，是学习中文的有效工具（见图 7-31）。

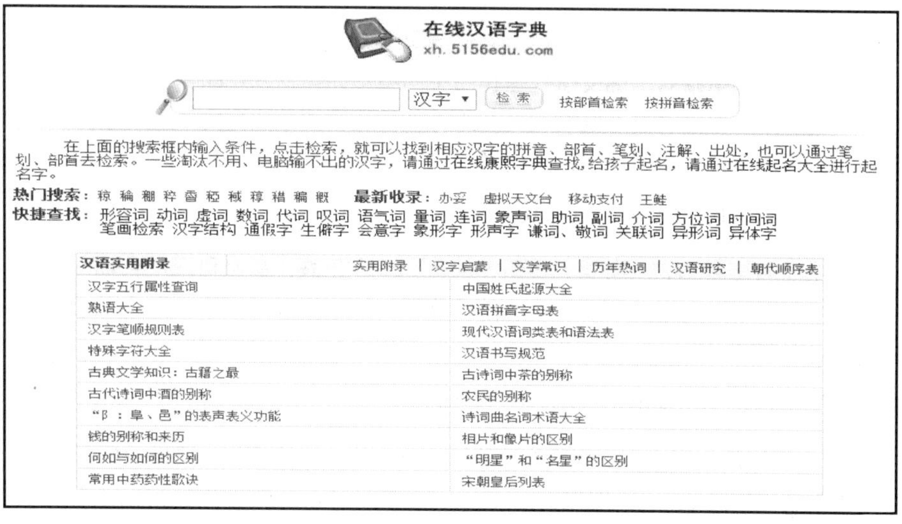

图 7-31　在线汉语字典检索页面

3．有道词典（http://dict.youdao.com/）

有道词典（见图 7-32）是由网易有道出品的全球首款基于搜索引擎技术的全能免费语言翻译软件，为全年龄段学习人群提供优质顺畅的查词翻译服务。

有道词典是网易有道信息技术（北京）有限公司于 2007 年推出的一款免费翻译软件，除具备中英、英中、英英翻译、汉语词典功能外，还加入了日语、法语、韩语查词功能。同时，通过独创的网络释义功能将各类新兴词汇和英文缩写收录其中，并依托有道搜索引擎的强大技术支持及独创的“网络萃取”技术，配合以创新的视频原声例句、Chrome 等多款浏览器下的屏幕取词，以及有道指点技术，为用户提供最佳的翻译体验。该网站自 2007 年上线以来，已拥有超过八千万的有效用户。

图 7-32 有道词典首页

4．词霸在线（http://www.iciba.com/）

词霸在线是由金山公司推出的，以现代英汉词典、现代英汉综合大词典、简明英汉词典等为基础，便捷的英汉、汉英、汉汉、日汉在线查词工具。它收录汉语、英语等 2 亿多字、27 个专业词库的 600 多万专业词条，具体内容包括现代英语词典、高级汉语词典、诗经、楚辞、论语、唐诗、宋词、四大名著，鲁迅、巴金、茅盾等现代著名文学作家作品中的精彩词句，以及朗文综合计算机词典、朗文清华英汉计算机词汇等多部权威详解、简明词典及跨行业、跨领域专业词典。用户可以根据自己的专业需要进行词典的选择、排序，进行英译汉、汉译英的词汇翻译检索。

5．英语在线字典（http://www.allwords.com/）

英语在线字典支持多种语言（英语、德语、法语、西班牙语、意大利语）单词的检索、互译。在检索框中输入待查的单词，可选择模糊检索或精确检索。结果分别列出各字典对该词的解释及在线发音、对应的其他语种译文。

6．在线牛津英语词典（http://www.oed.com/）

在线牛津英语词典提供 20 卷 OED 和 3 卷补编中内容的在线检索，数据每季更新。可以使用布尔逻辑关系和通配符等进行检索，还可以由词义检索词语，可检索外来语、引语或演讲中的词语，还提供了与 OED 二版的对照。

7.4.3　年鉴类检索系统

年鉴是以全面、系统、准确地记述上年度事物运动、发展状况为主要内容的资料性工具书。它既是各类动态性资料和事实、数据的综合性查考工具，也是编制百科全书类工具书的基本信息源。它博采众长，集辞典、手册、年表、图录、书目、索引、文摘、表谱、统计资料、指南、便览于一身，具有资料权威、反应及时、连续出版、功能齐全的特点。一般由重要文献、概况、专题论述、大事记、统计资料和附录几部分组成，属于信息密集型工具书。

1．中国年鉴网（http://www.yearbook.cn/）

中国年鉴网是由中国版协年鉴研究会网络中心主办并负责全面运营，全国各年鉴编纂单位共同参与建设的面向全国年鉴界和社会公众，为我国各年鉴提供宣传和服务，为我国各级政府及社会各界提供研究、决策支持及其他信息服务的信息资源网站（见图 7-33）。

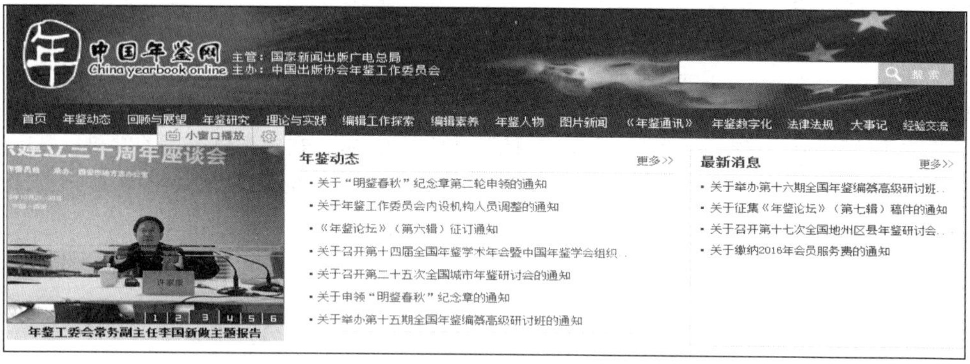

图 7-33　中国年检网首页

2．中国年鉴信息网（http://www.chinayearbook.com）

中国年鉴信息网（见图 7-34）隶属于北京华清智鉴书店，主要收录中国年鉴、企业名录、行业研究报告、企业研究报告、宏观经济、海关数据等 20 余万种图书。提供我国出版的各学科、各专题年鉴的内容介绍、出版者、出版日期、定价等信息，并提供在线购买服务。

图 7-34　中国年检信息网首页

7.4.4 人物及机构名录检索系统

1．传记中心（http://www.biography-center.com）

传记中心是综合性人物传记数据库，收录了2万余人的传记。内容涵盖文学、科学、政治、政府、历史、多文化研究、商业、娱乐、体育、艺术和当今事件等；提供顺序和关键词两种检索方式。

2．American National Biography Online（http://www.anb.org）

American National Biography Online以American National Biography为蓝本，是查找在美国历史和文化上起到重要影响的人物的最重要的传记工具。收录18000余人传记，每季更新，每年增加数百条新条目，并对已有条目进行修订，以保证其准确性和及时性。提供数千幅图片，通过超链接参照，并链接到相关网站。可以按全文（词和词组）、人物姓名、性别、职业和出名领域、出生时间、出生地、死亡日期、写传人姓名等途径进行检索。

3．Marquis Who's Who（http://www.marquiswhoswho.com）

Marquis Who's Who是盖尔公司（Gale Group）的一个传记资料网站。提供世界各地各个时期超过100 万人物的传记资料，这些人物遍布政府、商界、科技、艺术、娱乐与体育等各学科领域。传记资料来自多种标准传记词典，250多种期刊以及源自Marquis Who's Who各种出版物的90余万条信息。可以通过人物姓名、国籍、职业、生活时代、生活地区、宗教等途径检索到相关的传记信息。

4．中华工商网（http://www.Chinachamber.com.cn/）

中华工商网提供近60万个企业名录，145万多种产品，5万多个公司主页。

5．世界厂商名录数据库（http://www.kompass.com）

世界厂商名录数据库提供世界范围内1亿8千万家公司的产品、联系方式和其他信息资源，可以使用21种语言在网站中搜索。

6．美国机构名录（http://dirline.nlm.nih.gov/）

美国机构名录由美国国家医学图书馆提供，主要收集了美国约17000个政府机构、研究机构、公司、学术机构等信息。

7．康帕斯世界企业、产品名录（http:www.kompass.com/kinl/zh/）

康帕斯世界企业、产品名录是由起源于瑞士康帕斯公司提供的一个在线专业搜索引擎，涉及 75个国家2300多万种产品和360多万企业负责人信息，并推出了包括中文在内的22种语言界面。

8．加拿大高校名录（http://oraweb.aucc.ca/showdcu.html）

加拿大高校名录由加拿大高校协会创建，提供对加拿大92所公立或私立高校的信息检索。

9．Telephone Directories On the Web（http://www.infobel.com/teldir/）

它是第一部全面的Internet在线电话簿。覆盖全球184个国家，提供黄页、白页、商业名录、电子邮件地址和传真的站点链接。可选择国家和语种，按州浏览。

10．中华大黄页（http://www.chinabig.tom.cn/index.htm）

中华大黄页提供以中国内地为主，包括港、澳、台地区在内的近310多万家工商企业信息，具有全面高度智能搜索、强大的关键字查询功能，可方便快捷地根据公司名称、产品分类、公司地址等多种方式进行查询，更可以用中文简体、中文繁体、英文三种版本随时转换查询。

7.4.5 地理信息检索系统

1. 百度地图（http://map.baidu.com/）

百度地图是百度公司提供的一项网络地图搜索服务，覆盖了国内近 400 个城市、数千个区县。在百度地图中，用户可以查询街道、商场、楼盘的地理位置，也可以找到距离最近的所有餐馆、学校、银行、公园等等。2010 年 8 月 26 日，百度地图服务除普通的电子地图功能之外，新增加了三维地图按钮。

2. 中华地图网（中国及世界各地的地图）（http://www.hua2.com/）

中华地图网提供世界地图、中国地图、景点旅游地图、古代地图、我国行政区地图、城市地区图、地图知识等。

3. Map Quest（http://www.mapquest.com/）

Map Quest 创立于 1996 年初，它的显著特点是为用户提供驾驶路径和行车距离检索。它开始以提供美国境内的地图信息为主，后来逐渐增加了查询其他国家城市地图、交互性地图的服务，现在免费提供地图检索、驾驶路径和旅游导游（包括当地住宿、餐饮、城市介绍、天气等）以及白页、黄页检索服务。Map Quest 有两种检索方式：详细检索和快捷检索。检索结果除给出所需地图外，还列出了所查地址周边地区的地图，单击某个方向就可将地图向该方向移动。

4. Electronic Map Collection（http://www.lib.utexas.edu/maps/index.html）

Electronic Map Collection 是一个便捷的电子地图收藏站点，为得克萨斯大学图书馆的特种馆藏。内容有世界各国、各地区、各大城市的地图。

5. Map Blast（http://www.mapblast.com）

Map Blast 可以查询美国地图、加拿大地图和世界地图信息，此外，还提供驾驶线路查询。在查到相关地图后，结果页面会提供当天的天气、新闻、电视节目等。此外，还提供当地的商业信息资源检索。

思考题

1. 事实型数据库与常见的论文数据库的主要区别有哪些？
2. 事实和数据型数据库的主要特点有哪些？
3. 通过本章的学习，尝试对 2016 年和 2017 年浙江省国内生产总值进行预测。

第 8 章　网络信息资源检索与利用

8.1　网络信息资源的概述

8.1.1　网络信息资源概念

随着数字化革命的深入，互联网成为现代社会的信息汇聚地。互联网的即时性与交互性，使人们可以轻易跨越时间与空间的距离。在信息时代，互联网已成为未来社会发展的重要依托。互联网信息从信息内容上看，覆盖人们生活与工作的各个领域；从信息容量看，小到微博，大到一个数字图书馆，都在互联网中兼收并蓄。

Internet（因特网）起源于美国，始于 1969 年，最初称之为 ARPANET，是美国为推行空间计划而建立的，当时只有 4 个主节点，其发展归功于美国国家科学基金会（NSF）的介入，为鼓励大学和研究机构共享昂贵的四台计算机主机，采用 TCP/IP 协议，建立了名为 NSFNET 的广域网，由于美国国家科学基金会的资助，很多大学和研究机构纷纷把自己的局域网并入到 NSFNET 中，并逐渐发展到全世界 193 个国家和地区。而后随着计算机网络的不断发展、并入，逐渐形成了世界各种网络的大集合，也就是我们今天所说的 Internet。

Internet 是当今世界上最大的、最为开放的、连接计算机的电脑网络通信系统，是多个网络的集合，它通过超文本方式将以图、文、声、像以及视频等多媒体形式存在的超媒体信息组织起来而形成的一种交互式的网络。

截至 2015 年 12 月，中国网站数量为 423 万个，网页数量为 2123 亿个。随着 Internet 的发展，一方面，相对于传统的信息获取方式，我们可以方便而快捷地找到所需要的信息；另一方面，Internet 的发展大大扩展了我们拥有的信息资源世界，面对纷繁复杂的信息海洋，找到需要的有价值的信息并非易事，那么对网络信息资源、网络信息资源分布与规律、网络信息的检索与利用等加以研究则显得尤为重要。

8.1.2　网络信息资源的种类

由于网络信息资源是多媒体的形式与多技术手段融合的结果，我们可多方位、多角度地去认识它。按照不同的划分标准，网络信息资源有不同的表现形式。

1．按网络信息来源划分

网络信息资源按信息来源可分为政府信息资源、公众信息资源和商用信息资源。

（1）政府信息资源。各国政府纷纷在网上发布有关该国家与政府的各种公开信息，进行国家与政府的形象展示。政府信息包括各种新闻、统计信息、政策法规文件、政府档案、政府部门介绍、政府取得的成就等。

（2）公众信息资源，就是为社会公共服务的机构所拥有的信息资源，包括公共图书资源、科技信息资源、新闻出版资源、广播电视信息资源等。

（3）商用信息资源，是商情咨询机构或商业性公司为生产经营者或消费者提供的有偿或无偿的商用信息，包括产品、商情、咨询等类型的信息。

2．按信息资源加工形式划分

按信息资源的加工形式划分，网络信息源主要有网络资源指南和搜索引擎、联机馆藏目录库、网络数据库、电子出版物（电子图书、电子期刊、电子报纸）、电子参考工具、软件资源及动态信息等。

（1）网络资源指南和搜索引擎二者都提供对网络资源的利用指导与帮助，不同的是资源指南只提供资源的向导，不提供对资源的检索功能，而搜索引擎是互联网上的检索工具，具有多种检索功能。

（2）联机馆藏目录包括图书馆及信息服务机构提供的公共联机检索（OPAC）馆藏目录、地区或行业的联合目录。

（3）网络数据库由原来的联机数据库系统发展而来，如 Dialog、OCLC 都开设了与 Internet 的接口，另一类由专业信息服务商开发，如 UMI 的 PQDD、万方公司的数据库资源系统等。

（4）电子出版物。国内外的许多出版商或信息服务中间商已发展成为网络出版商和服务商，网上的电子出版物包括电子图书、电子期刊和电子报纸等。

（5）电子参考工具。各种参考工具书已成立专门的网站或制成参考工具网络数据库的形式在网上供使用。

（6）软件资源指各种共享和不共享的软件，以及关于软件的信息与资源。

（7）动态信息指在网上动态发布的新闻、广告、通知以及基于交流组的实时交流信息等。

3．按网络传输协议划分

按不同的网络传输协议，网络信息资源可分为 WWW 信息资源、FTP 信息资源、Telnet 信息资源、用户通信或服务组信息资源、Gopher 信息资源。

（1）WWW 信息资源（WWW，World Wide Web，万维网，也称环球信息网）是 20 世纪 90 年代初期由位于瑞士的欧洲研究中心发明的，由于它能方便迅速地浏览和传递分布于网络各处的文字、图像、声音和多媒体超文本信息，并适用于 Internet 信息服务，因此在 20 世纪 90 年代中期得到迅速发展，Internet 的 WWW 服务器以每年翻几番的速度增长，成为 Internet 信息资源的主流。

（2）FTP 信息资源（FTP，File Transfer Protocol）称为文件传送协议，是 Internet 上历史最为悠久的网络工具。它允许人们通过协议连接到 Internet 的一个远程主机上读取所需文件并下载。它相当于在网络上的两个主机间复制文档。Internet 刚开始流行时，网上文件大部分都是 FTP 站点上的，因而 FTP 在 Internet 的发展史中发挥着重要作用，至今 FTP 仍是发布、传递软件和文件的主要方法，而且许多文件在 FTP 服务器上，并没有做 HTTP 的链接，值得人们重视。

（3）Telnet 信息资源。Telnet 是 Internet 的远程登录协议，允许用户将自己的计算机作为某一个 Internet 主机的远程终端与该主机相连，从而使用该主机的硬件、软件和信息资源。

（4）用户通信或服务组信息资源。用户通信或服务组是 Internet 上颇受欢迎的信息交流形式，其中包括新闻组（Usenet Newsgroup）、电子邮件群（Listserv）、邮件列表（Mailing List），专题讨论组（Discussion Group）等。它们都是由一组对某一特定主题有共同兴趣的网络用户组成的电子论坛，是 Internet 上进行交流和讨论的主要工具。它们的工作原理与使用方法也非常相似，均用于网络用户间的信息交流但又各具特色和用途，锁定各自特定的用户。Usenet 是 Internet 上的一种应用软件，用于提供新闻组服务，在这个服务体系中，有许多新闻服务器，用户可以在自己的主机上运行新闻组阅读器软件，申请加入某个新闻组，并从服务器中读取新闻组消息或将自己的意见发送到新闻组中，用户可查阅别人的意见并予以回复，由此反复，进行讨论。

（5）Gopher 信息资源。Gopher 是一种基于菜单的网络服务，类似万维网的分布式用户机/服务器形式的信息资源体系。它是 Internet 上一种分布式信息查询工具，各个 Gopher 服务器之间彼此连接，全部操作都在一级级菜单的指引下，用户只需在菜单中选择和浏览相关内容，就完成了对 Internet 上远程联机信息系统的访问。此外，Gopher 还可提供与前文所提及的其他多种信息系统的连接，如 WWW、FTP、Telnet 等。

8.1.3 网络信息资源的特点

网络信息资源的出现，使人类对信息资源的开发利用进入了新的时代。作为新的信息资源形式，它在其丰富性和复杂性的前提下，体现出以下五大特点。

1．信息量大，来源广

Internet 已经成为继电视、广播和报纸之外的第四媒体，是信息资源存储和传播的主要媒介之一，是集各个部门、各个领域的各种信息资源为一体，供网上用户共享的信息资源网。任何人都可以十分容易地在网上发布信息、传播观点。因此信息资源数量十分巨大，有“海量”信息之称。并且信息来源十分广泛，信息发布者既有政府部门、大专院校、研究机构、学术团体、行业协会，更有大量的公司企业和个人。

2．信息内容丰富，结构复杂

Internet 已成为全球最大的信息资源基地，在 Internet 上几乎可以获得任何领域的信息。它的信息资源主要以数据库为主体，还包括采用多媒体技术形成的集声音、图像、文字等于一体的包罗万象的综合性信息。其存储形式为文本、超文本、多媒体、超媒体，使信息组织方式也发生了巨大的变化，不仅以知识和信息为存储单元，而且同时展示这些单元之间的逻辑关系，为网络环境下不同形式的信息资源的管理和开发提供技术支持；由传统的顺序、线性排列，通过利用数字化存储技术，发展到超文本、超媒体技术，促使信息资源按照自身的逻辑关系组成相互联系的、非线性的网状结构。

3．信息传播速度快，变化频繁

在非网络信息中，信息传播速度快且变化最大的莫过于报纸，但是报纸一经出版，其信息便无法更改。而在 Internet 上，信息的更新非常及时，不少新闻站点、商业站点的信息每日更新；信息传播速度非常快，信息交流瞬间完成。并且在 Internet 上，信息地址、信息链接、信息内容经常处于变动之中，信息资源的更换、消亡更是无法预测，为用户选择、利用网络信息资源带来了不便，同时也为信息的组织带来不便。

4．信息层次多，品种多样

Internet 上的信息资源层次多，有文本信息、图像信息、图形信息、表格信息、超文本信息等。同时还包括各种电子书刊、联机数据库、软件资源等，是多媒体、多语种、多类型信息的混合体。

5．信息分布缺乏组织，分散无序

Internet 信息资源的分散表现在没有一个中心点，也没有全面性的权限，甚至连本身的意义也显得模糊和多样。通过一种文献可以连接到更多相关或相类似的文献；同样，这份文献也可能从另一份文献链接而来，这种前所未有的自由度使 Internet 信息资源的共建和共享变得潜力无穷，然而也使 Internet

信息资源处于无序状态，而且“海量”的信息和快捷的传播加剧了网络信息的无序状态。许多信息资源缺乏加工和组织，其往往只是时间序列的信息堆积，缺乏系统性和组织性，而且其更新和消失往往无法预测，这无疑增大了对 Internet 信息资源的选择、搜集、管理和维护的难度。

可见，随着数字化、网络化技术的飞速发展，网络信息资源呈现出动态性、分布性、多元性和无序性等特点，使信息的查找和检索变得越来越困难。对于 21 世纪的信息用户和信息管理者来说，困扰他们的不是信息太少，而是信息过多。因此，如何对网络信息资源进行合理的描述、组织、序化和提高信息的利用率是当前研究的重要课题。

8.1.4 网络信息资源的组织

根据 Internet 的技术特点、网络信息资源的特点与构成，以及对网络信息资源开发与利用的需求，网络信息资源的组织主要有以下几种方式。

1. 文件方式

以文件系统来管理和组织网络信息资源简单方便，是存储图形、图像、图表、音频、视频等非结构化信息的天然单位。组织网络信息资源可以利用计算机技术里的一整套文件处理的理论和技术，而且 Internet 也提供了一些协议来帮助用户利用那些以文件形式保存和组织的信息资源。但是文件方式对于结构化信息则难以实现有效控制和管理，并且随着网络信息资源的飞速增长，以这种方式传输信息会使网络负载越来越大。而且当信息结构较为复杂时，文件系统难以实现有效的控制和管理。因此，文件方式只能是组织网络信息资源的辅助方式。

2. 超文本链接方式

这种方式是将网络上的相关文本的信息有机地组织在一起，以节点为基本单位，节点间以链路相连，将信息组织为网状结构。它的特点是非线性编排，符合人们思维联想和跳跃的习惯。节点中的内容可多可少，结构可以任意伸缩，具有良好的包容性和可扩充性。这种方式可组织各类媒体的信息，方便地描述和建立各媒体信息之间的语义联系。

3. 搜索引擎方式

搜索引擎是互联网上一种常用而重要的信息组织方式。其工作原理是利用 Robot（机器人）、Spider（蜘蛛）或 Worm（蠕虫）等自动代理软件，定期或不定期在 Internet 上漫游，由于每个搜索引擎都配备有自动检索程序，随时都会顺着超文本之间的链接跟踪网上新加入的主页、节点。当发现新的网址、网页信息后，即对其进行自动抽取、标引、归并、排序，创建可按关键词查询的 Web 网页索引数据库，使用户能轻易地查找到所需要的信息。当用户输入检索词后，搜索引擎会自动将其与存储在网上的一次信息特征进行比较匹配，将符合用户要求的一次信息以超文本方式显示出来，检索结果可按相关性的大小顺序排列。这种方式的主要特点是非人工构建，自动化程度高，并可提供位置检索、概念检索、截词检索、嵌套检索等。搜索引擎方式的优点是所收录的信息量巨大，耗费人力资源较小，信息更新速度快，适合特性检索；缺点是检索结果较为庞大，查准率较低。

4. 目录指南方式

目录指南也是互联网上常用的信息组织方式。它是利用人工或机器搜寻，但用人工分类并制作索引数据库。目录指南方式组织信息资源是将信息资源按某种事先确定的主题分门别类地加以组织，用户通过层层浏览，直到找到所需的信息线索，再链接到相应的页面。目录指南方式的优点是：专题性强，信息质量高，且能很好地满足族性检索的要求。用户按规定的分类体系，逐级查看，目的性强，查准率高。目录指南方式屏蔽了网络信息资源系统相对于用户的复杂性，提供了一个基于浏览的简单易用的网络信息检索与利用界面，并且具有严格的系统性和良好的可扩充性。目录指南方式也存在一些不足。一方面，由于网络信息资源的海量，使得很难确定一个全面的范畴体系作为目录指南结构的基础，来涵盖所有的网络信息资源。另一方面，用户为了迅速地找到所需信息，还须对相应的体系有较为全面的了解，这就增加了用户的智力负担。再则，要保证目录结构的清晰性，每一类目下的条目也不宜过多，这就大大限制了所能容纳信息资源的数量。因此，目录指南结构不适合建立大型的网络信息资源系统。但在建立专业性或示范性的网络信息资源体系时，就显示出其结构清晰，使用方便的优点。

5. 数据库方式

数据库是对大量的规范化数据进行管理的技术。利用数据库对网络信息资源管理可大大提高信息管理的效率。由于数据的最小存取单位是信息项（字段），可根据用户需求灵活地改变查询结果的多少，从而大大降低了网络数据传输的负载。

6. 主页方式

所谓主页（Homepage），从字面上理解，就是某个单位、学校、企业，甚至政府、城市、国家在 Internet 上为自己建立起来的门面。人们通过 Internet 访问这些地方的网站，首先都会接触到这个门面，并根据它的引导进一步查询网站上的有关内容，用户首先在键盘上输入一个 IP 地址，接着系统响应其访问请求，并通过网络将对方的主页信息传递到用户的计算机上，这时屏幕上出现的通常是经过精心设计的图形界面，就是通常所说的主页，按照微软公司的比喻，如果把 WWW 当作是 Internet 上的大型图书馆，则每个站点就是一本书，每个 Web 页面就是书的一页，主页则是书的封面和目录，用户可以从主页开始，通过 Web 链接访问各类信息资源，在 WWW 世界中漫游。

8.2 网络信息检索工具

8.2.1 网络信息检索方法

要想在 Internet 上获得自己所需要的信息，就必须知道这些信息存储在哪里，也就是说要知道提供这些信息的服务器在 Internet 上的地址。然后通过该地址去访问服务器提供的信息。在 Internet 上，网络信息资源的一般查询方法有基于超文本的信息查询、基于目录的信息查询和基于搜索引擎的信息查询。

1. 基于超文本的信息查询

通过超文本链接逐步遍历庞大的 Internet，从一个 WWW 服务器到另一个 WWW 服务器，从一个目录到另一个目录，从一篇文章到另一篇文章，浏览查找所需信息的方法称为浏览，也称基于超文本的信息查询方法。

基于超文本的浏览模式是一种有别于传统信息检索技术的新型检索方式。它已成为 Internet 上最基本的查询模式，利用浏览模式进行检索时，用户只需以一个节点作为入口。根据节点中文本的内容了解嵌入其中的热链指向的主题，然后选择自己感兴趣的节点进一步搜索。在搜索过程中，用户会发现许多相关的节点内容根本没被自己所想到，而是在浏览过程中不断蹦出来，提醒用户注意它。

随着 WWW 服务器的急剧增加，通过一步步浏览来查找所需信息已非常困难，为帮助用户快速方便地搜寻所需信息，各种 WWW 信息查询工具便应运而生，其中最有代表性的是基于目录和基于搜索引擎的信息查询工具，而利用这些工具来查找信息的方法就被称为基于目录和基于搜索引擎的信息查询方法。

2. 基于目录的信息查询

为了帮助 Internet 上用户方便地查询到所需要的信息，人们按照图书馆管理书目的方法设置了目录，网上目录一般以主题方式来组织，大主题下又包括若干小主题，这样一层一层地查下去，直到比较具体的信息标题，目录存放在 WWW 服务器里，各个主题通过超文本的方式组织在一起，用户通过目录最终可得到所需信息的网址，即可到相应的地方查找信息，这种通过目录帮助获得所需信息的网址继而查找信息的方法称为基于目录的信息查询方法。

3. 基于搜索引擎的信息查询

搜索引擎又称 WWW 检索工具，是 WWW 上的一种信息检索软件，WWW 检索工具的工作原理与传统的信息检索系统类似，都是对信息集合和用户信息需求集合的匹配和选择。基于 WWW 搜索工具的检索方法接近于通常所熟悉的检索方式，即输入检索词以及各检索词之间的逻辑关系，然后检索软件根据输入信息在索引库中搜索，获得检索结果并输出给用户。

搜索引擎实际上是 Intenet 上的服务站点，有免费为公众提供服务的，也有进行收费服务的。不同的检索服务可能会有不同界面，不同的侧重内容，但有一点是共同的，就是都有一个庞大的索引数据库。这个索引库是向用户提供检索结果的依据，其中收集了 Internet 上数百万甚至数千万主页信息。包括该主页的主题，地址，包含于其中的被链接文档主题，以及每个文档中出现的单词的频率、位置等。搜索引擎已成为互联网信息检索最常用的工具。

8.2.2　搜索引擎简介

1. 搜索引擎的定义

搜索引擎是利用网络自动搜索技术对互联网上各种资源进行标引，并为检索者提供检索服务的系统。具体来说，搜索引擎是互联网上专门提供查询服务的网站。这些网站通过复杂的网络搜索系统，将互联网上大量网站的页面收集到一块，经过分析处理并保存起来，能够对用户提出的各种查询做出反应，提供用户所需的各种信息。

搜索引擎主要用于解决网络用户对有序信息的需求与网上大量信息以无序方式存在的矛盾。它完成的主要任务是：主动搜索 Web 服务器信息并将其自动索引，其索引内容存储于可供查询的大型数据库中，利用各种检索方式将网络用户导向相关的信息资源。

2. 搜索引擎的系统结构

搜索引擎系统通常包括信息搜集，信息处理和信息查询三部分。

（1）信息搜集子系统

信息搜集子系统负责收集网络索引信息，填入数据库，这可以通过以下两种方式实现。

- 人工登记。所谓人工登记，即由信息处理人员对因特网的信息进行筛选、组织和评价，编制主题目录，建立主题目录导航。用此方法建立的数据库内容非常准确，但数据库扩充比较缓慢。
- 自动数据收集。所谓自动数据收集，即由系统派出“网页搜索软件”，如“蜘蛛”（Spider）或“机器人”（Robot）在各网页中爬行，访问网络中公开区域的每一个站点并记录其网址，将它们带回搜索引擎。

（2）信息处理子系统

信息处理子系统的功能是将“网页搜索软件”带回的信息进行整理、分析，建立搜索引擎数据库，并定时更新数据库的内容。它以主动的方式搜集信息，这无疑加快了数据库建设的速度。在进行信息分类整理阶段，不同的搜索引擎会在搜索结果的质量和数量上产生明显的差别。有些搜索引擎记录网页全文，将收集到的网站上所有的文章（网页）全部获取下来，并收入到数据库中从而形成全文搜索引擎。而有些搜索引擎只记录网页的地址、篇名、题名、特定的段落和重要的词。所以有的搜索引擎数据库很大，而有的却很小。数据库规模的大小决定查询到的信息是否全面以及查全率的高低。

（3）信息查询子系统

信息查询子系统向用户提供目录服务及关键词查询服务。

- 目录服务。目录服务是以资源结构为线索，将网上的信息资源按内容进行层次分类，使用户能依树状结构“顺藤摸瓜”检索信息。
- 关键词查询服务。关键词查询服务是利用建立的网络资源索引数据库向网上用户提供查询“引擎”。当用户利用搜索引擎，查找某个关键词时，搜索引擎并不是真正在网络上进行搜索，而是在数据库中查询用户指定的关键词，并按照关键词的匹配程度及关键词出现的次数由高到低排列出来提交给用户。所以，用户所给出的关键词越具体，找到所需要的信息的可能性就越大。每个搜索引擎都提供一个良好的界面，并具有帮助功能。用户只要把想要查找的关键词或短语输入查询栏中，并按“Search”按钮，搜索引擎就会根据用户输入的提问，在索引数据库中查找相应的词语，并进行必要的逻辑运算，最后给出查询的命中结果（均为超文本链接形式）。用户只需通过搜索引擎提供的链接，马上就可以访问到相关信息。由于搜索引擎的网络导航作用，它自然而然地成为通向 Internet 的必经之路。

3. 搜索引擎的发展史

在万维网（亦称为“WWW”、“3W”、“Web”或“World Wide Web”）出现之前，网络共享的信息资源内容以学术技术报告、研究性软件居多，主要以计算机文件的形式存放于各种 FTP 站点上。1990 年，加拿大麦吉尔大学计算机学院师生开发了 Archie，可以自动索引 Internet 上匿名的免费 FTP 文件信息，并提供文件查询功能。

1994 年，杨致远和大卫·费罗在美国创立了 Yahoo（雅虎）。Yahoo 最初是一个基于分类目录导航的系统。

1994 年，Lycos 推出了数据发掘技术，并支持搜索结果相关性排序，并且首先开始在搜索结果中使用了网页自动摘要。Infoseek 也是同时期的一个重要代表，它们是搜索引擎史上重要的进步。

1995 年，美国华盛顿大学学生开发了 Internet 上第一个元搜索引擎——Metacrawler。元搜索引擎负责把用户的搜索请求转换处理后提交给多个独立搜索引擎，并将各个独立搜索引擎返回的所有查询结果集中处理后再返回给用户。

1995 年，DEC 公司推出了第一个支持自然语言搜索、实现高级搜索语法的搜索引擎——AltaVista。AltaVista 还支持搜索图片、新闻组等具有划时代意义的功能。

1997 年，Northern Light 公司正式推出搜索引擎，也是第一个支持对搜索结果进行简单的自动分类的搜索引擎。

1997 年，北京大学计算机系开发的“北大天网”搜索引擎正式提供服务。

1998 年，台湾中正大学吴升教授所领导的 GAIS 实验室创立了 Openfind 中文搜索引擎。

1998 年，拉里·佩奇和谢尔盖·布林在美国创立了 Google 公司，Google 搜索引擎是目前世界上最流行的搜索引擎之一。

1999 年，Fast（法视特）公司发布搜索引擎 All The Web，其网页搜索可自动分类，支持高级搜索、多语言搜索、Flash 和 PDF 搜索、新闻、图像、视频、MP3 和 FTP 搜索等强大的搜索功能，在 2003 年 2 月被 Overture 收购，后者同年 7 月被 Yahoo 收购。

2000 年，李彦宏和徐勇推出了百度搜索引擎，它成为目前全球最大的中文搜索引擎之一。

2004 年，搜狐公司推出中文搜索引擎——搜狗。

2006 年，微软公司推出了 Live Search 搜索引擎。

2006 年，网易公司推出中文搜索引擎——有道。

2009 年，微软公司推出了用以取代 Live Search 的搜索引擎 Bing，中文名称为“必应”。

4．搜索引擎的分类

随着搜索引擎的数量增加，搜索引擎的种类也越来越多。可以根据信息组织方式、语种、搜索范围的不同将搜索引擎进行分类。

（1）按信息组织方式划分

搜索引擎按信息组织方式划分可分为目录式搜索引擎和全文搜索引擎。

- 目录式搜索引擎。目录式搜索引擎提供了一份按类别编排的 Internet 网站目录，各类别之下，排列着属于这一类别的网站站名和网址链接，这种排列方式与电话号码簿一样，不同的是有些搜索引擎还提供了各个网站的内容提要。目录式搜索引擎搜索到一个网站时，它并不像全文搜索引擎那样，将网站上的所有文章和信息都收录进去，而是首先将该网站划分到某个分类上，再记录一些摘要信息，对该网站进行概述性的简要介绍。目录式搜索引擎的优点是将信息系统地分门归类，用户可以清晰方便地查找某一大类信息，这符合传统的信息查找方式，尤其适合那些希望了解某一方面的信息，并不严格限于查询关键词的用户。分类目录查询对那些知道自己想查什么却又不能用词语确切表达出这种需求，并且检索经验相对较少的用户来说，显得更加方便友好。用户可从大处入手，层层深入，缩小范围，筛选、发现所需信息，在筛选过程中，进行分析、判断、掌握所感兴趣信息在网上的分布情况，从而组织自己所需信息的信息源。目录式搜索引擎的缺点是其搜索范围较全文搜索引擎要小许多，而且查询麻烦，需要层层递进。
- 全文搜索引擎。当全文搜索引擎搜索到一个网站时，会将该网站上所有的文章（网页）全部获取下来，并收入到引擎的数据库中。只要用户输入查询的关键词在引擎数据库中的某个主页中出现过，则这个主页就会作为匹配结果返回给用户，从这一点上看，全文搜索引擎真正为用户提供了对 Internet 上所有信息资源进行检索的手段，给用户以最全面最广泛的搜索结果。全文搜索引擎的优点是查询全面而充分，查询方法简单，只要输入关键词就可得到相关的网页。对那些检索经验相对较丰富、对检索所花费的时间以及结果的准确性要求相对较高的用户，全文搜索引擎是很好的选择。全文搜索引擎的缺点是提供的信息虽然多而全，但由于没有目录式搜索引擎那样清晰的层次结构，有时给人一种繁多而杂乱的感觉。全文搜索引擎具有代表性的当推 Google（http://www.google.com）、AltaVista（http://www.altavista.com）、百度（http://www.baidu.com）、Yahoo（http://www. yahoo.com）等。

（2）按搜索范围分类

按搜索范围，搜索引擎可分为独立搜索引擎和多元搜索引擎。

- 独立搜索引擎。独立搜索引擎的 URL 只代表一个搜索引擎，检索只在本引擎的数据库内进行，由这个数据库反馈出相应的查询信息，或者是相链接的站点指向。各个独立的搜索引擎都会有自己的查询特色，例如：目录查询、全文查询、简单查询、高级查询等。每个独立搜索引擎数据库所覆盖的领域、资源类型、规模等均不同，检索方式也各具特色，对同一个检索提问，不同的搜索引擎会产生不同的检索结果。为了获得更全面的检索结果，用户不得不将同一个检索课题在多个搜索引擎上一次又一次地进行检索，因此要面对不同的检索界面，一次次地重复输入提问式，还要对反馈的检索结果进行筛选。正是为克服用户面对品牌繁多、五花八门的搜索引擎而产生的无所适从和疲于奔命，多元搜索引擎应运而生。

- 多元搜索引擎。多元搜索引擎又称为集合式搜索引擎。它是将多个搜索引擎集成在一起，提供一个统一的检索界面，且将一个检索提问同时发送给多个搜索引擎，同时检索多个数据库，再经过聚合、去重后输出检索结果。这样，所得的信息源的范围扩大了。检索的综合性、全面性也有所提高。较为著名的多元搜索引擎有：MetaCrawler、Dogpile、Vivisimo、Mamaa 等。

5. 搜索引擎的一般检索技术

（1）邻接符

有些搜索引擎提供了邻接符（near）操作。它用于寻找在一定区域范围内同时出现的检索词的信息，但这些单词可能并不相邻，间隔越小的排列位置越靠前，其彼此间距控制是：“near/n”，“n”为数值，意为检索单词距最大不超过几个单词。例如：检索式“computer near/10 game”，意为查找“computer”和“game”的间隔不大于 10 个单词的文档。

（2）通配符

通配符一般用星号（*）表示，用于代替任意的字母组合。当“*”置于一个词的右边时，表示代替的字母组合，以实现部分匹配。例如：检索式“comput*”，则表示可以代表 computer、computing 等词。“*”不能用在单词的开始或中间。

（3）逗号、括号、引号

逗号（，）的作用类似于“or”，也是寻找那些至少包含一个指定关键词的信息，不同的是“越多越好”是它的原则，因此查询结果是找到的关键词越多的文档，其排列的位置越靠前。例如：检索式“计算机，多媒体，Windows XP”，则查询时同时包含“计算机”、“多媒体”和“Windows XP”的文档将出现在前面。

括号（）的作用和数学中的括号相似，可以用来使括在其中的操作符先起作用。例如：检索式“（网址 or 网站）and（搜索 or 查询）”，实际查询时，关键词就是“网址搜索”、“网址查询”，或者是“网站搜索”、“网站查询”。

当使用引号（“”）组合关键词时，搜索引擎即将关键词或关键词组合作为一个字符串在其数据库中进行搜索。

（4）字段限定

所谓字段限定，即限定词语在文献中出现的部位，如主题、站点、网址、链接等。大部分搜索引擎可以进行字段限定，但是字段限定的数目和表示方法略有不同。

- 主题搜索。使用“title”命令，可以实现主题搜索，也就是查找网页的主题包含查询者所指定的字符的网页。例如：检索式“title：Harvard Business Review”，表示检索与“Harvard Business Review”匹配的网页。
- 站点搜索。使用“host”命令，可以查找用户所指定的网站。例如：检索式“host：edu.com”，表示检索 WWW 服务器中主机名为“edu.com”的网页。一些搜索引擎使用“domain”和“site”来代替“host”。
- URL 搜索。一些搜索引擎提供查询“URL”的功能，这和站点搜索功能非常相似。例如：检索式“url:gov.html”，可以检索在网页地址中含有“gov.html”的 URL。

- 链接搜索。使用“link”命令，即查询与特定页面或主机有链接的所有页面。例如：检索式“link=thoms.gov”可以检索与“thoms.gov”至少有一次链接的网页。

（5）范围限定

有的搜索引擎将信息源进行分类，限定检索类别范围；对检索时间范围进行限定；还可以限定在前次检索结果的范围内予以优化检索。常见的范围限定有信息源限定、时间限定、二次检索等。

（6）大小写字母

搜索引擎对字母大小写有明确规定，在操作时应予以注意。很多搜索引擎对字母大小写不加区分，但也有些搜索引擎是区分的，因此，在使用搜索引擎前，首先要了解清楚，特别是在查找人名、公司名称、产品名称或其他专用名词时，最好用大写字母进行查询。

8.2.3　常用搜索引擎的检索和利用

搜索引擎本身及其检索结果在有效性、有序性、可检性、学术性、专业性等方面较差，但它具有信息来源丰富、信息时效性强、使用简单便捷等优点，因此成为目前利用 Internet 信息的最佳工具。为了了解某一学科或专业的最新发展情况，可以把专业的学术性数据库资源和搜索引擎的使用结合起来。搜索引擎的主要用途是帮助网络用户在信息的海洋里找到所需的资料，代表性的搜索引擎产品有Google（谷歌）、百度（Baidu）等。

1．常用中文搜索引擎介绍

（1）百度（http://www.baidu.com）

百度公司是 1999 年底，由两位北大校友、超链分析专利发明人、前 Infoseek 资深工程师李彦宏及徐勇于美国硅谷创立的。2001 年 8 月发布 Baidu.com 搜索引擎 Beta 版，2001 年 10 月 22 日正式发布 Baidu 搜索引擎，专注于中文搜索（见图 8-1）。百度提供丰富的互联网搜索产品及服务，其中包括以网络搜索为主的功能性搜索、以贴吧为主的社区搜索、针对各区域行业所需的垂直搜索，全面覆盖了中文网络世界所有的搜索需求，根据第三方权威数据，百度在中国的搜索份额超过 80%。

图 8-1　百度搜索引擎主页

百度是目前全球最优秀的中文信息检索与传递技术供应商之一，具有如下先进的技术特点：

① 采用全球独有的超链分析技术。这种技术将传统情报学中的引文索引技术同 Web 中最基本的东西——链接技术相结合，通过分析链接网站的多少来评价被链接的网站质量，这保证了用户在百度搜索时，越受用户欢迎的内容排名越靠前。

② 百度在中文互联网中拥有天然优势。百度是由中国人自主开发的一款搜索引擎，其服务器分布在中国各地。保证用户通过百度搜索引擎可以快速地搜到世界上最新最全的中文信息。

③ 为中文用户度身定做。百度深刻理解中文用户的搜索习惯，开发出关键词自动提示功能：用户输入拼音，就能获得中文关键词正确提示；还开发出中文搜索自动纠错功能，即如果用户误输入错别字，可以自动给出正确关键词提示。

④ 百度也提供了“相关检索”、“网页快照”和“类似网页”等功能。从检索内容看，百度可检索网页、新闻、图片等。

百度提供关键词检索和高级检索。关键词检索只要在百度主页搜索框中输入相关主题词，单击“百度搜索”即可，百度会自动找出所有符合全部查询条件的网站或资料，并将最相关网站或资料排在前面。

百度有中文搜索自动纠错功能，当用户误输入错别字时，它将自动给出正确关键词提示；支持布尔逻辑检索技术，用“+”“−”“|”分别表示；支持限制技术，可在一个网址前加“site:”表示搜索某个具体网站、网站频道或网页，在一个或几个关键词前加“”，表示只检索网页标题中含有这些关键词的网页；不区分英文字母大小写，所有的字母均做小写处理。

高级检索除支持以上检索技术，还可以对检索结果、时间、地区、语言、搜索结果显示条数、文档格式、关键词位置进行限制（见图 8-2）。搜索结果可以进行包含以下全部的关键词、包含以下的完整关键词、包含以下任意一个关键词、不包括以下关键词的限制。时间可进行一天、一周、一月、一年限制。关键词位置可在网页的任何地方、仅在网页的标题中和在网页的 URL 中进行限制。文档格式有 pdf、doc、ppt 等等。

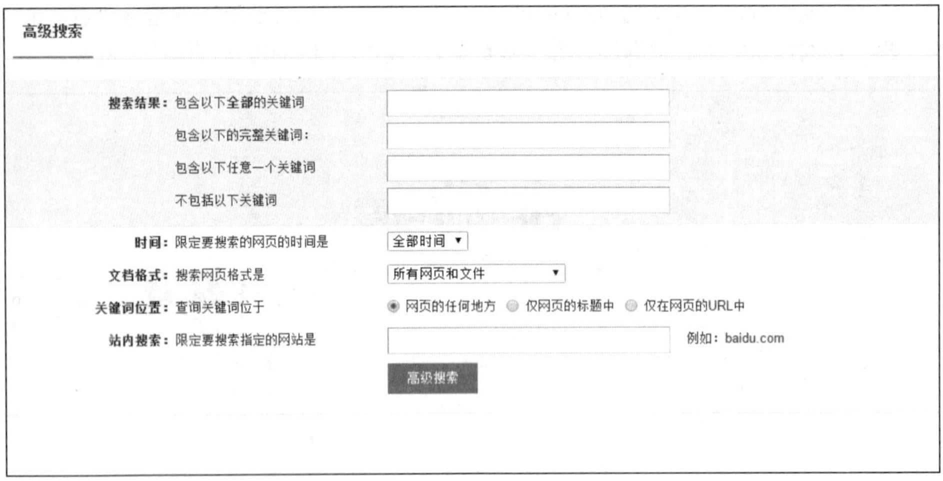

图 8-2 百度搜索引擎高级检索

（2）中文 Google（http://www.google.com.hk/）

Google 由当时在斯坦福大学攻读理工博士的拉里·佩奇和谢尔盖·布林共同创建于 1998 年 9 月。它是一家美国的跨国科技企业，业务范围涵盖互联网搜索、云计算、广告技术等领域，开发并提供大量基于互联网的产品与服务。面世至今，获得多项业界大奖。Google 搜索引擎的成功和不同之处在于它不以花哨取胜，数据库查询速度极快，用户能找到其他引擎找不到的网页。Google 以检索功能强大、搜索信息的准确性而备受赞誉，平均 1 个月更新一遍，对部分网页每日更新。提供 Google 工具条、网页快照、图像搜索、新闻组及网页目录搜索。Google 是第一个被公认为全球最大的搜索引擎，在全球范围内拥有无数的用户。2016 年数据显示，现在其索引量已达 500 多亿条，成为互联网上最大的搜索引擎（见图 8-3）。

图 8-3　Google 搜索引擎主页

Google 采用了先进的网页级别（PageRank）技术。这种技术是指依据网络自身结构，根据互联网本身的链接结构对相关网站用自动方法进行分类，清理混沌信息，整合组织资源，使网络井然有序。Google 最早提供了“手气不错”、“网页快照”和“类似网页”等领先功能。Google 和一家名为 Realnames（简称 RN）的网络关键词管理公司合作。当用户输入关键词与 Google 推荐的网站匹配时，试试“手气不错”就可以登录到最佳网站。“网页快照”是指 Google 为用户存储的大量应急网页，它的作用是：当用户所要检索的网页实际上可能已经过时或者不存在了，而由于搜索引擎数据库的更新需要一定的时间，无法跟得上那些更新速度快的网站（如新闻网站），或是有时碰到网页服务器的暂时中断而找不到服务器，这时快照内容便可暂缓燃眉之急。

Google 提供简单查询和高级查询两种常用的搜索方式。简单查询只要在检索文本框中直接输入关键词，然后单击“Google 搜索”按钮，就可得到与关键词匹配的检索结果，可以进行网页、图片、新闻、论坛等查询。Google 还提供分类目录，以供按类查询。高级查询提供搜索结果、语言、文件格式、日期、字词位置、网域等字段限制。

2010 年 3 月 Google 公司将中文搜索业务转移至香港。

（3）搜狗搜索（https://www.sogou.com/）

搜狗搜索是搜狐公司于 2004 年 8 月 3 日推出的全球首个第三代互动式中文搜索引擎（见图 8-4）。其网页收录量已达到 100 亿，并且每天以 5 亿的速度更新。凭借独有的 SogouRank 技术及人工智能算法，搜狗可提供最快、最准、最全的搜索服务。

搜狗提供关键词检索和高级检索。关键词检索只要在搜索框中输入相关主题词，单击“搜狗搜索”即可，搜狗会自动找出所有符合全部查询条件的网站或资料，并将最相关网站或资料排在前面。

高级检索可以对搜索结果排序方式、在指定站内搜索、文档格式、关键词位置等进行限制。搜索结果还可以进行不包括关键词的限制（见图 8-5）。

图 8-4　搜狗搜索引擎主页

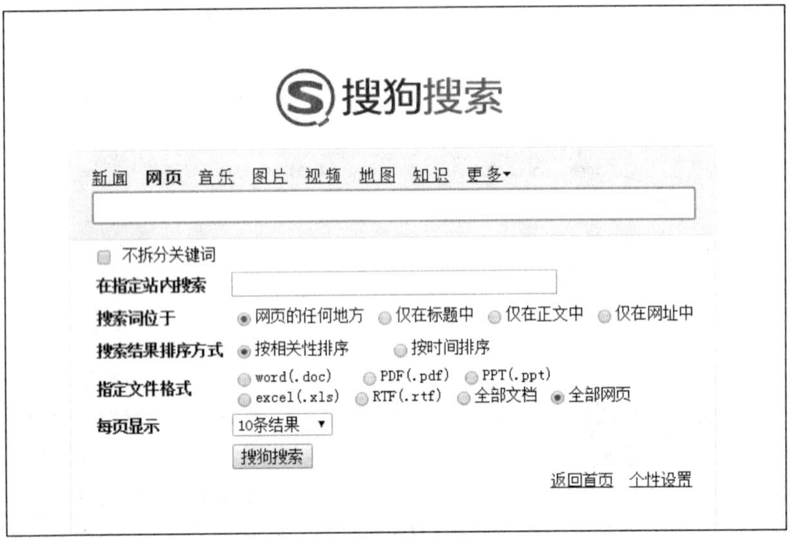

图 8-5　搜狗搜索引擎高级检索

（4）必应（https://cn.bing.com/）

必应（Bing）是一个全新的搜索引擎（见图 8-6），是微软公司根据中国用户的搜索特点而提供的网络搜索引擎，前身为 Live Search。在 Windows Phone 系统中，微软也深度整合了必应搜索，通过触摸搜索键引出，相比其他搜索引擎，界面也更加美观，整合信息也更加全面。微软方面声称，此款搜索引擎将以全新姿态面世，将带来新革命。内测代号为 Kumo，其后才被命名为必应。有调查发现，必应的搜索成功率已比开始时大幅提升，甚至与 Google 不相伯仲。其搜索特色中，“快捷直达”、图片搜索无止境、视频悬停预览、以图搜图、搜索结果页“沉浸式”用户体验等让人耳目一新。必应地图搜索、必应词典、跨平台智能搜索等核心功能为用户搜索网络信息提供了贴心的服务，是用户搜索网络信息的好帮手。

必应提供了非常丰富的高级搜索语法，使用高级关键字可获取更好的搜索结果，可快速找到真正需要的内容。部分语法使用示例如下：

contains:：只搜索包含指定文件类型的链接的网站。若要搜索包含 MicrosoftWindowsMediaAudio（.wma）文件链接的网站，键入：音乐 contains:wma inanchor:、inbody:、intitle:这些关键字将返回元数据中包含指定搜索条件（如定位标记、正文或标题等）的网页。为每个搜索条件指定一个关键字，也可以根据需要使用多个关键字。若要查找定位标记中包含 msn、且正文中包含 seo 和 sem 的网页，键入：inanchor:msninbody:seoinbody:sem。

图 8-6　必应搜索引擎主页

ip:：查找托管在特定 IP 地址的网站。IP 地址必须是以英文句点分开的地址。键入关键字 ip:，后面加网站的 IP 地址。如键入：ip:207.46.249.252。

language:：返回指定语言的网页。在关键字 language:后面直接指定语言代码。使用搜索生成器中的“语言”功能也可以指定网页的语言。若只需查看有关古董文物的英文网页，则键入："antiques"language:en。

loc:：或 location:：返回特定国家或地区的网页。在关键字 loc:后面直接指定国家或地区代码。若要搜索两种或两种以上语言，需使用逻辑运算符“OR”对语言分组。若要查看有关美国或英国雕塑的网页，则键入：sculpture（loc:USORloc:GB）。若要查看可用于 Bing 的语言代码列表，可参阅国家、地区和语言代码。

prefer:：着重强调某个搜索条件或运算符，以限定搜索结果。若要查找足球的相关网页，但搜索内容主要限定在某球队，则键入：足球 prefer:球队。

site:：返回属于指定网站的网页。若要搜索两个或更多域，需使用逻辑运算符“OR”对域进行分组。可以使用 site:搜索不超过两层的 Web 域、顶级域及目录。还可以在一个网站上搜索包含特定搜索字词的网页。

feed:：在网站上查找搜索条件的 RSS（ReallySimpleSyndication）或 Atom 源。若要查找关于足球的 RSS 或 Atom 源，则键入 feed:足球。

（5）360 搜索（http://www.so.com/）

360 搜索，原名“好搜搜索”。2016 年 2 月 1 日，好搜搜索更名为 360 搜索。360 搜索属于全文搜索引擎，是目前广泛应用的主流搜索引擎。360 搜索包括新闻、网页、问答、视频、图片、音乐、地图、百科、良医、购物、软件、手机等应用（见图 8-7）。

（6）其他中文搜索引擎

① 搜网全能搜索（http://so.sowang.com/）

搜网全能搜，可一键实现对搜索引擎、影视娱乐、图片、音乐歌曲、问题知识、论坛微博、网上购物等热门网站的搜索。

② 中国搜索（http://www.chinaso.com/）

中国搜索于 2013 年 10 月开始筹建， 2014 年 3 月 1 日上线测试，首批推出新闻、报刊、网页、图片、视频、地图、网址导航七大类综合搜索服务，以及国情、社科、理论、法规、时政、地方、国际、军事、体育、财经、房产、汽车、家居、购物、食品、智慧城市 16 个垂直频道和“中国新闻”等移动用户端产品和服务。

图 8-7　360 搜索引擎主页

③ 有道搜索（http://www.yodao.com/）

搜索结果由 360 搜索提供。

④ 拇指搜（http://muzhiso.com/）

拇指搜是全球最大的手机搜索引擎之一，也是全球唯一无竞价排名的搜索引擎。

2. 英文搜索引擎介绍

（1）Yahoo（https://www.yahoo.com/）

Yahoo（雅虎）是网站分类目录导航的领头军，它以分类目录、网站检索为主，附带网页全文检索，也是目前最重要的搜索服务网站。雅虎有 10 余种语言版本，每一版的内容互不一样。可以说，每一种不同的版本都是一种不同的、相对独立的搜索引擎（见图 8-8）。

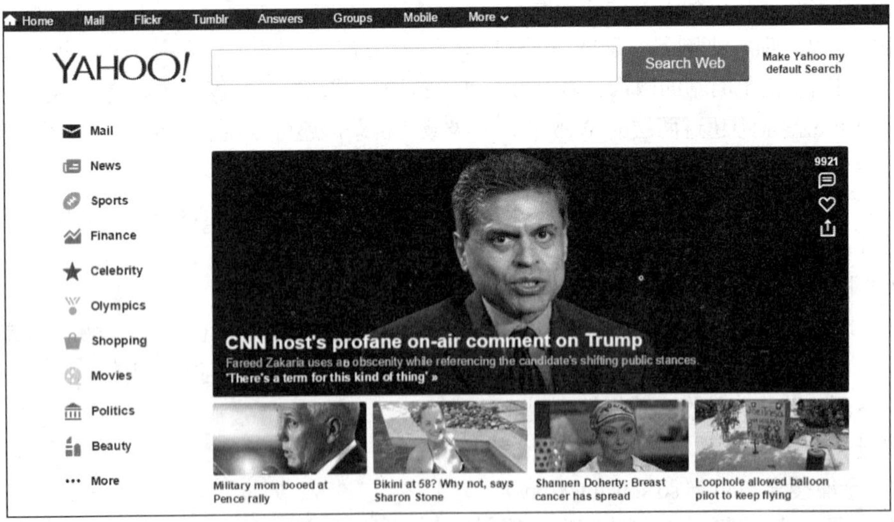

图 8-8　Yahoo 搜索引擎主页

（2）Ask（http://www.ask.com/）

Ask 在美国是继 Google、雅虎和微软之后的第四大搜索引擎。Ask 搜索引擎（见图 8-9）原名

AskJeeves，成立于 1996 年，是一家老牌的搜索服务网站，最初以自然语言搜索作为特色。2005 年在被 IAC 公司收购之后，Ask 网站抛弃了过去的小管家形象，网站名称也改为 Ask。Ask 是一个以问答为核心的搜索引擎网站。2010 年底，Ask 遇到了强大的竞争对手 Google 公司，Ask 采取外包其网站的搜索技术，并返回其问题和答案。

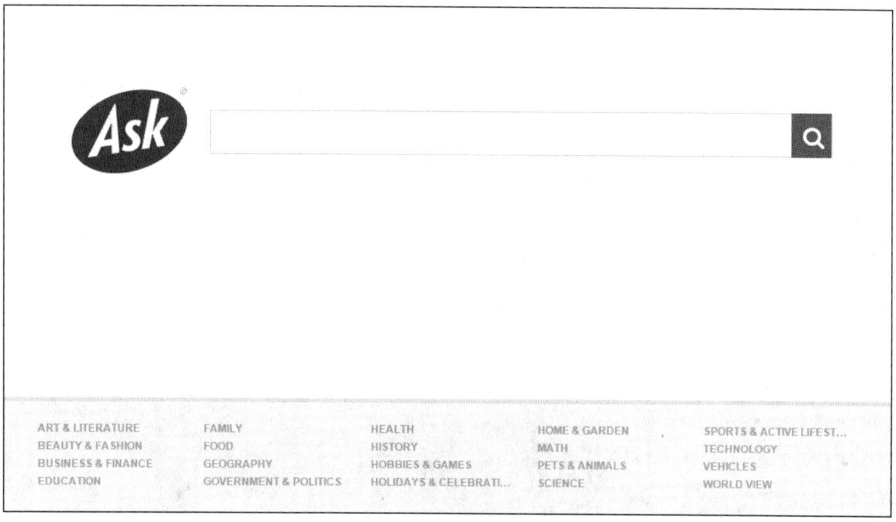

图 8-9　Ask 搜索引擎主页

（3）HotBot（http://www.hotbot.com/）

Hotbot 曾是比较活跃的搜索引擎，数据更新速度快，网页库容量为 1.1 亿，以独特的搜索界面著称。Hotbot（见图 8-10）提供详细类目分类索引，网站收录丰富，搜索速度较快，并提供音乐、黄页、E-mail 地址、新闻标题、FTP 检索等专类检索服务。该引擎已被 Lycos 收购，成为 Terra Lycos Network 的一部分（见图 8-10）。

图 8-10　Hotbot 搜索引擎主页

Hotbot 拥有强大的检索功能和多种检索技术支持。Hotbot 提供多种语言的搜索功能，对包括中文、英语、法语、日语等 36 种语言进行选择限定。

进行常规搜索时，用户可以通过选择下拉列表中的各项来定制搜索条件。在高级搜索中，HotBot则提供更复杂的限制搜索条件。用户可指定以特定的域名后缀（如“.com”、“.org”等）、地理位置、时间范围、文件长度等项目进行搜索。还可专门查找个人主页，并支持自动单词变形搜索（需点选对应的选择框）。此外，在高级搜索中还可查询包含 Java、Javascript、Acrobat、ActiveX、MP3、audio、video 或 image 等内容的网页。

（4）Lycos（http://www.lycos.com/）

Lycos 是搜索引擎中的元老，是最早提供信息搜索服务的网站之一。作为曾经的搜索引擎巨头，如今 Lycos 也开辟了多项功能。登录其主页（见图 8-11），除了搜索框之外，用户还将看到诸多链接，可链接到其他内容，例如 Java、Flash 和针对 iOS 系统的游戏等，另外还包括电子邮件服务、发行工具等，其中以 Tripod 最为出名。

图 8-11 Lycos 搜索引擎主页

8.2.4 搜索引擎的发展趋势

随着互联网技术的不断发展，搜索引擎以其强大的搜索功能对上亿网页进行信息的检索，而且搜索时间通常不过几秒，深受人们的喜欢。人们对搜索引擎功能的要求也越来越高，不同人群有不同的搜索需求，搜索引擎技术正成为计算机工业界和学术界争相研究、开发的对象。未来的搜索引擎呈现四大发展趋势：多元化、专业化、智能化和多媒体化。

（1）搜索引擎的多元化

搜索引擎的发展趋势之一是多元化，即元搜索引擎。元搜索引擎没有自己的数据，而是将用户的查询请求同时向多个搜索引擎递交，将返回的结果进行重复排除、重新排序等处理后，作为自己的结果返回给用户。现有不少单搜索引擎只能在本身所建立的数据库中查询所需要的信息资料，不能利用其他的搜索引擎查询信息资料。为此有些国家已开发出了多种元搜索引擎，服务方式为面向网页的全文检索。这类搜索引擎的优点是返回结果的信息量更大、更全，缺点是不能够充分利用搜索引擎的功能，用户需要做更多的筛选。此种搜索引擎的代表是 WebCrawler、InfoMarket、Digisearch、Metacrawler、Savvyearch、Cyber411、Profusion、IQ99 等。这些元搜索引擎的功能优于单搜索引擎。它能有选择地调用多个单搜索引擎搜集信息，并能集中处理检索结果，按其相似性进行匹配排序，返回用户，能将查到的信息按单搜索引擎归类，以说明所搜索的信息是哪个单搜索引擎查到的。

（2）搜索引擎的专业化

搜索引擎的发展趋势之二是专业化，即专业搜索引擎。搜索引擎的专业化是为了专门收录某一行业、某一主题和某一地区的信息而建立的，非常实用，如商务查询、企业查询、人名查询、电子邮件地址查询和招聘信息查询，等等。这种专业化的搜索引擎是将来发展的方向。目前多数搜索引擎是综合性的，如 AltaVista、Yahoo、搜狐、天网等。这类搜索引擎虽然在搜集信息的全面性上有些优点，但难以收全某专业的信息资料，对专业性信息资料缺乏深加工，查准率差，服务器的维护也困难。这就为专业化的搜索引擎的建立与发展开辟了广阔空间，于是国外有关农业、化工、医学、教育、园艺、摩托车、宠物、家庭、服装、投资等专业化的搜索引擎便应运而生。专业化的搜索引擎在搜索某专业领域信息的全面性与挖掘深度上都优于综合性搜索引擎，如搜索有关化工的 Chemindustry，搜索有关农业的 Agrisurf，有关医学的 Medline 等搜索引擎。

（3）搜索引擎的智能化

搜索引擎的发展趋势之三是智能化，即机器人搜索引擎。搜索引擎的智能化体现在两方面：一是对搜索请求的理解，二是对网页内容的分析。其中，通过对用户的查询计划、意图、兴趣方向进行推理、预测并为用户提供有效的答案是这种系统的支柱技术。自然语言搜索能力也是智能化的一个体现，是目前相对易于开发的技术。智能化的搜索引擎的智能功能反映在两方面；首先是能进行自动词汇拆分。能对用户输入的中文或英文词组进行自动规范化处理，能进行自动词汇拆分，使用户对中、英文信息都能查找；其次是能进行自动搜索与标引。利用自动代理软件 Robot、Spider、Worm 等，在网上 24 小时不停地漫游、遍历，通过访问网络中每一个公开区域的站点，自动地搜集网上的信息资源，记录下新的网址。如通过 AltaVista 的 Spider 可以访问一亿个网站。而后利用索引软件对所搜索的信息进行自动标引，以建立按关键词查询的 Web 页索引数据库，供用户查询。该类搜索引擎的优点是信息量大、更新及时、不需人工干预，缺点是返回信息过多，有很多无关信息，用户必须从结果中进行筛选。这类搜索引擎的代表有：AltaVista、Northern、Light、Excite、Infoseek、Inktomi、Lycos、Google 等。

（4）多媒体化

多媒体搜索引擎随着宽带技术而发展。未来的互联网是多媒体数据的时代，开发出可查寻图像、声音、图片和电影的搜索引擎是未来一个新的方向。多媒体是综合性的信息资源，是文本、图形、声音、动画、视频等媒体元素的统称。多媒体搜索引擎是具有图像、音频、视频、动画等搜索功能的搜索引擎。这类搜索引擎的代表如：AllTheWeb、AltaVista、Ditto、Imagesgoole、Musi-finder 等。

8.3　网络信息检索策略

8.3.1　影响网络信息检索的因素

影响网络信息检索的因素很多，如网络信息资源质量、检索软件、用户水平等。

1．网络信息资源质量对网络信息检索的影响

丰富的网络信息资源为网络信息检索系统提供了庞大的信息来源，但由于其收集、加工、存储的非标准化，给信息检索带来一定困难。网络信息资源收集不完整、不系统、不科学，导致信息检索必须多次进行，造成人力、物力和时间上的浪费。网络信息资源加工处理不规范、不标准，使信息检索的查全率、查准率下降。网络信息资源分散、无序、更换、消亡无法预测，因此用户无法判断网上有多少信息同自己的需求有关，检索评价标准难以确定。网络信息资源由于版本和知识产权问题，也给信息检索带来麻烦。由于 Internet 是一个非控制网络，所有网上公用信息均可以自由使用，共同分享，网上电子形式的文件极易被复制使用，这样就容易引起知识产权、版权信息真伪等问题。

2. 检索软件对网络信息检索的影响

Internet 将世界上大大小小、成千上万的计算机网络连在一起，成为一个没有统一管理的、分散的但可以相互交流的巨大信息系统，这意味着人们必须掌握各种网络信息检索工具，才能检索到自己所需要的网络信息资源，但是由于 Internet 信息组织的特殊性和目前检索工具自身存在的一些问题，给信息检索带来一些问题。Internet 上的信息存放地址会频繁转换和更名，根据检索工具检索的结果并不一定就能获得相应的内容。基于一个较广概念的检索项，往往会获得数以千万计的检索结果，从而使用户难于选择真正所需要的信息。每种检索工具虽然仅收集各自范围内的信息资源，但也难免使各种检索工具的信息资源出现交叉重复现象。

3. 用户水平对网络信息检索的影响

在 Internet 这个开放式的信息检索系统中，用户不仅要自己检索信息资源，同时还要进行信息资源的收集、整理、存储工作，因此，Internet 用户的信息获取与检索能力对信息检索有着直接的影响。用户对信息检索需求的理解和检索策略的制定关系到信息检索质量。用户的计算机操作能力及网络相关知识的掌握程度影响着信息检索的效率。用户对网络信息检索工具应用的熟练程度影响着信息检索的效果。用户的外语水平影响着信息检索的广度与深度。

8.3.2 网络信息检索常用方法与技巧

1. 利用搜索引擎检索

Internet 上有许多检索工具，不同检索工具的索引规模、搜索范围及索引组织是不相同的。选择合适的检索工具是取得检索成功的关键一步。选择合适的网络检索工具主要从网络检索工具的类型、收录范围、检索问题的类型、检索具体要求等方面综合考虑。一般来说，如果希望浏览某方面的信息、专题或者某个具体的网站，分类目录会更合适。如果需要查找非常具体或者特殊的问题，用关键词搜索比较合适；当需要查找的是某些确定的信息，如音乐、图片等，就最好使用专门的音乐、图片等专业搜索引擎。用不同的搜索引擎进行查询得到的结果常常有很大的差异，这是因为它们的设计目的和发展走向存在着许多不同，使用时要根据自己的需要选择合适的搜索引擎。

2. 利用网上信息指南检索

通过学科资源导航系统来利用网上资源。这些系统是针对某一学科或与该学科有关的某一主题来对网上的相关学术资源进行搜集、评价、分类、组织和有序化整理，并对其进行简要的内容揭示，建立分类目录式资源组织体系、动态链接、学科资源数据库和检索平台，发布于网上，为用户提供网络学科信息资源导引和检索线索的导航。它将某一学科的网络学术资源由分散变为集中，由无序变为有序，其建立将方便各学科读者查询本学科网络信息资源。此类指南专业性强，是检索科技信息十分有效的方法。例如，中国高等教育文献保障体系（CALIS 系统）中的一个子项目“重点学科导航库”就是组织进入“211 工程”的重点高校图书馆针对本校重点学科，对网络信息资源进行分工协作、组织整理的一个共建项目，其目的是通过该导航群提供便捷的网络学术资源查询服务。国家图书馆、上海图书馆等大型图书馆一般都建有文献资源导航系统。进入这些站点，可直接从主页找到自己关注的资源类目，进行选择。

3. 检索网络文献数据库

就世界范围来说数据库发展的特点为：发展速度快、数据库日趋专业化；数据库已由科技文献型产品扩展到多品种体系；数据库服务范围从科技到经济、管理、市场、娱乐等。网络文献数据库包括综合性和专业性数据库、期刊数据库、专利数据库等。许多著名的国际联机数据检索系统，如 Dialog、OCLC 等都开设了与 Internet 的连接，用户可通过远程登录或 WWW 方式进行检索。另外，有许多信息服务机构开发了网络数据库，如 ISI 公司推出的 Web of Science，美国工程信息公司开发的 Eivillage，英国的 INSPEC 数据库，EBSCO 公司的 BSP（Business Source Premier 商业资数据库）、ASP（Academic Search Premier）学术资源数据库，UMI 公司的 PQDD（硕士、博士论文数据库）等。国内著名的数据库如中国期刊全文数据库、中国优秀博硕士论文全文数据库、中国重要报纸全文数据库、中国重要会议论文全文数据库、万方数据资源系统、维普中文科技期刊数据库、中国专利数据库等。这些数据库由专门的信息机构或公司专业制作和维护，信息质量高，是专业领域内常用数据库。

4．查询网上图书馆

大多数图书馆都提供馆藏资源的网上检索，如中国国家图书馆、中国科学院文献信息中心、上海图书馆等国内图书馆都提供文献信息的查询。也可访问网上图书馆、网上书目查询或网上书店，如 CALLS 联机公共书目查询系统、超星数字图书馆等。

5．选择合适的搜索工具

在开始检索之前，要根据检索内容和目的选择合适的搜索工具。要对检索的课题进行分析，确定其主题、类型形成若干具有检索意义的概念，并考虑概念的专指度，分清主次，力求准确反映主题。同时确定检索目的，是泛泛浏览还是索取具体的文献；文献的类型是图书、期刊论文，还是影像资料；语种、年代，等等。确定好的检索工具可以节省大量检索时间。

6．正确使用检索工具的检索功能

无论使用哪一种检索工具，只能使用所选择的工具提供的检索功能对网络信息资源进行检索。因为每一种检索工具所提供的检索技术功能不同，同一种检索技术在不同的检索工具中的使用方法也不尽相同，这一点是不可忽视的。不过，多数的检索工具所提供的检索技术是相通的，要善于比较与利用。要灵活运用各种检索技术，除了著者、刊名、机构等条件比较简单的检索外，尽量使用各检索工具提供的高级检索功能。

7．正确运用检索策略

合适的检索策略可以提高信息检索的查全率和查准率。传统检索理论非常重视检索策略的研究，强调检索策略的建立和修正，为提高网络检索效果有必要学习一些检索策略，掌握常用文献检索的途径、方法、技术和步骤。

思考题

1．搜索引擎的一般检索技术有哪些？
2．网络信息资源的特点有哪些？
3．简述 Lycos 的特殊功能。

第 9 章　学术论文的撰写与投稿

学术论文的撰写与投稿是人们在进行或完成科学研究的过程中对所取得的成果进行总结归纳的主要形式之一，也可以说是人们通过对专题文献信息检索及相关实践后所取得重要成果的形式之一。学术论文的撰写与投稿行为体现了一个人的科研能力、学识水平、写作功底、信息能力等多方面的综合素质。学术论文的撰写与投稿必须遵循一定的规范与约定，否则即使是一篇内容十分优秀的学术论文也有被耽搁甚至被埋没的可能。因此，学习和掌握学术论文撰写的规范，了解并理清论文投稿的相关要求及规则是成功进行学术论文撰写与投稿的前提。

9.1　学术规范与合理使用

9.1.1　学术规范概述

学术规范是指对学术研究活动的主客观方面的约束，包括标准和评价体系，其突出特征和追求目标是求真务实。学术研究活动大体包括学术研究、学术写作、学术评价（包括学术批评）和学术管理等。学术规范体现在学术活动的全过程之中，主要表现为学术道德规范、学术法律规范、学术引文规范、写作技术规范等。

1．学术道德规范

学术道德规范是学术规范的核心部分，是对学术工作者从思想修养和职业道德方面提出的要求。根据教育部《关于加强学术道德建设的若干意见》等规定，学术道德规范的内容主要有如下几点。

（1）增强献身科教、服务社会的历史使命感和社会责任感。要将自己置身于科教兴国和中华民族伟大复兴的宏图伟业之中，以繁荣学术、发展先进文化、推进社会进步为己任，努力攀登科学高峰。要增强事业心、责任感，正确对待学术研究中的名和利，将个人的事业发展与国家、民族的发展需要结合起来，反对沽名钓誉、急功近利、自私自利、损人利己等不良风气。

（2）坚持实事求是的科学精神和严谨的治学态度。要忠于真理、探求真知，自觉维护学术尊严和学者的声誉。要模范遵守学术研究的基本规范，以知识创新和技术创新作为科学研究的直接目标和动力，把学术价值和创新作为衡量学术水平的标准。在学术研究工作中要坚持严肃认真、严谨细致、一丝不苟的科学态度，不得虚报成果，反对投机取巧、粗制滥造、盲目追求数量不顾质量的浮躁作风和行为。

（3）认真履行职责，维护学术评价的客观公正。认真负责地参与学术评价、正确运用学术权力、公正地发表评审意见是评审专家的职责。在参与各种推荐、评审、鉴定、答辩和评奖等活动中，要坚持客观公正的评价标准，坚持按章办事，不徇私情，自觉抵制不良社会风气的影响和干扰。

（4）树立法制观念，保护知识产权、尊重他人劳动和权益。要严于律己，依照学术规范，按照有关规定引用和应用他人的研究成果，不得剽窃、抄袭他人成果，不得在未参与工作的研究成果中署名，反对以任何不正当手段谋取利益的行为。

2. 学术法律规范

学术法律规范包括国家制定的法律、法规和有关技术标准等。我国目前尚未制定专门的法律来规范人们的学术活动，与学术活动有关的行为规则分散在民法通则、著作权法、专利法、保密法、统计法、出版管理条例等法律法规中。如《关于科技工作者行为准则的若干意见》第一条第一款规定：科技工作者应当模范地遵守宪法和法律。《高等学校哲学社会科学研究学术规范（试行）》第五条规定：高校哲学社会科学研究工作者应遵守《中华人民共和国著作权法》、《中华人民共和国专利法》、《中华人民共和国国家通用语言文字法》等相关法律、法规。学术法律规范的主要内容可以概括为以下几个方面。

（1）学术研究不得泄露国家秘密和单位的技术秘密。国家秘密是关系国家的安全和利益、依照法定程序确定、在一定时间内只限一定范围的人员知悉的事项。这些事项主要是国家事务的重大决策中的秘密事项、国防建设和武装力量活动中的秘密事项、外交和外事活动中的秘密事项以及对外承担保密义务的事项、国民经济和社会发展中的秘密事项、科学技术中的秘密事项、维护国家安全活动和追查刑事犯罪中的秘密事项、政党的秘密事项，以及其他经国家保密工作部门确定应当保守的国家秘密事项等。学术活动中对涉及的国家秘密必须保密，否则将要承担相应的法律责任。另外，根据《中华人民共和国促进科技成果转化法》等法律的规定，企业、事业单位应当建立健全技术秘密保护制度，保护本单位的技术秘密，职工应当遵守本单位的技术秘密保护制度，在学术活动中必须保守单位技术秘密，不得泄露。

（2）学术活动不得干涉宗教事务。根据《宗教事务条例》的规定，在出版学术著作时，其中不得含有：破坏信教公民与不信教公民和睦相处的内容；破坏不同宗教之间和睦以及宗教内部和睦的内容；歧视、侮辱信教公民或者不信教公民的内容；宣扬宗教极端主义和违背宗教的独立自主自办原则的内容；等等。

（3）学术活动应遵守著作权法、专利法规定。学术活动涉及最多的就是知识产权问题。因此，著作权法等知识产权方面的法律法规，往往就是学术活动应遵守的行为准则。其主要内容有：未经合作者许可，不能将与他人合作创作的作品当作自己单独创作的作品发表；未参加创作，不可在他人作品上署名；不允许剽窃、抄袭他人作品；禁止在法定期限内一稿多投；合理使用他人作品；等等。

（4）应遵守语言文字规范。学术活动中，应使用国家通用的语言文字，方言、繁体字、异体字只有在特殊情况下，即在出版、教学、研究中确需使用时方可使用；汉语文出版物应当符合国家通用语言文字的规范和标准，汉语文出版物中需要使用外国语言文字的，应当用国家通用语言文字给出必要的注释。

3. 学术引文规范

在学术性文章中，只要直接引用了一本书或一篇文章，或者在作品中采用他人的工作成果，就需要确认其来源。如果没有这样做，将因剽窃行为而被定罪。《高等学校哲学社会科学研究学术规范》对学术引文规范的规定如下：

（1）引文应以原始文献和第一手资料为原则。凡引用他人观点、方案、资料、数据等，无论曾否发表，无论是纸质或电子版，均应详加注释；凡转引文献资料，应如实说明。

（2）学术论著应合理使用引文。对已有学术成果的介绍、评论、引用和注释，应力求客观、公允、准确。伪注、伪造、篡改文献和数据等，均属学术不端行为。

4. 写作技术规范

学术研究中的技术规范主要体现在写作规范中。写作技术规范的内容主要包括以下三个方面：

（1）学术成果应观点明确、资料充分、论证严密；内容与形式应完美统一，达到观点鲜明、结构严谨、条理分明、文字通畅的程度。

（2）学术成果的格式应符合要求。各刊物目前对成果的格式要求并不统一。就学术论文而言，既有执行国家标准的，也有执行自定标准的。不论刊物执行何种标准，论文中都必须具有以下项目：题名、作者姓名及工作单位、摘要、关键词、中图分类号、正文、参考文献、作者简介，以及英文题名、英文摘要和英文关键词等。另外，基金资助项目论文应对有关项目信息加以注明。

（3）参考文献的著录应符合要求。我国在1987年就制定了国家标准《文后参考文献著录规则》（GB 7714—1987），对文后参考文献的著录做了明确规定，2005年10月1日，已开始实施修订后的《文后参考文献著录规则》（GB/T 7714—2005），但人们在学术活动中往往有意无意地忽视它，使得文后的参考文献著录很不规范。随着学术期刊规范化建设的开展，参考文献著录混乱的现象一定会有很大的改观。因此，作者在学术活动中也应该主动配合期刊规范化工作，认真、自觉地执行已有的国家学术标准。

9.1.2 文献的合理使用

1．概述

“合理使用”是国际上通行的版权术语，其一般的含义是指版权法规定的在某些情况下对他人享有版权的作品，可以不经作者或其他版权所有者的许可，亦不向其支付报酬，而是基于正当目的进行使用的合法行为。它是作者以外的其他人对版权作品、不经作者同意而以合理的方式加以使用的特殊权利。

著作权法中的“合理使用”是各国著作权制度中对著作权限制的一种主要制度。1841年，美国大法官 Joseph Story 在 Folsom 诉 Marsh 一案中首次系统地阐述了“合理使用”的基本思想。“合理使用”制度的初衷，是为了解决后续作者为了创作新作品如何利用先前作者的作品的问题。知识产权制度如一柄双刃剑，它一方面积极影响和促进文献资源的广泛传播与共享，同时又对其具有限制和制约作用。“合理使用”制度典型地体现了著作权法保护著作权人利益与促进信息广泛传播的双重目的，一方面，著作权法以维护作者的权益为核心，对作者权益的充分保护始终是各国著作权法的主旋律；另一方面，著作权法制度的设立要求信息的广泛传播，以最大限度地实现社会文化、科学事业的进步和繁荣。“合理使用”制度的设立不仅不会对著作权法中激励创作和传播的制度结构有负面影响，反而大大方便了公众对智力作品的利用。可以说“合理使用”是个人利益与公众利益的调节器。

2．我国《著作权法》对“合理使用”的规定

根据《伯尔尼公约》提出的“合理使用他人作品，不得损害作品的正常利用，也不得无故侵害作者的合法权益”的原则，我国新修订的《著作权法》第二十二条对“合理使用”的范围作出了12项限制和调整，具体规定如下：

（1）为个人学习、研究或者欣赏，使用他人已经发表的作品；

（2）为介绍、评论某一作品或者说明某一问题，在作品中适当引用他人已经发表的作品；

（3）为报道时事新闻，在报纸、期刊、广播电台、电视台等媒体中不可避免地再现或者引用已经发表的作品；

（4）报纸、期刊、广播电台、电视台等媒体刊登或者播放其他报纸、期刊、广播电台、电视台等媒体已经发表的关于政治、经济、宗教问题的时事性文章，但作者声明不许刊登、播放的除外；

（5）报纸、期刊、广播电台、电视台等媒体刊登或者播放在公众集会上发表的讲话，但作者声明不许刊登、播放的除外；

（6）为学校课堂教学或者科学研究，翻译或者少量复制已经发表的作品，供教学或者科研人员使用，但不得出版发行；

（7）国家机关为执行公务在合理范围内使用已经发表的作品；

（8）图书馆、档案馆、纪念馆、博物馆、美术馆等为陈列或者保存版本的需要，复制本馆收藏的作品；

（9）免费表演已经发表的作品，该表演未向公众收取费用，也未向表演者支付报酬；

（10）对设置或者陈列在室外公共场所的艺术作品进行临摹、绘画、摄影、录像；

（11）将中国公民、法人或者其他组织已经发表的以汉语言文字创作的作品翻译成少数民族语言文字作品在国内出版发行；

（12）将已经发表的作品改成盲文出版。

3. 合理使用的条件

综合著作权法理论和有关法律规定，合理使用还必须具备以下条件：

（1）合理使用的客体仅限于已经发表的作品。另外对于“设置或者陈列在室外公共场所的艺术作品”，因为是公众可以任意触摸到的，因此也应属于已经发表的作品范畴。

（2）合理使用的内容必须是少量和适当的。“少量”是针对数量而言的，即合理使用时对他人作品的占有量应有一定的限制。在介绍、评论作者作品时，引用部分应是论证必需的，但在自己的作品中不能占有较大比重；在引用他人作品时，只限于他人作品中的关键词句或段落，而不能是大部分或全部，只有当被引用的作品在技术上无法分割时，如对一幅画、一句格言或警句的全文引用才属合理；为教学科研需要而少量复制已经发表的作品和为陈列或保存版本而复制所收藏的作品都应限制在工作所必需的范围之内。“适当”是指合理使用的方式必须合法，不得损害被使用作品作者的精神权利。在面向公众传播知识而合理使用他人作品时，可以不经著作权人许可，不向其支付报酬，但应当指明作者的姓名、作品的名称和出处，以示对作者署名权和有关出版者权益的尊重。此外，无论是引用、表演、改编或翻译，使用者都应当正确理解和把握作品的思想内容，不能断章取义或破坏原作品的完整性，要以忠实于原作者的思想为准则，否则就构成了“不当使用”。

（3）合理使用不得以营利为目的。合理使用的制度是为了平衡社会公共利益，是对权利人专有权利的一种限制，是建立在著作权人牺牲一定经济利益的基础上的，因此，行为人不能出于营利的目的而使用以上权利，否则，对权利人而言是不公平的，也是不合情理的。

9.1.3　学术造假与剽窃

学术规范要求人们潜心致力于研究方向，通过系统扎实的基础理论学习，结合丰富的文献资料和前沿问题找到新的观点，从而创作出优秀的学术论文。但现实生活中不忠于学术规范的各种失范行为甚至学术造假与剽窃也时有发生。

1. 定义与特征

学术造假是指剽窃、抄袭、占有他人研究成果，或者伪造、修改研究数据等的学术腐败行为。学术造假首先是一种违背学术道德和科学精神的表现，是一种学风浮躁和急功近利的产物。

剽窃行为的基本特征为：①非法占有性，指行为人视学术规范和著作权法于不顾，将他人作品视为自己作品；②学术欺诈性，指行为人不付出智力劳动，通过投机取巧使读者误认为行为人的作品全部来自于自己创作；③发表性，指行为人将他人作品视为自己的作品且发表（非个人学习、研究或者欣赏之目的）。

2. 剽窃的形式

具体来看，常见的剽窃形式中最明显的就是直接照搬原文的语句、段落，甚至整篇文章；其次，将原文删节、顺序调整，重新组合成文；再次，将多篇文章组合成一篇；其四，仅对原文做叙述方式上的改变，仍然沿袭原文的写作思路、结构；最后，仿照一篇论文的写作方式，虽然改变了所要论述的对象，但是使用原文的论证方法、图表等。

剽窃的手法有多种多样，有原封不动地将他人作品内容或学术观点、学术思想作为自己创作的作品使用；将他人作品改头换面作为自己的作品使用；还包括将自己翻译出版的国外作品视为自己的创作，在个人的论著中随意引用；将国外同行的论文以中文在国内发表以及自我抄袭等。

3. 剽窃的认定标准

（1）内容标准。即核心论点或重要论据皆用他人，或者即使核心论点、论据不同但是论文的一、二级目录存在绝大部分的雷同（也就是结构雷同），不论涉嫌剽窃论文是否注明了引文出处，都应当认定侵权成立。“所引用部分是否构成引用人作品的主要部分或者实质部分”是各国著作权法判定是否是合理使用的主要标准，因为即使剽窃论文与被剽窃论文相同字数比例较小，但是这种结构上的重叠，说明剽窃论文不能脱离被剽窃论文而存在，是以被剽窃文为基础和参照的，不能达到著作权法对作品独创性的要求。

（2）形式标准，或者说是量的标准。只要剽窃文中有一定比例或具体字数的文字与被剽窃文相同，就认定剽窃成立。关于引用他人成果的比例为多少属于合理使用范围，多少判定为剽窃，世界上大多数国家都遵循一个原则，即引用其他人作品的思想、观点、材料，一般不能超过30%，换句话说，作者创作的学术作品从字面来看，原创的部分必须在70%以上，引用的部分必须在30%以下，这几乎成为一种识别是否作品侵权的惯例。

对剽窃的指控，合理使用通常是抗辩的理由之一，因此，正确理解合理使用，理清剽窃与合理使用的界线，也是避免剽窃发生的基础。

9.1.4 学术不端文献检测系统

追求科研诚信、防治学术腐败，历来是一个世界范围的重要课题。而利用技术手段解决学术剽窃是重要举措。学术不端文献检测系统在预防和打击学术不端行为方面发挥了重要作用，在一定程度上阻止了学术不端行为的泛滥。

1. 国外主要的学术不端检测系统

（1）Turnitin

Turnitin 检测系统是国际上最著名、最权威、使用人数最多的学术不端文献检测系统之一，广泛应用于各国高校、学术论文等领域。目前全世界超过 100 个国家、10000 所知名教育机构、超过两千万学生、一百万导师使用 Turnitin 检测系统进行论文检测。其检测对比数据库包括 1.5 亿海量论文数据库、90000 多种世界知名期刊杂志数据库、200 多亿网页数据库等，并且支持多种语言论文的检测，包括英文、阿拉伯文、中文（繁体和简体）、荷兰文、芬兰文、法文、德文、意大利文、日文、韩文、葡萄牙文、西班牙文、瑞典文和土耳其文等 30 多种语言文字。

（2）CrossCheck

CrossCheck 由国际出版链接协会（PILA）研发，全球六家国际出版集团共同参与实验，于 2008 年 6 月 19 日正式向全球发布。CrossCheck 的主要目的在于帮助学术界和出版界严正全球学术风气，防止学术剽窃和欺诈，保护学术研究和文字出版者的原创版权。正是由于 CrossCheck 的诞生，全球范国内的出版者们得以共同协作，严厉杜绝学术界的一些造假和剽窃等浮躁行为。这也使得 CrossCheck 赢得全球学术与专业出版者协会（ALPSP）颁发的 2008 年度最佳创新奖。目前，一些大的国际科学出版集团，如 Elsevier、Springer、Wiley-Blackwell、BMJ、Taylor & Francis、Oxford University Press 等，以及许多科学学会，如美国科学进步协会（AAAS）、美国物理学会（APS）、植物生物学会等均成为 CrossCheck 的正式会员。我国的《浙江大学学报（英文版）》在国家自然科学基金的重点期刊项目的资助下，也于 2008 年 10 月申请成为中国第一家 CrossCheck 的会员。

2．国内主要的学术不端检测系统

（1）中国知网论文检测系统

中国知网学术不端文献检测系统是国内公认的最权威的论文检测系统之一。权威性主要体现在三点：①对比库全面而且权威：系统以《中国学术文献网络出版总库》为全文比对数据库，该库收录了目前所有发表的学术论文、会议资料、学位论文、报纸、专利等具有学术意义的数据，而且定期更新。这是知网论文检测系统背靠中国知网这个庞大的学术数据库所拥有的最为核心的资源，是其他论文检测系统不能比拟的。②检测算法科学：算法自动分析语句，智能测分检测颗粒度，既能充分检索出重复抄袭的部分，又能避免出现无逻辑意义的单纯文字重复。③检测报告详细明确、具有参考意义：不但明确指出哪些文字语句重复，而且指出和哪些文献的哪些具体语句重复。

（2）万方论文检测查重系统

万方论文检测查重系统是另一权威的论文检测系统，其采用国际领先的海量论文动态语义跨域识别技术，通过与国内外大专院校、科研机构等资源单位的长期合作，系统已拥有丰富的全文数据资源，从而保证了比对源的专业性和广泛性，其涵盖的对比库包括中国学术期刊数据库（CSPD）、中国学位论文全文数据库（CDDB）、中国学术会议论文数据库（CCPD）、中国学术网页数据库（CSWD）。万方论文检测查重系统具有检测对比数据库齐全、算法简单高效、检测报告详细全面等特点，通过运用最新的云检测服务部署使其能够快捷、稳定、准确地检测到文章中存在的抄袭和不当引用现象，实现了对学术不端行为的检测服务。

（3）维普论文检测系统

维普论文检测系统采用国际领先的海量论文动态语义跨域识别加指纹比对技术，通过运用最新的云检测服务部署使其能够快捷、稳定、准确地检测到文章中存在的抄袭和不当引用现象，实现了对学术不端行为的检测服务。系统主要包括已发表文献检测、论文检测、自建比对库管理等功能，可快速准确地检测出论文中不当引用、过度引用甚至是抄袭、伪造、篡改等学术不端行为，可自动生成检测报告，并支持 PDF、网页等浏览格式。详细的检测报告通过标红相似文档、饼状图，形象直观地显示相似内容比对、相似文献汇总、引用片段出处、总相似比、引用率、复写率和自写率等重要指标，为教育机构、科研单位、各级论文评审单位和发表单位提供了论文原创性和新颖性评价的重要依据。其对比的数据库涵盖中文期刊论文库、硕博学位论文库、高校特色论文库、自建特色论文库、互联网数据资源等，并实现定期比对数据更新。

9.2 学术论文撰写

9.2.1 学术论文概述

1．学术论文的定义

学术论文又称为科技论文或研究论文，它是对学术研究成果的描述。我国国家标准《科学技术报

告、学位论文和学术论文的编写格式》（GB 7713—1987）将学术论文定义为“某一学术课题在实验性、理论性或观测上具有新的研究成果或创新见解和知识的科学记录；或是某种已知原理应用于实际中取得新的进展的科学总结，用以提供学术会议上宣读、交流或讨论；或在学术刊物上发表；或作其他用途的书面文件”。

学术论文内容广泛，涉及自然科学、工程技术、社会科学、人文科学各个领域。无论是哪一方面的学术论文，都是人类创造性活动的概括与总结。

2．学术论文的特点

（1）学术性

所谓学术性，是指研究、探讨的内容具有专门性和系统性，即是以科学领域里某一专业性问题或学术问题作为研究对象。学术性主要从内容和语言表达两方面来体现。

从内容上看，学术论文是作者运用他们系统的专业知识，去论证或解决专业性很强的学术问题。有时候，单纯从题目上还难以判断是否为学术论文，必须从内容上加以辨别。从内容上看是否有明显的专业性是学术论文和一般议论文最重要的区别所在。

从语言表达来看，学术论文是运用专业术语和专业性图表符号表达内容的，它主要是写给同行看的，所以不在乎其他人是否看得懂，而是要把学术问题表达得简洁、准确、规范。

（2）科学性

所谓科学性，就是指研究、探讨的内容准确、思维严密、推理合乎逻辑。科学性是学术论文的重要特点，也是学术论文的生命和价值所在。开展学术研究、写作学术论文的根本目的，在于揭示事物发展的客观规律，探求客观真理，从而指导实践，最终促进人类社会的繁荣和发展，这就要求作者在立论上不得带有个人好恶的偏见，不得主观臆造，必须切实地从客观实际出发，从中引出符合实际的结论。在论据上，应尽可能多地搜集资料，以最充分的、确凿有力的论据作为立论的依据；在论证时，必须经过周密的思考，进行严谨的论证。

学术论文要做到科学性，首要是研究态度的科学性。要以严肃的态度、严谨的学风、严密的方法开展学术研究。从事社会科学研究必须从大量的材料出发，通过分析材料得出结论。而不能先有结论，再找材料去论证。从事实验研究的就应对课题进行系统的多方面的实验，从大量的实验数据中分析综合，得出正确的结论。

（3）创新性

科学研究是对新知识的探求。如果科学研究只是继承，没有创造，那么人类社会就不会前进。人类历史是不断发现、不断发明、不断创新的历史。一个民族如果没有创新精神，这个民族就要衰亡。同样，一篇论文如果没有创新之处，它就毫无价值可言。

当然，一篇学术论文的创造性是有限的。惊人发现、伟大发明、填补空白，这些创造绝非轻而易举，也不可能每篇学术论文都同时具有这些创造性，只要有自己的一己之见，在现有的研究成果的基础上增添一点新的东西，提供一点人所不知的资料，丰富了别人的论点，从不同角度、不同方面对学术做出了贡献，就可看作是一种创造。

（4）理论性

学术论文与科普读物、实践报告之间最大的区别就是具有理论性的特征。所谓理论性，就是指论文作者思维的理论性、论文结论的理论性和论文表达的论证性。论文的理论性是作者的学识水平、理论素养和实践经验的综合反映。

① 思维的理论性。思维的理论性是研究者对研究对象的思考，不是停留在零散的感性上，而是运用概念、判断、分析、归纳、推理等思辨的方法，深刻认识研究对象的本质和规律，经过高度概

括和升华，使之成为理论。进行理论思维，把感性认识变成理性认识，实现认识上的飞跃，不是轻而易举可以做到的，这需要花大力气、下苦功。有的人因时间紧迫，或因畏惧艰难，在理论思维上却步，以致把学术论文写成罗列现象，就事论事，从而使学术论文失去理论色彩，其价值也就大为逊色了。

② 结论的理论性。学术论文的结论，不是心血来潮的激动之词，也不是天马行空般的幻想。学术论文的结论是建立在充分的事实归纳和实验数据分析上，通过理性思维，高度概括其本质和规律，使之升华为理论。理性思维水平越高，结论的理论价值就越高。

③ 表达的论证性。学术论文除了思维的理论性和结论的理论性外，它还必须对结论展开逻辑的、精密的论证，以产生无懈可击、不容置疑的说服力。

（5）规范性

为便于交流和应用，学术论文必须运用规范的语言文字系统和符号系统进行表述，这也是学术论文不同于其他文体的特征之一。目前，学术论文写作规范所依据的主要国家标准有《科学技术报告、学位论文、学术论文的编写格式》（GB 7713—1987）、《文摘编写规则》（GB/T 6447—1986）、《文献叙词标引规则》（GB/T 3860—1995）及《文后参考文献著录规则》（GB/T 7714—2005）。在文献编辑、加工、出版规范化的大环境中，学术论文规范化是其必备的特点之一。

3. 学术论文的类型

学术论文从不同角度可以划分为多种类型。

（1）按照写作目的和社会功能不同可划分为：

① 专题研究论文。专题研究论文是各学科领域中专业人员对自己所从事的领域进行科学研究而撰写的专业论文。它可以发表在各种专业刊物或报纸上，也可以在各种学术会议上宣读、交流或讨论。这类论文要求探索各学科领域中的新课题，反映各学科领域中的最新学术水平。

② 学位论文。学位论文是高等院校或科研机构的学生（包括本科生、硕士生和博士生）毕业时为申请学位而提交的学术论文，即提出申请授予相应学位时供评审用的学术论文，也称为毕业论文。学位论文分学士论文、硕士论文和博士论文三级。

③ 研究报告。研究报告是科学技术工作者用来描述研究过程、报告研究成果的论文。它主要是提供给各级科研管理部门，作为科研验收、成果鉴定和申报奖项的主要材料；还可以作为学术论文公开发表在学术期刊上；有些大型研究报告还可编辑出版学术专著。研究报告不同于简单的实验报告，它有理论阐述，也有实践的描述。内容大多是报告人科学实践的总结。

（2）按照形式和研究层次不同可划分为：

① 纯理论性学术论文。纯理论性学术论文是指在社会科学和自然科学基础理论方面，研究社会及自然的现象和行为所获得的具有系统性、规律性的认识成果，其目的是帮助人们认识社会和自然，揭示社会和自然界的发展、变化规律，探索客观事物的本质及特征等，这样的学术论文能建立起一种理论体系。其研究方法主要有理论证明、数学推导和综合考察等。

② 应用性学术论文。应用性学术论文是指能够直接应用于社会生活和生产实践中去的科学研究成果的文字形式。它的特点是具有明确的目的性和针对性，一般都是就实践中存在的问题开题的，所以这种学术论文的社会和经济效益都比较明显，而且它本身具有理论和实践的直接结合性。所谓开发性研究就属于这一类。

③ 综述性学术论文。综述性学术论文（简称综述）是指就某一时间内，作者针对某一专题大量原始研究论文中的数据、资料和主要观点进行归纳整理、分析提炼而写成的论文。综述属三次文献，专题性强，具有一定的深度和时间性，能反映出这一专题的历史背景、研究现状和发展趋势，具有较

高的学术价值。撰写综述也是再创造性研究。阅读综述，可在较短时间内了解该专题的最新研究动态，可以了解若干篇有关该专题的原始研究论文。国内外大多数期刊都辟有综述栏目。

9.2.2 学术论文格式

学术论文由于其内容千差万别，具体构成形式也多种多样。但一般来说，一篇标准的学术论文应当由前置部分、主体部分、附录部分及结尾部分四部分内容组成。

1. 前置部分

（1）篇名

篇名（题名）即一篇论文的题目。它应当是以最恰当、最简明的词语反映论文特定的重要内容的逻辑组合。在选取篇名用词时必须考虑有助于文章关键词的选定及编制题录、索引、文摘时可供检索的实用信息的体现，也就是说论文的篇名不但要很准确地反映论文的主题，同时要有利于读者的识别与判断，有利于其被充分利用。对论文题名的具体要求是准确、简明、醒目。

① 准确。要求题名准确地表达论文内容，恰如其分地反映论文所研究的范围与深度。

② 简明。要求题名用最少的字数来表达论文主题。当然，多少字的题名才算符合要求并没有统一的指标，一般来说，题名不宜超过 20 个汉字，用作国际交流的论文应附外文题名，外文题名一般不宜超过 10 个实词。当题名不能完全显示论文内容时，可以用副题名来补充说明论文中的特定内容。

③ 醒目。要求题名让人一目了然、不费解。论文题名的用语要准确、无歧义；同时，题名中还应避免使用不常见的缩略语、代号及公式等。

（2）作者信息

作者信息包括作者姓名、工作单位、地址、邮政编码等，写在论文题名之下。作者信息的作用有三：一是记录该项研究成果为作者所拥有；二是表明作者承担的责任；三是有助于读者与作者联系。作者可以是单一作者，也可以是多作者。学术论文的作者一般以真名实姓出现；合作者按完成任务时承担内容的主次、轻重排序，主要作者排在前面。

（3）摘要

摘要是对论文内容不加注释和评论的简短陈述，是学术论文不可缺少的组成部分，并且为了国际交流的需要，有些论文还附英文摘要。

摘要的作用是使读者在不用阅读论文全文的情况下，了解论文的主要内容，从而决定是否继续阅读。所以，摘要有很强的独立性，可以替代原文独立阅读；同时，摘要又有与原文对应的信息内容，是原文的缩影。

摘要在内容上一般包括以下方面：论文所研究问题的背景或意义；论文研究的主要内容；作者的研究成果；该研究成果的意义。

摘要在字数上一般也有要求。国家标准规定：中文摘要的字数为 200～300 字，外文摘要的字数不宜超过 250 个实词。学位论文为了参加评审，会议论文为了参加学术会议，可以按有关单位的要求写摘要，不受此字数的限制。

（4）关键词

关键词是从论文中抽取出来的能够准确表达论文主题概念的词语，国家标准规定：每篇论文需要选取 3～8 个这样的词语作为关键词，以显著的字符另起一行，排在摘要的左下方。为了国际交流，可给出多文种的关键词。为了提高关键词选取的质量，应当尽量利用《汉语主题词表》一类的工具书上所提供的规范词。我国许多的学术期刊编辑部在征稿启事中都明确要求作者必须利用《汉语主题词表》来选取关键词。关键词实质上是为了方便学术论文的存储、检索而标出的简单的词语。它的作用是简明揭示论文的内容，便于该论文在检索系统中的组织和检索利用。

关键词的选择方法：关键词的选择应在作者完成论文写作之后，纵观全文，选出能表达论文主题的词汇，这些表达主题的词汇可以在论文题目中选，也可选自论文内容，这些词汇在整篇论文中有较高的出现频率。

2. 主体部分

主体部分是论文的核心，无论是哪种类型的论文，其主体部分的内容应当包括引言（或绪论）、正文、结论、致谢、参考文献。

（1）引言

引言可以说是“开场白”，这部分内容需要简要说明研究工作的目的、范围、理论价值和现实意义，并提出论文的中心论点，一般可以包括下面几个方面内容。

① 研究的必要性。为什么开展研究，这项研究的意义。

② 历史的回顾。简介存在的问题以及前人研究的大概情形，前人研究中存在的缺欠、不足等。

③ 介绍自己的研究动机，写作论文的目的和想法。

④ 研究结果的适用范围及研究者的建议或研究的特点等。

引言的撰写应当言简意赅，不要与摘要雷同或成为摘要的注释；一般教科书中的知识在引言中不必赘述。引言篇幅大小需视整篇论文篇幅的大小、论文内容的需要来确定，长的可达 700～800 字或 1000 字左右，短的可以不到 100 字。

（2）正文

正文是一篇论文的核心，它占据论文的主要篇幅。论文所体现的创造性成果或新的研究结果，都将在这一部分得到充分的反映。因此，要求正文部分内容充实，论据充分、可靠，论证有力，主题明确。为了满足这一系列要求，同时也为了做到层次分明、脉络清晰，常常将正文部分分成几个大的段落。由于学术论文的选题和内容性质差别较大，分段及写法均不能做硬性的统一规定，但必须实事求是、客观直接、准确完备、合乎逻辑、层次分明、简练可读。

（3）结论

结论是在论题中得到充分证明之后得出的结果。结论是最终的、总体的结论，而非正文中各段小结的简单重复；是整个研究活动的结晶，是全篇论文的精髓，是作者独到见解之所在。但是，由于研究工作存在复杂性、长期性，如果一篇论文不可能导出结论，也可以没有结论而进行必要的讨论。在结论或讨论中作者可以提出建议、研究设想、仪器设备改进意见、待解决的问题等。结论部分的写作，要求措辞严谨、逻辑严密、文字具体。

（4）致谢

致谢是作者对他认为在论文写作过程中特别需要感谢的组织或个人表示谢意的内容。一般应当致谢的方面及个人有：资助研究工作的国家（或省、市）科学基金，资助研究工作的奖励基金，资助或支持开发研究的企业、组织或个人，协助完成研究工作和提供便利条件的组织或个人。注意，致谢内容要适度、客观，用词应谦虚诚恳、实事求是，切忌浮夸和庸俗或用其他不适当的词句。致谢应与正文连续编页码。

（5）参考文献

参考文献是作者在开展研究活动的过程中亲自阅读过的并对其产生了明显作用或被作者直接引用的文献，故一般也称为引文。学术论文中参考文献的表现形式主要有以下三种。

① 夹注。夹注即段中注，在正文中对被引用文句在相应位置标注顺序编号并置于方括号内。在参考文献著录部分其编号与正文部分对参考文献的完整记录内容顺序一致。

② 脚注。在某页中被引用文句出现的位置加注顺序编号并置于括号内。同时，在当前页正文下方编排相应编号参考文献的完全记录。

③ 尾注。将所有需要记录的参考文献顺序编号，统一集中记录在全文的末尾。

在学术论文后列出参考文献的目的在于：尊重别人的学术成果；反映真实的科学依据，文责自负；指明引用资料的出处，便于检索利用。学术论文所引用文献的主要来源有专著或书、连续出版物（期刊）、电子文献、学位论文等。参考文献的著录项目和格式应当严格按照《文后参考文献著录规则》（GB/T 7714—2005）执行。以下是几种常用文献的著录格式。

● 专著或书的著录格式

[序号]主要责任者.文献题名[文献类型标识].出版地：出版者，出版年：起止页码（任选）.

例：[1]刘国钧，王连成.图书馆史研究[M].北京：高等教育出版社，1979:15-18.

● 期刊的著录格式

[序号]主要责任者.文献题名[文献类型标识].刊名，出版年份，卷号（期号）：起止页码.

例：[2]陈世华，韩翠丽.优先数字出版形态浅析[J].中国出版，2011（16）:55-58.

● 电子文献著录格式

[序号]主要责任者.电子文献题名[文献类型/载体类型].电子文献的出版或可获得地址，发表或更新的日期/引用日期（任选）.

例：[3]王明亮.关于中国学术期刊标准化数据库系统工程的进展[EB/OL].http:// www.cajcd.edu.cn/pub/wml.txt/980810-2.html,1998-08-16/1998-10-04.

● 学位论文著录格式

[序号]主要责任者.文献题名[文献类型标识].学位授予单位地点：学位授予单位，学位授予年.

例：[4]张筑生.微分半动力系统的不变集[D].北京：北京大学，1983.

● 报纸著录格式

[序号]主要责任者.题名[文献类型标识].报纸名称，出版年份-月-日（版次）.

例：[5]傅刚，赵承，李佳路.大风沙过后的思考[N].北京青年报，2000-04-12（14）.

● 专利著录格式

[序号]专利申请者或所有者.专利名称：专利国别，专利号[文献类型标识].公告日期.

例：[6]姜锡洲.一种温热外敷药制备方案：中国，88105607.3[P].1987-07-26.

● 标准著录格式

[序号]起草责任者.标准编号，标准名称[文献类型标识].出版地：出版者，出版年.

例：[7]全国量和单位标准化技术委员会.GB 3100-3102-93，量和单位[S].北京：中国标准出版社，1994.

文献类型及其标志代码如表 9-1 所示。

表 9-1　文献类型及其标志代码

文献类型	普通图书	会议录	汇编	报纸	期刊	学位论文	报告	标准	专利	数据库	计算机程序	电子公告
标志代码	M	C	G	N	J	D	R	S	P	DB	CP	EB

电子文献载体及其标志代码如表 9-2 所示。

表 9-2 电子文献载体及其标志代码

载体类型	磁带（magnetic tape）	磁盘（disk）	光盘（CD-ROM）	联机网络（online）
标志代码	MT	DK	CD	OL

3. 附录部分

附录是对论文主体的补充项目，并非必须记录的内容。在《科学技术报告、学位论文、学术论文的编写格式》（GB 7713—1987）中对附录内容的规定是：①为保持论文的完整性，但编入正文后有损于正文的条理性、逻辑性的材料，如比正文更为详尽的信息、研究方法和技术更深入的叙述，以及对了解正文内容有帮助的其他有用信息；②篇幅过大或取材于复制品而不便于编入正文的材料及一些不便于编入正文的罕见珍贵资料；③对一般读者并非必须阅读，但对本专业同行有参考价值的资料；④某些重要的原始数据、数学推导、计算程序、框图、结构图、注释、统计表、计算机打印输出件等。

4. 结尾部分

在学术论文的结尾部分，作者为了读者能更加方便地在其论文中找到特定的信息，如论文中提到的主题概念、有关的人物及事件等，为了更深入地反映论文所涉及的方方面面，可以为自己的论文编制关键词索引、著者索引甚至分类索引等。但是作为论文的组成部分，这部分内容并非一定要有，只是作者认为有必要时可以考虑编写这部分内容作为结尾部分。

9.2.3 学术论文撰写的一般程序

1. 选择主题

选题是学术论文写作的起点。所谓选题是指选定学术研究中所要研究或讨论的主要问题。选题不等于论文的题目，也不等于论文的论点。选题是开展学术研究、撰写学术论文的开端，也是决定文章内容和价值的一个关键性环节。题选得好，选得恰当，等于完成了论文写作工程的一半；接下来的一系列工作，如题名的确定、论证角度的选择、材料的取舍、篇章内容的组织安排等，都能顺理成章。否则就会遇到诸多困难和阻力。

论文选题是指论文要论述的范围或研究方向，通常是研究过程中选定的研究课题。不管是社会科学还是自然科学，可供研究的课题数不胜数。但并不是任何选题都具有研究价值，可以形成论文。选题既要受到自己学术水平、研究能力的限制，又要受到研究条件的制约。因此，选择既能反映自己的科学水平和创新能力，又符合自己客观条件的课题不是一件容易的事情。所以，人们常讲，“好的选题意味着成功的一半”。那么在选题时，应该遵循什么样的原则呢？

（1）创新性原则。人类社会之所以不断向前发展，关键就在于不断创造出新的成果。学术论文是对自己学习和科学研究的总结。创新是一篇论文必须遵循的原则。衡量一篇论文是否具有价值，关键在于是否具有新的内容或新的研究方法。学术论文的选题要能反映自己学习和科学研究中取得的成绩，要在前人研究的基础上有所创新。创新就是要求有新意，是对现有知识水平的提高和更新，要能够提出新的见解。要保证学术论文有新发现、新发明，其选题就必须要有创新性。要保证选题有所创新，就要从搜集文献资料着手，了解本学科的研究历史与现状，明确过去的研究成果、已经达到的程度以及今后要解决的问题，从而选定题目。

（2）价值性原则。价值性原则是指选题有无科学价值而言。在现阶段，选题是否有科学价值，就必须看这个选题是否为推动社会发展服务，凡是有利于推动社会发展的选题，就是有科学价值的。学术论文的选题必须把促进科学事业发展和解决现实存在的问题作为出发点和归宿，许多已有初步研究成果的课题还有待于丰富、完善和发展，许多现实生活中的新情况、新问题有待解决。这种补充性或纠正性和亟待解决的研究课题，具有科学价值和现实意义。

（3）可行性原则。论文写作是一种创造性劳动，不但要有作者个人的见解和主张，同时还需要具备一定的客观条件。有些论文虽然选题好，价值大，但由于受作者自身条件或研究条件等客观条件的限制，即使选择了这一选题，最后也无法完成。具体来说，可从以下几方面来综合考虑：

① 要有充足的资料来源和便利的实验条件。

② 选择的课题应具有重要的理论价值或应用前景。

③ 要有浓厚的研究兴趣。如果对所选择的课题拥有浓厚的兴趣，就会激发自己研究的热情，调动自己的主动性和积极性，即使为此付出艰辛的努力也在所不辞，而具有这样的精神，正是搞好科研工作的最大优势。

④ 在选题时应当考虑个人的能力。这里的能力既指知识水平，也指专业特长，它是进行研究的基础。

（4）合理性原则。选题不但要看它是否有科学价值，是否切实可行，而且还要看课题本身是否合理。所谓合理性原则，就是所选课题是否合乎事物发展的客观规律。如属于不合理研究，即使其他条件都具备，也不能列为选题。因此，对选题要进行合理性论证，重大的科研课题还应由专门的专家委员会论证后才能最后确定。

2. 搜集整理材料

材料是构成学术论文的一个重要因素，学术论文的质量如何，取决于占有的材料是否充实、准确、可靠。写作前，材料是形成学术论文观点的基础，写作中，材料是表现观点的支柱。所以，材料在学术论文写作中有着十分重要的作用。

（1）材料的类型

材料的来源不外乎两个方面：一是从自己的社会生活、社会实践、科学研究和学术研究中获得的，通常称为直接材料；二是通过搜集信息资料，阅读和学习前人已研究、发表的科研成果和学术成果获得的，通常称为间接材料。

① 直接材料。直接材料是作者从科学研究中获得的第一手材料。它来源于科学观察、实地调查和科学实验，是作者亲自进行科学研究或考察，把观察到的现象与测量到的数据详细记录下来而得到的材料。

- 科学观察：科学观察是一种有目的、有计划、有步骤的感知活动。是在科学研究中运用观察方法获得关于被观察事物的主观印象的过程。科学观察的方法是做好观察记录，对所使用的技术手段、环境条件、观测的数据、发现的新现象等如实地做好记录。
- 实地调查：实地调查是将自己置身于研究对象之中的考察，是对研究对象不施加任何干预的条件下进行的观察活动，如资源调查、生态环境调查等。通过实地调查，可以获得大量的图片、数据、标本及文字信息材料。实地调查按调查范围可分为普遍调查、典型调查和抽样调查等。普遍调查就是在一定的调查总体范围内对所有对象进行调查；典型调查是选择有代表性的典型样本进行调查；抽样调查是在一定的调查总体范围里，抽出部分样本进行调查，抽样调查是普遍调查和典型调查的结合形式，兼有二者的优点。实地调查按调查方式又可分为问卷法和访谈法。至于采取哪种方法要根据调查的内容、对象、时间、条件等决定。
- 科学实验：科学实验是通过实验工具人为地控制或干预研究对象，使某一事件或现象在有利于观察的条件下发生或重复，从而获得科学事实的一种研究方法。科学实验是在观察的方法基础上发展而来的，是观察方法的延伸和扩充。实验方法在自然科学领域中应用很广泛，社会科学的某些学科也会用到。

② 间接材料。间接材料是指作者从信息检索系统或其他途径搜集的、表述他人研究成果的文献信息资料。搜集间接材料主要是通过书本式检索系统、光盘检索系统、联机检索系统和网络检索系统查阅各类文献资料，也可通过各种学术会议获得信息资料，包括图书、期刊和特种文献等。目前，随着信息技术、

计算机技术和网络技术的飞速发展，文献载体种类繁多，在搜集信息资料时，要关注不同载体文献的搜集，如随书光盘、各种声像资料等。

（2）材料的搜集

占有丰富的材料是撰写学术论文的基础。要想在短时间内搜集到大量优质的材料，必须遵循一定的原则和方法。

① 明确写作目的。根据自己写作的范围、对象和目的来搜集所需要的材料。

② 注意材料的新颖性。在搜集材料过程中，重点搜集那些能表现新事物、新思想、新理论、新技术和新方法的材料。

③ 着眼材料的实用价值。要学会鉴别、筛选，搜集对自己学术论文撰写有实际应用价值的材料。

④ 讲求材料的准确性。材料准确与否直接影响文章的质量，只有准确、真实、无误的材料才能得出正确的结论。因此，平时搜集材料时一定要注意准确、翔实，不能想当然；摘录的资料一定要注明出处。

（3）材料的整理

材料搜集后，为了便于利用，必须对所搜集的材料进行认真的研究、分类、筛选，找出其中最有用的材料，也就是对材料进行科学的整理。材料整理一般分为三个步骤。

① 阅读材料。阅读材料是整理材料的第一个环节。一般说来，在阅读材料时要先读中文，后读外文；先读综述，后读专题；先读近期，后读远期；先读文摘，后读全文；先粗读，后精读。具体来说，阅读的方式有快读、选读、研读等。

- 快读是指将所搜集到的资料快速浏览一遍，大致了解每篇文献的内容。一般先看文章的摘要和结论。
- 选读是根据文献标题和摘要，确定主次，主要的先读，次要的后读，或只读文中有用部分。
- 研读是对重要文献进行反复阅读，直到充分理解文献内容，并将文献的主要论点、论据或对学术论文写作有用的内容予以摘录。

② 材料的鉴别。鉴别材料是要对所搜集的材料进行质量上的评价和核实，认清材料的性质、判断材料的真伪、评估材料的价值、掂量材料的用途。材料鉴别的方法主要有比较法、分析法和查核法。

- 比较法是将从多方面搜集来的内容相关的文献资料进行比较、核对、复查，以确定材料正误、优劣的方法。在比较过程中，有时会发现相关材料存在出入或矛盾，就可以断定这部分资料是可疑的，应该继续跟踪搜集同类材料，待材料充足时再做判断，或通过实验进行验证。
- 分析法就是对材料进行具体、细致的分析研究，以鉴别材料真伪的方法。分析法主要是分析资料的逻辑关系，看其中有无矛盾或不合情理的地方，考察其科学性。凡资料中出现矛盾或不合情理的地方，可认定为可疑资料，甚至是错误资料。
- 查核法就是查证、核实，以确定材料是否真实、准确的方法。对于手中所搜集到的材料，在判断其是否具有普遍性、典型性，是否代表了事物的主流这些问题上必须查证核实。查核法主要从资料的来源、搜集人员的条件、采用的方法、搜集的时间和地点、搜集时的情况和条件去考察资料的可靠性和准确性。

③ 材料的选择。材料的选择和材料的鉴别不同，材料的鉴别是反映作者对搜集来的材料的认识，而材料的选择是作者对已经鉴别的材料进行筛选，选出最好的和最有用的。在选择材料时要以准确、典型、新颖和充分作为标准。

- 准确是指所选择的材料必须真实可靠，确凿无疑。只有真实准确的材料，才能真正表现主题。为确保材料的准确性，在选取直接材料时要反复核实，不能凭想像扩充；在选取间接材料时要多方考证，弄清来源，不能歪曲原意或断章取义。

- 典型是要求选择的材料能够揭示事物的本质和规律，具有广泛的代表性和强大的说服力。选择典型材料，通过个别反映一般，通过个性反映共性是撰写学术论文的一条共同规律。
- 新颖是要选取具有新意、能反映时代气息的材料，尤其是别人没有用过、没有听过的新事实、新观点和新情况。新颖的材料有助于进行创造性思考，能够表现更生动的内容，具有更强的感染力，也是体现论文独创性的一个重要因素。
- 充分是选用的材料必须有足够的数量。只有这样，才能进行创造性思维并引出可靠的结论。至于到底多少材料才算充分，要视具体的研究需要而定，其最低限度是选取的材料要足以说明论文的观点，并能够引发作者的创造性思维。

3. 拟定写作提纲

在搜集、整理资料的基础上，论文撰写之前，一般需拟定论文写作提纲。提纲是文章的蓝图、雏形，是论文写作的重要环节和必经步骤。首先，它能帮助作者进一步梳理、调整和明确论文的论点和论据。其次，它可以具体而清晰地展示论文的中心论点与分论点、分论点与分论点、论点与论据之间的逻辑关系。最后，它可以使作者头脑中的构思条理化，避免构思中的杂乱和易于消失的弊端。

（1）提纲的拟定方法

① 标题式写法：以标题的形式把该部分内容概括出来，优点是简明扼要，一目了然，正式论文的目录就是在这种提纲的基础上加工而成的。

② 句子式写法：用一个能表达完整意思的句子把该部分内容概括出来，优点是具体、明确。

③ 段落式写法：用一段话把该部分内容概括出来，优点是精细、周详，为正式动笔写作提供了坚实的基础。

拟定提纲时采用哪种方法可根据自己的研究或写作题目确定，也可将几种方法相结合使用。

（2）拟定提纲应注意的问题

拟定提纲实际就是安排全文的结构，帮助作者把若干小论点和材料整理出来，形成一个完整的写作体系。要做好提纲的拟定应注意以下两点：

- 要明确论文的中心论点。只有明确了中心论点，并把它放在显要的地位，论文的各部分才能围绕中心论点展开，做到主题鲜明，中心突出。
- 要有全局观念，注意结构的完整性。一篇论文的各个部分都要有严密的内在联系，形成一个有机的整体。这种内在联系不是由作者主观随意安排的，而是反映了客观事物的真实发展过程。作者必须从全局出发，去检查每一部分在论文中所处的地位和所起的作用，考虑各部分比例分配是否恰当，篇幅是否合适，各部分是否都能为中心论点服务。

4. 撰写初稿

撰写初稿是按照拟定的论文结构和写作提纲，运用语言文字，将作者的研究成果、思想观点表达出来，之前的所有工作都是为之服务的。撰写初稿之前，许多思想是模糊的、混乱的、未成形的，撰写初稿时使它们明朗化、条理化、定形化。在行文的过程中，将原来的选题、创意、布局不断调整、补充和修正，这是文章从内容到形式基本成形的过程。起草论文是进行再创造的复杂思维过程，表达方式的选择和使用，段落的组织和衔接以及语言形式的运用，都是这一阶段需要妥善处理的问题。

（1）初稿的撰写方法

根据文章篇幅、内容不同，有两种写作方法。

① 短篇论文的写作：如果论文篇幅不长，内容也比较单一，最好是根据提纲，顺着已经成熟的思路，一气呵成。运用这种方法，在写作时，不必过分注意文字修饰，也不必要求每个例证都十分准

确，以免思路中断，影响写作进度。待初稿完成之后，再来仔细推敲、加工修改这些细节问题。

② 长篇论文的写作：如果论文篇幅较长，内容涉及范围较广，便应根据写作提纲，把论文分成几部分，分段完成。运用这种写法时，不仅要注意各部分的相对完整性，更要注意把握每个部分在全文所处的地位和各部分之间的内在联系，使文章首尾贯通，连成一气。

（2）撰写初稿应注意的问题

① 要围绕中心，紧扣主题。中心论点是学术论文的灵魂和核心，学术论文的各个环节都是围绕中心论点而展开的。材料的取舍、结构的安排甚至句式的选择、词语的使用都要紧紧把握中心论点，这样写出的文章不至于杂乱无章、支离破碎。

② 要保持思路清晰，完整统一。学术论文除了要做到观点鲜明、中心明确外，各部分之间还要具有内在的逻辑联系。比如各段落之间要完整统一，每段大意要单一而不杂乱，还要注意段与段之间的衔接，这样，使得全文每一段落、每一章节、每一部分都能前后照应、浑然天成。

③ 要适时调整提纲。写初稿之前，虽然已有了详细的写作提纲，但提纲不可能对一切细节问题都做出详尽、合理的安排。进入写作过程中，肯定会发现提纲中某些地方存在错误和遗漏，某些地方还需进一步细化和深化。这就有必要对提纲做适当调整和修改。如果发现论据不足或不准确，则要抓紧调查、核对或者补充、更换；如果产生了新的看法或观点则要随时增补。倘若发现的问题足以影响论文全局，则要对提纲作重大修改或重写提纲。

④ 要保证内容充分。要把想到的内容尽可能写进初稿，初稿的篇幅较长、内容丰富便于以后修改。如果初稿篇幅太短，内容过于单薄，修改时就无从下手。

5. 修改定稿

一篇好的学术论文初稿完成之后需要作者多次认真修改，才能定稿。其目的是保证学术论文具有较高的质量和学术水平。

（1）修改论文的具体方法

① 热改法。热改法就是在初稿完成以后，趁热打铁，立即修改的方法。这种改法的优点是作者对文章的记忆清晰、印象鲜明，对于写作中发现或感觉到需要改动的地方能及时修改；缺点是由于正处于写作兴奋状态，对需要修改的地方不易看出来。

② 冷改法。冷改法是指初稿完成后，放一段时间再修改的方法。这种方法的优点是容易发现问题，缺点是可能会忘掉某些临时闪现的思想和认识。

③ 他改法。他改法就是请他人帮助修改的办法。看自己的文章，往往难以看出毛病，所以将文稿交给他人帮助修改指正不失为一种办法，特别是大学生写毕业论文，请指导老师审阅和修改尤为必要。

④ 诵改法。诵改法主要是通过诵读修改语言文字方面的问题。

通常在一篇论文的修改中，往往是多种方法综合利用。

（2）学术论文修改的范围

① 推敲论点。论点是文章的灵魂，修改论文的关键是推敲论点。首先要从事实上和逻辑上两个方面反复推敲，看论点是否正确，能否成立，同时还要检查所列论据能否充分说明论点；其次，还要推敲论点表达是否正确，有无说服力，自己的见解是否都已清楚地表达出来。对文章中的中心论点、分论点、小论点都要进行全面检查。

② 调整结构。论文的结构是论点的逻辑展开形式，是作者研究思路的语言表现形式。所以，结构的好坏，直接关系到论文内容的表达效果。所以，对论文的结构进行审订和调整，首先要看论文结构是否完整，标题、摘要、关键词、前言、正文、结论、参考文献等各部分是否齐备；然后主要检查正文部分各层次、各段落是否围绕中心论点进行严密的逻辑论证，若干分论点是否合乎事理，论证层

次之间的关系是否严密、清晰，主次是否得当，各部分的过渡、照应、衔接是否自然等。

③ 变动材料。变动材料主要指对文章引用的材料增加、删节或调换。引用材料的基本要求一是必要，即选用能够有力说明观点的材料；二是准确，即所用的材料必须准确可靠，不能歪曲事实；三是合适，即材料引用要恰当，不多不少，恰到好处。若不符合这些要求，就要增补、删节和调换。对缺少具体材料的要增加，对文章中无用或可用可不用的材料要删除，对不真实、不典型或容易引起歧义的材料要调换。

④ 锤炼语句。锤炼语句是论文修改的一个重要方面。语言文字的修改，将直接影响到论文内容观点的表达。特别是学术论文在表达上，要求用词十分精确，句法完整严密。要使论文内容表达得更准确、更完美，在语句的修改上，就必须字斟句酌，千锤百炼。一般来说，对词句的修改包括三个方面：首先是对字词的选择推敲；其次是对句段的修改；第三是对标点符号和书写格式的修改。

9.3 学术论文的投稿

9.3.1 论文投稿知识

学术论文的撰写目的一是在于及时总结研究活动的成果，二是体现作者的研究与认识水平，三是促进学术思想的交流与繁荣、促进先进技术或经验的推广应用。但是，仅仅是撰写出论文本身，是无法达到上述目的的，还必须把撰写完成的论文与同行、与大众进行及时的交流、传播、宣传，才能使论文达到撰写的目的，才能真正体现论文本身的价值，换句话说，只有将撰写好的论文投向相应的期刊社、出版社或相应的学术研讨会，并被正式采用，才能真正体现和发挥其应有的价值与作用。

论文投稿要讲究方法，如果投稿不当，会影响论文的发表。为了提高论文的刊用率，投稿时应注意以下几个问题。

（1）了解相关期刊的信息

通过中国知网的期刊导航，可便捷地获取各学科、各专业的期刊信息。包括期刊的级别、出版周期、发行量、影响因子等。

① 鉴别期刊质量的高低主要看其是否是核心期刊。具体可参考《中文核心期刊要目总览》（2014年版）。目前不少高校或其他行业的职称评定或评价个人学术水平都把学术论文是否在核心期刊上发表作为评价论文水平的重要标准。一般来说，核心期刊对论文的质量要求较高。非核心期刊、边远省份和非省会城市的刊物投稿的人要少一些，平均水平也低一些，论文刊用率要高些。

② 期刊有半月刊、月刊、双月刊、季刊之分，个别有周刊。一般而言，出版周期短的刊物，发文快且用稿量相对较大，论文录用的机会也多一些。

③ 期刊不但刊名相对固定，设置的栏目也相对固定。了解栏目设置就可以判断撰写的论文是否符合刊物内容。如果仅从刊名判断刊物内容，事实上刊物并没有设置相关栏目，那么再好的论文也不能发表。通过刊物的征稿启事，可以了解有关出版周期及栏目设置等信息。

④ 期刊的影响因子是指某一期刊的文章在特定年份或时期被引用的频率，是衡量学术期刊影响力的一个重要指标。一般来说，期刊的影响因子越大，该期刊的学术影响力和作用越大。

（2）根据有关征稿要求及论文的具体情况，针对性地选定具体的投稿对象

如果是学术性很强的论文，一般不要投向比较注重应用型文章的杂志，否则就很可能被退稿；相反，重在反映应用技术成果的稿件会被学术性很强的杂志退稿。选择与稿件专业相符、性质相当、学术水平相近的期刊社或会议主办者作为投稿对象，做到有的放矢。

（3）及时了解录用情况并做出相应的处理

根据征稿启事上有关稿件是否录用的时间约定，通过发信、发传真、发邮件、打电话等形式及时了解稿件的录用情况。一般有三种情形可能出现：①已经录用。这对作者是最理想的情形。②修改、补充有关内容后录用。这时作者应按收稿单位的具体要求和时限修改、补充相关内容，然后及时发回论文。如果作者不愿意接受有关机构提出的修改意见，可以拒绝相关要求，但要做好稿件因此不被采用的准备。③不予录用——退稿。如果出现这种情形，作者首先应当冷静思考、检查分析原因，完善原稿，然后改投它刊。需要说明的是：同样一篇质量上乘的稿件，也许投向不同的收稿单位会产生截然不同的结果，这就是仁者见仁、智者见智的道理所在。因此，在遭遇退稿的时候，作者千万不能气馁，要对自己有信心，通过客观、理性的思考判断问题所在，并选择明智的处理方式。

（4）切忌一稿多投

投稿时要遵循一定的道德规范，不能一稿多投。因为你的稿件如果被同时采用的话，浪费了其他期刊宝贵的版面，浪费了别人的时间和劳动，也损害了刊物阅读者的权益，会受到他人的谴责。

9.3.2　二次发表和一稿多投

1. 二次发表

二次发表或再次发表（secondary publication）是指使用同一种语言或另外一种语言再次发表，尤其是使用另外一种语言在另外一个国家再次发表。

目前，国际生物医学界明确界定以另一种文字重复发表为“可接受的再次发表”。由国际医学期刊编辑委员会制定、已被千余种生物医学期刊采用的《生物医学期刊投稿的统一要求》指出，以同种或另一种文字再次发表，特别是在其他国家的再次发表，是正当的，（对于不同的读者群）可能是有益的，但必须满足以下所有条件：

① 作者已经征得首次和再次发表期刊编辑的同意，并向再次发表期刊的编辑提供首次发表文章的复印件、抽印本或原稿。

② 二次发表与首次发表至少有一周以上的时间间隔（双方编辑达成特殊协议的情况除外）。

③ 二次发表的目的是使论文面向不同的读者群，因此以简化版形式发表可能更好。

④ 二次发表应忠实地反映首次发表的数据和论点。

⑤ 二次发表的论文应在论文首页应用脚注形式说明首次发表的信息，如：本文首次发表于 xx 期刊，年、卷、期、页码等。

目前国内部分学者对同一论文采取不同文种发表表示质疑，并认为不同文种的重复发表是属于违背科学道德的行为，国内科学界和期刊界对此也尚未形成比较统一的认识或规范。为避免不必要的麻烦，作者可采取某些变通的做法，如：以某种语言发表原始性论文，以另外一种语言发表相关的综述或评论等，或在不同文种的专业网站上发布相关消息，以引起国内外同行的关注。

2. 一稿多投

一稿多投一般是指同一作者将内容完全相同或基本相同的论文，同时或先后向两家或两家以上的刊物投稿的行为或现象，它可能经常会导致某一篇文章同时被几家刊物所登载的结局。

我国《著作权法》中明确规定：“著作权人向报社、期刊社投稿的，自稿件发出之日起十五日内未收到报社通知决定刊登的，或者自稿件发出之日起三十日内未收到期刊社通知决定刊登的，可以将同一作品向其他报社、期刊社投稿。双方另有约定的除外。”除此之外，收稿单位在征稿启事中对稿件是否被录用的通知有明确的时间规定时，投稿作者必须自觉遵守，以免带来不必要的麻烦。

造成一稿多投的原因多数是因为作者为了提高稿件的命中率，采用“广撒网”的办法，同时将稿件投往其他的刊物。一稿多投行为如果在稿件的同行评议过程中被发现，通常会被简单地退稿，有些期刊编辑部可能会在退稿的同时函告作者所在单位的相关部门。如果一稿多投行为事实上已经发生（即文章已经发表），相关的期刊一般都会采取制裁或处罚措施：在一定期限内拒绝一稿多投作者向该刊继续投稿甚至被列入不受欢迎的“黑名单”。

一稿多投是科学界严厉指责的行为，这种行为会带来以下几方面的问题及不良影响：①违背了现行《著作权法》的相关规定；②不必要地浪费了期刊版面及编辑和审稿人的时间；③对相关期刊的声誉以及作者本人造成不良影响。

通常情况下，以下重复投稿或发表不属于一稿多投：① 在专业学术会议上做过口头报告，或者以摘要或会议板报形式报道过的研究结果，但不包括以会议文集或类似出版物形式公开发表过的全文；② 对首次发表的内容充实了50%或以上数据的学术论文；③ 有关学术会议或科学发现的新闻报道，但此类报道不应通过附加更多的资料或图表而使内容描述过于详尽。以上再次投稿均应事先向编辑说明，并附上有关材料的复印件，以免可能会被编辑或审稿人误认为是相同或相似成果的重复发表。

综上所述，一稿多投是一种既浪费资源又不合理且不合法的行为，不利于科学文化事业的繁荣与发展，也助长了不良的学术风气，污染了学术环境，理应摒弃这种学术失范行为。

思考题

1. 学术论文格式包括哪几个部分？
2. 简述学术论文撰写的一般程序及其要求。
3. 在论文写作中应如何遵循学术规范并合理利用文献？
4. 投稿的注意事项和基本技巧有哪些？

参 考 文 献

[1] 赵莉．信息素养实用教程[M]．北京：中国轻工业出版社，2013.

[2] 孙福强．网络信息检索与利用[M]．北京：北京理工大学出版社，2014.

[3] 于光．信息检索（第 2 版）[M]．北京：电子工业出版社，2014.

[4] 刘湘萍．科技文献信息检索与利用[M]．北京：冶金工业出版社，2014.

[5] 陈伟，汪琼．信息资源检索与利用（第 2 版）[M]．北京：国防工业出版社，2014.

[6] 汪楠，成鹰．信息检索技术[M]．北京：清华大学出版社，2014.

[7] 韩冬，傅兵．文献信息检索与利用[M]．北京：清华出版社，2014.

[8] 胡爱民．现代信息检索[M]．北京：光明日报出版社，2014.

[9] 李明理，刘巧英．信息检索与利用教程[M]．南京：南京大学出版社，2013.

[10] 程娟．信息检索（第 2 版）[M]．天津：天津大学出版社，2014.

[11] 张玉慧．网络信息检索与利用[M]．北京：北京理工大学出版社，2014.

[12] 朱静芳．现代信息检索实用教程[M]．北京：清华大学出版社，2008.

[13] 章云兰，万跃华，舒炎祥．数字资源检索教程[M] .北京：科学出版社，2006.

[14] 樊爱国，薛德钧．现代信息检索 [M] .北京：北京大学出版社，2006.

[15] 伍雪梅．信息检索与利用教程（第 2 版）[M] .北京：清华大学出版社，2014.

[16] 刘培兰．现代信息检索与利用教程 [M] .北京：北京交通大学出版社，2009.

[17] 武婧．信息资源检索与毕业论文写作[M] .沈阳：东北大学出版社，2014.

[18] 张天桥，刘桂杰．英语论文检索、写作与投稿指南[M]．北京：国防工业出版社，2011.

[19] 卢小宾，李景峰．信息检索（第 2 版）[M]．北京：科学出版社，2009

[20] 李美文，邹武．理工信息检索与利用[M]．北京：人民出版社，2011.

[21] 陈新艳，陈振华．信息检索与利用[M]．武汉：武汉理工大学出版社，2015.

[22] 王细荣，吕玉龙，李仁德．文献信息检索与论文写作（ 第 5 版）[M]．上海：上海交通大学出版社，2015.

[23] 唐曙南．现代信息检索理论与实践[M]．合肥：安徽科学技术出版社，2011.

[24] 徐庆宁，陈雪飞．新编信息检索与利用（第 2 版）[M] .上海：华东理工大学出版社，2014.

[25] 陈农心，李雪冰，廖志刚．大学生信息素养教程[M] .北京：中国法制出版社，2009.

[26] 肖珑．数字信息资源的检索与利用（第 2 版）[M] .北京：北京大学出版社，2013.

[27] 曾英姿．信息检索与利用[M] .成都：四川大学出版社，2013.

[28] 高新陵，吴东敏．科技文献信息与科技创新[M] .南京：河海大学出版社，2013.

[29] 张志东．网络信息资源检索与利用[M].北京：中国社会科学出版社，2015.

[30] 张惠芳，陈红艳．信息检索与利用[M].武汉：华中科技大学出版社，2015.

[31] 王立诚．科技文献检索与利用[M].南京：东南大学出版社,2010.

[32] 陈氢，陈梅花．信息检索与利用[M].北京：清华大学出版社，2012.

[33] 刘双魁．信息检索与利用[M].南京：东南大学出版社，2010.

[34] 赵立桢，赵欢乐．信息检索与利用[M].北京：中国农业出版社，2009.

[35] 仲超生．信息检索与利用[M].徐州：中国矿业大学出版社，2009.

[36] 王细荣，韩玲，张勤．文献信息检索与论文写作(第四版)[M].上海：上海交通大学出版社，2013.
[37] 马林山．信息检索与利用[M].合肥：安徽科学技术出版社，2013.
[38] 洪全．信息检索与利用[M].北京：人民邮电出版社，2012.
[39] 任胜利．英语科技论文撰写与投稿[M].北京：科学出版社，2004.
[40] 惠天灵．如何认定抄袭、剽窃行为[J].图书与情报，2008(5):68-70.
[41] 张旻浩，高国龙，钱俊龙，等．国内外学术不端文献检测系统平台的比较研究[J].中国科技期刊研究，2011,22(4):514-517.
[42] 谢德体，陈蔚杰，徐晓琳．信息检索与分析利用[M].北京：清华大学出版社，2007.
[43] 张静，陈秀华，金福臣．信息检索[M].广州：世界图书广东出版公司，2013.
[44] 冯涛．信息检索[M].北京：知识产权出版社，2015.
[45] 何晓萍．文献信息检索理论、方法和案例分析[M].北京：机械工业出版社，2014.
[46] 杨云川．科技信息素养基础教程[M].北京：国防工业出版社，2013.
[47] 李跃珍．信息检索与利用[M].杭州：浙江大学出版社，2006.